deutsch.ideen 5

Lese- und Sprachbuch

Ulla Ewald-Spiller, Martina Geiger,
Günter Graf, Hiltrud Koch, Meike Luster,
Frauke Mühle-Bohlen, Hans Stammel

Schroedel

deutsch.ideen 5

Lese- und Sprachbuch
5. Jahrgangsstufe

Erarbeitet von
Ulla Ewald-Spiller, Martina Geiger,
Günter Graf, Hiltrud Koch, Meike Luster,
Frauke Mühle-Bohlen, Hans Stammel
unter Mitarbeit der Verlagsredaktion

Der Sprachbuchteil dieses Werkes basiert auf:
SPRACHE entdecken-üben-nachschlagen,
5. Jahrgangsstufe
Hrsg. von Günter Graf und Hans Stammel.
Erarbeitet von Karl-Helge Deutrich,
Ulla Ewald-Spiller, Martina Geiger, Günter Graf,
Maren Kurzke, Frauke Mühle-Bohlen,
Ditmar Skrotzki, Hans Stammel

ISBN 3-507-42035-X

© 2002 Bildungshaus Schroedel Diesterweg
Bildungsmedien GmbH & Co. KG

Alle Rechte vorbehalten. Dieses Werk sowie
einzelne Teile desselben sind urheberrechtlich
geschützt. Jede Verwertung in anderen als
den gesetzlich zugelassenen Fällen ist ohne
vorherige schriftliche Zustimmung des Verlags
nicht zulässig.

Druck A 5 4 3 2 1 / Jahr 06 05 04 03 2002

Alle Drucke der Serie A sind im Unterricht
parallel verwendbar, da bis auf die Behebung
von Druckfehlern untereinander unverändert.
Die letzte Zahl bezeichnet das Jahr dieses Druckes.

Illustrationen: Christiane Grauert,
Karsten Henke, Klaus Meinhardt, Margit Pawle
Typografie und Satz:
Farnschläder & Mahlstedt Typografie, Hamburg
Umschlaggestaltung:
Janssen Kahlert Design & Kommunikation GmbH
Druck: Stalling GmbH, Oldenburg

Inhaltsverzeichnis

Verzeichnis der Textsorten 8

Methoden lernen

Das Lernen lernen
Einen Platz zum Arbeiten einrichten 11
Sich auf das Lernen vorbereiten 12
Sich leichter etwas merken 14
Sich die Zeit einteilen 16
Sinnvoll Hausaufgaben machen 18

Sprechen und Schreiben

Miteinander sprechen
Gesprächsanlässe und Gesprächsregeln
Wie ein Gespräch ablaufen kann 20
Welche Regeln es für ein Gespräch gibt 22
Gesprächsformen
Eine Diskussion führen 23
Ein Streitgespräch führen 24
Ein Einkaufsgespräch führen 26
Sprechabsichten
Wie man auffordern kann 27
Wie man bitten und wünschen kann 28
Wie man einladen kann 29

Sachliches Darstellen
Informieren
Über Personen informieren 31
Die Schule erkunden 32
Berichten
Wie man berichtet 34
Über Sitten und Gebräuche berichten 35
Über ein Ereignis berichten 36
Beschreiben
Einen Vorgang beschreiben 40

Erzählen
Zum Erzählen kommen
Erzählenswertes entdecken 45
Anderen etwas erzählen 46
Erzählideen finden 47
Wahrnehmen mit allen Sinnen
Mit den Augen wahrnehmen 48
Mit den Ohren und mit der Nase wahrnehmen 49
Mit Händen und Füßen wahrnehmen 50
Mit allen Sinnen wahrnehmen 51

Erzählungen schreiben
- Geschichten zusammenbasteln 52
- Zusammenhänge erkennen 54
- Ereignisse miteinander verknüpfen 56

Erzählanfang – besonderes Ereignis – Erzählende
- Den Aufbau einer Erzählung untersuchen 58
- Eine Erzählung anfangen und beenden 62
- Erzählkerne ausgestalten 64
- Fantasiegeschichten schreiben 65

An der Sprache feilen
- Anschaulich und lebendig erzählen 66
- Den passenden Ausdruck finden 67
- Gedanken, Stimmungen und Gefühle ausdrücken 68
- Bildhafte Ausdrücke und Vergleiche verwenden 69

Nacherzählen
- Gehörtes Weitererzählen 70
- Gelesenes nacherzählen 71
- Alte Geschichten nacherzählen 72

> **Extra: Projekt**
> Einen Geschichtenbasar veranstalten 74

Darstellendes Spiel

Spielideen
- Mit dem Spiel anfangen 77
- Ohne Worte sprechen 78
- Mit Sprache spielen 80
- Stegreifspiele ausprobieren 81

Theaterszenen
- Eine Szene lesen und spielen 82
- Spielvorschläge machen 84
- Eine Szene improvisieren 86
- Eine Spielvorlage in Szene setzen 87

> **Extra: Projekt**
> Einen Theaterabend für Eltern gestalten 88

Texte und Medien

Erzählende Texte

Märchen
- Märchen erzählen 91
- Märchen erzählen und nacherzählen 92
- Märchen spielen 94
- Märchen improvisieren 97
- Märchen musikalisch umrahmen 98
- Den Aufbau eines Märchens untersuchen 100
- Märchenelemente entdecken 104
- Märchen erfinden 105

Schwankgeschichten
- Schwankgeschichten vergleichen 106
- Schwankgeschichten gliedern 108
- Schelme steckbrieflich suchen 110

Alltagsgeschichten
- Text und Bild vergleichen 112
- Eine Erzählung vorlesen 114
- Eine Erzählung gestalten 117

> **Extra: Lesen**
> 120 *Paul Maar:* Die Geschichte vom bösen Hänsel, der bösen Gretel und der Hexe
> 121 *Hans Christian Andersen:* Des Kaisers neue Kleider
> 124 *Otfried Preußler:* Die Rathausglocke
> 126 *Goscinny und Sempé:* Luise
> 129 *Franz Hohler:* Eine wilde Nacht

Lyrik: Tiergedichte

Merkmale von Gedichten
    Woraus ein Gedicht besteht 133
    Mit Reimen spielen 134
    Gereimte und ungereimte Gedichte
    wiederherstellen 136

Gestaltender Umgang mit Gedichten
    Ein Gedicht nach Vorgaben schreiben 138
    Aus Ideen ein Gedicht machen 139

Der Gedichtvortrag
    Ein Gedicht auswendig lernen
    und vortragen 140

Über Gedichte sprechen
    Ein Gedicht verstehen

> **Extra: Projekt**
> Ein Klassen-Lyrikbuch erstellen 144

> **Extra: Lesen**
> 146 *Friedrich Hoffmann:* Fliegenmahlzeit;
> *Hanna Johansen:* Ein Krokodil;
> *Christina Zurbrügg:* Einmal;
> *Joachim Ringelnatz:* Die Ameisen
> 147 *Wilhelm Busch:* Fink und Frosch;
> *Bertolt Brecht:* Die Vögel warten im
> Winter vor dem Fenster;
> *Christian Morgenstern:* Die Vogelscheuche
> 148 *Ernst Jandl:* ottos mops; auf dem land;
> *Christian Morgenstern:* Das Mondschaf
> 149 *Eva Rechlin:* In dieser Minute;
> *Thomas Rosenlöcher:* Stille;
> *Cyrus Atabay:* Freundschaft;
> *Günther Strohbach:* Verschieden
> aber zufrieden
> 150 *Susanne Kilian:* Manchmal;
> *Gerald Jatzek:* Die Zeit;
> *Renate Peter:* Fragen über Fragen;
> *Inge Meyer-Dietrich:* Wut
> 151 *Theodor Fontane:* Herr von Ribbeck auf
> Ribbeck im Havelland

Mit Sachtexten umgehen

Sachtexte erfassen
    Das Lesen üben 153
    Markierungen und Randbemerkungen
    eintragen 154
    Begriffe erklären 155

Sachtexte systematisch untersuchen
    Aufbau und Inhalt untersuchen 156
    Kernsätze und Zuordnung der Begriffe 157

> **Extra: Projekt**
> Ergebnisse präsentieren 158

Jugendbuch und Medien: Harry Potter

Das Jugendbuch
    Kenntnisse über Harry Potter testen 161
    Den Jugendbuchhelden kennen lernen 162
    Die Autorin kennen lernen 166
    Vergleich mit anderen Jugendbüchern 168

Der Film
    Über Filmkritiken sprechen 170
    Den Hauptdarsteller kennen lernen 172

Andere Medien
    Testbericht für ein Computerspiel
    untersuchen 174
    Im Internet surfen 175

Sprachreflexion

Rechtschreibung und Zeichensetzung

Rechtschreibschwierigkeiten
    Warum richtig schreiben so schwierig ist 177

Vermeidung von Rechtschreibfehlern
    Den Stamm erkennen 178
    Eine Wörterkartei anlegen 179
    Nachschlagen im Wörterbuch 180

Die Dehnung
    Wie Wörter mit langem Vokal geschrieben werden 182
    Das Dehnungs-h 183
    Das lange „i" 184
    Doppelvokale 185

Die Schärfung
    Wie Wörter mit kurzem Vokal geschrieben werden 186
    z–tz, k–ck 187

Gleich und ähnlich klingende Laute
    f-Laute 188
    k-Laute 189

Die Schreibung der s-Laute
    s-Laute werden unterschieden 190
    Wie man s-Laute schreibt 191
    Wann man s, ss oder ß schreibt 192
    Wann *das* oder *dass* geschrieben wird 193

Die Großschreibung
    Wann Verben und Adjektive großgeschrieben werden 194
    Wie Anredepronomen geschrieben werden 196

Die Silbentrennung
    Wie Wörter in Silben aufgetrennt werden können 198

Zeichensetzung
    Satzzeichen bei wörtlicher Rede und bei Aufzählungen 200

Extra: Üben
Den Stamm erkennen 202
Wie Wörter mit langem Vokal geschrieben werden 203
Wie Wörter mit kurzem Vokal geschrieben werden 205
Gleich und ähnlich klingende Laute 206
s-Laute 207
Groß- und Kleinschreibung 208
Silbentrennung 209

Wortarten

Nomen/Substantiv und Artikel
    Was Nomen leisten 211
    Wie man Nomen einteilen kann 212
    Nomen verändern sich 213
    Wie Artikel unterschieden werden 215

Das Adjektiv
    Was man mit Adjektiven machen kann 216
    Wie Adjektive gebraucht werden 217
    Welche Rolle Adjektive in Texten spielen 219

Das Verb
    Was Verben bezeichnen 220
    Verben ändern sich 221
    Welche Form das Verb haben kann 222
    Welche Zeitstufen Verben ausdrücken 224
    Wann Präsens gebraucht wird 225
    Wann Präteritum und wann Perfekt gebraucht werden 226
    Wann Plusquamperfekt gebraucht wird 227
    Wann Futur gebraucht wird 228
    Wie Verben gebraucht werden 229

Das Personal- und das Possessivpronomen
    Wofür Personalpronomen stehen 230
    Was Possessivpronomen anzeigen 231
    Wie Pronomen sich verändern 232
    Wie Pronomen zu verwenden sind 233

Die Fragewörter
    Was man mit Fragewörtern erreichen will 234
    Fragewörter verändern sich und lassen sich einteilen 235

Die Präposition
    Was Präpositionen mit Nomen machen 236
    Wie Präpositionen sich einteilen lassen 237

Sätze und Satzglieder

Der einfache Satz
    Sätze lassen sich unterscheiden 239
    Fragesätze lassen sich unterscheiden 240
    Ausrufe- und Aufforderungssätze gebrauchen 241

Satzreihe und Satzgefüge
    Wie man Haupt- und Nebensätze unterscheidet 242
    Wie Sätze verknüpft werden können 243
    Wie Haupt- und Nebensätze gebraucht werden können 244

Zeichensetzung
    Das Komma zwischen Hauptsätzen 245
    Das Komma zwischen Haupt- und Nebensatz 246
    Das Komma bei Satzreihen und Satzgefügen 247

Die Gliederung eines Satzes
    Woraus Sätze bestehen 248
    Wie man Satzglieder unterscheiden kann 250
    Wie Satzglieder gebraucht werden 251

Das Prädikat
    Was ein Prädikat leistet 252
    Wie Prädikate gebaut sein können 253

Das Subjekt
    Wie man das Subjekt erkennt 254
    Womit das Subjekt zusammenhängt 255

Der Gleichsetzungsnominativ
    Was noch zum Subjekt gehört 257

Die Objekte
    Wann man Objekte braucht 258
    Wie man Objekte erkennt und unterscheidet 259

Wortkunde

Bedeutungslehre
    Wörter mit verschiedener Bedeutung 263
    Wörter mit gleicher Bedeutung 264
    Wie man Piktrogramme und Symbole unterscheidet 265

Wortfeld und Wortfamilie
    Was Wörter verbindet 266
    Wie Wörter Familien bilden 267
    Wozu Wortfelder nützen 268

Wortbildung
    Wie Wörter zusammengesetzt werden 269

Extra: Üben Grammatik
Nomen verändern sich 272
Wie Adjektive gebraucht werden 273
Welche Zeitstufen Verben ausdrücken 274
Sätze lassen sich unterscheiden 275
Satzglieder umstellen 276
Satzglieder erkennen und anwenden 278

Nachschlagen

Nachschlagen 280
Methodenlexikon 297
Sachregister 299
Textquellen 301
Bildquellen 304

Verzeichnis der Textsorten

Berichte/Beschreibungen
Ung. Verf.: Biikebrennen 35
M. Hoff-Holtmanns: Harry Potter und der Stein der Weisen 171
Ung. Verf.: Wer die wichtigste Person im Film spielt … 172
Ung. Verf.: Spieletest: Harry Potter als Computer-Spiel 174
Ung. Verf.: Löst Cola Fleisch auf? 247

Bildergeschichten
H. Kossatz: Vater Kaiser und Dackel Willi 56

Erzählungen/Kurzprosa
U. Kant: Der Geschichtenmacher 54
I. Brender: Konstanzemarie 58
R. Ziegler: Dschonghi und der Computer 60
H. Manz: Stehen gelassen 68
F. Hohler: Die feindlichen Schrauben 70
V. Dragunskij: Es ist lebendig und leuchtet 112
J. Richter: Die Kellerkatze 114
G. Pontiggia: Das Versteck 117
Goscinny und Sempé: Luise 126
F. Hohler: Eine wilde Nacht 129
J. Guggenmos: Der Maler Max 259
R. Schami: Erzähler der Nacht 273
M. Pressler: Die Puppe 274

Gedichte
U. Timm: Erziehung 27
H. Domin: Das Gefieder der Sprache 132
Chr. Busta: Begegnung im Regen 133
G. Rutsch: Tierisches 134
Fr. Hoffmann: Fliegenmahlzeit 135
H. Johansen: Ein Krokodil 136
Chr. Zurbrügg: Einmal 137
J. Guggenmos: Herr Matz und die Katze 139
Chr. Morgenstern: Möwenlied 140
J. Krüss: Unkenmunkel oder das Munkel-U 141
H. Glantschnig: Tintenfisch und Tintenfrau 142
Chr. Nöstlinger: Karpfenschuppe 142
Chr. Meckel: Goldfisch 143
M. Klare: Katz und Maus 145
F. Wittkamp: Kratze Katze 145
J. Ringelnatz: Die Ameisen 146
W. Busch: Fink und Frosch 147
Chr. Morgenstern: Die Vogelscheuche 147
B. Brecht: Die Vögel warten im Winter vor dem Fenster 147
E. Jandl: auf dem land 148
E. Jandl: ottos mops 148
Chr. Morgenstern: Das Mondschaf 148
E. Rechlin: In dieser Minute 149
Th. Rosenlöcher: Stille 149
C. Atabay: Freundschaft 149
G. Strohbach: Verschieden, aber zufrieden 149
S. Kilian: Manchmal 150
R. Peter: Fragen über Fragen 150
G. Jatzek: Die Zeit 150
I. Meyer-Dietrich: Wut 150
Th. Fontane: Herr von Ribbeck auf Ribbeck im Havelland 151
J. Krüss: Das Feuer (Ausschnitt) 229
H. Erhardt: Die Tänzerin 245
A. Roda Roda: Stille Betrachtung 263

Jugendbuchauszüge
M. Twain: Tom und der Neue 24
E. Kästner: Die drei Byrons 42
J. K. Rowling: Harry bei den Dursleys 162
J. K. Rowling: Die Wahrheit über Harry 162
J. K. Rowling: Harry in der Zauberwelt 163
J. K. Rowling: Ein Abenteuer von Harry, Ron und Hermine 164
M. Twain: Das fröhliche Lager der Ausreißer 219
P. Härtling: Oma 226
Chr. Nöstlinger: Ein schreckliches Kind 227
C. Storr: Der Junge mit dem Schwan 272

Märchen

J. u. W. Grimm: Fundevogel 92
Ung. Verf.: Fiddiwau 94
Ung. Verf.: Der Prinz mit den Eselsohren 98
J. u. W. Grimm: Die sieben Raben 100

P. Maar: Die Geschichte vom bösen
    Hänsel, der bösen Gretel und der Hexe 120
H. Chr. Andersen: Des Kaisers neue Kleider 121
J. u. W. Grimm: Die schöne Müllerstochter 212
J. u. W. Grimm: Das jüngste Geißlein erzählt 256

Sachtexte/Lexikontexte

Ung. Verf.: Igel 133
Ung. Verf.: Kletterwettkämpfe 153
Ung. Verf.: Der Eisvogel 154
Ung. Verf.: Schmetterlinge 156
Ung. Verf.: Der Löwe 215

Schülertexte

Ung. Verf.: Endlich anfangen! 13
Felix: Der Jongleur 41
Tina: Tinas Erzählung 46
Ung. Verf.: Sophies Erlebnisse im
    Deutschunterricht 66
Kai: Das müsst ihr unbedingt lesen! 71
Maximilian/Hendrik: Kleiner Freund 133
Peter, Clara, Kezia, Giordano: Elfchen 138
Jasmin K.: Elfchen 145
Ung. Verf.: Inhaltsangabe „Harry Potter" 168
Ung. Verf.: Was Kinder über den Harry-
    Potter-Film sagen… 170

Schwankgeschichten/Lügengeschichten

G. A. Bürger: Des Freiherrn von Münchhausens
    russische Reitergeschichte 72
H. Bote: Wie Eulenspiegel in Magdeburg verkünde-
    te, vom Rathauserker fliegen zu wollen 73
Ung. Verf.: Hodscha Nasreddin beantwortet
    vierzig Fragen auf einmal 106
Ung. Verf.: Vom schlauen Mulla Apandi 106
J. P. Hebel: Der verwegene Hofnarr 107
Ung. Verf.: Von der klugen Tochter 108
J. P. Hebel: Das Mittagessen im Hof 109
E. Kästner: Erziehung in einem Tag oder
    gar nicht 110
H. Bote: Wie ein Holländer aus einer Schüssel
    einen gebratenen Apfel aß… 111
O. Preußler: Die Rathausglocke 124

Spielvorlagen

A. Wendt: Der Vogelkopp.
    In der Hutziehstraße (2. Szene) 82
A. Wendt: Der Vogelkopp.
    Vor dem Throne (8. Szene) 84
A. Wendt: Der Vogelkopp.
    Im Kerker (9. Szene) 85

Zeitungstexte

Ung. Verf.: Zwei Schüler bergen
    einen Goldschatz 64
Ung. Verf.: „Gänsemarsch" durch
    die Innenstadt 64
Ung. Verf.: Neunjähriger verteilt Banknoten 64
Ung. Verf.: Vierjähriger überlebt Sturz
    aus dem 7. Stock 105

METHODEN LERNEN

Das Lernen lernen

Bei mir sitzt der Hase auf dem Schreibtisch.

Ich habe meine Tipps an die Wand gepinnt, und du?

Hast du heute Nachmittag Zeit?

Ich weiß gar nicht, wann ich meine Hausaufgaben machen soll.

Mir schwirrt der Kopf.

Einen Platz zum Arbeiten einrichten 11

Mein Arbeitsplatz zu Hause

Viele haben einen eigenen Arbeitsplatz zu Hause, aber nicht alle arbeiten tatsächlich dort.

1. Schau dir das Foto an: Was entdeckst du?
2. Sammelt Ideen, wie euer Arbeitsplatz eingerichtet sein sollte.
3. Wähle aus der folgenden Liste die Dinge aus, die du für wichtig hältst:

> Lampe – Schere – Pinnwand – Kleber – Locher – Fernseher – großer Terminkalender – Turnbeutel – Spitzer – Buntstifte – Hamsterfutter – Schreibblock – Zirkel – Schmierpapier – Stundenplan – Tennisschläger – Papierkorb – CDs – ganz warmer Raum – Kassettenrekorder – Butterbrote – Schreibtischstuhl – kleine Notizzettel – Lesezeichen – Ball – Rechtschreibwörterbuch – Musik – Tintenpatronen – Regal – Kuscheltiere – frische Luft – Fremdsprachenwörterbuch – Bonbons – Hocker – Postkartensammlung …

4. Nicht alle Kinder haben ein eigenes Zimmer und einen eigenen Schreibtisch. Tauscht euch aus, wie und wo ihr am liebsten arbeitet.

Den Kopf frei machen

> Bloß keinen Fehler machen! Ich kann eben keine Rechtschreibung! Ich schaffe das nicht! Das wird bestimmt wieder eine 5! Was soll nur aus dir werden! Ist das langweilig!

> Wenn ich es mir vornehme, schaffe ich es! Ich habe schon viel Schwierigeres geschafft! Übung macht den Meister! Ich bin gut vorbereitet! Aus Fehlern kann ich auch etwas lernen.

1. Welche Miesmachersprüche kennst du?
2. Spielt folgendes Spiel: Ihr setzt euch zu zweit gegenüber: Der eine ist der Miesmacher, der andere der Mutmacher. Wer gewinnt?
   Beispiel:

TIPP
Hänge deine persönlichen Mutmacher-Sprüche an deinem Arbeitsplatz auf! Lege dir einen Mutmachspruch ins Federmäppchen oder dahin, wo du ihn oft siehst.

A: Ich habe vor der Arbeit solche Angst! Ich kann mir einfach nichts merken.

B: Das letzte Diktat hast du doch auch geschafft! Versuche es doch mal mit kleinen Textausschnitten.

3. Schreibe dir die fünf besten Mutmacher-Sprüche auf Kärtchen und bewahre sie gut auf. Verschenke einen Spruch, wenn du merkst, dass jemand in der Klasse ihn braucht.

Endlich anfangen! *Schülertext*

„Jetzt ist es so weit, ich kann die Arbeit nicht mehr hinausschieben. Anfangen! Jetzt! Ich muss noch zum Training und vorher noch ein Heft kaufen. Einen Aufsatz schreiben, Matheaufgaben, für Erdkunde etwas im Atlas suchen und Vokabeln lernen, alles jetzt, sonst schaffe ich es nicht mehr. Was zuerst? Ich hole mir erst mal was zu trinken. Ich muss auch dringend noch mit Malte telefonieren. Ob er schon fertig ist? So ein Berg Hausaufgaben! Anfangen! Erst mal telefonieren…"

4. Unterhaltet euch über den Text und sprecht darüber, wie ihr anfangt: Gebt euch gegenseitig Tipps.

- Ich fange gleich an, damit ich bald raus kann.
- Ich lege mir alles auf dem Tisch zurecht, was zu tun ist.
- Ich ruhe mich erst einmal aus.
- Ich fange mit dem an, was mir am meisten Spaß macht.
- Ich fange mit dem Leichtesten an.

Sich in Arbeitslaune versetzen

- Ich belohne mich hinterher selbst, wenn ich gut gearbeitet habe.
- Ich setze mir eine feste Zeit, zu der ich spätestens fertig sein möchte.
- Ich male mir aus, wie froh ich bin, wenn ich bald alles erledigt habe.

5. Welcher Tipp bringt dich in Arbeitsstimmung? Überlege weitere Tipps und schreibe sie auf Kärtchen.
6. Klebt die Kärtchen mit den besten Ideen auf ein **Plakat** und hängt es im Klassenzimmer auf.

Lernplakat → S. 297

Verschiedene Lernwege nutzen

Wir behalten

A so viel von dem, was wir lesen.

B so viel von dem, was wir hören.

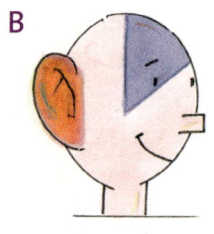

C so viel von dem, was wir sehen.

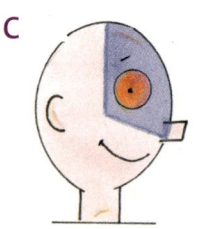

D so viel von dem, was wir hören und sehen.

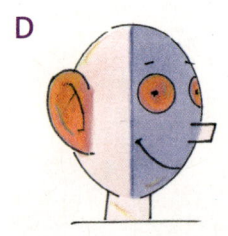

E so viel von dem, was wir selber sagen.

F so viel von dem, was wir selber tun.

Beispiele für verschiedene Lernwege

1 Die Lehrerin erzählt etwas zum Thema.
2 Beim Lernen gehe ich mit dem Buch im Zimmer herum und lese dabei laut.
3 Ich sehe mir eine Zeichnung an.
4 Die schwierigen Wörter schreibe ich mir auf.
5 Ich lege mir eine Tabelle zu dem Text an.
6 Der Text wird in der Klasse laut vorgelesen.
7 Vor meinem inneren Auge sehe ich die richtige Schreibweise eines Wortes.
8 Ich schreibe mir einen Spickzettel.
9 Das Gedicht spreche ich auf eine Kassette. Ich höre sie so oft ab, bis ich es auswendig kann.
10 In der Bücherei sammele ich Material zum Thema.
11 Der Lehrer legt eine Folie auf.
12 Ich erkläre anderen die Sache.
13 Ich lese mir den Text durch.
14 Ich sehe mir eine Ausstellung an.

1. Ordne die Sätze den Köpfen zu.
2. Welche weiteren Lernwege kennst du noch? Denke auch an verschiedene Unterrichtsfächer.
3. Welche Lernwege hast du bisher vor allem benutzt? Welche könntest du auch noch ausprobieren?

Sich leichter etwas merken 15

Nichts vergessen!

Hier findest du Vorschläge von Schülerinnen und Schülern, wie sie sich etwas merken können, was sie auf keinen Fall vergessen wollen.

Ich stelle mir ein Bild vor: Mein Zahnarzt fährt mit dem Fahrrad und einem Buch auf dem Kopf und einem Brot unterm Arm über den Marktplatz: d. h., nach dem Zahnarzttermin muss ich meine Bücher in der Bücherei abgeben und bei der Bäckerei am Markt Brot kaufen.

Ich packe meine Schulsachen für den nächsten Tag immer gleich, sobald ich meine Hausaufgaben erledigt habe! Dabei gucke ich auf den Stundenplan.

Ich habe einen Terminkalender, in den ich Wichtiges eintrage.

Ich lege mir immer eine **Checkliste** an, hänge sie an meiner Pinnwand am Schreibplatz auf und kontrolliere damit Schritt für Schritt.

Checkliste → S. 297

---

4. Mit welchem Erinnerungstrick hast du gute Erfahrungen gemacht?
5. Verratet euch gegenseitig weitere Tricks. Ihr könnt sie auch zeichnen.
6. Suche dir den Trick aus, den du in der nächsten Zeit ausprobieren willst.

Wichtiges auf einer „Merkhand" notieren

7. Male die Umrisse deiner Hand auf ein Blatt. Schreibe in jeden Finger deiner Hand hinein, was du nicht vergessen willst.

(Merkhand mit Einträgen: neuen Merktrick ausprobieren, Hausaufgabenheft anlegen, Zahnarzttermin)

TIPP
Eine „Merkhand" kannst du dir für alles anlegen, was du dir merken willst. Gut geht das auch für „Faustregeln".

TIPP
Oft fällt dir das Wichtige schon ohne Blick auf das Blatt ein, wenn du auf deine Hand guckst.

Zeit für Hausaufgaben

Das folgende Schaubild zeigt, wie sich bei den meisten die Leistungsfähigkeit über Tag und Nacht hin verändert.

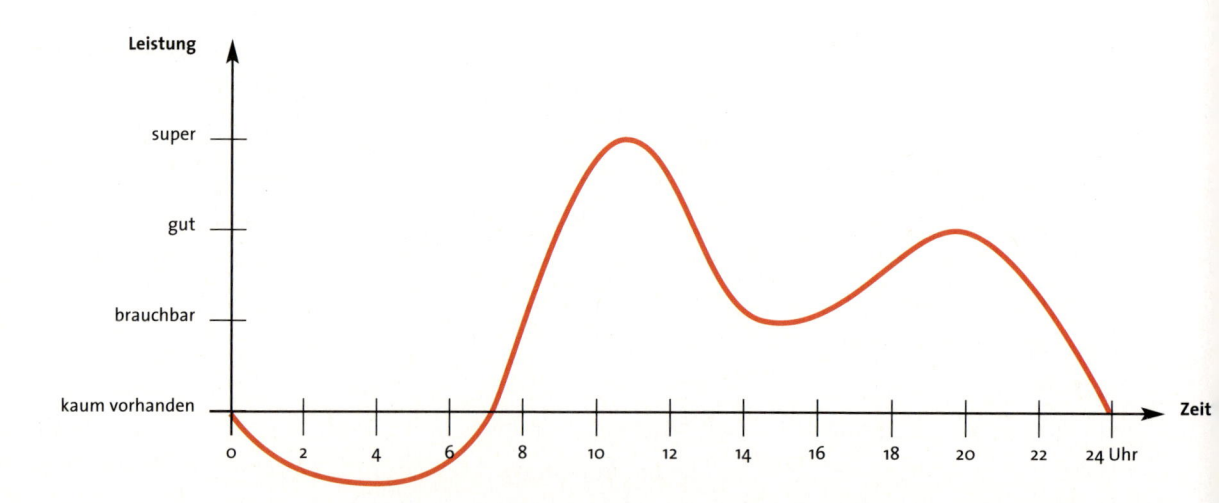

1. Betrachte das Schaubild. Was erkennst du?
2. Zeichne die Tabelle in dein Heft und trage ein, was du heute zu welchem Zeitpunkt alles machst.
3. Vergleicht eure Tageskurven. Sprecht darüber.
4. Zu welcher Zeit kannst du am günstigsten Hausaufgaben machen? Welche Zeiten sind besonders ungünstig?

Zeit für alles finden

Zeit	Montag	Dienstag	Mittwoch	Donnerstag	Freitag
14.00					
15.00					
16.00					

5. Entwirf einen Wochenplan für dich, in dem du notierst, wann du normalerweise an den Wochentagen Hausaufgaben machst und wann du Zeit für anderes hast.

So viel zu tun!

Manchmal hat man das Gefühl, dass ein Nachmittag für die ganzen Hausaufgaben nicht ausreicht. Um zu überprüfen, ob das Gefühl zutrifft, kannst du einen Zeitplaner ausprobieren.

Aufgabe	Geschätzte Zeit	Tatsächliche Dauer	Grund für die Abweichung?
Gedicht auswendig lernen	1 Stunde	15 Minuten	Zu zweit gelernt

6. Fertige dir selber einen Zeitplaner an, in den du die geschätzte Zeit und die tatsächlich benötigte Zeit für die heutigen Hausaufgaben einträgst.
7. Probiere den Zeitplaner eine Woche lang aus. Besprecht eure Erfahrungen.

Lernen mit Pausen: Ein Experiment

In einem Experiment könnt ihr ausprobieren, wie kurze Pausen wirken. Jeder in der Klasse hat die gleiche Aufgabe, für sich allein innerhalb von 10 Minuten alle kleinen e-, f- und r-Buchstaben gesondert im Buch von S. 121 bis S. 123 zu zählen. Teilt die Klasse in drei Zufallsgruppen, die ihre Pausen unterschiedlich machen.

Gruppe A	Gruppe B	Gruppe C
Alle arbeiten 10 Minuten ohne Pause durch.	Alle legen zwischendurch zwei Minuten Pause ein.	Alle machen dabei zwei Mal eine Minute Pause.

Ermittelt dann ein Gruppenergebnis für alle aus der gleichen Gruppe und vergleicht es mit den Ergebnissen der anderen. Welche Gruppe ist am weitesten gekommen? Welche hat dabei die wenigsten Fehler gemacht?

8. Führt das Experiment in der Klasse durch. Welche Schlüsse könnt ihr daraus ziehen für eure Arbeit?

Hausaufgabentipps der 5a

Die Klasse 5a hat eine Wandzeitung erarbeitet, auf der sie die folgenden Tipps für die Hausaufgaben zusammengestellt hat:

A immer am gleichen Platz arbeiten

B in kleinen Portionen

C Überblick verschaffen, was zu tun ist

D Aufgaben in überschaubare Portionen einteilen

E mit etwas Leichtem beginnen

F mündliche und schriftliche, leichte und schwierige Aufgaben abwechseln

G alles Material zurechtlegen

H Hausaufgaben auf kleinen Zetteln notieren, nach der Reihenfolge sortieren und nach und nach die Zettel wegwerfen

I Hausaufgaben möglichst noch am gleichen Tag erledigen

J Aufgaben auf verschiedene Tage verteilen

K sich selbst belohnen

L Hausaufgabenheft benutzen

M Erholungspause machen

N feste Gewohnheiten schaffen

O von der Wichtigkeit der Aufgabe überzeugt sein

P Zeit für Wiederholungen einplanen

Q geeigneten Zeitpunkt festlegen

1. Welche Hausaufgabentipps wählst du für dich aus? Sage den anderen, warum.
2. Kennst du weitere Tipps?
3. Welche Tipps möchtest du in der nächsten Zeit ausprobieren? Schreibe sie dir auf eine „Merkhand" (s. S. 15).

Helfer bei den Hausaufgaben

Terminchaos
Heute hast du es eilig. Du konntest deine Musikstunde nicht verlegen, deine Freundin feiert ihren Geburtstag und du hast so viel Hausaufgaben auf. Ob Mama hilft?

Vergessen
Die Stunde fängt an! Jetzt fällt es dir ein: Du hast deine Hausaufgaben, einen Aufsatz, vergessen, einfach vergessen. Was tun?

Fragen kostet nichts
„Was ist denn ein Adjektiv?" „Ist das so richtig?" „Wie geht denn das hier?" Langsam wir deine Mutter unruhig durch deine Fragerei: „Ich bin doch kein Auskunftsbüro!"

Schlamperei
„Das kann doch kein Mensch lesen!" Der Vater schüttelt den Kopf, als er dir über die Schulter guckt. „Das musst du wohl noch einmal abschreiben. Zeig doch mal das Heft. Ich glaube, da muss ich wohl häufiger hineinsehen, was?"

Nicht verstanden
Du hast deine Hausaufgaben in Deutsch, eine Grammatikübung, nicht gemacht, weil du den Stoff noch nicht verstanden hast. Die Stunde rückt näher…

Darf's ein bisschen mehr sein?
„Das nächste Diktat muss besser werden", findet dein Vater. „Das wäre doch gelacht, wenn wir das nicht schaffen, was? Lass uns mal zusammen üben. Hier, ich habe da gerade einen netten Text in der Zeitung gefunden."…

Das ist zu viel
Herr Neumann gibt immer so viel auf! Das finden alle in der Klasse! Heute will er wieder einen ganzen Aufsatz zu morgen schreiben lassen. Was tun?

4. Sucht euch Situationen, die ihr gut kennt, für **Rollenspiele** heraus. Ihr könnt euch auch eigene ausdenken. Rollenspiel → S. 298
5. Spielt die Situationen mehrfach durch, um verschiedene Lösungen zu erproben. Welche Vor- und Nachteile haben eure Lösungen?
6. Wo findest du Hilfen, wenn du mal mit den Hausaufgaben nicht weiterkommst?

SPRECHEN UND SCHREIBEN

Miteinander sprechen

Nachschlagen → S. 280

Gesprächsanlässe und Gesprächsregeln

Die neue Schule – ein Gespräch in der Klasse

Frau May, die Klassen- und Deutsch-Lehrerin der 5b, möchte mit den Schülerinnen und Schülern nach einem Vierteljahr in der neuen Schule über folgende Frage sprechen: Was gefällt euch in der neuen Klasse und was gefällt euch nicht?

Jens	(spricht sofort los, ohne sich zu melden) Also ich finde es langweilig, wie Sie mit uns die „Vorstadtkrokodile"…
Julia	(unterbricht ihn) Ich find nicht gut, dass die Jungens die Mädchen immer ärgern.
Frau May	Julia, kannst du das nachher noch mal sagen? Es interessiert mich, was Jens sagen wollte. Ihr solltet euch aber melden, Jens, und den anderen nicht unterbrechen, Julia. Also Jens, was wolltest du sagen?
Jens	Wie wir das immer alles so durchkauen in dem Buch, das finde ich blöd.

10	Yannik	(sitzt in der letzten Bank) Ich verstehe überhaupt nichts.
	Frau May	Sprecht doch bitte laut und deutlich, dass alle euch verstehen können. – Sehen die anderen das auch so wie Jens?
		(Lauter Geräuschpegel in der Klasse. Laila, Felix und Daniel sprechen gleichzeitig in die Klasse.)
15	Frau May	Bitte seid ruhig und meldet euch.
	Laila	(schweift ab) Ich finde den Sportunterricht bei Frau Erler ganz mies. Die macht mit uns nur Geräteturnen.
	Frau May	Antwortet doch bitte noch auf meine Frage. Sehen die anderen das genauso wie Jens? Findet ihr die Lektüre der „Vorstadtkrokodile"
20		auch langweilig?
	Felix	„Harry Potter" ist doch ein viel tolleres Buch als „Die Vorstadtkrokodile". Außerdem gibt es einen Superfilm davon.
	Frau May	Ich kenne das Buch auch, aber jetzt sprechen wir über „Die Vorstadtkrokodile". Daniel, was hältst du von der Meinung Jens'?
25	Daniel	Finde ich nicht gut, was Jens gesagt hat.
	Frau May	Kannst du das genauer erklären und begründen.
	Daniel	Nee!
	Frau May	Können die anderen vielleicht Daniel helfen?
		(Keine Antwort)
30	Frau May	Ich finde es wichtig, dass ihr eure Meinungen auch begründen könnt. – Wechseln wir das Thema. Julia, du hast dich über die Jungs beschwert. Du hast gesagt, dass sie die Mädchen immer ärgern.
	Marcel	(dazwischen) Die hat immer was zu meckern.
35	Frau May	Marcel, Julia ist dran.
	Julia	Sie ärgern uns, weil wir die Hausaufgaben gemacht haben. „Streberinnen, Streberinnen", schreien sie immer.
	Neco	Stimmt ja gar nicht, stimmt ja gar nicht, ihr ärgert uns, weil wir manchmal von euch die Hausaufgaben abschreiben wollen. Und
40		dann stellt ihr euch immer so an und schreit „Faulis, Faulis."
	Yannik	Wir haben sowieso immer viel zu viel Hausaufgaben auf.
	Frau May	Darüber können wir extra noch mal sprechen. – Mich interessiert, wie die Klasse ganz allgemein über das gegenseitige Ärgern denkt.
		(Die Klasse ist still. Keiner meldet sich.)
45	Frau May	O.k.! Denkt darüber zu Hause nach und schreibt euch auf, was euch dazu einfällt. Wer möchte, kann uns morgen dann seinen Aufschrieb vorlesen. Und wir diskutieren drüber.

1. Was läuft eurer Meinung nach bei diesem Klassengespräch alles schief?
2. Stellt Regeln für ein gut laufendes Klassengespräch auf und hängt sie in eurer Klasse auf.

Gesprächsübung – ein Beobachtungsspiel

1. Gesprächsgruppen bilden
Bildet verschiedene Gesprächsgruppen: möglichst Mädchen und Jungen gemischt und nicht mehr als 6 Teilnehmer. Jede Gruppe wählt einen Gesprächsleiter und einen Beobachter.

Weitere Themen für Klassengespräche:
- Wohin soll unser erster Klassenausflug führen?
- Wir stellen eine Klassenordnung auf.
- Welche Bücher wollen wir in die Leseliste aufnehmen?
- Wie wollen wir unseren Klassenraum ausgestalten?
- …

2. Gesprächsthema wählen
Zu Beginn eurer Gruppenarbeit wählt ihr das genaue Gesprächsthema. Es kann wieder „Die neue Schule" sein. Ihr könnt noch einmal darüber sprechen, was euch in der neuen Klasse nicht gefällt. Ihr könnt aber auch darüber sprechen, was euch gefällt, etwa über ein bestimmtes Fach, das für euch besonders interessant ist. Ihr könnt aber auch ein anderes Thema wählen.

3. Gesprächsrunde durchführen
Der Gesprächsleiter bestimmt die Reihenfolge der Gesprächsbeiträge. Der Beobachter hat die Aufgabe einen Fragebogen auszufüllen. Dabei kann er sich Notizen machen. Er darf sich aber nicht am Gespräch beteiligen.

Fragebogen für den Beobachter

1. Haben die Teilnehmer die Beiträge durch Melden angezeigt?　　　　　　　　　gar nicht ■　wenig ■　viel ■　sehr viel ■
2. Haben die Teilnehmer deutlich gesprochen und verständlich formuliert?　　　　gar nicht ■　wenig ■　viel ■　sehr viel ■
3. Sind die Teilnehmer beim Thema geblieben?　gar nicht ■　wenig ■　viel ■　sehr viel ■
4. Konnte der Einzelne ausreden und wurde ihm zugehört?　　　　　　　　　　　gar nicht ■　wenig ■　viel ■　sehr viel ■
5. Gingen die Teilnehmer aufeinander ein?　　　gar nicht ■　wenig ■　viel ■　sehr viel ■
6. Haben die Teilnehmer ihre Meinungen begründet?　gar nicht ■　wenig ■　viel ■　sehr viel ■

1. Führt das Beobachtungsspiel durch.

Nachschlagen → S. 280

INFO
- **Gespräche** erfolgen aus bestimmten Anlässen und haben in der Regel ein bestimmtes **Thema**.
- **Gespräche** unterliegen, wenn sie erfolgreich sein sollen, ganz bestimmten **Regeln**.

Gesprächsformen

Nachschlagen → S. 280

Hund oder Katze?

Vater, Mutter, die 10-jährige Katrin, der 11-jährige Alexander und der 14-jährige Philipp diskutieren über die Frage: Sollen wir uns einen Hund oder eine Katze zulegen?

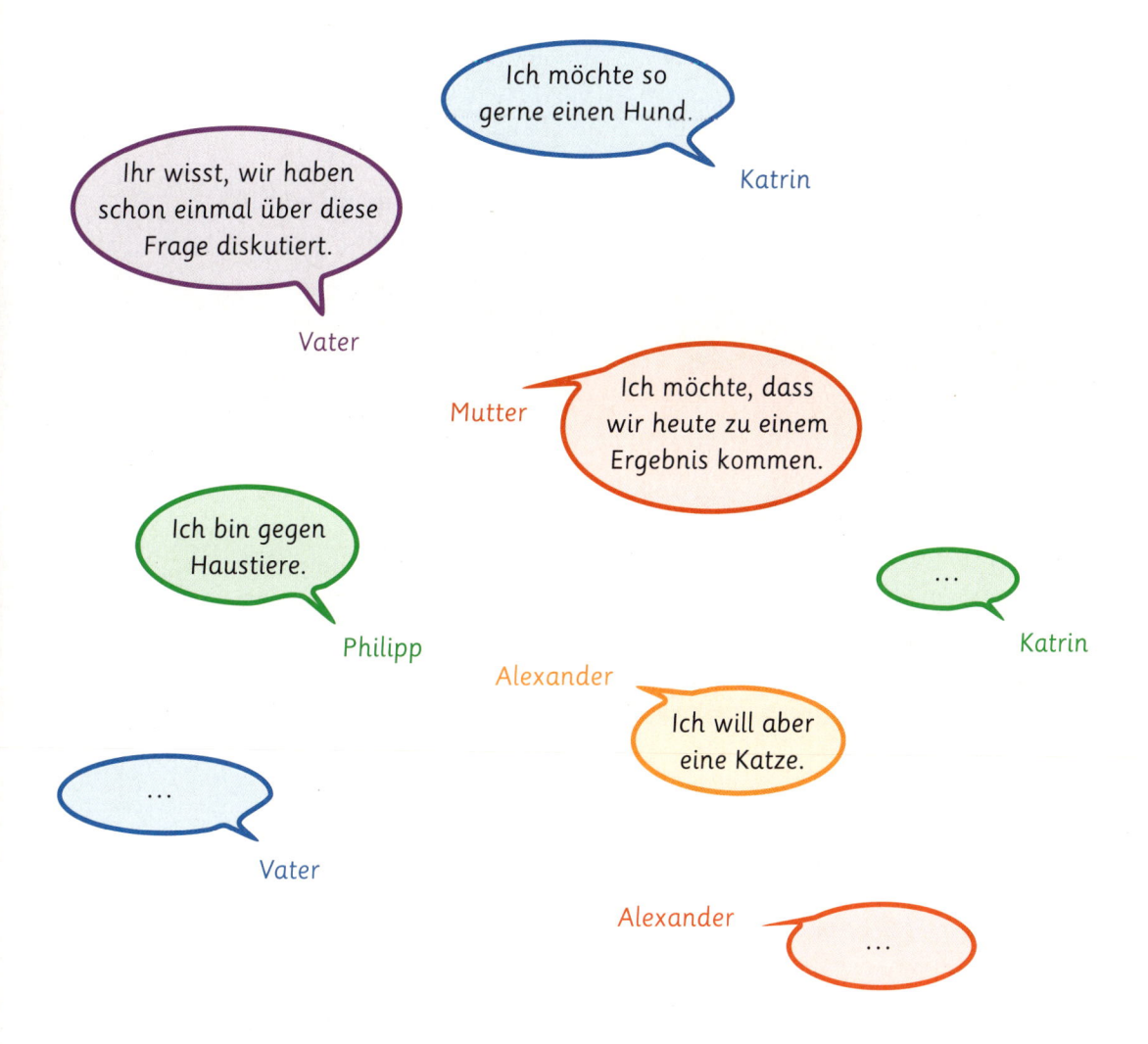

- Katrin: Ich möchte so gerne einen Hund.
- Vater: Ihr wisst, wir haben schon einmal über diese Frage diskutiert.
- Mutter: Ich möchte, dass wir heute zu einem Ergebnis kommen.
- Philipp: Ich bin gegen Haustiere.
- Katrin: …
- Alexander: Ich will aber eine Katze.
- Vater: …
- Alexander: …

1. Bringe die Gesprächsbeiträge in eine vernünftige Reihenfolge. Fülle dabei die Lücken auf.
2. Spielt diese Szene und führt die Diskussion so weiter, dass am Ende ein Ergebnis erzielt wird. Bedenke dabei, dass die Gesprächsteilnehmer ihre Meinungen begründen sollten.

Tom und der Neue *Mark Twain*

Aus: Mark Twain: Tom Sawyers Abenteuer

In den kleinen Ort St. Petersburg in Missouri ist ein Junge aus der Stadt zugezogen. Der Textausschnitt schildert die erste Begegnung zwischen Tom und dem Neuen.

[…] Keiner der beiden Jungen sprach. Sobald sich der eine bewegte, bewegte sich auch der andere – jedoch nur seitwärts, im Kreis herum. Sie hielten ohne Unterlass das Gesicht einander zugewendet und maßen sich mit Blicken.

5 Endlich sagte Tom: „Dich kann ich verdreschen!"
„Versuch's doch – das möchte ich sehn."
„Kann ich, ganz klar."
„Nein, das kannst du nicht."
„Doch, kann ich schon."
10 „Nein, das kannst du nicht."
„Kann ich wohl."
„Kannst du nicht."
„Kann ich."
„Nicht."
15 Eine unbehagliche Pause. Dann sagte Tom: „Wie heißt du?"
„Geht dich nichts an, du."
„Ich wird dir schon zeigen, dass es mich was angeht."
20 „Na, warum tust du's denn nicht?"
„Wenn du noch viel sagst, werd ich's."
„Viel – viel – viel! Bitte!"
„Hältst dich wohl für besonders schlau, was? Wenn ich wollte, könnt ich dich mit einer Hand runterkriegen."
25 „Warum machst du's denn nicht? Du sagst doch, du kannst's."
„Wenn du mich noch lange anödest, mach ich's."
„Mensch – da sind mir schon ganz andere untergekommen!"
„Kommst dir wer weiß wie vor, was? Und erst der Deckel, den du aufhast!"
„Wenn er dir nicht gefällt, musst du dich eben dran gewöhnen. Versuch's nur
30 und schlag ihn runter; jeder, der das versucht, kann aber vorher seine Knochen nummerieren."
„Du Lügenmaul."
„Selber eins."
„Du bist ein Großmaul und feige!"
35 „Ach, Mensch, hau ab."
„Du, wenn du mir noch lange frech kommst, dann nehm ich einen Stein und knall ihn dir gegen die Birne!"
„Na, bestimmt tust du das!"
„Tu ich auch."

„Na, warum machst du's denn nicht, wozu erzählst du denn bloß, du willst's machen? Warum machst du's denn nicht? Bloß, weil du Angst hast!"
„Hab keine Angst."
„Doch."
„Nein!"
„Doch!"
Wieder eine Pause, wieder gegenseitiges Anstarren und seitliches Umkreisen. Auf einmal standen sie Schulter an Schulter. Tom sagte: „Weg hier!"
„Selber weg hier!"
„Denk gar nicht dran."
„Ich erst recht nicht." Sie standen da, jeder als Stütze einen Fuß zur Seite gestemmt, beide aus Leibeskräften schiebend und einander hasserfüllt anstarrend. Keiner vermochte jedoch die Oberhand zu gewinnen.
Nachdem sie gekämpft hatten, bis sie heiß und hochrot waren, ließen beide voll vorsichtiger Wachsamkeit in ihren Anstrengungen nach, und Tom sagte: „Ein Feigling bist du und ein Fatzke. Ich sag's meinem großen Bruder, der kann dich um den kleinen Finger wickeln, und ich sag's ihm, dass er's auch machen soll."
„Auf deinen großen Bruder pfeif ich. Ich hab einen Bruder, der noch viel größer ist, der wirft ihn wie nichts über den Zaun da." – (Beide Brüder existieren nur in der Einbildung.)
„Du lügst."
„Wenn du's sagst, noch lange nicht."
Tom zog mit dem großen Zeh einen Strich in den Staub und sagte: „Einen Schritt da drüber, und ich verdresche dich, bis du nicht mehr stehen kannst. Wer's wagt, ist ein toter Mann." Sofort trat der Neue über den Strich und sagte: „Du hast gesagt, du machst's, jetzt wolln wir mal sehen, wie du's machst."
„Komm mir nicht zu nahe, pass ja auf, du!"
„Du hast doch gesagt, du machst's, warum machst du's denn nicht?"
„Donnerwetter, für zwei Cent mach ich's wirklich."
Der Neue nahm zwei große Kupfermünzen aus der Tasche und hielt sie ihm verächtlich hin. Tom schlug sie ihm aus der Hand. Im nächsten Augenblick wälzten sich die beiden Jungen im Dreck, kollerten, wie zwei Katzen ineinander verkrallt, umher, rissen sich gegenseitig am Haar, zerrten sich an den Kleidern, zerbleuten und zerkratzten einander die Nase und bedeckten sich mit Schmutz und Ruhm.
„Sag: genug!" Toms Fäuste trommelten weiter. Endlich ließ der Fremde ein ersticktes „Genug" vernehmen; Tom erlaubte ihm aufzustehen und sagte: „Dir werd ich das schon lernen. Das nächste Mal pass lieber auf, wen du anödest."

1. Wie läuft das Streitgespräch ab? Achte darauf: Worum wird gestritten? Wer hat den Streit angefangen, wie verläuft er, wie geht er aus?
2. Entwirf selbst ein Gespräch, in dem du mit jemandem streitest.

Im Hutladen *Karl Valentin*

Verkäuferin	Guten Tag. Sie wünschen?
Valentin	Einen Hut.
Verkäuferin	Was soll das für ein Hut sein?
Valentin	Einer zum Aufsetzen.
Verkäuferin	Ja, anziehen können Sie niemals einen Hut, den muss man immer aufsetzen.
Valentin	Nein, immer nicht – in der Kirche zum Beispiel kann ich den Hut nicht aufsetzen.
Verkäuferin	In der Kirche nicht – aber Sie gehen doch nicht immer in die Kirche.
Valentin	Nein. Nur da und hie.
Verkäuferin	Sie meinen nur hie und da!
Valentin	Ja. Ich will einen Hut zum Auf- und Absetzen.
Verkäuferin	Jeden Hut können Sie auf- und absetzen! Wollen Sie einen weichen oder einen steifen Hut?
Valentin	Nein, einen grauen. […]

1. Was ist ungewöhnlich an diesem Gespräch?
2. Denkt euch weitere Geschäfte aus und führt zu zweit Einkaufsgespräche in der Klasse.

Wie man hier einkauft
1. Nicht abschweifen!
2. …
3. …

Vorsorge!

Die Verkäuferin hat sich über ihren Kunden Valentin geärgert. Am nächsten Tag hängt an der Tür des Hutladens ein Schild:

3. Welche weiteren Regeln für ein erfolgreiches Einkaufsgespräch könnten auf dem Schild stehen?

INFO

Nachschlagen → S. 280

- Es gibt unterschiedliche Arten von Gesprächen: z. B. **Streitgespräche**, **Diskussionen**, **Einkaufsgespräche**.
- Oft unterliegen sie ganz bestimmten **Regeln** (wie z. B. die Diskussion und das Einkaufsgespräch).

Sprechabsichten

> Nachschlagen → S. 280

Erziehung *Uwe Timm*

Lass das
komm sofort her
bring das hin
kannst du nicht hören
5 hol das sofort her
kannst du nicht verstehen
sei ruhig
fass das nicht an
sitz ruhig
10 nimm das nicht in den Mund
schrei nicht
stell das sofort wieder weg

pass auf
nimm die Finger weg
15 sitz ruhig
mach dich nicht schmutzig
bring das sofort wieder zurück
schmier dich nicht voll
sei ruhig
20 lass das

wer nicht hören will
muss fühlen

1. Lies den Text vor. Wie verstehst du diese Aufforderungen?
2. Wer macht solche Aufforderungen?

Familiengespräche

A *Sohn zum Vater:*
Du unterbrichst mich schon wieder.

B *Mutter zum Vater:*
Die Straße ist voller Laub.

C *Mutter zum Sohn:*
Auf dem Tisch steht das ganze Geschirr.

D *Schwester zum Bruder:*
Es zieht.

E *Großmutter zum Enkel:*
Deine Mutter sagt, du seist aufmüpfig.

F *Großmutter zum Großvater:*
Es ist schon sehr spät.

3. Um was für Aufforderungen handelt es sich hier? In welcher Satzform sind sie geschrieben?
4. Formuliere sie in direkte Aufforderungen um.

Eine außergewöhnliche Unterrichtsstunde

Der Deutschlehrer will ein Diktat schreiben lassen und wird durch den Lärm im Klassenzimmer nebenan gestört. Er schickt die Klassensprecherin hin, die um Ruhe bitten soll. Sie kommt zurück. Doch der Lärm geht unvermindert weiter. Der Deutschlehrer geht selbst rüber und wirft den größten Schreihals raus. Dann betritt er nochmals das Klassenzimmer und fragt die Klasse: „Wo ist euer Lehrer?" – „Den haben Sie gerade rausgeschmissen."

1. Wie hat die Klassensprecherin um Ruhe gebeten? Spielt diese Szene.
2. Schreibe eine Geschichte, in der jemand um Verständnis bittet.

Wenn der Sohn mit dem Vater …

Sohn: Ich möchte jetzt endlich einen eigenen Computer haben. In meiner Klasse haben alle einen.
Vater: Was geht mich deine Klasse an? Du kannst doch weiter meinen Computer benutzen.
5 *Sohn:* Ein eigener ist aber viel besser. Damit kann ich viel mehr machen und kann dran arbeiten, wann ich will.
Vater: Das wollte ich gerade mit dir besprechen, dass du öfter dran arbeiten kannst.
Sohn: Du bist unfair. Ich will jetzt aber trotzdem meinen eigenen Computer.
10 *Vater:* Wie sprichst du eigentlich mit mir?

3. Warum erfüllt der Vater den Wunsch nicht?
4. Schreibe das Gespräch so um, dass der Sohn Erfolg hat.
5. Formuliere eine kleine Anleitung für erfolgreiches Wünschen. Du könntest so beginnen: *Deine Wünsche werden am ehesten erfüllt, wenn du…*

Zwei Einladungen

Höhen & Tiefen **60 Jahre** *Glück & Freude*

… Anlass genug, um dies mit Verwandten, Bekannten, Freunden und Nachbarn zu feiern.

Dies soll am

Samstag, den 22. November 20.., 19 Uhr

im Gemeindezentrum St. Johannis geschehen. Dazu lade ich Sie, liebes Ehepaar **Helga und Günther Haller**, herzlich ein.

Ich freue mich auf viele Gäste und bitte bis Ende Oktober um eine kurze Antwort.

*Liebe Grüße
Michael Meyer*

---

am 2. September
von 15 Uhr
bis
19.30 Uhr
Kommst du?

Hallo Niklas, ich lade dich ganz herzlich zu meiner Geburtstagsfeier ein. Dein Hendrik

---

1. Wer lädt wen ein? Vergleiche die beiden Einladungen. Wie unterscheiden sie sich?
2. Wie lädst du zu deinem Geburtstag ein? Entwirf ein Einladungsschreiben.
3. Besprecht in eurer Klasse weitere Situationen und Anlässe, zu denen ihr einladen könnt: z. B. zu einem selbst verfassten Theaterstück der Klasse.

INFO

- Sprechen ist mit bestimmten Absichten verknüpft. Die **Sprechabsichten** erfolgen in sprachlichen Äußerungen, die wir **Sprechhandlungen** nennen (z. B. auffordern, bitten/wünschen, einladen). Sie können erfolgreich sein oder misslingen.

Nachschlagen → S. 280

SPRECHEN UND SCHREIBEN

Sachliches Darstellen

Kinder und Jugendliche lernen und spielen gerne am Computer und an Video-Konsolen. Ist das bei euch in der Klasse auch so? Wenn ja:

- Wie informiert ihr euch über die Qualität der Spiele?
- Berichtet über eure Erfahrungen mit Computer- und Videospielen.
- Beschreibt euer Lieblingsspiel.

Informieren

> Nachschlagen → S. 280

Die neue Schülerin stellt sich vor

> **A** Das ist Nicole. Sie ist 11 Jahre alt. Nicole ist während des Schuljahres neu in die Klasse gekommen. Sie musste wegen beruflicher Veränderungen ihres Vaters umziehen. Frau Weber, die Deutschlehrerin, bittet sie, sich vorzustellen.

1. Was muss Nicole zunächst über sich sagen?
   Was gehört nicht hierher?
   Erprobt in einem Rollenspiel die Situation:
   „Die Neue in der Klasse stellt sich vor".

> **B** Nach Nicoles ersten Auskünften ergibt sich ein Gespräch zwischen der Klasse und ihr.

2. Setzt das Rollenspiel als Gespräch fort.
   Welche Fragen könnt ihr Nicole stellen?
3. Notiert euch in knapper Form Nicoles Auskünfte, die wichtigen Fragen der Klasse und die passenden Antworten dazu.

> **C** In der Pause haben einige Schülerinnen und Schüler noch weitere Fragen an Nicole, und sie wird darauf anders als im Unterricht antworten.

4. Entwerft Fragen und Antworten für ein solches Gespräch in der Pause.
   Gestaltet eure Vorschläge ebenfalls als Rollenspiel.
5. Vergleicht die Aussagen im Klassengespräch und im Pausengespräch.
   Welche Informationen werden gegeben? Findet ihr eine Erklärung für die Unterschiede?

Durchführung einer Schulrallye – ein Projekt

Was ist eine Schulrallye?
Eine Schulrallye ist die systematische Erkundung eurer Schule. Ihr müsst euch Dinge genau anschauen, vielleicht sogar Personen befragen, um so Informationen zu erhalten.

Wer hilft euch bei dem Projekt?
Euer erster Ansprechpartner ist sicherlich der Klassenlehrer. Er kennt sich in der Schule aus und kann euch helfen, Aufgaben für den Fragebogen zu erstellen.

Aber auch andere Lehrer helfen euch gerne. Und nicht zuletzt gibt es die SMV, also die Schülervertretung für eure Interessen, die für eure Fragen auch ein offenes Ohr hat.

Eine große Hilfe kann auch der **Themenkatalog** auf der nächsten Seite sein. Ihr könnt euch daran orientieren, wenn ihr einen Fragebogen erstellt.

Wie könnt ihr das Projekt durchführen?
Eine Schulrallye muss gut vorbereitet werden. Dazu müsst ihr einen Fragebogen erstellen, mit dem die neuen Schüler durch das Schulgebäude gehen, und ihn dabei ausfüllen.

Vielleicht gibt es einen solchen Fragebogen bereits in eurer Schule. Dann müsst ihr für das Projekt nichts anderes tun, als ihn auszufüllen. Ihr könnt dann eure Ergebnisse auswerten und den Fragebogen vielleicht sogar verbessern.

Wenn es einen solchen Fragebogen nicht gibt, könnt ihr ihn in diesem Projekt selbst erstellen. Die Fünftklässler des nächsten Jahres werden euch dankbar sein. Eurer Klassenlehrer stellt euch dafür sicherlich Stunden zu Verfügung.

Warum eine Schulrallye?
Die Schule ist neu für euch. Ihr fühlt euch gleich wohler, wenn ihr euch dort auskennt. Vielleicht seid ihr in den ersten Tagen durch die Schule geführt worden. Das reicht aber nicht, um die Schule genau zu kennen. Eine Schulrallye kann euch helfen, zu Experten zu werden.

Themenkatalog für einen Fragebogen

Schuldaten
- Name der Schule
- Anschrift
- Telefonnummer
- Homepage
- Fax-Nummer
- E-mail-Adresse

Personen
- Schulleiter/in + Stellvertreter/in
- Sekretär/in
- Verbindungslehrer/in
- Hausmeister/in
- Schülervertreter/innen
- Anzahl der Lehrerinnen und Lehrer
- Gesamtzahl der Schüler

Besonderheiten
- Bauweise der Schule
- Lateinische Inschriften
- Büsten und Skulpturen
- Verzierungen

Hauptgebäude
- Anzahl der Stockwerke
- Anzahl der Klassenzimmer
- Anzahl der Treppen und Treppenstufen
- Anordnung der Klassenzimmer
- Farbe der Schule und der Stockwerke
- Lage des Sekretariats, des Schulhofs, der Toiletten, der Cafeteria oder der Bücherei
- Abstellplatz für Fahrräder
- Aufenthaltsraum für Schüler

Fachräume
- Anzahl der Fachräume
- Bezeichnung der Fachräume
- Lage der Fachräume
- Raumnummern der Fachräume
- Ausstattung der Fachräume

Sporthalle
- Größe der Sporthalle
- Lage der Sporthalle
- Anzahl der Umkleidekabinen

Die besondere Note: der Fragebogen als Quiz

Ein Fragebogen für die Schulrallye lässt sich einfach herstellen: Ihr stellt Fragen und die Antwort muss daneben geschrieben werden. Interessanter wird der Fragebogen, wenn ihr manche Aufgabe als Quiz gestaltet. Hier zwei Beispiele:
- Ihr könnt die Fragen als Rechenaufgaben gestalten.
  So fragt ihr nicht, wie etwa die Zimmernummer der Klasse 5 a lautet.
  Ihr fragt vielmehr nach der Quersumme.
- Ihr könnt auch Personen zeichnen, und es muss erraten werden,
  um wen es sich dabei handelt.

INFO

Nachschlagen → S. 280

- **Informationen** werden stets zu einem bestimmten Zweck erfragt oder gegeben: Wer soll worüber und zu welchem Zweck informiert werden? Entsprechend gezielt musst du fragen oder antworten.

Nachschlagen → S. 280

Berichten

Unsere letzte Klassenfahrt

Viele 5. Klassen werden zu Beginn des Schuljahres neu zusammengesetzt und haben noch keine gemeinsame Klassenfahrt unternommen. Aber jeder kann sich an Ausflüge aus den vorhergehenden Schuljahren erinnern und davon berichten. Auf diese Weise erhaltet ihr auch Anregungen für neue Planungen.

1. Erinnert euch und berichtet, welche Klassenfahrt / welchen Ausflug ihr im vergangenen Jahr durchgeführt habt. Beachtet folgende Schritte:
   – Wie habt ihr geplant?
   – Wie lief der Ausflug ab?
   – Welche Erfahrungen habt ihr gesammelt?
2. Wertet eure Erfahrungen aus und formuliert eine Empfehlung für dieses Jahr.

Gespräch auf dem Pausenhof

Lena Erinnerst du dich noch an das schlechte Wetter, als wir letztes Jahr im Salzbergwerk waren?

Simone Ja, unsere Lehrerin wollte ja erst nicht, aber dann waren doch alle froh, dass wir uns nicht für das Grillen am See entschieden hatten …

5 *Lena* Sven und Alexander waren glatt verloren gegangen. Als alle wieder oben waren, fehlten die beiden. Mensch, war die Frau Lenert damals aufgeregt. Wo waren die beiden eigentlich abgeblieben? Ich weiß nur noch, dass …

Simone … Jedenfalls haben wir ganz schön lange warten müssen. – Und was
10   könnten wir dieses Jahr machen? …

Lena Interessant finde ich deinen Vorschlag schon. Eigentlich bin ich gar nicht dagegen. Aber müssen wir immer lehrreiche Ausflüge machen? Wenn ich daran denke, vergeht mir schon die Lust.

3. Fülle die Lücken im Dialog aus und schreibe das vollständige Gespräch in dein Heft.
4. Forme das Gespräch um in einen *Bericht über den Ausflug ins Salzbergwerk*. Wie musst du dich ausdrücken?

Biikebrennen

Wie jedes Jahr wurde am 21. Februar in vielen Orten Nordfrieslands das Biikebrennen[1] veranstaltet. Jung und Alt beging das Fest mit dem Biikefeuer, Ansprachen und wärmenden Getränken an einem nochmals winterkalten Februarabend. Seit Weihnachten hatte die Jugend alles Brennbare gesammelt und zu einer möglichst hohen Biike um einen Pfahl mit einer Teertonne herum aufgetürmt. Um zu verhinden, dass jemand mutwillig die Biike vorzeitig entzündet, wurden in den letzten Nächten Wachen aufgestellt, sodass sich am Festabend den vielen Zuschauern auch der erhoffte Anblick einer mächtigen Feuer- und Rauchsäule bieten konnte. Das Biikebrennen geht auf ein altes heidnisches Fest zu Ehren Wotans zurück. Man feierte den Sieg des Lichts über die Finsternis und erbat zugleich göttlichen Beistand. In christlicher Zeit wurde der Petritag (22. Februar) Volksversammlungstag und Festtag zum Abschied der auslaufenden Walfangschiffe. Mit Ende des Walfangs ab ca. 1850 änderte der Tag erneut seine Bedeutung zum Heimatfest und Symbol für die Liebe zur Heimat.

Mehrere Ansprachen umkreisen auch in diesem Jahr wieder den zentralen Gedanken. Der offizielle Teil des Abends klang mit gemeinsamen Liedern aus.

Die jungen Leute vergnügten sich danach noch lange damit, mit Stangen über das Feuer zu springen. Die älteren suchten einen Gasthof zum Grünkohlessen mit Speck und Kochwurst auf. Am nächsten Tag gab es traditionsgemäß schulfrei und weitere verschiedene Feiern für die Schuljugend.

1 **Biike**: aufgeschichteter Haufen

1. Warum wurde dieser Bericht geschrieben?
2. Wie ist der Bericht aufgebaut? Unterscheide die Hauptabschnitte. Mit welchen Angaben beginnt der Bericht, wie kommt er zum Schluss?
3. Überprüfe, welche genaueren Einzelangaben der Bericht macht, wo er allgemeiner zusammenfasst.
4. Fasse deine Ergebnisse zu den Fragen schriftlich so zusammen, dass du allgemeine Kennzeichen des Berichts erhältst.
5. Erkundige dich nach besonderen Sitten und Gebräuchen aus deiner Heimat und berichte der Klasse über ein Beispiel.

Unfall in der Schule

Am 13. Mai hat sich in der Schiller-Schule ein Unfall ereignet:

Pascal ist in der Schule gestürzt

Die Schulleiterin befragt die Schüler Patrick und Dirk

1. Was könnte passiert sein? Äußert eure Vermutungen.
2. Welche Fragen habt ihr, wenn ihr zu diesem Unfall hinzukommt?

Personen geben Auskünfte

An dem Unfall waren mehrere Personen beteiligt, und einzelne Personen wollen Auskünfte:

1 Telefonat mit der Mutter des verunglückten Schülers

Die Schulleiterin Frau Dr. Droste informiert telefonisch die Mutter des verletzten Schülers:

Dr. Droste	Guten Tag, Frau Hofmann. Ihr Sohn Pascal hatte heute in der Schule einen Unfall. Nach Beendigung der 2. Stunde rannten er und zwei Mitschüler…
Frau Hofmann	Entschuldigen Sie bitte, wenn ich Sie unterbreche. Was ist mit meinem Sohn?
Dr. Droste	Ihr Sohn klagte über starke Schmerzen im rechten Fußgelenk. Zwei Kollegen brachten ihn dann zu dem Orthopäden Dr. Ladwig in der Uhlandstraße, schräg gegenüber unserer Schule. Ein schriftlicher Befund liegt natürlich noch nicht vor. Dr. Ladwig teilte mir aber telefonisch mit, dass eine starke Bänderdehnung vorliegt.
Frau Hofmann	Wo ist mein Sohn im Augenblick?
Dr. Droste	Er ist noch in der Arztpraxis. Ein Kollege betreut ihn.
Frau Hofmann	Ich werde ihn gleich abholen.

2 Bericht des Biologielehrers

Die Schulleiterin fordert den Biologielehrer Ruf auf, sofort einen Bericht zu verfassen. Studienrat Ruf hat die Klasse unmittelbar vor dem Unfall unterrichtet:

Eine Verletzung der Aufsichtspflicht liegt nicht vor. Ich habe meine Stunde in der Klasse 5a pünktlich um 9.20 mit dem Läuten beendet. Drei Schüler rannten sofort aus dem Klassenraum. Sie verließen das Klassenzimmer erst nach dem Läuten. Auf meine Ermahnung, nicht zu rennen, reagierten sie nicht mehr. Ein paar Sekunden später hörte ich Schmerzensschreie.
Ich rannte aus dem Klassenraum zur Treppe, die zum Hauptausgang führt, und sah den Schüler Pascal Hofmann am unteren Treppenrand sitzen. Er hielt sich das rechte Fußgelenk und hatte offensichtlich starke Schmerzen. Die beiden Schüler Patrick Leutelt und Dirk Köster standen daneben. Studienrat Heis eilte ebenfalls zur Unfallstelle. Wir trugen den verletzten Schüler in die Praxis von Dr. Ladwig. Studienrat Heis hält sich noch dort auf.

3 Befragung der Schüler

Die Schulleiterin Dr. Droste ruft die Schüler Patrick Leutelt und Dirk Köster zu sich und befragt sie:

Dr. Droste Warum seid ihr gerannt? Ihr wisst doch, dass dies laut Haus- und Pausenordnung verboten ist?
Patrick Wir haben keine Schuld. Wir wollten nur schnell am Hauptausgang sein.
Dirk Wir haben nicht daran gedacht. Es war Pascals Idee. Die Großen kaufen uns immer die besten Kuchen weg.
Dr. Droste Wenn ich euch recht verstehe: Ihr wolltet als Erste beim Kuchenverkauf der 8 c sein?
Dirk Deshalb sind wir gerannt.
Dr. Droste Wie ist dann der Unfall passiert?
Patrick Ich war als Erster an der Treppe. Ich glaube, das hat Pascal nicht gefallen. Er ist ja schneller als ich. Ich bin aber schneller aus dem Klassenzimmer herausgekommen.
Dirk Ich war hinter den beiden.
Patrick Ich war schon fast unten. Immer noch Erster. Da springt Pascal die letzten drei Stufen hinunter. Der wollte sicherlich vor mir unten sein.
Dirk Ich habe es gesehen. Er ist gesprungen. Dann ist er mit dem rechten Bein ausgerutscht. Er hat ja einen großen Satz gemacht. Dann hat er geschrien: „Mein Bein ist gebrochen."

4 Bericht in der Schülerzeitung

Eine Woche später erscheint die Schülerzeitung „Claro". Auch darin ist ein kurzer Bericht über den Unfall enthalten:

Unsere Schule – ein gefährlicher Ort?
Es scheint, dass Schüler gefährlich leben. Erst letzte Woche passierte wieder ein Unfall. Ein Schüler rannte die Treppen hinunter. Mit einem Sprung wollte er die letzten Stufen bewältigen und stürzte dabei. Er hatte Glück im Unglück. Es ist nichts Schlimmes passiert.

Wie kommt es zu solchen Unfällen? Wie hätte man ihn verhindern können? Man kann eine Schule nicht unfallsicher bauen. Vielleicht liegt es an uns. An unserem Leichtsinn. Vielleicht können wir am meisten dafür tun. Die Schulordnung verbietet ja das Rennen in den Gängen und auf den Treppen. Vielleicht lernen wir aus solchen Vorfällen, dass eine Schulordnung durchaus sinnvoll ist – aber nur, wenn man sich daran hält.

1. Wie unterscheiden sich die vier Berichte und Gespräche?
   Welche Fragen stehen jeweils im Vordergrund? Warum ist das so?
2. Dirk und Patrick müssen über den Unfall schriftlich berichten. Schreibe ihn.
   Wie unterscheidet sich dieser Bericht von den mündlichen Äußerungen?
3. In welchem Tempus wird berichtet? Welche Funktion haben die anderen Tempora?

Ein Bericht für die Versicherung

Die Schulleiterin muss einen Bericht für die Unfallversicherung schreiben. Dazu muss sie das folgende Formular ausfüllen:

An Gemeinde-Unfallversicherungsverband Hannover **Landesunfallkasse Niedersachsen** – Gesetzliche Unfallversicherung – 30503 Hannover – Postfach 910 361 – (05 11) 87 07-0	**Unfall-Nr.**
Unfallanzeige für Kinder in Kindergärten, Schüler, Studierende / Erläuterungen umseitig ①	
Name und Anschrift der Einrichtung (Kindergarten, Schule, Hochschule):	
Art der Einrichtung: ② / Träger der Einrichtung: ②	Freihalten für den Träger der Unfallversicherung
Familienname und Vorname des Verletzten: geboren am:	Geschlecht ☐ männl. ☐ weibl. / Staatsangeh.
Anschrift des Verletzten (Postleitzahl, Wohnort, Wohnung):	ledig ☐ Ja ☐ Nein / Kinder ☐ Ja ☐ Nein
Name und Anschrift des gesetzlichen Vertreters: ③	
Krankenkasse des Verletzten: pflicht- ☐ freiwillig- ☐ familien- ☐ privat-versichert ☐	
Wochentag Datum Jahr Uhrzeit des Unfalls: ④	Tätigkeit am Unfalltag: ⑤ Beginn: Uhr Ende: Uhr
Verletzte Körperteile: ⑥	
Art der Verletzungen: ⑦	
Zuerst behandelnder Arzt: ⑧	Jetzt behandelnder Arzt oder Zahnarzt: ⑧
Krankenhaus, in das der Verletzte aufgenommen wurde:	
Unfallstelle (bei Wegunfällen genaue Ortsangabe):	
Unfallhergang: ⑨ (wenn erforderlich, auf gesondertem Blatt fortfahren)	
Zeugen des Unfalls: ⑩	
Hat der Verletzte wegen des Unfalls den Besuch der o. a. Einrichtung unterbrochen? Wenn ja, seit wann? bis wann?	

4. Schreibe diesen Bericht. Welche Fragen müssen dazu beantwortet werden?

INFO

Nachschlagen → S. 280

- Beim **Berichten** wird in der Regel ein Sachverhalt sachlich und genau dargestellt.
- Beim Berichten werden **W-Fragen** gestellt (Wer? Was? Wo? Wann? Wie? Warum? Welche Folgen? Wozu?) beantwortet, die davon abhängig sind, was ein Adressat wissen will.

Beschreiben

Ein Besuch im Zirkus

Wer erinnert sich nicht an einen besonders eindrucksvollen Programmpunkt aus dem Zirkus? Wie ging es da ganz genau zu?

Tipps:
- Ordne die Einzelheiten so an, dass eine Gesamtvorstellung beim Leser / Hörer entstehen kann.
- Halte dich nicht bei Nebensächlichkeiten auf und rücke deinen „wichtigsten Augenblick" auch in den Mittelpunkt.

1. Wähle dir einen Programmpunkt aus und zeichne zunächst ein genaues Bild vom wichtigsten Augenblick dieses Auftritts.
2. Welche weiteren wichtigen Einzelheiten des Auftritts müssen in einer Beschreibung genannt werden? Notiere sie.
3. Verfasse die ganze Beschreibung.

Die Raubtier-Dressur

Lara hat in einer Zirkusaufführung die Raubtier-Dressur besonders gut gefallen. Sie will sie ihrer Freundin beschreiben, und hat dazu folgenden Stichwortzettel angefertigt:

4. Lies den Stichwortzettel. Was könnte Laras Freundin daran besonders interessieren? Was nicht?
5. Fertige mithilfe des Stichwortzettels eine Beschreibung an. Stelle die Punkte, die Laras Freundin interessieren, ausführlicher dar. Achte auf das Tempus.

> - Die Gitter werden aufgebaut.
> - Das Licht geht aus.
> - Ein Lichtschein strahlt in die Manege.
> - Es herrscht Stille.
> - Löwen und Tiger kommen auf Samtpfoten hereinspaziert.
> - Der Feuerreifen wird angezündet.
> - Die Nummer beginnt.
> - Die Löwen und Tiger springen durch den Reif und zeigen ihre Künste.
> - Nach 15 Minuten kommt das Ende der Vorführung.
> - Die Löwen und Tiger werden herausgetrieben.
>
> (Lara, 10 Jahre)

Der Jongleur

Vor ungefähr drei Jahren, als ich einmal in einem Zirkus war, gefiel mir die Jongleurnummer sehr. Der Jongleur kam in die Manege gelaufen und wurde vom Direktor vorgestellt. Danach fing er an, zuerst mit zwei Bällen in einer Hand. Nach und nach nahm er immer mehr Bälle dazu, bis er bei fünf Bällen angelangt
5 war. Er jonglierte auf die komischsten Weisen: Hinter dem Rücken, über dem Kopf – alles war dabei. Jetzt schmiss er die Bälle hoch, drehte sich, und die Bälle fielen in die dafür vorgesehenen Behälter am Gürtel. Nun nahm er andere Dinge zum Jonglieren: einen Tennisschläger, einen Teller, einen brennenden Stock, ein Messer und einen Kegel. Er wirbelte sie wild durcheinander. Einmal fing er
10 den brennenden Stock mit dem Mund auf und warf ihn wieder in das Gewirbel. Als er endlich aufhörte, nahm er einfach die Hände weg, und der Kegel stand so, wie Kegel normal stehen. Der Teller lag unversehrt auf dem Boden, das Messer steckte im Manegensand, den Stock mit Feuer hatte er in der einen Hand und den Tennisschläger in der anderen. Nun nahm er sein Zeug und ging aus dem
15 Zirkuszelt. *(Felix, 11 Jahre)*

6. Warum kann man sich ein gutes Bild von dieser Zirkusvorführung machen? Achte auf die Reihenfolge der Ereignisse.
7. Wodurch gelingt es Felix, Anschaulichkeit in die Darstellung zu bringen?
8. In welchem Tempus ist diese Beschreibung verfasst?

Die drei Byrons *Erich Kästner*

Aus: Erich Kästner, Emil und die drei Zwillinge

Das sehr erfolgreiche und auch verfilmte Jugendbuch „Emil und die Detektive" bekam bald eine Fortsetzung: „Emil und die drei Zwillinge". In dieser zweiten Emil-Geschichte erzählt Erich Kästner, wie sich ein Teil der Detektiv-Kinder zwei Jahre später an der Ostsee wieder trifft und miteinander die Ferien verlebt. Eines Abends besuchen alle zusammen eine Varieteevorstellung, deren artistischer Höhepunkt der Auftritt der drei Byrons ist. Diesen Auftritt beschreibt Kästner so:

Nach der Pause trat die akrobatische Tänzerin noch einmal auf. Dann zeigte ein Zauberer fantastische Kartenkunststücke. Und dann endlich kam die Glanznummer des Abends, „The three Byrons"! Was Mister Byron mit seinen beiden Zwillingen zu Wege brachte, war geradezu unfassbar. Die Zuschauer saßen steif auf ihren Stühlen und wagten kaum zu atmen. Am großartigsten wurde es, als sich Mister Byron rücklings auf ein Taburett[1] legte und die Arme hochreckte. Jackie Byron, der größere Zwilling, machte in der rechten Handfläche seines Vaters den Kopfstand und Mackie Byron in der linken Hand. Erst hielten sie sich noch mit ihren Händen an Mister Byrons Armen fest. Aber dann ließen sie seine Arme los und legten ihre Hände stramm an die Hosennaht! So standen sie auf dem Kopf, wie kleine umgekehrte Soldaten. Hinterher sprangen sie wieder auf die Füße und lächelten, als sei gar nichts gewesen.

Mister Byron blieb auf seinem Taburett liegen, zog die Knie an den Leib und streckte die Füße hoch. Mackie legte sich bäuchlings auf die väterlichen Fußsohlen. Mister Byron bewegte jetzt die Füße, fast wie ein Radfahrer, und Mackie drehte sich auf den Sohlen seines Vaters um die eigene Längsachse wie eine rasende Spindel. Dann flog er plötzlich in die Luft, wirbelte um sich selber, fiel wieder auf Byrons Füße, wurde wieder hochgeworfen, drehte sich in der Luft um neunzig Grad und fiel – nein, er fiel nicht, sondern stand auf einmal mit seinen Füßen auf den Füßen Mister Byrons!

Klotilde meinte mit zitternder Stimme: „Ich kann gar nicht mehr hinsehen."

Aber Emil, Gustav und der Professor waren hingerissen. […]

Dann legte sich Jackie Byron, der eine Zwilling, aufs Taburett, streckte die Arme

1 **Taburett:** kleiner Hocker

hoch, ergriff die Hände seines Vaters, und dann machte dieser große, schwere
35 Athlet auf Jackies hoch gestreckten Armen einen Handstand!

„Dass dem Jackie nicht die Knochen brechen, ist mir rätselhaft", flüsterte Emil. Gustav nickte. „Dass da nichts passiert, spricht gegen sämtliche physikalischen Gesetze."

Als die drei Byrons mit ihren Künsten zu Ende waren, brach ein unerhörter
40 Beifall los. Die Korlsbüttler Einwohner, die vor dem Hotel standen und durch die Vorhangspalte blickten, klatschten so lange, bis die Fledermäuse aufgeregt umherflatterten. Der Bühnenvorhang musste zwölfmal aufgezogen werden.

9. Inwieweit unterscheidet sich die Beschreibung Kästners von Felix Beschreibung eines Jongleurs (vgl. S. 41)?
10. Notiere in deinem Heft zwei Spalten nebeneinander.
Trage in die Spalte *Wortwahl* Wörter ein, die die Beschreibung anschaulich machen.
In die nächste Spalte trage Bilder und Vergleiche ein, die die gleiche Wirkung erzeugen sollen.

Wortwahl	Bilder/Vergleiche

INFO

Nachschlagen → S. 281

- **Beschreiben** erfordert genaues Wahrnehmen, damit sich ein **Adressat** den Vorgang genau vorstellen kann.
- Die Beschreibung orientiert sich in der Regel an der zeitlichen Reihenfolge des Vorgangs.
- Die Vorgangsbeschreibung kann im Präsens und im Präterium stehen.
- Die Sprache des Beschreibens sollte anschaulich sein.

SPRECHEN UND SCHREIBEN

Erzählen

> Ich hatte heute richtig großes Glück. Ich habe nur drei Lose gezogen. Das erste war eine Niete, das zweite auch, aber das dritte…

> In der Geisterbahn war es stockfinster. Auf einmal öffnete sich neben uns eine Klappe und…

> Weißt du, was mir heute passiert ist? Ich habe gerade Zuckerwatte gekauft, als plötzlich meine Freundin verschwunden war…

- Du warst sicher schon einmal auf dem Rummelplatz oder in einem Freizeitpark. Erzähle, was du dort erlebt hast.

Zum Erzählen kommen

Nachschlagen → S. 281

Ein Blick durch die Lupe

1. Mit dem Vergrößerungsglas sieht man mehr. Du kannst Auffälliges beobachten. Was ist hier wohl Besonderes passiert? Erzähle.

Beobachtungen festhalten

Jan, ein Schüler der 5 a, hat sich zu seinen Beobachtungen diese Notizen gemacht:

> die Ketschupspritze
> ich / der Junge / die Frau / Leute
> in den Sommerferien
> Imbissbude im Freizeitpark / Gedränge
> Hunger / Currywurst / Ketschup-Spritzer auf weißer Bluse /
> Riesentheater

2. Bringe Fotos von deinen Freizeitaktivitäten in die Klasse mit. Suche mit dem „Vergrößerungsglas" auf den Bildern nach weiteren Auffälligkeiten, die dich zum Erzählen anregen.
3. Mache dir dazu Notizen.

Tinas Erzählung

Tina erzählt zuerst ihre Geschichte. Allerdings haben einige Zuhörer Fragen und Einwände:

„Also, ihr wollt wissen, wie es im Freizeitpark letzte Woche war. Schon bei der Hinfahrt sind wir in einen wahnsinnigen Stau geraten. Nichts ist mehr gegangen. Mein Vater ist dermaßen nervös geworden, dass er ganz hektisch wurde und andauernd sagte, dass er überhaupt keine Lust mehr auf den Freizeitpark hat. Dann hat er die Lippen zusammengekniffen und war stinksauer. Gesagt hat er auch nichts mehr. Was glaubt ihr, wie froh wir waren, als wir endlich da waren. Am Ende war es doch noch ein richtig schöner Tag."

Sven: Das war aber langweilig!

Mark: Und? Was war denn nun eigentlich so schön an dem Tag?

Anna: Ich konnte mir die Situation im Auto sehr gut vorstellen.

Mareike: Ja, mein Papa ist genauso.

Elise: Eigentlich hatte deine Geschichte einen ganz anderen Inhalt, als man nach dem ersten Satz erwartet hätte.

1. Was meint ihr zu Tinas Geschichte? Was hat sie gut gemacht? Worauf sollte sie noch mehr achten? Bezieht die Reaktionen der anderen mit ein.
2. Welche Fragen würdest du Tina stellen?

Tipps für Erzähler
Der Anfang soll neugierig machen. Die einzelnen Schritte der Geschichte müssen stimmen. Die Geschichte sollte glaubwürdig sein.

Tinas Notizzettel

Thema:	Ein nasses Vergnügen
Wer?	Mein Vater / ich / der Rest der Familie
Wann?	Letztes Wochenende
Wo?	Auf der Wasserrutsche im Freizeitpark
Was?	Mein Vater wird pitschnass
Warum?	Beugt sich zu weit über den Rand, und außerdem fängt es an in Strömen zu gießen.

3. Erzähle du jetzt die Geschichte, die Tina eigentlich erzählen wollte.

Ideennetze weben

Denkt euch eine Situation aus und beschreibt sie mit einem Wort, das ihr in die Mitte eines leeren Blattes schreibt. Zieht einen Kreis darum.
Schließt dann die Augen und lasst zu dieser Situation innere Bilder entstehen. Auf ein Zeichen hin öffnet ihr die Augen und schreibt Wörter auf, die euch spontan in den Sinn kommen und die zu der Situation passen. Ein Beispiel:

- Dunkelheit
- Blasen an den Füßen
- Nachtwanderung

1. Erstelle ein solches **Ideennetz**.   Ideennetz → S. 297
2. Bilde Sätze, mit denen du die Netzwörter verbinden kannst.
3. Erzähle eine passende Geschichte mit deinem Ideennetz.
4. Erstelle eigene Ideennetze als Grundlage für mögliche Geschichten.
   Hier einige Wörter als Anregung:
   Tierarztpraxis, Baumhütte, Fahrradralley …
5. Sicherlich hast du auch etwas, was dich an ein besonderes Erlebnis erinnert, z. B. Souvenirs aus deinem letzten Urlaub. Erzähle davon.

INFO

- Jeder kann von Ereignissen erzählen, die er einmal erlebt hat und die er gerne anderen weitererzählen möchte.
- Wenn du mit wachen Augen durch den Tag gehst, kannst du Besonderheiten und Auffälligkeiten im Alltag wie mit dem „Vergrößerungsglas" entdecken.
- Mache dir einige Notizen, bevor du anderen eine Geschichte erzählst. Dazu eignen sich die W-Fragen: Wer? Wann? Wo? Was? Warum?

Nachschlagen → S. 281

Wahrnehmen mit allen Sinnen

Fensterblick

Ihr geht zu den Fenstern in eurem Klassenzimmer und verteilt euch so, dass alle gut nach draußen schauen können. Schaut nun drei Minuten lang hinaus, ohne miteinander zu sprechen, und versucht so viel zu beobachten, wie ihr könnt. Nach der gestoppten Zeit setzt ihr euch hin und schreibt auf, was ihr alles gesehen habt.

1. Was stellt ihr fest, wenn ihr eure Beobachtungen vergleicht?

Kamerablick

Du suchst dir einen Ort im Schulgebäude oder auf dem Schulgelände und stellst dich unbeweglich hin. Wie eine Kamera nimmst du nun fünf Minuten lang alle Dinge, Personen, Bewegungen oder Ereignisse wahr, die in dein Blickfeld geraten. Du darfst dabei nur den Kopf bewegen: nach rechts und links und nach oben und unten.

2. Schreibe alles auf, was in dein Blickfeld kommt, und zwar ganz genau, aber ohne eigene Bewertung. Zum Beispiel so: *Ein Junge kommt von links, hebt einen Zettel auf, schlendert quer über den Hof, setzt sich auf die Mauer und liest. Ein Mädchen setzt sich neben ihn ...*
3. Welche Einzelheiten kannst du zum Erzählen einer Geschichte verwenden? Warum?

Ganz Ohr!

Ihr setzt euch bequem hin. Es ist ganz still im Klassenzimmer, ein Fenster ist geöffnet. Ihr schließt eure Augen und seid für drei Minuten einmal „ganz Ohr". Konzentriert euch auch auf die Geräusche, die von außen kommen.

1. Tauscht euch darüber aus, was ihr wahrgenommen habt.

Hörtest

Zu jedem Bild gehören bestimmte Geräusche. Wenn ihr euch ganz ruhig und entspannt hinsetzt und euch innerlich die Bilder vorstellt, könnt ihr die Geräusche dazu hören.

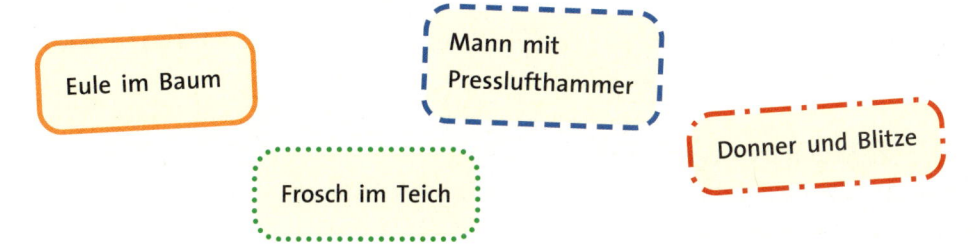

- Eule im Baum
- Mann mit Presslufthammer
- Frosch im Teich
- Donner und Blitze

2. Finde weitere „Hörtests" und probiere sie mit deinem Nachbarn aus.
3. Beschreibe ein Geräusch, das du als besonders unangenehm empfindest, ohne es selbst zu nennen. Die anderen müssen es erraten. Dasselbe kannst du mit besonders angenehmen Geräuschen machen.
4. Gibt es Geräusche, mit denen du ein bestimmtes Erlebnis verbindest? Erzähle.

Stell dir vor …

– du stehst an einem Würstchenstand und bekommst soeben die bestellte Currywurst gereicht
– du stehst neben einer frisch geteerten Straße
– du bist an einer Tankstelle
– du kommst an einem frisch gestrichenen Geländer vorbei
– du gehst über eine frisch gemähte Wiese.

5. Beschreibe die unterschiedlichen Situationen. Erfinde weitere Riechsituationen.
6. Zu welchen Wortarten gehören die Wörter, die du zur Beschreibung der Riechsituationen verwendet hast?

Black Box

In einem Korb befinden sich verschiedene Alltagsgegenstände. Nimm mit geschlossenen Augen einen in beide Hände und betaste ihn behutsam, um ihn mit den „inneren Augen" zu erfassen. Öffne danach die Augen und betrachte ihn.

1. Was hast du richtig „erfasst", was nicht?

Genau beschreiben

Du sitzt Rücken an Rücken mit deinem Nachbarn und hast einen neuen Gegenstand in der Hand, den du wieder bei geschlossenen Augen behutsam ertastest. Beschreibe deinem Nachbarn diesen Gegenstand möglichst genau. Dann macht dieser dasselbe mit seinem Gegenstand. Denke dabei an Material, Größe, Form oder Umriss, Gewicht, sonstige Besonderheiten.

2. Erratet die Gegenstände.
3. Eure Gegenstände führen ein Gespräch miteinander.
4. Dein Gegenstand erzählt seine Geschichte, z. B.:
   Eine Wäscheklammer klagt ihr Leid

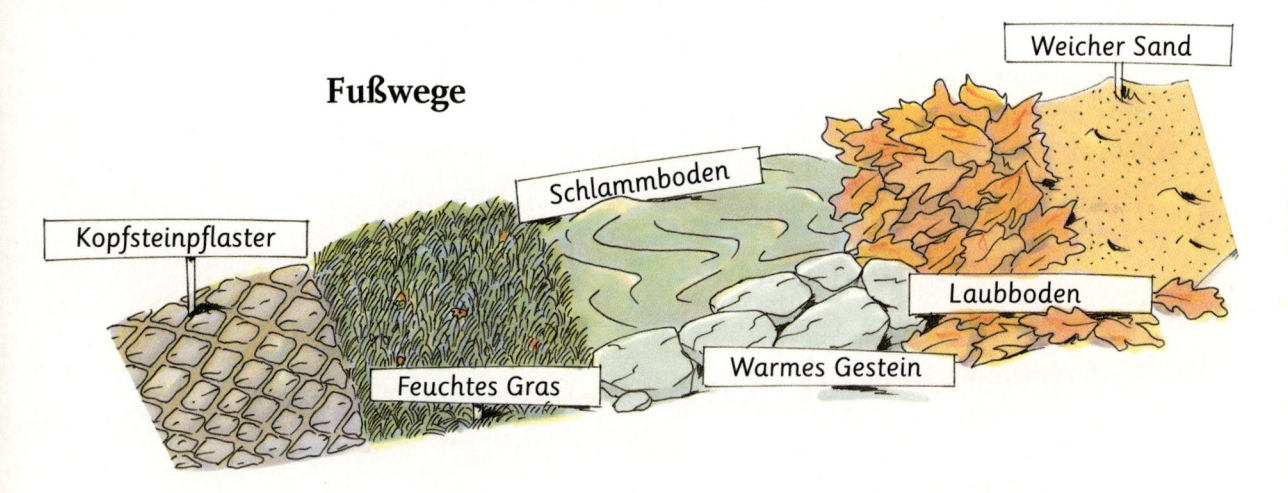

Fußwege

5. Stelle dir vor, du hast solche Bodenformen unter deinen Füßen. Wie fühlt es sich an, wenn du z. B. über einen Weg mit trockenem Laub gehst? Versuche das, was du spürst, zu beschreiben.
6. Wenn du dich konzentrierst, fallen dir sicherlich eigene Orte, Straßen und Wege ein.
   Welches besondere Ereignis kannst du mit den unterschiedlichen Wegen verbinden? Erzähle.

Fantasiereise

Schließe die Augen und stelle dir vor, du sitzt im schönsten Hochsommer auf einem großen Heuhaufen mitten im Feld.
Um dich herum siehst du… hörst du… riechst du… spürst du… schmeckst du…

1. Beschreibe das einmal. Sammle dazu möglichst viele treffende Ausdrücke.

Bilder erzählen lassen

2. Welche Geschichte kannst du aus dem Bild herauslesen? Erzähle sie. Versuche dabei, alle Sinne einzubeziehen. Überlege dir vorher noch, ob eines der beiden Kinder die Geschichte erzählt oder ob du eine Geschichte über die beiden und den Hund erzählen willst.
3. Mache deine Geschichte anschaulich, indem du ein Gespräch zwischen den beiden Mädchen in direkter Rede ausgestaltest.
4. Legt euch eine Sammlung mit Bildern auf Ansichts- oder Kunstkarten an und lasst euch davon zum Erzählen anregen.

INFO

- Je genauer du mit allen Sinnen wahrnimmst, was um dich herum passiert, desto besser kannst du eine Geschichte gestalten.
- Ein guter Erzähler lässt sich Zeit, um Sinneseindrücke auf sich wirken zu lassen.
- Hören, Riechen, Sehen und Tasten kannst du trainieren, wenn du dich ganz entspannt nur auf ein Sinnesorgan konzentrierst.

Erzählungen schreiben

Nachschlagen → S. 281

Erzählbaukasten

Personen	Gegenstände	Empfindungen/Gefühle
1. Schülerin	1. Teppich	1. Schadenfreude
2. Gehbehinderter	2. Brille	2. Angst
3. Hundebesitzer	3. Koffer	3. Wut
4. Lehrerin	4. Text	4. Mitleid
5. Kleiner Junge	5. Klavier	5. Stolz
6. Pilot	6. Surfbrett	6. Neid

Das Spiel besteht aus dem Baukastensatz und mehreren Würfeln. Es können alle in der Klasse mitspielen. Jeder Spieler würfelt dreimal.
Beim ersten Wurf wird die Person (z. B. 3: *Hundebesitzer*) ermittelt, beim zweiten ein Gegenstand (z. B. 6: *Surfbrett*), beim dritten ein Gefühl (z. B. 2: *Angst*). Mit der *Person-Gegenstand-Empfindung-Kombination* wird dann eine kleine Geschichte aufgeschrieben.

1. Spielt das Baukastenspiel und vergleicht eure Ergebnisse.

Namen-Geschichten

U – hu
L – aubwald
L – eise
A – ltersheim

In einer Namen-Geschichte werden zu den Buchstaben deines Vornamens Wörter gesucht, mit denen dann eine Geschichte geschrieben wird, z. B. eine Ulla-Geschichte.

Ein Uhu saß in heller sommerlicher Mondnacht hoch im Wipfel eines riesigen Baumes und spähte weit hinüber ins Tal. So konnte er alles wahrnehmen, was sich in dem tiefen Laubwald regte und bewegte. Obwohl sein Hunger auf Beute immer größer wurde, erspähte sein scharfes Auge nichts, was er hätte greifen können. Der Wald wirkte wie ausgestorben. Nicht einmal ein Mäuslein huschte über den trockenen Waldboden. Da hob der Uhu seine Flügel und glitt leise mit leichtem Flügelschlag ins Tal zum Altersheim, wo in den Fenstern noch Licht war. Er setzte sich auf eine hohe Tanne…

2. Setze diese Geschichte fort.
3. Schreibe die Buchstaben deines Vornamens untereinander.
   Ergänze zu jedem ein Wort und schreibe dann eine Geschichte.

Wörter-Stern

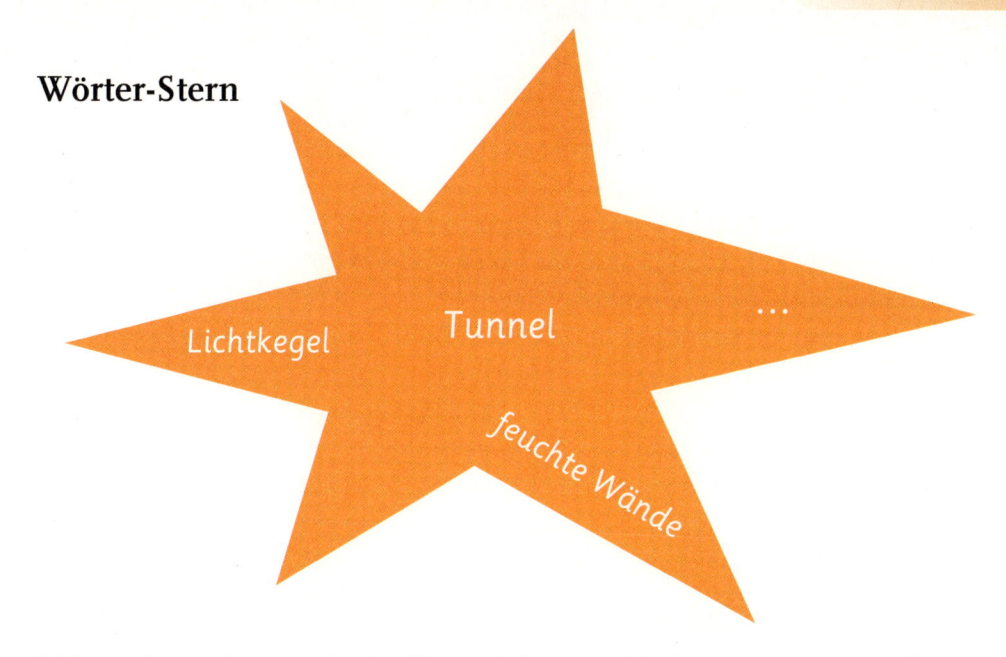

Im Stern: Lichtkegel — Tunnel — ... — feuchte Wände

Bildet mehrere Gruppen in der Klasse. Jede setzt sich im Kreis um ein großes Blatt herum, auf das ihr einen Stern mit so vielen Zacken zeichnet, wie Personen im Kreis sitzen. Einer von euch schreibt ein Wort in die Mitte des Sterns. In die Zacken schreibt jeder ein weiteres Wort, das ihm dazu einfällt. Dann wird der Wörter-Stern gedreht, und jeder kann sich von den Wörtern der anderen zu weiteren Wörtern anregen lassen und diese hinzufügen.

4. Bastelt aus den Wörtern gemeinsam eine Geschichte und schreibt sie auf.
5. Lest euch eure Geschichten vor.
   Wer hat die schönste Geschichte erfunden?

Zeitungswörter

In Zeitungen verstecken sich oft eine Menge Reizwörter zum Erzählen. Bringt zerschnittene Sätze oder einzelne Wörter aus Zeitungen von zu Hause mit und legt sie in eine große Zeitungswörter-Schachtel.
Jeder von euch zieht ein Puzzle-Teil aus der Schachtel. Geht damit, ohne zu sprechen, im Klassenzimmer herum, sodass die anderen euer Wort sehen können, und sucht Partner-Wörter. Wenn ihr ein Wort entdeckt, das zu eurem passt oder das euch nur gefällt, geht ihr zusammen mit dem neuen Partner auf weitere Wörtersuche. Wenn sich genügend interessante Wörter zusammengefunden haben, bastelt ihr aus den Wörtern eine Geschichte.

- Schlüsseldienst
- Straßenverkehr
- Wetterbericht

6. Spielt dieses Spiel und schreibt eure Geschichte auf. Ihr könnt dazu das Ideennetz bei der Verknüpfung der Wörter verwenden.

Der Geschichtenmacher Uwe Kant

Jeden Morgen geht der Geschichtenmacher ein bisschen spazieren. So sieht es aus. In Wirklichkeit geht er Geschichten suchen.
Die Leute haben gesagt: Die Geschichten liegen doch auf der Straße.
Der Geschichtenmacher möchte sie finden und einsammeln.
5   Er nimmt auch immer eine große Tüte mit.
Ach was, sagt der Geschichtenmacher, die Tüte ist für die frischen Brötchen da.
Einmal hat der Geschichtenmacher wahrhaftig ein ganzes Fünfmarkstück gefunden – aber eine ganze Geschichte noch nie.
10 Einmal haben ihn eine uralte Frau und ein uralter Mann nach dem Weg zum Hochzeits-Büro gefragt.
Er hat gesehen, wie vier Feuerwehrleute einen angefrorenen Schwan vom Fluss geholt haben.
Er hat einen großen starken Mann in guten Sachen auf einer Bank sitzen und
15 weinen sehen.
Zu Haus jedoch waren jedes Mal nur Brötchen in Geschichtenmachers Tüte.
Aber im Kopf hat er überlegt:
Wer hat das Geld verloren?
Was wollten die Uralten auf dem Hochzeits-Büro?
20 Haben vier Feuerwehrleute nichts Wichtigeres zu tun?
Warum hat der Mann geweint?
Manchmal bekommt er etwas heraus und schreibt es auf. So machen es die Geschichtenmacher schon lange und überall. Deshalb gibt es so viele Geschichten auf der Welt. Und eben – hast du gehört – ist vielleicht eine neue
25 dazugekommen.

1. Wähle eine der Geschichten aus.
   Fertige einen Stichwortzettel an (W-Fragen) oder ein Ideennetz.

Wichtiges und Nebensächliches

Micha hat folgende Zusammenhänge für die Geschichte von dem angefrorenen Schwan herausgefunden:

- Nach einem milden Wintertag kam ein plötzlicher Frosteinbruch.
- Der Waldsee war mit einer dicken Eisschicht überzogen.
- Schwimmen im Teich war verboten.
- Ein Schwanenpaar hatte im Sommer ein Junges großgezogen.
- Der Wirt des Gasthauses hatte den Schwan auf dem See entdeckt.
- Am Abend zuvor hatte es im Gasthaus eine Schlägerei gegeben.
- Der Wirt alarmierte die Feuerwehr.
- Eine alte Frau fütterte wie immer die schnatternden Enten am Ufer.
- Vier Feuerwehrleute rückten an.
- Der Schwan blieb ruhig.
- Der Wirt säuberte den Vorplatz.
- Die Feuerwehrleute legten eine Leiter auf das Eis.
- Der Feuerwehrmann näherte sich vorsichtig dem Schwan.
- Er goss lauwarmes Wasser auf die Füße des Schwans.
- Ein Unfallwagen fuhr auf der Straße vorbei.
- Der Schwan ließ sich füttern.
- Schwäne sind keine Fleischfresser.
- Der Feuerwehrmann konnte den Schwan anfassen und ihn sicher ans Ufer bringen.

2. Welche Einzelheiten kann Micha zum Erzählen einer Geschichte verwenden?
3. Trage deine Beobachtungen in eine Tabelle ein. Unterscheide sie in *wichtig* und *nebensächlich*.
4. Erzähle mit den wichtigen Beobachtungen eine zusammenhängende Geschichte.
5. Welche Nebensächlichkeiten könnten zur Hauptsache für eine neue Geschichte werden? Versuche, die Nebensächlichkeiten auszubauen.

Was für ein Durcheinander

Hans Kossatz:
Vater Kaiser
und Dackel Willi

1. Bringe die Bilder in die richtige Reihenfolge.
2. Notiere Stichwörter zu jedem Bild.
3. Schreibe davon ausgehend die Erzählung „Wasserspiele".
   Du kannst dazu die folgenden Verknüpfungswörter benutzen:
   dann, als, während, obwohl, weil, deshalb, aber, denn, außerdem, sondern.

So eine Verwirrung: Der Finderlohn

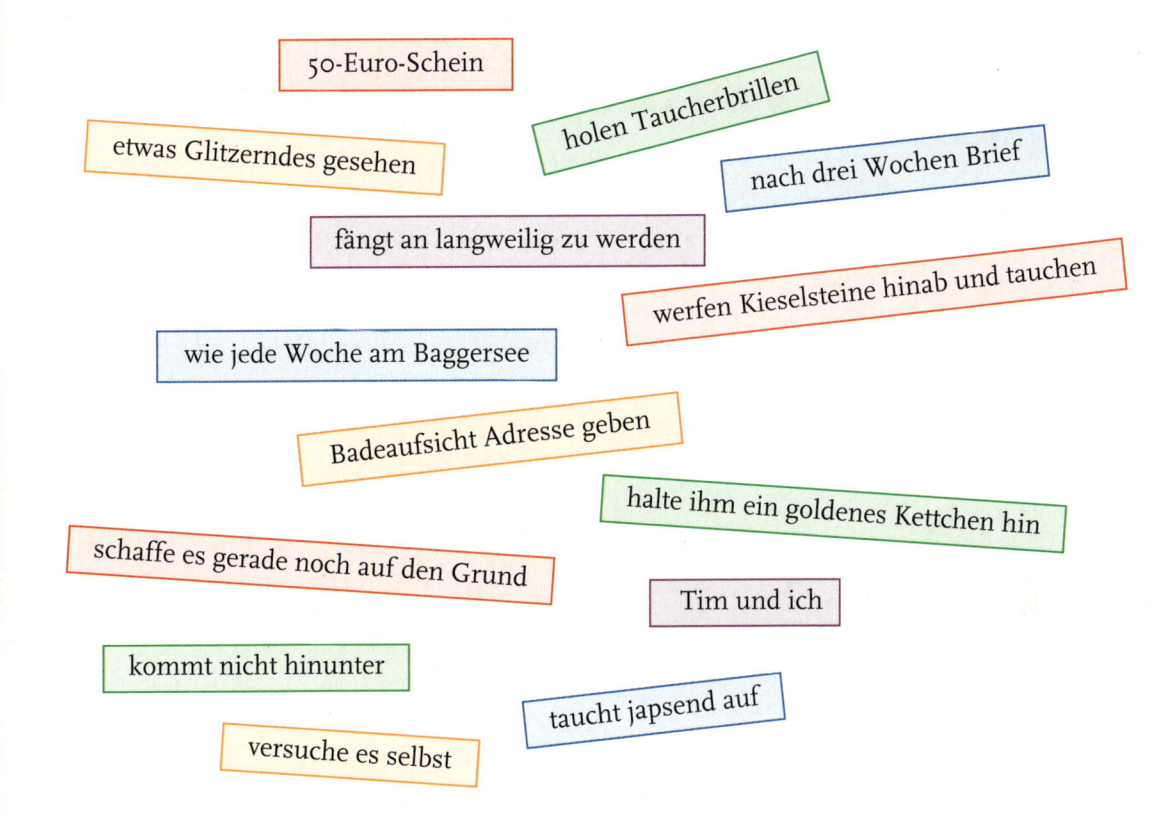

- 50-Euro-Schein
- holen Taucherbrillen
- etwas Glitzerndes gesehen
- nach drei Wochen Brief
- fängt an langweilig zu werden
- werfen Kieselsteine hinab und tauchen
- wie jede Woche am Baggersee
- Badeaufsicht Adresse geben
- halte ihm ein goldenes Kettchen hin
- schaffe es gerade noch auf den Grund
- Tim und ich
- kommt nicht hinunter
- taucht japsend auf
- versuche es selbst

4. Übertrage die Stichwörter auf Zettel und ordne sie in einer sinnvollen Reihenfolge.
5. Erzähle die Geschichte anhand deiner Stichwortliste.
6. Sicherlich hast du auch schon etwas verloren oder gefunden. Lege dir eine Stichwortliste an, um dann zusammenhängend erzählen zu können. Schreibe die Erzählung auf.

INFO

Nachschlagen → S. 281

- Damit beim Geschichtenerzählen nichts Wichtiges vergessen wird und das Nebensächliche möglichst aussortiert wird, solltest du dir am besten **Stichwörter** aufschreiben. Dabei helfen dir **W-Fragen**.
- Deine Geschichte sollte glaubhaft und logisch sein, damit der Leser sich gut in die Ereignisse hineinversetzen kann und ihm die Zusammenhänge klar werden. Die zeitliche **Reihenfolge** sollte stimmen.

Erzählanfang – besonderes Ereignis – Erzählende

Konstanzemarie *Irmela Brender*

Tina hatte eine Puppe, die war etwas ganz Besonderes, und darum hieß sie auch besonders: Konstanzemarie. Ihr Körper war weich und richtig zum Kuscheln, sie hatte echtes Haar und wunderschöne lange Wimpern. Ihr Gesicht war
5 nicht eines jener starren, steifen und immer ein bisschen hochmütigen Puppengesichter, sondern es war ein sehr, sehr nettes Gesicht, so wie es beste Freundinnen haben.
   Tina nahm Konstanzemarie überall mit hin, natürlich auch zum Kindergeburtstag von Sabine. „Puh, guck mal
10 die", sagte schon an der Tür ein blonder Junge mit Sommersprossen. „Die spielt noch mit Puppen und bringt sie sogar mit."
   „Es ist doch Konstanzemarie", sagte Tina, und der Junge grinste. Als die Kinder Kakao tranken und Torte aßen, saß
15 Konstanzemarie auf Tinas Schoß, und als sie dann spielten, hing sie an Tinas Hand.
   „Ohne die kannste wohl nicht?", fragte ein Mädchen, das Ruth hieß. „Puppensuse", sagte der Junge mit den Sommersprossen.
20 „Meine Mutti hat gesagt, ich bin jetzt zu alt zum Puppenspielen", sagte Sabine, die Geburtstag hatte.
   „Ich spiele nicht mit Puppen", sagte Tina, „nur mit Konstanzemarie."
   Sie spielten ‚Armer Kater' und ‚Blinde Kuh' und ‚Reise nach Jerusalem' und ‚Topfschlagen' und ‚Ofenanbeten' (das machten sie vor der Heizung) und ‚Kalt
25 und Heiß', und dann fiel ihnen nichts mehr ein. Sie saßen so herum, und Tina dachte, eigentlich könnte jetzt Sabines Mutter kommen, dann wüsste man, dass es Zeit wäre zum Heimgehen. Aber Sabines Mutter kam nicht.
   „Ich weiß was", sagte der Junge mit den Sommersprossen. „Wir würfeln, und wer drei Sechser hat, kriegt Tinas Puppe."
30 „Klasse!", sagte Ruth.
   „Ich weiß nicht, meine Mutti...", fing Sabine an und hörte wieder auf.
   Alle anderen waren begeistert.
   „Nicht Konstanzemarie!", sagte Tina und hielt Konstanzemarie fester.
   Aber die anderen würfelten schon. „Zwei-fünf-eins." „Eins-eins-drei." „Vier-
35 zwei-fünf." „Sechs-sechs-sechs!" Ruth war es.
   „Nein", sagte Tina leise und nahm Konstanzemarie fest in den Arm.

„Gib schon her", sagte Ruth. Tina schüttelte den Kopf.

40 „Abgemacht ist abgemacht", sagte der Blonde, obwohl gar nichts abgemacht gewesen war. Tina schüttelte den Kopf. „Nicht Konstanzemarie."

„Warum nicht Konstanzemarie?"

„Sie gehört mir."

„Tine, Tine, Babytrine", rief Sabine. Alle hatten offene Münder, alle schauten
45 Tina böse an, alle streckten die Hände aus nach Konstanzemarie.

„Nein", wollte Tina sagen und schrie es vor Angst. „Ihr seid gemein! Das ist Konstanzemarie! Sie gehört mir!"

„Ist doch bloß eine Puppe, du Heulbaby!" Ruth hatte schon einen Arm von Konstanzemarie in der Hand. „Du Doofe, gib her!" Der Blonde griff nach dem
50 Kopf. „Hab dich nicht, Zuckerpuppe!" Die Zöpfige hielt ein Bein.

„Ihr gemeinen Biester!", schrie Tina. „Ihr Klauer! Ihr Spielverderber."

Da rissen sie.

Der Blonde schwang den Kopf an den echten Haaren, und das sehr, sehr nette Gesicht von Konstanzemarie drehte sich schaurig. Die Zöpfige warf das Bein ein-
55 fach in die Ecke, Ruth nahm den Arm in den Mund wie einen Daumen, und Tina hielt den weichen, kuscheligen Körper noch immer fest an sich gedrückt, aber er wurde immer schlaffer, weil das, was in ihm war, herausrann. Tina spürte es und schaute den anderen zu und weinte, aber eigentlich begriff sie nicht richtig, was geschah. Ging es noch um Konstanzemarie?

60 Da kam Sabines Mutter herein mit einem Tablett voll heißer Würstchen und Teller und Brötchen und Senf. „Na", rief sie fröhlich, „ihr wart ja so laut? Hattet ihr einen kleinen Streit? Um eine Puppe?" Sie stellte das Tablett ab und besah sich alles – den Arm, das Bein, den Kopf, den Körper, der nur noch eine Stoffhülle war. „Oh!", sagte sie. „Jetzt habt ihr das Püppchen kaputt gemacht. Das habt
65 ihr nun davon! Aber weine nicht, Tina, ich werde es zum Puppendoktor bringen, und dann wird alles wieder gut, wie?"

Tina sah sie an wie die Hexe im Märchen. Puppendoktor, dachte sie, du meine Güte. Das war doch Konstanzemarie!

1. Schließt das Buch und erzählt die Geschichte nach.
2. Schau dir die Erzählung einmal genauer an.
   Lege in deinem Heft eine Tabelle an und beantworte folgende Fragen:
   Wie fängt die Geschichte an?
   Was ist das besondere Ereignis?
   Und wie endet die Geschichte?

Erzählanfang	besonderes Ereignis	Erzählende

Textpuzzle: Dschonghi und der Computer *Reinhold Ziegler*

1 Bei einem seiner Spaziergänge stieß Dschonghi auf einen kleinen Computer, der am Wegesrand im Sterben lag. Todkrank blinkerten seine kleinen Leuchtdioden, und sein Bildschirm leuchtete nur noch matt. Den Jungen rührte es zu Tränen, wie der kleine Computer so hilflos dalag, und er sprach ihn an: „Na, Kleiner? Wer hat dich denn hier ausgesetzt?"

2 „Na", überlegte Dschonghi, „zum Beispiel, warum ich immer so traurig bin, wenn ich nachts durch den Wald laufe, oder warum der Regenbogen auf der anderen Seite der Welt nicht weitergeht. Oder woher meine kleine Schwester gekommen ist, oder ob das Weltall am Anfang ein Stück Stern oder eine Apfelsine war, oder warum meine Mutter beim Staubsaugen immer singen muss, oder wo mein Vater den ganzen Tag lang ist, oder wie der Busfahrer die Tür von außen zumacht, oder warum ich abends nicht einschlafen kann, wenn ich noch keinen Kuss bekommen habe."

3 „Halt, halt", rief der Junge, „hör auf. Wer will das wissen? Weißt du nicht etwas Wichtiges?" „Bitte?", fragte der kleine Computer, „was zum Beispiel?"

4 Der kleine Computer war längst zu schwach zum Antworten, er schien gar nicht mehr zu verstehen, was er gefragt worden war. Also bückte sich Dschonghi und nahm ihn mit. Zu Hause legte er den Computer auf seinen Tisch und beobachtete ihn eine Weile. […]

5 „Moment", sagte der kleine Computer, „das ist eine Menge!" „Das ist noch gar nichts gegen das, was ich noch alles wissen müsste", sagte Dschonghi, „pass auf …" „Halt, halt, ich kann dir so was nicht beantworten, ich habe dafür keine Programme, denke ich." „Mist", sagte Dschonghi, „kannst du dann wenigstens mein Zimmer aufräumen, meine Hausaufgaben machen und meiner kleinen Schwester ihren Schnuller wieder reinstecken, wenn sie quengelt?"

6 Da der kleine Computer noch immer nicht antwortete, gab der Junge ihm 220 Volt aus der Steckdose. „Ups", machte der kleine Rechner, und seine Leuchtdioden fingen heftig an zu blinken. „Besser jetzt?", fragte Dschonghi. „Gib mir nur ein, zwei Minuten zum Booten, dann bin ich so weit, okay?", sagte der kleine Computer matt. Dschonghi wartete eine Minute, zwei Minuten. Der kleine Computer bootete vor sich hin, als wollte er nie mehr damit aufhören. Dschonghi überlegte gerade, ob er den Stecker wieder rausziehen sollte, da meldete sich der Kleine mit fester Stimme: „Sieben mal sieben ist neunundvierzig!" „Schön", sagte Dschonghi erstaunt, „aber wen interessiert das?" […]

7 „Mist", sagte Dschonghi und zog den Stecker raus. Die Leuchtdioden hörten auf hell zu leuchten, blinkten noch ein bisschen, flackerten, dann gingen sie aus. Dschonghi nahm den kleinen Computer, dann ging er wieder in den Wald. „Mist", sagte er wieder und warf ihn genau dorthin, wo er ihn gefunden hatte.

8 „Der Mond hat einen Durchmesser von 3476 Kilometern", sprudelte es jetzt aus dem kleinen Rechner, „Texas hat 16 Millionen 685 Tausend Einwohner. Das spezifische Gewicht von Gold ist 19,3 Gramm pro Kubikzentimeter. […] Der Dreißigjährige Krieg dauerte genau…"

9 „Ich denke… ich weiß nicht… Ich glaube…", fing der Computer an. […]
„Na?", fragte Dschonghi, „was denkst du?" „Sieben mal sieben ist neunundvierzig", rief der kleine Computer trotzig.

3. In welcher Reihenfolge müssen die einzelnen Puzzleteile stehen?
4. Welches ist der Erzählanfang, welches das besondere Ereignis, welches das Erzählende? Begründet eure Entscheidung.
5. Lies jetzt die Geschichte vor.

„Der Schüler, der immer zu spät kam"

Zu diesem Thema sollten die Schüler eine Erzählung schreiben. Hier sind ein paar Beispiele, wie einige Schülerinnen und Schüler ihren Aufsatz angefangen haben.

Daniels Anfang lautet:
Heute möchte ich von einem Jungen erzählen, der sich vornahm, nie wieder zu spät zu kommen…

Anne hat sich Folgendes einfallen lassen:
„Warum schafft es der Junge eigentlich nie, pünktlich in die Schule zu kommen?" Diese Frage stellte sich Frau Reuter, seine Klassenlehrerin, schon seit Beginn der 5. Klasse. Und sie beschloss, das Rätsel von Georgs Unpünktlichkeit zu lösen…

Maries Anfang lautet ganz anders:
In Mühlheim, einer Kleinstadt inmitten von Weinbergen, wohnte Felix S. Der Junge war genauso gemütlich wie die Stadt, in der er lebte. An einem trüben Montagmorgen wachte er auf…

Markus fängt so an:
Es war einmal ein Junge, der immer und überall zu spät kam…

1. Vergleicht die Erzählanfänge. Welche Unterschiede stellt ihr fest?
2. Baut die Anfänge zu ganzen Geschichten aus und schreibt sie auf.
3. Vergleicht eure Ergebnisse: Inwiefern hat der Anfang euch beim Weitererzählen gelenkt?

Berühmte Buchanfänge

A In der Nacht, als Ronja geboren wurde, rollte der Donner über die Berge, ja, es war eine Gewitternacht, dass sich selbst alle Unholde, die im Mattiswald hausten, erschrocken in ihre Höhlen und Schlupfwinkel verkrochen…!

B Als Herr Bilbo Beutlin von Beutelsend ankündigte, dass er demnächst zur Feier seines einundelfzigsten Geburtstages ein besonders prächtiges Fest geben wolle, war des Geredes und der Aufregung in Hobbingen kein Ende.

C Euch kann ich's ja ruhig sagen: Die Sache mit Emil kam mir selber unerwartet.

4. Hier ein kleines Quiz: Welche Bücher fangen so an? Kannst du Autor/Autorin und Buchtitel nennen?
5. Warum könnten die Anfänge zum Weiterlesen verführen?
6. Wie fangen eure Lieblingsgeschichten/Lieblingsbücher an? Schreibt die ersten Sätze ins Heft und lasst eure Klassenkameraden raten, wie das Buch heißt.

Erlebnisse im Zeltlager

So endet Saskias Erlebniserzählung:
Wir krochen alle aus dem Zelt heraus, und da sahen wir ihn. – Es war ein Igel.

Hier ist Rolfs Schluss:
Los – du schaffst das! – Dieser Satz, der sich als so verhängnisvoll erwiesen hat, wird mir wohl nie wieder über die Lippen kommen. Das Bild von meinem verletzten Freund lässt mich nicht mehr los. Ich traue mich nicht, ihn im Krankenhaus zu besuchen. Wäre jetzt nur jemand da, der zu mir sagt: „Los, du schaffst das!"

7. Vergleiche die beiden Erzählschlüsse. Was fällt dir auf?
8. Was könnte vorher passiert sein? Erzähle die Erlebnisse.
9. Wie könnten die Geschichten anfangen? Schreibe passende Einleitungssätze.

Schlüsse aus bekannten Kinderbüchern

A Dann hinkte Kassiopeia davon und suchte sich einen stillen und dunklen Winkel. Sie zog ihren Kopf und ihre vielen Glieder ein, und auf ihrem Rücken, für niemand mehr sichtbar als nur für den, der diese Geschichte gelesen hat, erschienen langsam die Buchstaben: Ende.

B Viele Sätze gingen in seinem Kopf durcheinander. Ich habe Anna lieb. Anna geht weg. Ich muss Anna gleich einen Brief schreiben. Anna kann uns ja besuchen. Ich hab Anna wirklich lieb. Er hätte heulen können. Aber er heulte nicht.

10. Woran erkennst du, dass es sich hier um Schlusssätze von Büchern handelt?
11. Wer von euch kennt die beiden Bücher und kann darüber erzählen?

Erzählüberschriften

- Weg war er!
- Los, du schaffst das!
- So eine Schweinerei!
- Nichts wie hinterher!
- O je – mein schönes neues Fahrrad!
- So eine blöde Nuss!
- Gute Nacht – von wegen!
- Tja, Köpfchen muss man haben!

12. Welches besondere Ereignis steckt jeweils in diesen Überschriften? Tauscht euch aus.
13. Suche dir zwei Überschriften aus und schreibe den Anfang und das Ende einer Erzählung.

Aus Meldungen werden Geschichten

„Gänsemarsch" durch die Innenstadt

Bonn (dpa) Als Transportunternehmen für „Gänsefüßchen" musste ein Bonner Taxifahrer herhalten. Eine Gänsemutter hatte eine sehr befahrene Straße für einen Ausflug mit ihren fünf Küken ausgewählt und brachte dadurch den gesamten Berufsverkehr zum Erliegen. Der beherzte Taxifahrer griff sich die Tiere, die heftigen Widerstand leisteten, setzte sie kurzerhand auf den Rücksitz seines Taxis und fuhr die Fahrgäste zum Tierrettungsdienst. Dort verfrachtete man die Tiere fachmännisch zum heimatlichen Weiher.

Neunjähriger verteilt Banknoten

Die gesamten Ersparnisse seiner Eltern hat ein neun Jahre alter Junge aus dem oberbayerischen Germering verschenkt. Etwa 5 000 Euro, welche die aus dem früheren Jugoslawien stammenden Eltern für einen Hausbau in ihrer Heimat vorgesehen hatten, fielen kurz vor der Heimreise der Freigiebigkeit des Kindes zum Opfer, teilte die Polizei mit. Der Junge hielt danach Freunde bei Gaststättenbesuchen aus, kaufte sich Spielzeug und verteilte die Banknoten an Bekannte. (dpa)

Fischstäbchen feiern 50. Geburtstag

ZWEI SCHÜLER BERGEN EINEN GOLDSCHATZ

Essen (AP) Zwei neun Jahre alte Schüler haben in Essen nach Angaben der Polizei eine Kiste voller Gold und Silberschmuck gefunden. Bislang konnte noch nicht ermittelt werden, woher der wertvolle Inhalt der Kiste stammt.

1. Baue diese Erzählkerne zu einer Geschichte aus. Was musst du hinzufügen?
2. Lege fest, wer die Geschichte erzählt.
3. Suche weitere Meldungen, die sich zum Ausgestalten einer Erzählung eignen.

Fantasiegeschichten schreiben 65

Wenn Dinge reden könnten

In der Nacht zum 30. Februar, wenn die Turmuhr 12 schlägt, geschehen merkwürdige Dinge. Die Gegenstände werden für eine Stunde lebendig, beginnen sich zu bewegen und zu sprechen.
Male dir aus, was dann im Kühlschrank los ist. Was in der Mülltonne? Was in deinem Federmäppchen? In deiner Schreibtischschublade?

1. Suche dir ein Thema aus. Mache dir Stichworte:
   Was könnten die Dinge erleben?
   Was passt zu ihnen?
   Was tun sie? Wie sprechen sie?
   Welche Eigenschaften haben sie?
   Wie fühlen sie sich an?
2. Sammle deine Ideen, ehe du deine Geschichte aufschreibst.
3. Schreibe deine Geschichte. Achte dabei auf das besondere Ereignis.

Fantasiegeschichte

Die Klasse 5a der Friedrich-Schule hat mit viel Fantasie ein Geschichtenbuch geschrieben. Hier ein Ausschnitt aus einer Geschichte:

Er nahm sofort den Fallschirm und band ihn sich um. Dann riss er die Tür auf und sprang runter, ohne nach unten zu gucken. Als er in der Luft war, riss er an der Leine. Der Fallschirm öffnete sich. Nun schwebte er hinunter, und obwohl er weinte, guckte er sich nach einem Landeplatz um …

4. Schreibe zu diesem Erzählkern eine ganze Erzählung. Notiere dir dazu wichtige Wörter, die deiner Erzählung eine Richtung geben.

INFO

Nachschlagen → S. 281

Erzählungen schreiben ist gar nicht so schwer, wenn du sie gut planst und einige Regeln beachtest:
- Am **Anfang** der Erzählung solltest du nicht zu viel verraten, sondern den Leser neugierig auf die kommende Handlung machen.
- Das **besondere Ereignis** steht im Mittelpunkt der Erzählung und sollte lebendig ausgestaltet werden.
- Das **Erzählende** nennt in wenigen Sätzen den Ausgang.

An der Sprache feilen

Sophies Erlebnis im Deutschunterricht

Die Deutschstunde begann. Und dann sagte Frau Seltmann, wie man einen Aufsatz schreibt. Und dann schrieb sie das an die Tafel. Aber der Markus hatte ja seinen Hamster mit in die Schule gebracht. In Biologie wollten wir heute nämlich über unsere Haustiere sprechen. Den nahm ich unter der Bank auf meinen Schoß. Markus hatte ein Stückchen Mohrrübe dabei. Das gab ich dem Hamster zu fressen. Er fraß es sofort auf. „Hat der aber Hunger", dachte ich. Ich konnte deswegen natürlich nicht beim Unterricht mitmachen. Ich bekam einen Schubser von Markus. Er wollte mich nämlich warnen. – Leider vergeblich! Frau Seltmann rief mich nämlich auf. Ich bekam einen ziemlichen Schrecken und wurde rot. Blöderweise rutschte mir der Hamster vom Schoß und lief durch die Klasse. In der Klasse war es erst ganz still, dann aber lachten alle vergnügt. Als ich dann aber den Hamster einfangen wollte, sagte Frau Seltmann, dass ihre Tochter auch so einen Hamster hat. Aber dass Aufsatzschreiben jetzt doch wichtiger ist. Ihre Stimme war streng, aber sie guckte nicht böse. Da war ich froh, dass unsere Deutschlehrerin so nett war.

1. Was gefällt dir an Sophies Erzählweise, was gefällt dir nicht so gut? Finde eigene Verbesserungsmöglichkeiten.
   Benutze dazu aussagekräftige Wörter, z. B. statt „… *und lief durch die Klasse*" – „*Der Hamster wuselte blitzschnell durch alle Bänke …*"
2. An welchen Stellen im Text helfen Satzverknüpfungen?
3. An welchen Stellen würdest du direkte Rede einfügen? Warum?

Schreibkonferenz

In der Schreibkonferenz haben sechs Schülerinnen und Schüler gemeinsam den Aufsatz von Beate gelesen und ihre Anmerkungen an den Rand geschrieben.

War das komisch

Erzählanfang zu lang
Sven

Ich mag Biologie richtig gern. Die Lehrerin ist ein bisschen streng. Aber sie erklärt uns alles ganz geduldig und kann schön an der Tafel zeichnen. Sie macht auch die Schulgarten-AG. Jeden Mittwochnachmittag können wir dahin kommen und im Garten arbeiten. Da ist sie auch nicht so streng. Manchmal bringt sie dann auch Kuchen mit. Es gibt im Biologieunterricht immer viel Abwechslung. Letzte Stunde war es besonders gut, da wollten wir nämlich Haustiere durchsprechen. In der Stunde davor hatte die Lehrerin gefragt, wer in der Nähe wohnt und seinen Hund mitbringen kann. Marie meldete sich. Sie konnte ihren Hund in der großen Pause holen. Biologie war gleich danach.

nebensächlich
Laura

In der Stunde saß der Hund, der noch ganz jung war, friedlich da. Frau Schmidt, unsere Biologielehrerin, gab uns den Auftrag, den Hund genau zu beobachten und alles zu notieren, was wir sehen konnten. Das machten wir auch. Doch dann fing Julian an zu lachen. Ich wusste erst nicht, warum. Die anderen fingen auch an zu lachen. Die ganz hinten saßen, standen auf, um zu sehen, was denn so komisch war. Dann mussten auch sie lachen: Der Hund hatte tatsächlich in die Klasse gepinkelt. Alle mussten wir dann laut loslachen, selbst unsere Lehrerin lachte mit. Der Hund wurde von unserem Lärm so unruhig, dass er kaum noch zu halten war. Marie brachte ihn ganz schnell nach Hause, Julian ging zum Hausmeister und holte einen Lappen, um den See wegzuwischen. Diese Stunde kriegte Frau Schmidt nicht mehr hin. Immer wieder lachte jemand los. Jedenfalls werde ich diese Biologiestunde nicht so schnell vergessen.

Wortwiederholung
Johannes

besser ausgestalten
Philipp

Ende gefällt mir besonders
Mark

Gute Erzählung!
Julia

1. Was hat die **Schreibkonferenz** untersucht? Fasse zusammen.
2. Schreibe eine neue Fassung von Beates Erzählung. Ersetze das Verb *lachen* durch ein anderes aus folgender Liste:

Schreibkonferenz
→ S. 298

feixen – grienen – grinsen – strahlen – lächeln – schmunzeln – kichern – prusten – wiehern – kringeln – herausplatzen

Was nun?

In den dargestellten drei Situationen erfährst du nicht direkt, was die Personen fühlten. Erzählt wird nur die äußere Handlung:

A Zu Hause angekommen, kramte ich in der Schultasche herum. Plötzlich entdeckte ich das Deutsch-Arbeitsheft. Heute in der ersten Stunde hatten wir den Aufsatz geschrieben…

B Björn brütete über seinen Mathe-Aufgaben. Die ersten hatte er schon nicht lösen können. Er schielte zu seinem Freund Stefan hinüber, der eifrig schrieb…

C Sie hielt das Zweieurostück fest in der Hand. Es war schon ganz warm geworden. Keiner hatte sie beobachtet…

1. Versuche, dich in eine der Personen hineinzuversetzen, und schreibe auf, was ihr so alles durch den Kopf geht.
2. Suche dir eine Situation heraus und schreibe die ganze Erzählung.

Stehen gelassen *Hans Manz*

Zum ersten Mal wartete Rita nicht auf ihn. Adam glaubte noch zuversichtlich, es müsse ein Irrtum sein. Ihr Bruder indessen, der Adam ausrichtete, sie sei nicht daheim, zeigte ein Grinsen, das Adam nicht gefiel: ein schadenfrohes. Er setzte sich auf die Treppe vor ihrem Hauseingang. Einmal musste sie zurückkommen.
5 Sie öffnete aber plötzlich die Tür, zischte: „Hau ab, du!", und schmetterte die Türe ins Schloss. Sie jagte ihn fort! Sie hatte den Bruder vorgeschickt, um zu lügen! Sie hatte nicht einmal erklärt, warum sie ihn zum Teufel wünschte. Nichts hatte er ihr angetan. Null und nichts! Er hoffte, der Boden würde sich öffnen und ihn verschlingen. Es lief aber nur ein Käfer aufreizend munter über die Pflaster-
10 steine, ohne Mitgefühl für sein Elend. Mit der Schuhspitze stieß er nach ihm. Der Käfer fiel auf den Rücken, zappelte. Adam ging es schließlich nicht besser. Sogar die Sonne verspottete ihn, strahlte feiertäglich. Kälte und Schnee hätten besser zu Ritas Herz gepasst.

3. Wie fühlt sich Adam in dieser Situation? Wie drückt der Erzähler das sprachlich aus?
4. Kannst du dich an eine Situation erinnern, in der du einmal *sehr traurig* oder *sehr glücklich* warst? Bechreibe diese Situation und versuche, das Gefühl, das du damals hattest, mit geeigneten Ausdrücken besonders hervorzuheben.

Bildhafte Ausdrücke und Vergleiche verwenden 69

Bitte nicht wörtlich nehmen!

1

2

3

Mir drehte sich der Magen um vor Ekel …

Da fiel es mir wie Schuppen von den Augen …

Siedend heiß fuhr es mir den Rücken hinunter …

Meine Beine waren schwer wie Blei …

Er schrie wie am Spieß …

Das Lachen blieb mir im Hals stecken …

Hilflos ruderte er mit den Armen …

Ihre Blicke schienen mich zu durchbohren …

1. Welche bildhaften Ausdrücke sind in den Illustrationen 1 – 3 versteckt?
2. Vervollständige die Sätze.
   In welchen Situationen könnten sie vorkommen?
3. Bei einigen bildhaften Ausdrücken und Vergleichen wird das Gefühl so anschaulich, dass du es sogar zeichnen könntest. Versuche, es wie oben in einem Bild zu malen.
4. Schreibe weitere bildhafte Ausdrücke auf, z. B.:
   – *Ein Brett vorm Kopf haben.*
   – *Wie vom Donner gerührt dastehen.*
   – …
5. Suche bildhafte Ausdrücke und Vergleiche für das Gefühl der Traurigkeit.

INFO

Nachschlagen → S. 281

- Durch **aussagekräftige Wörter**, **bildhafte Ausdrücke** und **Vergleiche** kannst du eine Geschichte anschaulich und lebendig machen.
- Wenn du in der Wortwahl und im Satzbau Wiederholungen vermeidest, wird dein Erzählstil abwechslungsreicher.

Nachschlagen → S. 281

Nacherzählen

Ein Erzählspiel

Spielregeln: *Drei oder vier Freiwillige aus eurer Klasse verlassen das Zimmer. Der erste kommt zurück und hört sich die folgende Geschichte an, die ihm vorgelesen wird. Dann kommt der zweite Mitspieler ins Klassenzimmer und hört sich an, wie der erste ihm die Geschichte erzählt. Mitspieler Nr. 2 erzählt die Geschichte für den dritten und so weiter.*
Die Zuhörer werden in vier Beobachtungsgruppen aufgeteilt. Jede Gruppe achtet auf einen Nacherzähler. Die Beobachtungsgruppen teilen anschließend den vier Erzählern mit, was sie beobachtet oder notiert haben.

Die feindlichen Schrauben   *Franz Hohler*

Es waren einmal zwei Schrauben, die waren am Rad eines Güterwagens befestigt. Obwohl beide dieselbe Aufgabe hatten, konnten sie sich nicht leiden und stritten dauernd miteinander.

„Du Sauschraube", sagte die eine zur anderen, „du blöde, dumme Sau-
5 schraube!"

„Was du sagst, das bist du selbst!", gab die andere zurück, und so ging das den ganzen Tag, wenn sie irgendwo auf einem Bahnhof oder einem Abstellgleise standen und warteten.

Einzig wenn der Zug fuhr, drehten sich die Schrauben mit dem Rad so rasch,
10 dass es ihnen die Sprache verschlug.

Eines Morgens, kurz vor der Abfahrt nach Italien, stritten sie wieder besonders heftig.

„Wenn ich nur deinen einfältigen Kopf nicht mehr sehen müsste!", sagte die eine Schraube zur andern, und zwar in einem sehr giftigen Ton.

15 „Gut!", sagte die andere stolz, „dann gehe ich. Es gibt schließlich noch andere Räder."

Und als der Zug zu rollen begann, schraubte sie sich mit aller Kraft aus dem Gewinde, fiel auf der Gotthardstrecke in einen Wildbach und ertrank.

Da eine Schraube allein nicht genügte, um das Rad an der Achse zu halten,
20 entgleiste der Güterzug, riss den ganzen Zug mit in den Abgrund, und mit den Waggons wurde auch die Schraube dermaßen zertrümmert, dass man sie später mit den Resten des Zuges einschmolz.

Jetzt war endgültig Schluss mit Streiten.

1. Wie wurde die Geschichte jeweils nacherzählt? Was wurde verändert, ergänzt oder weggelassen? Tauscht euch darüber aus.

„Das müsst ihr unbedingt lesen!"

Kai ist ganz begeistert von dem Buch „Robinson, Mittwoch und Julchen" von Klaus Kordon. Er erzählt seinen Klassenkameraden ein besonders aufregendes Abenteuer aus diesem Buch.

Ihr kennt doch alle Robinson Crusoe, den Seefahrer, der auf einer einsamen Insel strandet und dann zusammen mit einem Schwarzen, der noch nicht einmal seine Sprache versteht, ums Überleben kämpft. So ähnlich erging es auch Jo, der die Sommerferien mit seinen Eltern an einem
5 österreichischen See verbrachte und sich mit Stane, dem Sohn eines slowenischen Gastarbeiters, angefreundet hatte. Beide verbrachten zunächst ganz glückliche Stunden auf einer kleinen unbewohnten Insel, die sie mit Hilfe von Jos Schlauchboot entdeckt hatten. Sie bauten sich eine Hütte, angelten und fühlten sich ganz prima, bis eines Tages ein
10 Mädchen, Julchen, dort mit ihrem Kajak landete und die beiden Jungen ganz schön durcheinander brachte. Sie wurden so eifersüchtig, dass sie sich schließlich heftig prügelten. Julchen war das zu dumm, sie fuhr mit ihrem Kajak davon, doch ließ sie vorher die Luft aus dem Schlauchboot. Das hätte sie nicht tun sollen. Denn als die beiden Jungen endlich wieder einen klaren Kopf
15 hatten und noch atemlos nebeneinander im Sand saßen, zog ein heftiges Gewitter mit Sturmböen auf. Jetzt waren die Jungen auf der Insel gefangen, denn zum Schwimmen war es zu weit und das Schlauchboot lag platt am Ufer. Frierend und völlig durchnässt suchten sie Schutz in ihrer Hütte. So hockten sie dicht gedrängt da, um sie herum bildete sich eine große Pfütze. Blitze zuckten
20 über den Himmel und es wurde Nacht. Sie konnten nur warten und hoffen, dass jemand sie suchte. Außer Julchen aber wusste niemand von dieser Insel, die doch ihr Geheimnis war.
Wie es mit den Dreien weiterging, das will ich euch nicht verraten.

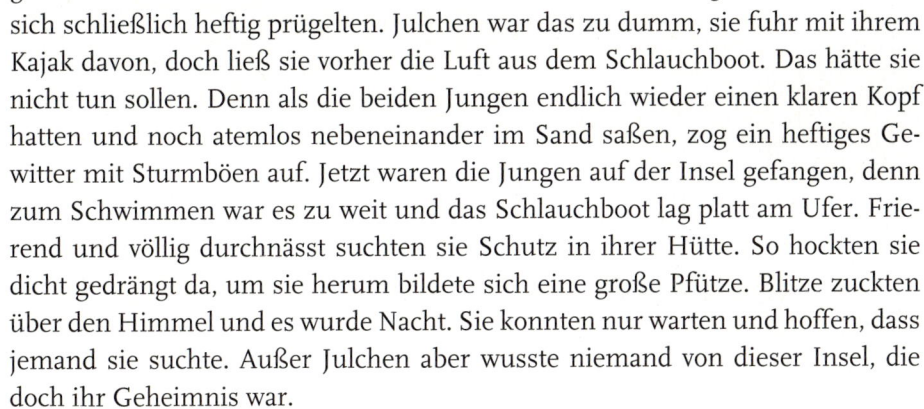

1. Hat Kai diesen Ausschnitt so nacherzählt, dass du Lust bekommst, das Buch zu lesen? Begründe deine Meinung.
2. Stellt euch gegenseitig spannende Bücher vor: Sucht ein Ereignis aus dem Buch heraus und erzählt es so nach, dass die anderen auf das Buch neugierig werden. Ihr könnt euch als Gedächtnisstütze auf einer Karteikarte Stichwörter notieren, aber nicht mehr.

Des Freiherrn von Münchhausens russische Reitergeschichte *Gottfried August Bürger*

Das ganze Land lag unter Schnee; und ich wusste weder Weg noch Steg. Des Reitens müde, stieg ich endlich ab und band mein Pferd an eine Art von spitzem Baumstaken, der über dem Schnee hervorragte. Zur Sicherheit nahm ich meine Pistolen unter den Arm,
5 legte mich nicht weit davon in den Schnee nieder und tat ein so gesundes Schläfchen, dass mir die Augen nicht eher wieder aufgingen, als bis es heller, lichter Tag war. Wie groß war mein Erstaunen, als ich fand, dass ich mitten in einem Dorfe auf dem Kirchhofe lag! Mein Pferd war anfänglich nirgends zu sehen; doch hörte
10 ich's bald darauf irgendwo über mir wiehern. Als ich nun emporsah, so wurde ich gewahr, dass es an den Wetterhahn des Kirchturms gebunden war und von da herunterhing. Nun wusste ich sogleich, wie ich dran war.

15 Das Dorf war nämlich die Nacht über ganz zugeschneiet gewesen; das Wetter hatte sich auf einmal umgesetzt; ich war im Schlafe nach und nach, so wie der Schnee zusammengeschmolzen war, ganz sanft herabge-
20 sunken; und was ich in der Dunkelheit für den Stummel eines Bäumchens, der über dem Schnee hervorragte, gehalten und daran mein Pferd gebunden hatte, das war das Kreuz oder der Wetterhahn des Kirchturmes
25 gewesen.

Ohne mich nun lange zu bedenken, nahm ich eine von meinen Pistolen, schoss nach dem Halfter, kam glücklich auf die Art wieder an mein Pferd und verfolgte meine Reise.

1. Dieser Text wurde so im 18. Jahrhundert von Gottfried August Bürger niedergeschrieben. Manches würdest du heute anders ausdrücken. Gib dafür Beispiele.
2. Schreibe eine Nacherzählung dieser Münchhausen-Geschichte für die jüngeren Geschwisterkinder eurer Klasse. Verwende dabei eine Sprache, welche die Kinder verstehen können.

Wie Eulenspiegel in Magdeburg verkündete, vom Rathauserker fliegen zu wollen, und wie er die Zuschauer mit Spottreden zurückwies *Hermann Bote*

Eulenspiegel kam in die Stadt Magdeburg und vollführte dort viele Streiche. Davon wurde sein Name so bekannt, dass man von Eulenspiegel allerhand zu erzählen wusste. Die angesehensten Bürger der Stadt baten ihn, er solle etwas Abenteuerliches und Gauklerisches treiben. Da sagte er, er wolle das tun und auf
5 das Rathaus steigen und vom Erker herabfliegen. Nun erhob sich ein Geschrei in der ganzen Stadt. Jung und Alt versammelten sich auf dem Markt und wollten sehen, wie er flog.

Eulenspiegel stand auf dem Erker des Rathauses, bewegte die Arme und gebärdete sich, als ob er fliegen wolle. Die Leute standen, rissen Augen und Mäu-
10 ler auf und meinten tatsächlich, dass er fliegen würde. Da begann Eulenspiegel zu lachen und rief: „Ich meinte, es gäbe keinen Toren und Narren in der Welt außer mir. Nun sehe ich aber, dass hier die ganze Stadt voller Toren ist. Und wenn ihr mir alle sagtet, dass ihr fliegen wolltet, ich gaubte es nicht. Aber ihr glaubt mir, einem Toren! Wie sollte ich fliegen können? Ich bin doch weder Gans
15 noch Vogel! Auch habe ich keine Fittiche, und ohne Fittiche oder Federn kann niemand fliegen. Nun seht ihr wohl, dass es erlogen ist."

Damit kehrte er sich um, lief vom Erker und ließ das Volk stehen. Die einen fluchten, die anderen lachten und sagten: „Ist er auch ein Schalksnarr, so hat er dennoch wahr gesprochen!"

3. Was macht Eulenspiegel den Bürgern von Magdeburg deutlich?
4. Ein angesehener Bürger steht neben dem Bürgermeister, schaut zu Eulenspiegel hinauf und sagt: *„Wollen doch einmal sehen, was dran ist an ihm, oder?"* Schreibe das Gespräch zwischen Bürgermeister und Bürger auf.
5. Eine alte Frau möchte gerne von ihrem Enkel, einem 11-jährigen Jungen, wissen, wie das alles abgelaufen ist auf dem Marktplatz. Schreibe seine Nacherzählung.

INFO

- Für eine gute **Nacherzählung** einer Geschichte ist es wichtig, dass du den Inhalt richtig und zusammenhängend wiedergibst, nichts dazuerfindest und möglichst unterhaltsam mit eigenen Worten erzählst.
- Bei der schriftlichen Nacherzählung einer Geschichte musst du dich genau mit der Textvorlage befassen, die Erzählschritte erkennen und dich in die Erzählabsicht hineinversetzen.

Nachschlagen → S. 281

EXTRA: Projekt

Einen Geschichtenbasar veranstalten

Ein Projekt

Ihr alle wisst, dass im Orient das Erzählen von Geschichten eine gesellige Form der Unterhaltung war, ja sogar – wie es in Tausendundeiner Nacht berichtet wird – der schönen Scheherazade das Leben rettete. Doch die Zeiten sind vorbei, wo man sich noch um Kopf und Kragen erzählen konnte.

Auf dem Basar, den ihr veranstaltet, gibt es die verschiedensten Erzähler und die unterschiedlichsten Geschichten, lustige und traurige, erfundene und nacherzählte oder auch Geschichten, die auf dem Basar erst gemeinsam entstehen. Manche Erzähler haben sich verkleidet, tragen beim Erzählen Gegenstände in der Hand oder begleiten ihre Worte mit Händen und Füßen. Wenn die Geschichte die Zuhörer besonders bewegt, hört man ein Seufzen oder Lachen. So unterhaltsam ist es auf einem Geschichtenbasar.

Hier ein paar Anregungen ...

... zum Erzählen
Wählt gemeinsam die Geschichten aus, die auf eurem Basar erzählt werden sollen. Es können Erzählungen von besonderen Erlebnissen sein, Fantasiegeschichten, Gruselgeschichten oder auch Nacherzählungen von interessanten Geschichten – alles, was ihr euch bisher gegenseitig erzählt oder was ihr aufgeschrieben habt.

... zur Erzählzeit
Im Orient beginnt der Geschichtenerzähler bei Sonnenuntergang zu erzählen. Wann soll euer Erzählbasar beginnen?

... zum Erzählort
Überlegt euch, wie ihr den Klassenraum so gestalten könnt, dass er zum Erzählen verlockt. Ein großer weißer Sonnenschirm, der von oben beleuchtet wird, spendet warmes Licht – ein ausgerollter Teppich kennzeichnet den Platz, auf dem der Erzähler steht oder sitzt – auf einem Tisch stehen Getränke und Kuchen. An den Wänden könnt ihr Bilder, Fotos und Collagen anbringen.

... zur Musik
Trommeln, Flöten, Tamburine können den Basar eröffnen, begleiten, Pausen füllen.

EXTRA: Projekt

Vorbereitung: Arbeit in Gruppen

Wählt für eure Geschichten Themen aus, die sich für euren Basar besonders gut eignen. Bildet zu jedem Thema eine Gruppe und sammelt Geschichten.

Überlegt, ob ihr auch andere Fächer mit einbeziehen wollt, z. B. Musik oder Kunst. Wie wäre es, wenn ihr einen Büchertisch gestaltet: Was könnte man dort finden?

Wichtig!

- Was müsst ihr noch für das Erzählen üben? Denkt an den Erzähler, der seine Geschichte anschaulich mit Händen und Füßen erzählt, seine Stimme gezielt einsetzt.
- Was muss alles organisiert werden (z. B. Beleuchtung, Bücher, Getränke…)?
- Wie sieht der Ablauf des Erzählbasars aus: Vielleicht braucht ihr eine Extragruppe, die Regie führt.
- Wie soll die Einladung an eure Eltern aussehen? Wollt ihr vielleicht auch euren Schulleiter und eure Lehrerinnen und Lehrer einladen?
- Was haltet ihr davon, wenn eure Eltern als „Eintrittskarte" eine kleine Geschichte mitbringen?

Und hier noch ein paar Ideen für das gesellige Erzählen

Reizwortgeschichten
Einer nennt drei beliebige Wörter, aus denen eine Geschichte gemacht werden soll. Ihr könnt auch drei Gegenstände zeigen.

Reißverschlussgeschichten
Eine fängt an zu erzählen, bricht mitten im Satz ab, der Nächste fährt fort. Wie wäre es mit diesem Anfang: „Als Markus die Turnschuhe anzog, passierte es…"

Geschichtenmix
Jeder schreibt auf eine Karteikarte den Namen einer bekannten Figur aus einem Kinderbuch, z. B. Momo, auf eine weitere Karte eine bekannte Märchenfigur. Dann legt ihr die Karten verdeckt in die Mitte des Kreises. Einer zieht eine Karte und fängt sofort an eine Geschichte zu erzählen, in welcher der gezogene Name vorkommt. Nach einem Klatschzeichen deckt der Nächste eine Karte auf und führt die Erzählung des Vorgängers fort, bringt aber nun seine Figur ins Spiel. Am Ende habt ihr gemeinsam eine kuriose Geschichte erfunden.

SPRECHEN UND SCHREIBEN

Darstellendes Spiel

Sich strecken und recken

Stellt euch im Kreis auf, Schulter an Schulter, und macht dann einen großen Schritt nach außen – so habt ihr genügend Bewegungsraum. Schüttelt jetzt zuerst eure Arme, dann die Beine und schließlich Arme und Beine gleichzeitig. Streckt euch und reckt euch, hebt die Arme ganz hoch und versucht immer noch ein bisschen mehr zu wachsen. Springt zweimal mit beiden Beinen in die Luft und ruft dabei irgendein Wort, das euch gerade einfällt, z. B. „Schlappermaul!" – „Katzenbiss!" – „Baumstamm"…

TIPP Bevor ihr die Spiele auf den nächsten Seiten ausprobiert, solltet ihr die Tische und Stühle zur Seite räumen, damit ihr genügend Bewegungsfreiheit und Spielfläche im Klassenzimmer habt.

Spielideen

Nachschlagen → S. 282

Mäuschen im Raum

Stellt euch im Kreis auf. Der Spielleiter lässt ein imaginiertes[1] Mäuschen loslaufen, das dem Kreis entlang zwischen euren Beinen durchhuscht. Die Reaktionen ergeben sich dabei von selbst: Füße hochheben, panisches Wegspringen, Hochheben der Maus mit beiden Händen usw. Es kann sich auch ein anderes Tier durch den Kreis bewegen, z. B. eine Ringelnatter oder ein Hase.

[1] **imaginieren** = sich etwas vorstellen

Bewegungsräume

hektisch   nervös   eilig | **gemütlich   langsam   verschlafen**

Das Klassenzimmer wird mit Kreppstreifen in zwei gleiche Räume aufgeteilt. In dem einen geht es geschäftig zu, in dem anderen bedächtig. Bewegt euch in der entsprechenden Haltung durch die beiden Räume. Beim Überschreiten der Markierung zum anderen Raum müsst ihr sofort die entsprechenden Bewegungen übernehmen. Wechselt mehrmals die Bewegungsräume!

Stand- und Spielfläche

Sucht euch einen Platz im Klassenraum. Stellt euch nun folgende Veränderungen des Raumes vor:
- Der Raum ist eine Fläche, die sich allmählich verengt. Das sollt ihr durch bestimmte Bewegungen, z. B. durch enges Zusammenrücken, deutlich machen.
- Der Raum wird zur Wippe, auf der sich zunächst nur zwei, später neu hinzukommende Spieler befinden, wobei die Bewegungen langsamer, schneller, ruckartiger, rhythmischer usw. werden können.
- Der Boden des Raumes wird zu einem Floß, das abwechselnd von mäßigem Wellengang und sehr hohen Wellen bewegt wird. Die Wellen kommen von vorn, dann von der linken und der rechten Seite.

Verstanden?

Jeder zwinkert sich aus dem Kreis einen Partner zu. Beide stellen sich einander gegenüber und gehen drei Schritte auseinander. Jeder „sagt" nun pantomimisch, was er heute Nachmittag vorhat. Danach stellt einer dem anderen die Kontrollfrage: „Hast du verstanden, was ich dir gesagt habe?"

Pantomime (griech.: pantomimos = alles nachahmend) ist eine Form des szenischen Spiels, bei der ohne Sprache Räume, Gegenstände und Handlungen allein durch Gebärdensprache (Mimik und Gestik) ausgedrückt werden.

Das geht nur gemeinsam

Zweierpaare stehen sich gegenüber und einer beginnt wortlos, aber mit entsprechender Gestik, eine Tätigkeit, die nur gemeinsam ausgeführt werden kann: ein langes Tischtuch zusammenlegen, eine schwere Kiste auf einen Tisch stellen, ein Kind schaukeln, eine Glasscheibe heben. Die anderen sollen die Tätigkeiten erraten.

Verwandlungen

Für dieses Spiel braucht ihr ein gutes Vorstellungsvermögen. Setzt euch im Kreis hin. Einer verwandelt einen Bleistift pantomimisch mit langsamen Bewegungen in einen anderen Gegenstand (z. B. einen Kamm) und gibt ihn ohne Worte weiter. Der nächste nimmt diesen Gegenstand auf, spielt mit ihm, probiert Verschiedenes mit ihm aus und verwandelt ihn dann in einen neuen Gegenstand, z. B. einen Ball, den er dem nächsten zuwirft. So geht der „Gegenstand" in immer neuen Verwandlungen reihum.

Das **Vorstellungsvermögen** (lateinisch: Imagination = sich etwas vorstellen) ist eine wichtige Fähigkeit für das darstellende Spiel. Ein Spieler sollte sich in Situationen, Dinge und Personen gut hineinversetzen können, um sie überzeugend darzustellen.

Mimische Kette

Alle sitzen im Kreis. Einer spielt vom Platz aus oder in der Mitte ohne Worte eine kurze Handlung vor. Alle beobachten ihn genau. Anschließend sollen zwei oder drei Personen das nachspielen, was ohne Worte vorgespielt wurde. Die anderen beobachten genau, ob etwas ausgelassen oder anders gespielt wurde.

Mimik (griech.: mimikos = nach Art der Schauspieler) bringt durch Muskelbewegungen des Gesichts Gefühle und Gedanken einer Bühnenfigur zum Ausdruck.

Sprechende Gesten

Jeder wählt sich eine der folgenden Situationen aus und spielt sie gestisch den anderen vor. Denkt euch noch weitere Situationen aus und spielt sie.

Komm mal her, ich will dir was zeigen! – Mensch, wie lange muss ich denn noch in dieser Schlange an der Kasse stehen! – Guck mal, wie der wieder angibt! – Nein, ich will jetzt auf gar keinen Fall gestört werden! – Pah, dann spiel ich eben nicht mehr mit! – Bei mir schreibt die heute nicht ab!

Geste (lat.: gestus = Gebärde). Die Körper- und besonders die Arm- und Handbewegungen sind grundlegende Ausdrucksmittel eines Darstellers.

Mienen-Ratespiele

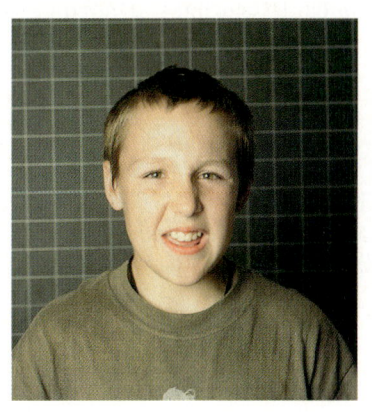

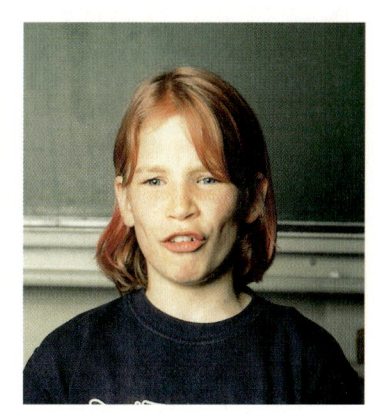

In einem Korb liegen Kärtchen, auf denen ein Gefühlsausdruck angegeben ist, z. B. *Freude, Wut, Entsetzen, Traurigkeit*. Ihr sollt euch in die angegebene Situation hineinversetzen und durch den passenden Gesichtsausdruck den anderen dieses Gefühl vorspielen. Diese sollen euer Mienenspiel erraten.

1. Probiert diese Spiele ohne Worte im Kreis aus.
2. Unterhaltet euch anschließend darüber, was euch geholfen hat, das pantomimisch Dargestellte zu erraten.

Gepustete Laute

Ihr steht im Kreis. Nun wird eine Feder oder ein Wattebällchen von der Handfläche in die des Nachbarn zur Rechten gepustet. Verwendet dabei im ersten Durchgang die Silben **ba – be – bi – bo – bu**, im zweiten Durchgang die Silben **ka – ke – ki – ko – ku**. Der Erste pustet auf **ba** bzw. **ka**, der Nächste auf **be** bzw. **ke** usw. Achtet dabei einmal auf die Atmung. Merkt ihr, wie unterschiedlich die Laute klingen?

Ta-ke-ti-na

Bildet zwei Reihen, die sich im Abstand von drei Metern gegenüberstehen. Jeder hat einen Partner auf der anderen Seite. Nun schickt ihr euch gegenseitig die Lautfolge „**ta – ke – ti – na**" zu. Probiert dabei folgende Möglichkeiten aus: Sprecht mit wechselnder Lautstärke, fangt z. B. leise an und steigert die Lautstärke oder sprecht jede Silbe abwechselnd laut und leise. Wechselt die Geschwindigkeit, sprecht erst langsam und werdet dann immer schneller. Sprecht verärgert, traurig, geheimnisvoll, feierlich, gehetzt. Zum Schluss gehen alle auseinander, und die Laute werden nur noch geflüstert.

Hör-Laute …

Sprecht die angegebenen Laute einzeln, dann in Gruppen. Wie klingt es, wenn verschiedene Lautfolgen aufeinander treffen? Könnt ihr euch vorstellen, welche Personen diese Laute äußern? In welcher Situation? Probiert eine kleine Spielszene nur mit euren Lauten aus!

		da sollte man …
leise	Mmmh! Mmmh! / Pssst! Pssst!	… ganz still sein
seufzend	Ach ja! Ach ja! Oh je! Oh je!	… genau zuhören
erstaunt	Huch! Oooh! Huch! Oooh! Huch!	… aufhorchen
bewundernd	Olala! Uijuijui! Boooh! Huiii! Olala!	… unbedingt zuhören
tadelnd	Tststs! Tststs! Na! Na! Na! Soso!	… beschämt zuhören
einschüchternd	Aha! He! Du da! He! Du da! Aha!	… besser weghören
schrill	Igitt! Iiiiih!! Ääh! Uaaaah!!	… die Ohren zuhalten
verletzt	Au! Au! Auaaah! Auuuu!	… hingehen und helfen

1. Probiert diese Spiele mit den verschiedenen Lauten aus. Vergesst nicht vorher tief einzuatmen und mit beiden Füßen fest auf dem Boden zu stehen.

Im Spiegelkabinett

Bildet drei Gruppen in der Klasse. Stellt euch vor, ihr seid in einem Spiegelkabinett…

Gruppe A … und werdet auf einmal lang und dünn.	Gruppe B … und werdet immer kleiner.	Gruppe C … und werdet immer dicker.

1. Wie bewegt ihr euch? Stellt das dar und erfindet eine kleine dreiminütige Szene, die nur aus Gestik, Mimik und Lauten besteht.

> Unter **Stegreifspiel** versteht man ein offenes Spiel, das nicht an einen vorgefertigten Text gebunden ist. Die Spieler spielen nach ihrer Verabredung, **was** ihnen einfällt und **wie** es ihnen einfällt (Stegreif = Steigbügel). Man muss also nicht „im Sattel" sitzen, um loszuspielen. Spielideen und Spieler sind unbegrenzt. (Siehe dazu auch „improvisieren", S. 86.)

Spiel mit dem Papierkorb

Bildet mehrere Gruppen. Improvisiert eine kleine Szene, bei der jemand etwas sucht und es schließlich im Papierkorb findet. Was es ist und ob es überhaupt noch zu gebrauchen ist, entscheidet ihr beim Ausprobieren.

Einer fängt an

Spieler 1
Also, der Hund von nebenan wird auch immer dicker.

Spieler 2
Mir wird ganz schlecht, wenn ich daran denke, wie…

Spieler 4
???

Spieler 3
???

Schreibt die unterschiedlichsten Sätze (alltägliche, lustige) auf Papierstreifen und sammelt sie in einem Kasten. Jeder zieht einen Zettel heraus, lernt ihn auswendig und legt ihn zurück in den Kasten. Einer kommt auf die Spielfläche und spricht seinen Satz, indem er sich dazu eine Figur und eine Situation vorstellt. Es folgen nacheinander weitere Spieler, die ihren Satz an passender Stelle sprechen. So eine kleine Szene. – Sucht erneut Sätze und spielt weitere Szenen.

2. Spielt eure Szenen den anderen vor. Vergesst nicht, den Bühnenraum im Klassenzimmer abzustecken. Die Szenen können bis zu drei Minuten dauern.

INFO

- **Aufwärmspiele**, **Pantomimen**, **Sprachspiele** und **Stegreifspiele** sind Basisübungen für das darstellende Spiel. Sie schaffen Vertrauen in der Gruppe und erleichtern das Zusammenspiel. Sie dienen dazu, den eigenen Körper, die Stimme und den Raum genau wahrzunehmen.

Nachschlagen → S. 282

Theaterszenen

Nachschlagen → S. 282

Albert Wendt (geb. 1948 in Bordorf bei Leipzig) schreibt seit mehr als 25 Jahren Erzählungen, Gedichte, Theaterstücke, Hörspiele und auch bissige Märchen. Das Stück „Der Vogelkopp" hat er 1984 geschrieben. Seine Figuren sind immer Sonderlinge und Eigenbrötler.

Der Vogelkopp Albert Wendt

Hier findet ihr die zweite von insgesamt zwölf Szenen aus dem Theaterstück „Der Vogelkopp" von Albert Wendt. Es ist ein Märchen und handelt von einem Holzfäller, der ohne Rücksicht auf seine gesellschaftliche Anerkennung Leben beschützen will und sich dadurch wie ein Narr verhält. Er bringt sich in Schwierigkeiten, weil er unter seiner Mütze junge Vögel verbirgt, um sie vor Kälte zu bewahren. In der „Hut-zieh-straße" kann er daher seine Mütze nicht abnehmen, wie es die Vorschrift verlangt. Bisher gab ihm der Königliche Untersekretär dort Geld für das Holz, das er im Wald geschlagen hat, und fürs Mützeziehen ein Lächeln und eine Zigarre. Aber nun…

2. Szene: In der Hutziehstraße

Holzkopp Hier, Herr Königlicher Untersekretär, bring ich Ihnen das bestellte Holz. Es ist gute rote Kiefer, die knackt so schön im Kamin und duftet durch das Haus. *(Poltern.)*

Königlicher Untersekretär Ich danke dir, mein Guter. Schön stark bist du. schleppst mir den halben Wald an. So, jetzt hast du die Hände frei, jetzt zieh die Mütze, wie es sich gehört.

Holzkopp Herr Königlicher Untersekretär, ich habe eine Bitte. Ich möchte von heute an meine Mütze aufbehalten und mich dafür vor Ihnen verneigen.

Königlicher Untersekretär Nein, Holzkopp, das reicht nicht. Lies mir dort das Straßenschild laut vor.

Holzkopp Hut-zieh-straße.

Königlicher Untersekretär Hut-zieh-straße. Das ist nicht nur der Straßenname, das ist zugleich unsere schöne Ordnung. Und wir wollen doch nicht etwa gegen unsere schöne Ordnung rebellieren. Wir zwei alten Freunde.

Holzkopp Ich habe Vögel unter der Mütze, darum kann ich sie nicht abnehmen.

Königlicher Untersekretär Zuerst verweigerst du mir die gebührende Achtung, und jetzt verspottest du mich auch noch. Habe ich das verdient, war ich nicht immer freundlich zu dir? Aber das scheint deinesgleichen nicht zu bekommen. *(Brüllt):* Ich kann auch anders.

Holzkopp Warum werden Sie gleich so böse? Wir brauchen doch nur unser Geschäft zu verkleinern und haben wieder schöne Ordnung. Bisher bekam ich für das Holz Geld und für das Mützeziehen eine Zigarre. Ab heute lassen wir das Geschäft mit der Zigarre weg, und Sie bezahlen mich nur für das Holz.

→ S. 282

	Königlicher Untersekretär	Aha. Jetzt weiß ich, womit ich dich kleinkriegen kann. Gut, ich gebe dir das Geld fürs Holz. Aber ich lege es in deine Mütze. Hier ist das Geld. Zieh die Mütze.
30	*Holzkopp*	*(leise):* Wer hätte das gedacht, meine Ergebenheit scheint wichtiger zu sein als meine Arbeit. Sagt, Vögel, was soll ich tun?
	Jungvögel	Du solltest lachen. Ja, lachen wäre jetzt richtig. Du hast lange nicht gelacht, dabei ist dieser Herr Wichtig doch komisch genug. Wir helfen dir und piepsen etwas quer, wir piepsen andersrum, dann kann man es auch pupsen nennen.
35	*Holzkopp*	*(lacht):* Aufhören, das ist zu komisch. Verzeihung, Herr, es ist einfach zu lächerlich. *(Schüttet sich aus vor Lachen.)*
40	*Königlicher Untersekretär*	Du Aufmüpf, du Undank, du Zersetz, du … Du Vogelkopp! Ja, Vogelkopp sollst du von jetzt an heißen, und wer dich trifft, soll dich verjagen. Verschwinde, Vogelkopp, und lass dich nie mehr in der Hutziehstraße sehen. Und jetzt lass ich meine Hunde los. Da wird dir das Lachen schon vergehen.

1. Macht einige Leseversuche mit verteilten Rollen in der Klasse.
2. Bildet mehrere Gruppen und probiert verschiedene Sprech- und Körperhaltungen zu den Figuren aus.

Durch die Art des Sprechens, die Körperhaltung, Mimik und Gestik sowie die Art zu gehen kann man die Eigenart einer Figur betonen.
- Sollen die Jungvögel einzeln oder im Chor sprechen?
- Wie lacht Vogelkopp?
- Welche Körperhaltung hat der königliche Untersekretär?

8. Szene: Vor dem Throne

Fanfare

Königlicher Untersekretär Ihre Majestät, die Königin!

Königin Und jetzt, Vogelkopp, da du weißt, dass du vor der Königin stehst, bezeuge deinen Respekt und ziehe die Mütze und neige das Haupt zur Erde. Und wisse, hier ist weder die kleine Gemeinheit der Hutziehstraße noch die plumpe Freiheit des Waldes. Hier vor dem Thron herrschen eherne[1] Gesetze, die stärker sind als mein Wille und dein Stolz. Hier, vor diesem alten Thron, wird nicht gefeilscht[2], hier wirst du überschüttet mit königlicher Huld[3] und Geschenken, oder du wirst geköpft.

Königlicher Untersekretär *(leise):* Hört, hört! Und ich habe gedacht, sie wäre eine sentimentale[4] Ziege. Sie ist ein sehr gefährliches Weib. Lockt ihn mit Schmalzstullen und bricht ihm den Nacken.

Königin Staune nicht so kindisch, Vogelkopp, und hoffe nicht darauf, dass ich scherze. Unverrückbar steht das Gesetz über uns beiden. Entweder du ziehst die Mütze und neigst dein Haupt oder der Henker legt es dir zu Füßen.

Vogelkopp Verstehe, schöne Königin, du kannst nicht anders. Und denke ja nicht, ich wäre ein Held oder trotzig. Es ist nur so vertrackt[5]. Das einzige Taugliche, was ich aus meinem schweren Leben herausholen konnte, ist dieses Wohlgefühl im Kopf. Und das Gesetz meiner Leute heißt: Hast du etwas gefunden, was taugt, dann lass es bei Deinem Leben nicht los. Das Gesetz ist so alt und ehern wie deines, und ich werde es nicht brechen.

Königin Ist königliche Huld denn weniger als deine Helle im Kopf?

Vogelkopp Ich will dich nicht beleidigen, schöne Königin …

Königin Verstehe, lieber Vogelkopp, du lässt dich nicht retten. Du gefällst mir immer besser. Wachen, führt ihn ab in den Kerker. Sekretär, lass das Schafott errichten.

Königlicher Untersekretär Mit dem größten Vergnügen. Denn das Schafott ist die höchste der Austreibschulen.

Königin Musikanten, das Fest geht weiter. So, jetzt muss ich doch noch eine Schmalzstulle essen.

---

1 **ehern** = eisern, fest
2 **feilschen** = (aus)handeln,
3 **Huld** = Gnade, Großzügigkeit
4 **sentimental** = gefühlsduselig
5 **vertrackt** = schwierig

Die **Requisiten** (lat.: requisitum = erforderliches Ding) sind das Zubehör auf der Bühne, von den Kostümen bis hin zu Stuhl, Tisch, Garderobenständer oder kleinen Gegenständen. Die Requisiten sollten etwas über die Figur und die Situation aussagen.

Das **Bühnenbild** macht die Ausstattung für den Ort der Handlung anschaulich. Man kann im Entwurf auch Gruppierungen der Figuren festhalten, um eine Vorstellung vom Bühnenraum und den darin spielenden Menschen zu gewinnen.

---

1. Überlegt euch in Gruppen, wie ihr den Thronsaal auf der Bühne gestalten könntet. Welche **Requisiten** werden benötigt? Wie sollen die Personen in dem Thronsaal angeordnet sein? Wer sitzt, wer steht? Ihr könnt das **Bühnenbild** in der Klasse aufbauen oder skizzieren.

9. Szene: Im Kerker

Vogelkopp	Ist eure Mutter endlich munter.
Jungvögel	Nein, wir kriegen sie nicht wach!
Vogelmutter	Ich hab getanzt heut Nacht, die ganze Nacht, heut Nacht …
5 Jungvögel	Sie träumt.
Vogelkopp	Wann ist sie nach Hause gekommen?
Jungvögel	Gegen Morgen, es wurde gerade hell. Mama, aufwachen! Wir sitzen im Kerker und wissen nicht weiter.
10 Vogelkopp	Na und?
Jungvögel	Nichts. Sie lächelt selig. Was für Schwerstarbeit, eine Mutter zu wecken, die die Nacht durchgefeiert hat. Vielleicht, Vogelkopp, können wir dir selber raten.
15 Vogelkopp	Ach, ihr, soll ich etwa die Königin auslachen oder mit dem Henker Walzer tanzen.
Vogelmutter	Kinder, Kinder, wenn ihr wüsstet … Das war ein Fest. Eure Mutter ist ein verrücktes Huhn. Aber sie war der schönste Vogel auf dem Ball.
20 Jungvögel	Wach richtig auf, Mama.
Vogelmutter	Nein, Kinder. Macht euch heute mal das Frühstück selber. Eure Mama ist krank. Ihr seid doch schon so groß.
25 Jungvögel	Mama, nicht wieder einschlafen.
Vogelmutter	Was hämmert nur in meinem Kopf. Poch, poch, poch, au.
Jungvögel	Das hämmert nicht in deinem Kopf. Das sind die Zimmerleute, draußen auf dem Platz. Die bauen das Schafott für den Vogelkopp.
30 Vogelmutter	Wann ist unser Termin?
Jungvögel	In drei Stunden und zehn Minuten.
Vogelmutter	Dann dreh ich mich noch mal um. Seid lieb und lasst mich noch drei Stunden schlafen.

Regieanweisungen

(unruhig hin und her gehend …)
(macht ein paar holprige Tanzschritte)
(mit weit ausgebreiteten Armen)
(zieht die Bettdecke über den Kopf)
(hämmernde Geräusche von außen)
(rütteln sie heftig)
(zupft verträumt an ihrem Kleid)
(schnappt sich einen Jungvogel und tanzt mit ihm)
(wild gestikulierend)
(mit verträumtem Blick)
(mit weit aufgerissenen Schnäbeln)
(holen einen großen Wecker aus der Tasche)
(sehr aufgeregt)
(auf dem Sofa, bis zum Hals mit einem dicken Federbett zugedeckt)

In den **Regieanweisungen** (auch Nebentext genannt) macht der Autor über den Dialog hinaus Angaben zu Ort und Zeit der Handlung, beschreibt das Verhalten von Personen, deren Gesten, Sprechweisen und Gänge. Sie sind Angebote für die Darstellungsweise auf der Bühne.

2. Schreibe die 9. Szene in dein Heft und füge an passender Stelle die obigen Regieanweisungen ein.
Du kannst auch eigene **Regieanweisungen** ergänzen.

3. Probiert in der Klasse eure verschiedenen Vorschläge aus und sprecht darüber.

86 Eine Szene improvisieren

Improvisieren (von ital.: improviso = unvorhergesehen, unerwartet) bedeutet, eine Szene ohne Vorbereitung und mit eigenem Text und eigenen Ideen spontan, aus dem Stegreif (daher auch **Stegreifspiel**) anderen vorzuspielen.

Die 10. Szene

„Sekretär, lass das Schafott errichten!" – So befahl die Königin ihrem Sekretär in der 8. Szene. – Wie könnte die Geschichte mit Vogelkopp wohl weiter gehen? Gibt es Rettung für ihn?

Bildet Gruppen mit sieben bis acht Spielern und denkt euch eine 10. Szene aus. Welche Hinweise erhaltet ihr in der 8. Szene? Ihr solltet in der Gruppe nicht zu lange über Ideen sprechen, sondern diese sofort ausprobieren. Stellt euch z. B. die Personen vor und improvisiert einfach verschiedene Dialoge.

Eine geschriebene Szene mit Regieanweisungen nennt man **Spielvorlage**.

1. Haltet die besten Ideen eurer Improvisation in einer **Spielvorlage** fest. Ihr könnt euch an dem folgenden Beispiel orientieren.

> *Ort:* Marktplatz, Schafott
> *Personen:* Vogelkopp, Königin, Königlicher Untersekretär, Henker, Jungvögel, Volk
> **Vogelkopp** *(auf dem Schafott)*: Da seht ihr, was mir euer „Wir piepsen etwas quer, wir piepsen andersrum" geholfen hat. Ihr Grünschnäbel!
> **Jungvögel** *(kichernd)*: Warte nur ab, die Rettung naht. Und dann zwitschern wir dir einen Walzer!
> **Königlicher Untersekretär** *(die Hände reibend, zu Vogelkopp gewandt, leise)*: So, du Aufmüpf, du komische Gurke mit Vogel! Vor mir den Hut nicht zu ziehen! Jetzt soll dein Kopf rollen! *(Die Königin erscheint.)* Nanu, was will die denn hier? Die war doch noch nie dabei, wenn ich Köpfe rollen lasse…

Die Aufführung in der Klasse

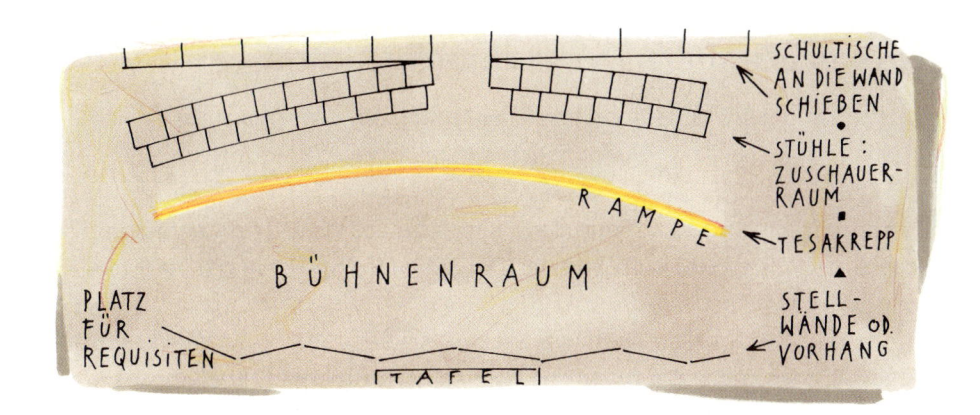

Skizze eines Klassenzimmers als Bühne mit Beschriftungen: SCHULTISCHE AN DIE WAND SCHIEBEN, STÜHLE: ZUSCHAUERRAUM, TESAKREPP, STELLWÄNDE OD. VORHANG, RAMPE, BÜHNENRAUM, PLATZ FÜR REQUISITEN, TAFEL

Als **Rampe** wird die vordere Begrenzung des Bühnenbodens bezeichnet.

Das müsst ihr vor der Aufführung planen:
- Erstellt auf der Grundlage eurer Improvisationen eine Spielvorlage (mit Regieanweisungen) und fertigt Kopien für alle Beteiligten an.
- Verteilt die Rollen und sonstige Aufgaben (Spielleiter, Bühnenbildner, **Souffleur**). Erstellt einen Probenplan.
- Probt mehrmals Gestik, Mimik, Sprech- und Körperhaltung der Personen sowie die Positionen im Raum.

Ein **Souffleur** hat die wichtige Aufgabe, den ganzen Text still mitzulesen, um einem Darsteller, der auf der Bühne nicht mehr weiterweiß, auf die Sprünge zu helfen.

Daran müsst ihr am Aufführungstag denken:
- das Klassenzimmer für die eingeplante Zeit reservieren
- am Vortag oder in der Pause das Klassenzimmer zu einer Bühne umgestalten (vgl. die Skizze); die Lichtverhältnisse berücksichtigen (Gegenlicht vermeiden!)
- alle Requisiten und Kostüme im hinteren Teil zurecht legen
- einen geeigneten Platz für den Souffleur suchen

2. Verteilt die Rollen und die verschiedenen Aufgaben und beginnt mit den Vorbereitungen für eine Aufführung in der Klasse.
3. Führt eure Szenen in der Klasse auf. Danach gibt es Applaus!

INFO

- Das Spielen einer Theaterszene muss vorbereitet werden:
  – durch das **Lesen mit verteilten Rollen**
  – durch die mögliche **Gestaltung eines Bühnenraumes**
  – durch mögliche **Regieanweisungen**
  – durch das Erstellen einer **Spielvorlage**.

Nachschlagen → S. 282

EXTRA: Projekt

Einen Theaterabend für Eltern gestalten

Der Lohn der Mühe: Der ganz große Auftritt

Aus einzelnen Szenen des Stücks „Vogelkopp" und euren neu erfundenen Szenen lässt sich leicht ein größeres Theaterprojekt durchführen.

- Bei der Planung und Durchführung könnt ihr auf vieles zurückgreifen, was ihr im Unterricht zum Thema „Darstellendes Spiel" ausprobiert und gelernt habt.
- Ihr habt fertige Spielvorlagen: die Szenen aus dem Stück *Der Vogelkopp* von Albert Wendt in diesem Buch und eure selbst erfundenen Szenen.
- Außerdem habt ihr die Szenen bereits einstudiert und die Generalprobe hat auch schon statt gefunden, nämlich in eurem Klassenzimmer.
- Vielleicht könnt ihr den Ausgang des Stückes am Theaterabend den Zuschauern überlassen. In einer kleinen Erzählrunde bei Getränk und Keksen im Anschluss an die Aufführung lasst ihr die Eltern dann verschiedene Ideen nennen.

Plakat und Einladung

> • Eintrittskarte •
>
> Der Käufer verpflichtet sich, nach der letzten Szene einen Vorschlag an die Klasse zu unterbreiten, wie das Stück enden könnte.

Aufgaben verteilen

- Eine Gruppe in der Klasse kümmert sich um den Entwurf und die Anfertigung der Einladung und des Plakats für den Pausenhof in der Schule.
- Eine Gruppe übernimmt die Gestaltung der Eintrittskarten.
  Der Preis: eine Idee des Käufers, wie das Stück ausgehen könnte.
- Eine Gruppe übernimmt die Gestaltung eines Theatercafés.
- Ladet einen „Hof"-fotografen ein, damit ihr Erinnerungsfotos habt.

Dem Theaterabend einen Rahmen geben

Hier ein paar Anregungen:
- Zwischen den einzelnen Szenen könnt ihr Musik einspielen.
- Ihr könnt eine *Narrengalerie* gestalten: An Stellwänden hängen großformatige Abbildungen verschiedener Narren aus verschiedenen Zeiten (Eulenspiegel, Münchhausen, Fastnachtsnarren …)

Vgl. das Kapitel „Schwankgeschichten" in diesem Buch auf S. 106 ff.

Münchhausen

Till Eulenspiegel

Fastnachtsnarr

- Ein Handzettel mit der Abfolge der Szenen und der Darsteller in der Reihenfolge ihrer Auftritte liegt auf den Zuschauerstühlen.
- Eine Gruppe gestaltet im Nebenraum das „Theatercafé" mit euren Theaterplakaten, schöner Musik und Kleinigkeiten zu essen und trinken.

Ein Programmheft erstellen

Eine Gruppe überlegt sich Texte, die in eurem **Programmheft** aufgenommen werden können und gestaltet das Layout mit Satzspiegel und eingescannten Fotos.

Hier sind ein paar Anregungen zum Inhalt:
Personenverzeichnis, Abfolge der Szenen, kurze Inhaltsangabe des Stücks „Der Vogelkopp", Informationen zum Autor Albert Wendt, Informationen zu den Stichworten „Narr" und „Schelm", eine kleine Schelmengalerie, eure Bühnenbildentwürfe und Kostümentwürfe, kleine Texte der Darsteller über ihre Rolle (Rollenbiografie), Fotos von der Aufführung …

Das **Programmheft** enthält neben dem Verzeichnis der Mitwirkenden Informationen zu einem Theaterstück, zum Autor und sonstige Erläuterungen.

Der Blick zurück …

… auf ein paar unterhaltsame und spannende Schulwochen lohnt sich. Einige von euch könnten einen Artikel für eure Schülerzeitung oder das Jahrbuch schreiben: über die Entstehung und die Umsetzung eurer Idee zu so einem Theaterabend, welche Pannen es gab, was ihr gegen Lampenfieber unternommen habt, und, und, und …

TEXTE UND MEDIEN

Erzählende Texte

- Das musst du dir unbedingt ausleihen.
- Meine Güte, ist das Buch dick!
- Ich habe fast die ganze Nacht durchgelesen.
- Das ist ein tolles Buch. Aber mir fällt der Name des Autors nicht ein.
- Wie geht das Buch aus?
- Zu diesem Buch gibt es auch einen Film.
- Ich lese am liebsten Pferdebücher.

Märchen

Nachschlagen → S. 283

Zaubersprüche

„Weh, weh, Windchen,
Nimm Kürdchen sein Hütchen,
Und lass'n sich mit jagen,
Bis ich mich geflochten und geschnatzt
Und wieder aufgesatzt."

„Schön Hühnchen,
Schön Hähnchen,
Und du, schöne bunte Kuh,
Was sagst du dazu?"

„Bäumchen, rüttel dich und schüttel dich,
Wirf Gold und Silber über mich."

„Mein Vöglein mit dem Ringlein rot
Singt Leide, Leide, Leide:
Es singt dem Täubelein seinen Tod,
Singt Leide, Lei – zicküth, zicküth, zicküth."

„Wie sollt ich satt sein?
Ich sprang nur über Gräbelein
und fand kein einzig Blättelein:
Meh! Meh!"

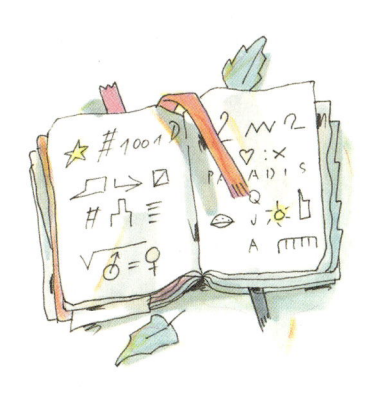

„Manntje, Manntje, Timpe Te,
Buttje, Buttje, in der See,
Mine Fru, de Ilsebill,
Will nich so, as ik wol will."

1. In welchen Märchen der Brüder Grimm kommen diese Märchensprüche vor? Wähle dir einen aus und erzähle das Märchen.
2. Sucht weitere Märchen, in denen mit Sprüchen und Formeln etwas Überraschendes geschieht. Schreibt die Sprüche gut lesbar auf Karten, die ihr aushängt. Wer in der Klasse das dazu gehörende Märchen kennt, darf es erzählen.
3. Bringt Märchenbücher mit und stellt sie euch gegenseitig vor.

EXTRA: Lesen → S. 120–123

Fundevogel *Jacob und Wilhelm Grimm*

Jacob und Wilhelm Grimm begannen um 1806 Märchen und Sagen zu sammeln. Sie schrieben auf, was sie selber kannten oder von Freunden und vielen Helfern hörten. Manchmal kam ihnen auch ein Glücksfall zu Hilfe. So lebte in der Nähe von Kassel eine Schneidersfrau, die den Brüdern viele Märchen sehr lebendig erzählen konnte. Diese schrieben die Grimms Wort für Wort auf. Als die „Kinder- und Hausmärchen" 1812 zum ersten Mal erschienen, waren sie so schnell verkauft, dass sie noch zu Lebzeiten der Brüder siebenmal neu gedruckt werden mussten.

Es war einmal ein Förster, der ging in den Wald auf die Jagd, und wie er in den Wald kam, hörte er schreien, als ob's ein kleines Kind wäre. Er ging dem Schreien nach und kam endlich zu einem hohen Baum, und oben darauf saß ein kleines Kind. Es war aber die Mutter mit dem Kinde unter dem Baum eingeschlafen, und ein Raubvogel hatte das Kind in ihrem Schoße gesehen: Da war er hinzugeflogen, hatte es mit seinem Schnabel weggenommen und auf den hohen Baum gesetzt.

Der Förster stieg hinauf, holte das Kind herunter und dachte: Du willst das Kind mit nach Haus nehmen und mit deinem Lenchen zusammen aufziehen. Er brachte es also heim, und die zwei Kinder wuchsen miteinander auf. Das aber, das auf dem Baum gefunden worden war, und weil es ein Vogel weggetragen hatte, wurde Fundevogel geheißen. Fundevogel und Lenchen hatten sich so lieb, nein so lieb, dass wenn eins das andere nicht sah, ward es traurig. Der Förster hatte aber ein alte Köchin, die nahm eines Abends zwei Eimer und fing an, Wasser zu schleppen, und ging nicht einmal, sondern viele Mal hinaus an den Brunnen. Lenchen sah es und sprach: „Hör einmal, alte Sanne, was trägst du denn so viel Wasser zu?" „Wenn du's keinem Menschen wieder sagen willst, so will ich dir's wohl sagen." Da sagte Lenchen nein, sie wollte es keinem Menschen wieder sagen, so sprach die Köchin: „Morgen früh, wenn der Förster auf die Jagd ist, da koche ich das Wasser, und wenn's im Kessel siedet, werfe ich den Fundevogel hinein und will ihn darin kochen."

Des andern Morgens in aller Frühe stieg der Förster auf und ging auf die Jagd, und als er weg war, lagen die Kinder noch im Bett. Da sprach Lenchen zum Fundevogel: „Verlässt du mich nicht, so verlass ich dich auch nicht", so sprach der Fundevogel: „Nun und nimmermehr." Da sprach Lenchen: „Ich will es dir nun sagen, die alte Sanne schleppte gestern Abend so viel Eimer Wasser ins Haus, da fragte ich sie, warum sie das täte, so sagte sie, wenn ich's keinem Menschen sagen wollte, so wollte sie es mir wohl sagen: sprach ich, ich wollte es gewiss keinem Menschen sagen: da sagte sie, morgen früh, wen der Vater auf die Jagd wäre, wollte sie den Kessel voll Wasser sieden, dich hineinwerfen und kochen. Wir wollen aber geschwind aufsteigen, uns anziehen und zusammen fortgehen."

Also standen die beiden Kinder auf, zogen sich geschwind an und gingen fort. Wie nun das Wasser im Kessel kochte, ging die Köchin in die Schlafkammer, wollte den Fundevogel holen und ihn hineinwerfen. Aber als sie hinein kam und zu den Betten trat, waren die Kinder alle beide fort: Da wurde ihr grausam Angst, und sie sprach vor sich: „Was will ich nun sagen, wenn der Förster heimkommt und sieht, dass die Kinder weg sind? Geschwind hinten nach, dass wir sie wieder kriegen."

Da schickte die Köchin drei Knechte nach, die sollten laufen und die Kinder einfangen. Die Kinder aber saßen vor dem Wald, und als sie die drei Knechte von weitem laufen sahen, sprach Lenchen zum Fundevogel: „Verlässt du mich nicht,

EXTRA: Lesen → S. 120–123

so verlass ich dich auch nicht", so sprach Fundevogel: „Nun und nimmermehr."
Da sagte Lenchen: „Werde du zum Rosenstöckchen und ich zum Röschen darauf."

Wie nun die drei Knechte vor den Wald kamen, so war nichts da als ein Rosenstrauch und ein Röschen obendrauf, die Kinder aber nirgends. Da sprachen sie: „Hier ist nichts zu machen", und gingen heim und sagten der Köchin, sie hätten nichts in der Welt gesehen als nur ein Rosenstöckchen und ein Röschen obendrauf. Da schalt die alte Köchin: „Ihr Einfaltspinsel, ihr hättet das Rosenstöckchen sollen entzweischneiden und das Röschen abbrechen und mit nach Haus bringen, geschwind und tut's." Sie mussten also zum zweiten Mal hinaus und suchen. Die Kinder sahen sie aber von weitem kommen, da sprach Lenchen: „Fundevogel, verlässt du mich nicht, so verlass ich dich auch nicht." Fundevogel sagte: „Nun und nimmermehr." Sprach Lenchen: „So werde du eine Kirche und ich die Krone darin." Wie nun die drei Knechte dahin kamen, war nichts da als eine Kirche und eine Krone darin. Sie sprachen also zueinander: „Was sollen wir hier machen, lasst uns nach Hause gehen." Wie sie nach Haus kamen, fragte die Köchin, ob sie nichts gefunden hätten: So sagten sie nein, sie hätten nichts gefunden als eine Kirche, da wäre eine Krone darin gewesen. „Ihr Narren", schalt die Köchin, „warum habt ihr nicht die Kirche zerbrochen und die Krone mit heimgebracht?" Nun machte sich die alte Köchin selbst auf die Beine und ging mit den drei Knechten den Kindern nach. Die Kinder sahen aber die drei Knechte von weitem kommen, und die Köchin wackelte hintennach. Da sprach Lenchen: „Fundevogel, verlässt du mich nicht, so verlass ich dich auch nicht." Da sprach der Fundevogel: „Nun und nimmermehr." Sprach Lenchen: „Werde zum Teich und ich die Ente darauf." Die Köchin kam herzu, und als sie den Teich sah, legte sie sich drüber hin und wollte ihn aussaufen. Aber die Ente kam schnell geschwommen, fasste sie mit ihrem Schnabel beim Kopf und zog sie ins Wasser hinein: Da musste die alte Hexe ertrinken. Da gingen die Kinder zusammen nach Haus und waren herzlich froh; und wenn sie nicht gestorben sind, leben sie noch.

1. Lies den Text genau.
2. Setzt euch in den Kreis. Erzählt jetzt das Märchen. Einer beginnt, wer fortfahren möchte, hebt die Hand. Welche Teile habt ihr wortwörtlich aus dem Märchen übernommen? Warum?

Fiddiwau *Märchen aus Dänemark*

Es war einmal ein fauler Mann und eine faule Frau. Die hatten einen Sohn, der ein solcher Faulpelz war, dass er auch nicht die allerkleinste Arbeit verrichten mochte.

Dem Vater und der Mutter war es so recht, ob der Sohn nun zu etwas taugte oder nicht; wenn er nur gut gedieh.

Und er gedieh, wurde groß und stark, dick und fett, und war allezeit lustig und guter Dinge.

Als er erwachsen war, besprachen sich seine Eltern, was aus ihm werden solle. Etwas musste es wohl sein, damit er sein Brot verdienen könne.

Aber wie konnte man von ihm verlangen, dass er von nun an arbeiten solle; dazu hatte er ja nie Lust gehabt. So beschlossen sie, der Sohn solle in die Welt hinausziehen und betteln.

Er bekam denn eine Tasche und einen Stock und so machte er sich auf den Weg. Als er eine kurze Strecke gegangen war, spürte er Hunger, setzte sich ins Gras und verzehrte, was er von zu Hause mitbekommen hatte. Dann legte er sich unter einen Baum, um zu schlafen. Als er erwachte, ging es gegen Abend. Er meinte, er könne gewiss noch eine Strecke gehen, ehe er irgendwo ein Nachtquartier erbetteln wollte.

Wie er so dahinging, begegnete ihm ein altes Weib. „Wo willst du hin?", fragte sie.

„Ich bin ausgezogen, um zu betteln", antwortete er, „aber jetzt muss ich schauen, wo man für ein gutes Wort ein Nachtlager bekommen kann."

„Einen solchen Ort kann ich dir schon raten", sagte das alte Weib. „Gehe nur in das allererste Haus, das zur linken Hand am Wege liegt. Dort wird man dich übernachten lassen. Aber du musst genau tun, was ich dir sage. Bevor du über die Schwelle trittst, hebe einen kleinen Stein auf, der davor liegt, und stecke ihn in die Tasche. Und wenn du hineinkommst, sage Dank für alles, was es auch sein mag. Und wenn alle schlafen, dann lege den kleinen Stein unter die Asche im Herd."

„Schönen Dank", sagte der Bursche und ging gemächlich weiter, bis er zu dem Haus kam. Er hob den kleinen Stein auf, der vor der Türe lag, und ging hinein. Drinnen traf er eine Frau, welcher er einen guten Abend wünschte, und bat, über Nacht bleiben zu dürfen. „Nein!", sagte die Frau, „hier kann keiner bleiben!"

„Schönsten Dank!", erwiderte der Bursche.

„Ich sagte: Hier kann keiner bleiben!", wiederholte die Frau. „Wir wollen keine fremden Leute beherbergen."

„Schönsten Dank!", sagte der Bursche abermals und setzte sich auf die Ofenbank. Da ließ ihn die Frau sitzen.

Bald darauf kam ihr Mann nach Hause. „Wer ist das, der dort auf der Ofenbank sitzt?", fragte er. „Ich weiß es nicht", antwortete die Frau; „entweder ist er taub, oder dumm im Kopf. Ich habe ihm gesagt, dass er nicht dableiben könne;

aber er sagt in einem fort „schönsten Dank!"" Der Mann ließ den Fremden auf der Ofenbank sitzen und setzte sich an den Tisch. Die Frau schöpfte ihm Suppe und Zuspeise aus dem Topf; aber sie hatte nicht mit dem fremden Burschen gerechnet.

„Schönsten Dank!", sagte dieser, rückte zur Schüssel hin und aß Suppe und Zuspeise, so dass dem Manne nicht das Geringste übrig blieb.

Da ging die Frau in die Kammer und machte ihrem Mann das Bett. „Schönsten Dank!", sagte der Bursche und legte sich hinein. Ehe es sich die Leute versahen, hörten sie ihn schon schnarchen. Da konnten sie es nicht über's Herz bringen, ihn aus dem Bett zu jagen, und sie machten es sich auf dem Fußboden bequem.

Als alle fest schliefen, schlich sich der Bursche aus dem Bett, ging zum Herd und verbarg den kleinen Stein in der Asche. Die Leute hatten auch eine Tochter. Die stand am Morgen in aller Frühe auf, um im Herd Feuer zu machen. Sie nahm den Feuerhaken, stocherte in der Asche und legte frisches Holz darüber; aber es wollte nicht brennen. Da bückte sie sich, um zu blasen. Als sie den Mund spitze, fuhr ihr heraus: „Fff... f... f... iddiwau, Fiddiwau, Fiddiwau-wau-wau." Und sie konnte nicht mehr aufhören dieses Wort auszusprechen und brachte auch das Feuer nicht zum Brennen; da fing sie an zu weinen und Fiddiwau zu rufen.

Da erwachte die Mutter und fragte, was da los sei?

„O, Fiddiwau!", antworte das Mädchen, „es will nicht – Fiddi-wau-wau-wau!"

„Nun, du kannst das Holz nicht zum Brennen bringen", sagte die Mutter, „aber mach kein solches Aufhebens davon!" Und sie sprang auf und zum Herd hin, stocherte in der Asche und blies in die Glut: „Fiddiwau, Fiddiwa!", rief sie jetzt auch und konnte nicht mehr aufhören „Fiddiwau" zu sagen und brachte das Holz trotzdem nicht zum Brennen.

Da heulte sie mit der Tochter um die Wette, bis der Mann davon wach wurde und fragte, ob sie verrückt geworden seien.

„O Fiddiwau, Fiddiwau!", riefen beide, „es will nicht brennen." Der Mann machte sich auf die Beine und sah, dass das Feuer im Herd nicht brannte. Da sagte er: „Ja, die Weibsleute haben eben keinen Verstand!" Und schon hatte er die Feuerzange genommen und stocherte in der Asche herum und wollte blasen: „Fiddiwau, Fiddiwau, Fiddiwau-wau-wau!", rief er da auch, wie Frau und Tochter. Da schickte der Vater die Tochter zum Küster, damit er komme und Gebete spreche über das Feuer, das verhext sein müsse. Das Mädchen lief zum Küster und brachte nur mit knapper Not hervor, dass ihn ihr Vater schön grüßen lasse, – Fiddiwau! Und die Mutter auch – Fiddiwau! Und dass sie ihn bäten, – Fiddiwau – sogleich zu kommen – Fiddiwau – und über das Feuer ein Gebet zu sprechen – Fiddiwau-wauwau! Der Küster glaubte, das Mädchen könne nicht ganz richtig im Kopf sein, aber er ging doch mit; und als er auch den Mann und die

Märchen spielen

Frau sah und „Fiddiwau" schreien hörte, schien es ihm selbst, dass es hier nicht mit rechten Dingen zugehe, dass Böses im Spiel sein müsse. Er nahm den Feuerhaken¹, beugte sich über die Asche und spitzte den Mund zum Beten. Aber ob er nun beten oder blasen wollte: Es ging ihm auch nicht besser als den andern, und er brachte nichts über die Lippen als „Fiddiwau, Fiddiwau!", und dabei blieb es.

Da schickten sie das Mädchen hinüber zum Herrn Pfarrer, zu dem es ganz atemlos gelaufen kam und sagte, dass der Teufel – Fiddiwau! Zu Haus los sei – Fiddiwau! Und dass er den Küster schon überwunden – Fiddiwau!

Den Vater und die Mutter – Fiddiwau! Und der Herr Pfarrer möchte doch kommen, – Fiddiwau – ihnen helfen und den Teufel bannen – Fiddiwau-wau-wau!

Der Pfarrer zog rasch seinen Rock an, setzte die Brille auf und ging mit dem Mädchen hinüber. Er fand alle um den Herd versammelt. Das Feuer brannte nicht, aber alle schrien durcheinander: „Fiddiwau-wau-wau!" Der Pfarrer nahm den Feuerhaken in die Hand und schlug damit in die Asche, und wollte gerade zu beten anfangen; aber das erste Wort, das er sagte, war: „Fiddiwau, Fiddiwau, Fiddiwau-wau!"

Jetzt war guter Rat teuer. Der Mann versprach stotternd demjenigen, der ihm das Böse aus dem Hause schaffe, seine einzige Tochter und all sein Hab und Gut.

Der Busche, der im Bett lag, sah und hörte sich das ganze „Fiddiwau" an. Aber es währte geraume² Zeit, bis ihm ein Licht aufging, wie das alles zusammenhing. Als er jedoch das Versprechen des Mannes gehört hatte, sprang er aus dem Bett und sagte: „Schönsten Dank!"

Dann griff er in die Asche, nahm den kleinen Stein und schleuderte ihn zur Türe hinaus. Und gleich nahm er das Mädchen um den Hals und küsste es. Jetzt loderte das Feuer hell empor und alle waren von dem „Fiddiwau" erlöst. Darüber waren alle so froh, dass es nun an ihnen war, „Schönsten Dank!" zu sagen, und das taten sie auch. Bald wurde Hochzeit gehalten. Der Pfarrer traute das Paar umsonst und der Küster sang umsonst.

Und Braut und Bräutigam lebten froh und glücklich miteinander. So hatte es ein Faulpelz doch noch zu etwas gebracht!

1 **Feuerhaken**: langer eiserner Haken, um im Feuer und der Kohle zu stochern

2 **geraume** = einige

1. Lies das Märchen laut.
2. Spielt die fünf Versuche, das Feuer anzufachen, vor. Achtet dabei besonders auf die wörtliche Rede mit den „Fiddiwau"-Unterbrechungen.
3. Stell dir vor, eine weitere Person, z.B. der Bürgermeister des Dorfes wird zur Hilfe gerufen. Was passiert, als er mit den Menschen, die am Herd versammelt sind, sprechen will? Spielt die Szene.

EXTRA: Lesen → S. 120–123

Märchen improvisieren 97

Die Mausebraut

Die folgende Illustration gehört zu einem Märchen aus Finnland.

1. Erzähle spontan, was dir Märchenhaftes zu diesem Bild einfällt.
2. Spielt eine Idee vor der Klasse.

Der Prinz mit den Eselsohren – eine Lesung mit Musik
Märchen aus Portugal

Glockenspiel

Es war einmal ein König, der hatte keine Kinder. Da ließ er drei Feen rufen, die sollten helfen, dass die Königin ihm einen Sohn schenke. Da versprachen die Feen dem König, seinen Wunsch zu erfüllen.

Nach neun Monaten wurde dem Königspaar ein Sohn geboren. Und als der
5 König und die Königin glücklich ihr Kind betrachteten, standen auf einmal die drei Feen vor ihnen.

Da sprach die erste Fee: „Du sollst der schönste Prinz auf Erden werden." „Du sollst tugendsam und verständig werden", sprach die zweite Fee.

Die dritte Fee aber ärgerte sich, dass ihr die beiden andern Feen schon so viel
10 gute Gaben vorweggenommen hatten. In ihrem Ärger wollte ihr nichts Besseres mehr einfallen, und sie rief: „Dir sollen Eselsohren wachsen, damit du nicht stolz und hochmütig wirst."

drohende Klänge mit Schelle und Rassel

Trommel

Der König war außer sich. Wie konnte einer mit Eselsohren König werden? Aber kaum hatten die drei Feen ihre Wünsche gesagt, waren sie auch schon ver-
15 schwunden.

Xylophon mit wachsender Lautstärke von hell nach dunkel

Bald darauf wuchsen dem Prinzen Eselsohren, erst klein und dann immer größer. Nun beschloss der König, keiner dürfe je erfahren, dass der Prinz Eselsohren habe. Er ließ eine Mütze anfertigen, die dem Prinzen fest auf dem Kopf saß und die langen Ohren verdeckte. Tag und Nacht zog der Prinz die Mütze
20 nicht ab.

Der Prinz wurde von Tag zu Tag schöner, aber niemand am Hof wusste, dass er Eselsohren hatte. Aber schließlich kam er in das Alter, da er rasiert werden musste, zudem war es nötig, ihm die Haare zu schneiden. Da ließ der König einen Barbier rufen und sagte: „Du sollst dem Prinzen die Haare schneiden, aber
25 wenn du auch nur einem Menschen sagst, was du unter seiner Mütze gesehen hast, so musst du sterben."

tiefe langsame Paukenschläge

Der Barbier hatte große Lust zu erzählen, was er Seltsames unter der Mütze gesehen hatte; aber die Angst, sterben zu müssen, ließ ihn schweigen wie ein Grab. Eines Tages ging er zur Beichte und sagte zum Priester: „Ich weiß ein Ge-
30 heimnis, das drückt mich so sehr, weil mich der König töten lässt, wenn ich es jemandem anvertraue; aber wenn ich es niemandem anvertraue, gehe ich unter der Last des Geheimnisses zugrunde. Sage mir, Vater, was soll ich tun?"

Der Priester antwortete ihm, er solle in ein einsames Tal gehen, dort ein Loch graben und das Geheimnis so oft in das Loch sprechen, bis er von der Last be-
35 freit sei. Dann solle er das Loch mit Erde zuschütten. Die Erde wüsste das Geheimnis schon zu bewahren. Der Barbier tat es; und nachdem er das Loch zugeschüttet hatte, ging er erleichtert nach Hause.

Trommelschlag – ratsch mit der Hand

Nach einiger Zeit wuchs an der Stelle, wo der Barbier das Loch gegraben hatte, Schilfrohr. Wenn die Schafhirten mit ihren Herden dort vorbeikamen, schnitten
40 sie Rohr ab und machten sich Flöten daraus. Aber wenn sie auf den Flöten spiel-

EXTRA: Lesen → S. 120–123

> **Tipps**
> Erst sollte das Vorlesen – auch mit verschiedenen Sprechern – gut geübt sein. Im zweiten Schritt kommen die Instrumente dazu, die sehr genau zum Text passen sollen. Überlegt gemeinsam, welche Lautstärke, welcher Rhythmus, welche Melodie gut passen. Auf einem Elternabend könnt ihr dann diese kleine Märchenoper präsentieren.

ten, so ertönte immer leise eine Stimme: „Der Prinz hat Eselsohren, der Prinz hat Eselsohren."

Die seltsame Nachricht verbreitete sich schnell in der ganzen Stadt und kam auch dem König zu Ohren. Er befahl, dass einer der Hirten mit seiner Flöte zu ihm kommen solle und ihm auf seiner Flöte vorspiele. Wirklich erklang immer dieselbe Stimme, und was der Hirte auch zu spielen versuchte, immer hörte man eine Stimme flüstern: „Der Prinz hat Eselsohren, der Prinz hat Eselsohren." Auch als der König selbst die Flöte spielte, war nichts anderes zu hören.

Da ließ der König den Barbier rufen und wollte ihn hinrichten lassen; aber der junge Prinz bat für sein Leben, zog seine Mütze ab und rief: „So mögen alle wissen, dass ich Eselsohren habe, und es nicht nur im Geheimen flüstern." Doch als der ganze Hof rings um ihn versammelt war, und der Prinz seine Mütze abzog, sahen alle, dass dieser gar keine Eselsohren hatte. Wie groß war die Freude des Königs, der Königin und des jungen Prinzen. Von dem Tag an hörte man auch die Stimme: „Der Prinz hat Eselsohren" aus der Schilfflöte der Schafhirten nicht mehr.

Randnotizen:
- helle Blockflöte, leise schwebende Melodie, dazu Triangel
- wispernde Stimmen aus dem Raum, C-Flöte mit Wispern im Hintergrund
- langsame dumpfe Paukenschläge
- Schluss mit allen Instrumenten zusammen

Orff, Carl = Komponist (1895–1982); entwickelte ein neuartiges Klangorchester, besonders für Kinder. Im Mittelpunkt seiner Musik steht der Rhythmus.

1. Gestaltet dieses Märchen als kleine „Sprechoper" mit Orffschen Instrumenten. Der Musiklehrer oder die Musiklehrerin kann euch dabei behilflich sein.

Die sieben Raben *Jacob und Wilhelm Grimm*

Ein Mann hatte sieben Söhne und immer noch kein Töchterchen, so sehr er sich's wünschte; endlich gab ihm seine Frau wieder gute Hoffnung zu einem Kinde, und wie's zur Welt kam, war's auch ein Mädchen. Die Freude war groß, aber das Kind war schmächtig und klein und sollte wegen seiner Schwachheit die Nottaufe haben. Der Vater schickte einen der Knaben eilends zur Quelle, Taufwasser zu holen, die andern sechs liefen mit, und weil jeder der erste beim Schöpfen sein wollte, so fiel ihnen der Krug in den Brunnen. Da standen sie und wussten nicht, was sie tun sollten, und keiner getraute sich heim. Als sie nicht zurückkamen, wurde der Vater ungeduldig und sprach: „Gewiss, haben sie's wieder über einem Spiel vergessen, die gottlosen Jungen." Es wurde ihm Angst, das Mädchen müsste ungetauft verscheiden[1], und im Ärger rief er: „Ich wollte, dass die Jungen alle zu Raben würden!" Kaum war das Wort ausgeredet, so hörte er ein Geschwirr über seinem Haupt in der Luft, blickte in die Höhe und sah sieben kohlschwarze Raben auf und davon fliegen.

Die Eltern konnten die Verwünschung nicht mehr zurücknehmen, und so traurig sie über den Verlust ihrer sieben Söhne waren, trösteten sie sich doch einigermaßen durch ihr liebes Töchterchen, das bald zu Kräften kam und mit jedem Tage schöner wurde. Es wusste lange Zeit nicht einmal, dass es Geschwister gehabt hatte, denn die Eltern hüteten sich, ihrer zu erwähnen, bis es eines Tages von ungefähr die Leute von sich sprechen hörte, das Mädchen wäre wohl schön, aber doch eigentlich Schuld an dem Unglück seiner sieben Brüder. Da wurde es ganz betrübt, ging zu Vater und Mutter und fragte, ob es denn Brüder gehabt hätte und wo sie hingeraten wären? Nun durften die Eltern das Geheimnis nicht länger verschweigen, sagten jedoch, es sei so des Himmels Verhängnis und seine Geburt nur der unschuldige Anlass gewesen.

Allein das Mädchen machte sich täglich ein Gewissen[2] daraus und glaubte, es müsste seine Geschwister wieder erlösen. Es hatte nicht Ruhe und Rast, bis es sich heimlich aufmachte und in die weite Welt ging, seine Brüder irgendwo aufzuspüren und zu befreien, es mochte kosten, was es wollte. Es nahm nichts mit sich als ein Ringlein von seinen Eltern zum Andenken, einen Laib Brot für den Hunger, ein Krüglein Wasser für den Durst und ein Stühlchen für die Müdigkeit.

Nun ging es immer zu, weit, weit, bis an der Welt Ende. Da kam es zur Sonne, aber die war zu heiß und fürchterlich und fraß die kleinen Kinder. Eilig lief es weg und lief hin zu dem Mond, aber der war gar zu kalt und grausig und bös, und als er das Kind merkte, sprach er: „Ich rieche Menschenfleisch." Da machte es sich geschwind fort und kam zu den Sternen, die waren ihm freundlich und gut, und jeder saß auf seinem besondern Stühlchen. Der Morgenstern aber stand auf, gab ihm ein Hinkelbeinchen[3] und sprach: „Wenn du das Beinchen nicht hast, kannst du den Glasberg nicht aufschließen, und in dem Glasberg, da sind deine Brüder."

---

[1] **verscheiden** = sterben

[2] **sich ein Gewissen machen** = sich schuldig fühlen

[3] **Hinkelbeinchen** = kleiner Knochen

EXTRA: Lesen → S. 120–123

Das Mädchen nahm das Beinchen, wickelte es wohl in ein Tüchlein und ging wieder fort, so lange, bis es an den Glasberg kam. Das Tor war verschlossen, und es wollte das Beinchen hervorholen; aber wie es das Tüchlein aufmachte, so war es leer, und es hatte das Geschenk der guten Sterne verloren. Was sollte es nun anfangen? Seine Brüder wollte es erretten und hatte keinen Schlüssel zum Glasberg.

Das gute Schwesterchen nahm ein Messer, schnitt sich ein kleines Fingerchen ab, steckte es in das Tor und schloss glücklich auf. Als es hineingegangen war, kam ihm ein Zwerglein entgegen, das sprach: „Mein Kind, was suchst du?" – „Ich such meine Brüder, die sieben Raben", antwortete es. Der Zwerg sprach: „Die Herren Raben sind nicht zu Haus, aber willst du hier so lang warten, bis sie kommen, so tritt ein." Darauf trug das Zwerglein die Speise der Raben herein auf sieben Tellerchen und in sieben Becherchen, und von jedem Tellerchen aß das Schwesterchen ein Bröckchen, und aus jedem Becherchen trank es ein Schlückchen; in das letzte Becherchen aber ließ es das Ringlein fallen, das es mitgenommen hatte.

Auf einmal hörte es in der Luft ein Geschwirr und ein Geweh, da sprach das Zwerglein: „Jetzt kommen die Herren Raben heimgeflogen." Da kamen sie, wollten essen und trinken und suchten ihre Tellerchen und Becherchen. Da sprach einer nach dem anderen: „Wer hat von meinen Tellerchen gegessen? Wer hat aus meinem Becherchen getrunken? Das ist eines Menschen Mund gewesen." Und wie der siebente auf den Grund des Bechers kam, rollte ihm das Ringlein entgegen. Da sah er es an und erkannte, dass es ein Ring von Vater und Mutter war, und sprach: „Gott gebe, unser Schwesterlein wäre da, so wären wir erlöst."

Wie das Mädchen, das hinter der Türe stand und lauschte, den Wunsch hörte, so trat es hervor, und da bekamen alle die Raben ihre menschliche Gestalt wieder. Und sie herzten und küssten einander und zogen fröhlich heim.

1. Untersuche den Handlungsablauf dieses Märchens: In welcher Situation sind die sieben Brüder am Anfang? Wie ergeht es ihnen am Ende?
2. Gestalte den Weg des Mädchens zeichnerisch: Achte dabei genau auf die einzelnen Stationen.

Märchenkarte als Wegweiser

Gefahren/Prüfungen
Auf dem Weg zum Ziel lauern Gefahren und sind Prüfungen zu bestehen.

- Kam ans Ende der Welt
- Kam zur Sonne: brennt
- Kam zum Mond: friert
- Kam zu den Sternen: diese verraten, wo die Brüder sind
- Schlüssel zum Glasberg ist ein kleiner Knochen
- Verlor ihn, nimmt ihren kleinen Finger

Aufbruch
Ein Ereignis am Anfang führt in eine Notlage.

- Eltern freuten sich über die Geburt eines Mädchens
- Sieben Brüder sollten Wasser für die Nottaufe holen
- Kehrten nicht zurück, Vater verwünschte sie aus Angst
- Verwandlung in sieben Raben
- Schwester erfuhr von den Brüdern
- Machte sich auf die Suche: nahm Ring der Eltern mit

Ziel
Am Ziel wird die Mühe belohnt.

- Mädchen musste auf die sieben Raben warten
- Aß von jedem Teller
- Legte in den letzten Becher den Ring der Eltern
- Der letzte Rabe erkennt den Ring, wünschte, die Schwester wäre da
- Die sieben Raben wurden erlöst

3. Lege eine solche Märchenkarte für die Märchen *Fundevogel* und *Fiddiwau* an.
4. Was stellst du fest, wenn du die Karten der beiden Märchen miteinander vergleichst?
5. Legt weitere Märchenkarten an und sammelt sie in einer Klassenkartei.

EXTRA: Lesen → S. 120–123

Spiele mit Märchenkarten

1. Spiel: „Terzett"
- Jede Schülerin, jeder Schüler legt eine Märchenkarte nach vorgegebenem Muster von einem Märchen an. Dabei sollte auf den dreiteiligen Aufbau geachtet werden.
- Entsprechend den drei Feldern wird die Karte auseinander geschnitten und die Kopfspalte abgetrennt.
- Jeweils vier Spieler setzen sich zusammen und spielen „Terzett" mit den vermischten Kartenstreifen. Es sind jeweils zwölf Karten im Spiel. Gewonnen hat der Spieler, der die meisten Terzette und keine Karte mehr hat.

Spielablauf:
Einer zieht vom Mitspieler eine Karte. Hat er die beiden passenden Karten, legt er das Terzett in der richtigen Reihenfolge (Aufbruch, Gefahren, Ziel) ab. Legt er es in einer falschen Reihenfolge ab, bekommt er das Terzett nicht als Gewinnpunkt anerkannt. Hat er die passende Karte nicht, behält er die gezogene Karte und der nächste Spieler ist dran.

2. Spiel: Um die Wette
Alle Kartenstreifen werden durcheinander an der Wand ausgehängt (wichtig, dass die Märchenkarten auf DIN A 4 Karton angefertigt werden). Vier Spieler gehen vor und suchen in einer bestimmten Zeit (z. B. 2 Minuten) möglichst viele Märchen zusammen. Danach werden die zusammengehörigen Karten ausgelegt und auf deren Richtigkeit überprüft. Wer die meisten Märchen zusammenstellen konnte, hat gewonnen. Der Lehrer stoppt die Zeit.

3. Spiel: Partnersuche
Die zwölf Teile von vier Märchen werden gemischt. Zwölf Spieler erhalten jeweils einen Streifen. Mit dieser Karte gehen sie im Raum herum, nennen laut wiederholt ein märchenhaftes Element, an dem ihr Märchen zu erkennen ist. Wenn sich die zusammengehörigen Schüler gefunden haben, bleiben sie stehen und erzählen sich das Märchen. Am Ende kann jede Dreiergruppe ihr Märchen den Zuschauern präsentieren.

6. Spielt diese drei Spiele mit den Märchenkarten.

Märchenhaftes

Märchenanfänge und Märchenschlüsse
- Es war einmal mitten im Winter, und die Schneeflocken fielen wie Federn vom Himmel herab…
- Es war vor Zeiten ein König…
- und ihre Hochzeit wurde mit großer Pracht angeordnet

Märchengestalten
- zwei Brüder, ein reicher und ein armer
- drei Söhne, davon waren zwei klug und gescheit, aber der dritte sprach nicht viel, war einfältig und hieß nur der „Dummling"
- eine alte Frau, das war eine Erzzauberin
- ein Riese, der war so groß wie ein Gebirge
- zwei Töchter, die schön und weiß von Angesicht waren, aber garstig und schwarz von Herzen

Märchenzeiten
- Bald hielten sie Hochzeit und wurden König und Königin und sind es bis zum heutigen Tage.
- Von der Zeit an starb niemand mehr in diesem Lande.

Zauberdinge und Zauberkräfte
- ein wunderbarer Spiegel
- warf ihm der Vogel ein golden und silbern Kleid herunter
- Eine blutrote Blume mit einer Perle befreit vom Zauber.

Zauberzahlen
- Ein Mann hatte sieben Söhne und immer noch kein Töchterchen.
- die zwölf Brüder
- die drei Glückskinder

Märchenorte
- ein altes Schloss mitten in einem großen dichten Wald
- in einem Häuschen fern von Stadt und Dorf…
- da wohnte hinter siebenmal sieben Ländern…

1. Teilt euch in sechs Gruppen auf. Jede Gruppe untersucht ein Merkmal des Märchens. Was ist jeweils typisch?
2. Sucht weitere Beispiele für euer Merkmal.
3. Präsentiert euer Ergebnis als Plakat in der Klasse.

EXTRA: Lesen → S. 120–123

Weitererzählen

Es war einmal ein König, der hatte drei Töchter. Als er sein Ende nahen fühlte, geriet er in Sorge, welcher seiner Töchter er wohl sein Reich vererben könnte, denn sie waren alle drei unverheiratet. Die älteste war groß und stark, dass sie jeden Mann hätte im Ringkampf besiegen können. Die mittlere war schlau und konnte die Gedanken anderer Menschen lesen. Die jüngste war klein und schwach und die Menschen hielten sie für dumm. Sie war aber zu jedermann freundlich, und alle hatten sie gern. …

1. Schreibe das Märchen weiter.
   Verwende dabei die folgenden vier Märchenmerkmale:
   - Die Zahl „3" muss eine wichtige Rolle spielen.
   - Eine besondere Gabe muss eine Rolle spielen.
   - Kostbare Dinge kommen vor.
   - Ein Wesen aus dem Zauberreich hilft.

Zeitungsbericht als Erzählkern

Vierjähriger überlebt Sturz aus dem 7. Stock
Wie durch ein Wunder überlebte ein vierjähriger Junge den Sturz aus dem 7. Stock eines Hochhauses. Beim Spielen auf dem Balkon war er auf einen Stuhl geklettert, um über das Geländer zu schauen. Dabei verlor er das Gleichgewicht. Glücklicherweise stürzte er in einen Rosenbusch, der direkt unter dem Balkon in voller Blüte stand. So konnten die überglücklichen Eltern ihr Kind wieder heil in die Arme nehmen.

2. Entwickle aus diesem Erzählkern ein Märchen.

INFO

Nachschlagen → S. 283

- Märchen werden erzählt.
- Märchen folgen meistens einem typischen **Grundmuster**: Die Guten können in Gefahr geraten, müssen dann eine oder mehrere Aufgaben lösen und siegen am Ende.
- **Typische Elemente** des Märchens können Zaubersprüche, Zauberdinge und Zauberwesen sein.
- Die **Figuren** im Märchen haben keinen Namen (*ein Prinz, ein Mädchen, ein Mann und eine Frau*), auch gibt es keine **Ortsangaben** (*auf einem Schloss, in einem Wald, in einem Berg*) oder **Zeitangaben** (*es war einmal*).

Schwankgeschichten

Hodscha Nasreddin soll in der türkischen Stadt Eskeschehir geboren sein. Ähnlich wie Till Eulenspiegel ist er ein Schelm, von dem viele Geschichten erzählt werden.

Hodscha Nasreddin beantwortet vierzig Fragen auf einmal

Einmal zog ein Mann durchs Land, der sich als Weiser ausgab und überall mit seiner Klugheit prahlte. Er sprach so gelehrt und geschraubt, dass ihn niemand verstand und keiner aus seinen Reden klug wurde.

Er fragte die Menschen hochmütig: „Gibt es bei euch überhaupt jemanden, der klug genug ist, sich mit mir unterhalten zu können?"

Da schickten sie ihn zu Hodscha Nasreddin.

„Ich möchte gern wissen, ob du wirklich so klug bist, wie die Leute sagen", meinte der Gelehrte. „Ich werde dir vierzig Fragen stellen, und du sollst mir eine einzige Antwort auf alle geben."

Nasreddin war einverstanden, und der Fremde stellte ihm vierzig schwierige und verwickelte Fragen. Nasreddin hörte ihm die ganze Zeit aufmerksam zu.

„Nun, kannst du mir auf alle vierzig Fragen mit einem einzigen Satz antworten?", frage der Mann, als er fertig war.

Nasreddin nickte und sprach: „Die Antwort lautet, dass keine einzige deiner Fragen zu verstehen ist!"

Vom schlauen Mulla Apandi

1 **Mulla**: islamischer Geistlicher
2 **Imam**: Vorbeter beim islamischen Gebet

Der Mulla[1] Apandi kam eines Tages an der Moschee vorbei. Er mischte sich unter die Menge und hörte zu, wie der Imam[2] mit schriller, zittriger Stimme den Koran las. Apandi war dem Imam nicht besonders gewogen, wusste er doch nur zu gut, wie sehr sich dessen Taten von den Worten unterschieden, die er predigte. Apandi hörte ein Weilchen zu und brach dann in Tränen aus. Er weinte und schluchzte immer mehr und immer lauter.

Nach dem Gebet rief der Imam Apandi zu sich und sagte erfreut: „Meine Worte scheinen dich tief beeindruckt zu haben. Es geschieht nicht oft, dass meine Lesungen die Gläubigen zu Tränen rühren. Du hast ein weiches Herz, und das gefällt mir an dir!"

„Ja, ich habe wirklich ein weiches Herz", bestätigte Apandi und wischte sich die Augen. „Du musst wissen, ich hatte noch vor kurzem eine Ziege, ein Prachtstück von einer Ziege, so klug und zutraulich, wie es keine zweite gibt. Und die ist ganz plötzlich verendet. Hat wahrscheinlich irgendein giftiges Gras gefressen, wer weiß. Und sie hatte genau so eine zittrige und meckernde Stimme wie du, und ihr Bart war auch so rot und schütter[3] wie deiner. Als ich dich sah und hörte, da musste ich gleich wieder an das arme Tier denken und vor lauter Kummer weinen!"

3 **schütter**: spärlich, dünn

Der verwegene Hofnarr *Johann Peter Hebel*

Der König hatte ein Pferd, das ihm so lieb, dass er sagte: „Ich weiß nicht, was ich tue, wenn das Pferd mir stirbt. Aber den, der mir von seinem Tod die erste Nachricht bringt, den lass ich auch gewiss aufhenken." Item⁴, das Rösslein starb doch, und niemand wollte dem König die erste Nachricht davon bringen. Endlich kam der Hofnarr. „Ach, gnädigster Herr", rief er aus, „Ihr Pferd. Ach, das arme, arme Pferd! Gestern war es noch so" – da stotterte er, und der erschrockene König fiel ihm ins Wort und sagte: „Ist es gestorben? Ganz gewiss ist es gestorben, ich merks schon." – „Ach, gnädigster Herr", fuhr der Hofnarr mit noch größerem Lamento⁵ fort, „das ist noch lange nicht das Schlimmste." – „Nun, was denn?", fragte der König. „Ach, dass Sie jetzt noch sich selber müssen henken lassen. Denn Sie habens zuerst gesagt, dass Ihr Leibpferd tot sei. Ich habs nicht gesagt."

Der König aber, betrübt über den Verlust seines Pferdes, aufgebracht über die Frechheit des Hofnarren und doch belustiget durch seinen guten Einfall, gab ihm augenblicklich den Abschied mit einem guten Reisegeld. „Da, Hofnarr", sagte der König, „da hast du hundert Dukaten. Lass dich statt meiner dafür henken, wo du willst. Aber lass mich nichts mehr von dir sehen und hören! Sonst, wenn ich erfahre, dass du dich nicht hast henken lassen, so tu ich's."

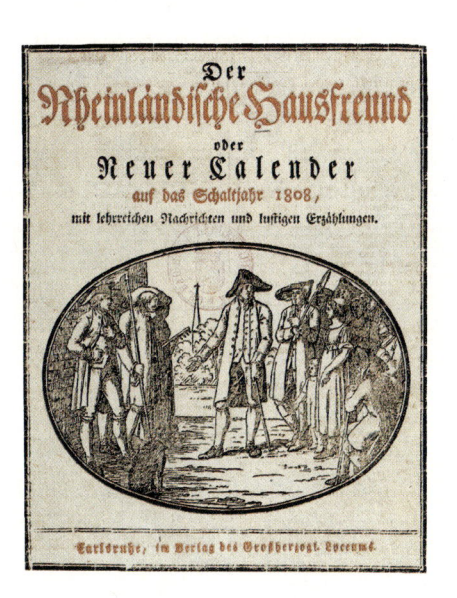

Johann Peter Hebel (1760–1826) stammt aus dem südlichen Schwarzwald. Die Familie war arm. Nachdem der Vater früh gestorben war, diente die Mutter als Magd bei dem Dorfpfarrer. Dieser erkannte die Begabung des Jungen und schickte ihn auf das Gymnasium. Nach seinem Studium übernahm Hebel ein hohes Kirchenamt in Karlsruhe. Berühmt aber wurde er durch seine Gedichte und Geschichten, die er häufig in Bauernkalendern veröffentlichte. Man nennt sie deshalb auch Kalendergeschichten.

4 **item**: lat. dennoch, und doch (hier Sprachfloskel wie unser „nun denn")
5 **Lamento**: ital. Klage

1. Vergleiche die Schwänke: Woran erkennst du, dass Nasreddin, Apandi und der Hofnarr Schelme sind?
2. In Hebels Geschichte wird erzählt, wie der König auf die Worte des Hofnarren reagiert. Wie reagieren wohl die beiden anderen, der Klugredner und der Imam? Wähle eine der beiden Schwankgeschichten aus und schreibe sie so weiter, dass der Klugredner bzw. der Imam ihren Gedanken und Gefühlen Luft machen.

Von der klugen Tochter *Schwankgeschichte aus Serbien*

Der Kaiser war auf einem seiner Ausritte auf einen armen Mann gestoßen, der eine sehr kluge und schöne Tochter hatte. Als der Kaiser merkte, dass dieses Mädchen ihn an Klugheit übertraf, bat er sie seine Frau zu werden.

[…] Das Mädchen lächelte und antwortete: „Wie du willst, aber erst musst du mir mit eigener Hand auf ein Blatt Papier schreiben, dass du einwilligst, solltest du einst auf mich böse werden und mich wegschicken, dass ich mitnehmen kann, was mir das Liebste ist."

5 Der Kaiser nahm ein Blatt Papier und schrieb nieder, was das Mädchen gesagt hatte. Und dann wurde die Hochzeit gefeiert. Der Kaiser lebte mit seiner jungen Frau glücklich und zufrieden. Seinen Räten aber gefiel es ganz und gar nicht, dass die Kaiserin ihrem Mann weisere Ratschläge gab als sie es taten, und so begannen sie ihre junge Herrin zu verleumden und sagten, der Kaiser habe keinen
10 eigenen Willen mehr und im Land regiere nicht er, sondern seine Frau.

Und sie gossen so lange Öl ins Feuer, bis sie schließlich erreichten, was sie erreichen wollten: Der Kaiser wurde seiner jungen Frau gram und fuhr sie böse an, sie solle sich davonscheren.

Die Kaiserin sagte kein Wort zu ihrer Verteidigung, nur bat sie ihren Mann:
15 „Gestatte mir, noch ein letztes Mal unter deinem Dach zu schlafen. Am Morgen gehen wir dann auseinander."

Der Kaiser erlaubte es und ging dann zu seinen Räten, mit denen er noch lange bei schwerem Wein beisammensaß.

Die Frau ließ indes heimlich die Kutsche anspannen. In der Nacht trug sie den
20 schlafenden Kaiser aus seinen Gemächern in die Kutsche und entführte ihn in eine Felsenhöhle. Am Morgen erwachte der Kaiser, rieb sich die Augen und schaute sich verwundert um. „Wer hat mich hierher gebracht?"

„Ich", sagte die Kaiserin.

„Wie konntest du es wagen! Habe ich dir nicht gesagt, dass du nicht länger
25 meine Frau bist?"

Da zog sie das Blatt Papier hervor und sprach: „Lies, was du geschrieben hast!"

Und der Kaiser las: „Wenn ich je meiner Frau gram werde und sie im Zorn davonjage, darf sie von meinem Hof mitnehmen, was ihr das Liebste ist. Das gelobe ich."

30 Da küsste er sie und fuhr mit ihr ins Schloss zurück, wo sie noch viele Jahre glücklich und zufrieden lebten.

1. Worin zeigt sich am Ende die Klugheit der jungen Frau?
2. Gliedere diesen Schwank in drei Abschnitte.
   Finde für jeden Abschnitt eine Überschrift.

EXTRA: Lesen → S. 124

Das Mittagessen im Hof *Johann Peter Hebel*

Man klagt häufig darüber, wie schwer und unmöglich es sei, mit manchen Menschen auszukommen. Das mag denn freilich auch wahr sein. Indessen sind viele von solche Menschen nicht schlimm, sondern nur wunderlich, und wenn man sie nur immer recht kennte, inwendig und auswendig, und recht mit ihnen umzugehen wüsste, nie zu eigensinnig und nie zu nachgebend, so wäre mancher wohl und leicht zur Besinnung zu bringen.

Das ist doch einem Bedienten mit seinem Herrn gelungen. Dem konnte er manchmal gar nichts recht machen und musste vieles entgelten, woran er unschuldig war, wie es oft geht. So kam einmal der Herr sehr verdrießlich nach Hause und setzte sich zum Mittagessen. Da war die Suppe zu heiß oder zu kalt oder keines von beiden; aber genug, der Herr war verdrießlich. Er fasste daher die Schüssel mit dem, was darinnen war, und warf sie durch das offene Fenster in den Hof hinab. Was tat der Diener? Kurz besonnen warf er das Fleisch, welches er eben auf den Tisch stellen wollte, mir nichts, dir nichts, der Suppe nach, auch in den Hof hinab. „Verwegener, was soll das sein?", fragte der Herr und fuhr mit drohendem Zorn von dem Sessel auf. Aber der Bediente erwiderte kalt und ruhig: „Verzeihen Sie mir, wenn ich Ihre Meinung nicht erraten habe. Ich glaubte nicht anders, als Sie wollten heute in dem Hof speisen. Die Luft ist so heiter, der Himmel so blau, und sehen Sie nur, wie lieblich der Apfelbaum blüht, und wie fröhlich die Bienen ihren Mittag halten;" – diesmal die Suppe hinabgeworfen und nimmer! Der Herr erkannte seinen Fehler, heiterte sich im Anblick des schönen Frühlingshimmels auf, lächelte heimlich über den schnellen Einfall seines Aufwärters und dankte ihm im Herzen für die gute Lehre.

3. In wie viele Teile müsste dieser Schwank gegliedert werden? Begründe.
4. Das hätte auch schief gehen können! Wie reagieren der König und der Herr jeweils auf den pfiffigen Einfall der jungen Frau und des Dieners?
5. Lies noch einmal nach: Worin besteht die witzige **Pointe** in den Schwänken?

Pointe: Die unerwartete witzige Lösung eines Problems. Der Leser ist überrascht und muss lachen.

Erziehung in einem Tag oder gar nicht
nacherzählt von Erich Kästner

Ein Schildbürger fuhr mit seinem Sohn in die Kreisstadt zum Schulmeister und sagte: „Man rühmt deinen Unterricht. Deshalb möchte ich meinen Jungen ein wenig bei dir lassen."

„Was weiß er denn schon?", fragte der Lehrer und hörte dabei nicht auf, einen Schüler zu verprügeln. „Er weiß nichts", antwortete der Schildbürger. „Und wie alt ist er?", fragte der Lehrer weiter. „Erst dreißig Jahre", meinte der Schildbürger entschuldigend, „was kann er da schon gelernt haben! Ich selber bin fünfundsechzig Jahre alt und weiß nicht das Geringste!" „Also meinetwegen", erklärte der Schulmeister. „Lass ihn hier! Doch wenn er nicht pariert und lernt, kriegt er, trotz seiner dreißig Jahre, von mir genauso viel Prügel, als ob er zwölf wäre!" Das war dem Schildbürger recht. Er versprach auch, die Erziehung gut zu bezahlen. Dann gab er seinem Jungen zum Abschied eine Ohrfeige und wollte gehen.

„Einen Moment!", rief der Lehrer. „Wie lange soll er denn in meiner Schule bleiben, und wann holst du ihn wieder ab?" „Bald", sagte der Schildbürger. „Denn viel braucht er nicht zu lernen. Es genügt, wenn er so viel weiß wie du!" Das verdross den Lehrer ein wenig, und er wollte ganz genau wissen, wann der Junge abgeholt würde. „Ganz genau kann ich's dir nicht sagen", meinte der Schildbürger. „Es hängt davon ab, wie lange euer Schmied braucht, meinem Pferd ein Hufeisen festzuschlagen. Es hat auf der Herfahrt sehr geklappert. Sobald das Eisen fest ist, hol ich ihn wieder ab." „Du bist wohl nicht bei Trost!", rief der Schulmeister. „Und wenn ich deinen Bengel prügelte, bis mir der Arm wehtäte, auch dann müsste ich ihn mindestens ein Jahr hierbehalten, damit er etwas lernt!" Da nahm der Schildbürger seinen dreißigjährigen Sohn wieder bei der Hand und suchte das Weite. In der Tür sagte er nur noch: „Dass Lernen wehtut und Geld kostet, mag hingehen. Doch ein Jahr Zeit ist mir dafür zu schade. Dann soll er lieber so dumm bleiben wie sein Vater."

Wie ein Holländer aus einer Schüssel einen gebratenen Apfel aß, darein Eulenspiegel ein Brechmittel getan hatte
Hermann Bote

Recht und redlich rächte sich Eulenspiegel an einem Holländer. In einer Herberge in Antwerpen, in der holländische Kaufleute waren, begab es sich einmal, dass Eulenspiegel ein wenig krank wurde. Er konnte kein Fleisch essen und ließ sich weiche Eier kochen. Als die Gäste zu Tisch saßen, kam auch Eulenspiegel an den Tisch und brachte die weichen Eier mit.

Der eine Holländer hielt Eulenspiegel für einen Bauern und sprach: „Wie, Bauer, magst du des Wirtes Kost nicht, dass man dir Eier kochen muss?" Damit nahm er die beiden Eier, schlug sie auf und schlürfte sie eins nach dem andern aus. Die Schalen legte er vor Eulenspiegel hin und sagte: „Sieh hin, leck das aus, der Dotter ist heraus!"

Am Abend kaufte Eulenspiegel einen hübschen Apfel, den höhlte er inwendig aus und füllte ihn mit Fliegen und Mücken. Dann briet er langsam den Apfel, schälte ihn und bestreute ihn außen mit Ingwer. Als sie nun des Abends wieder zu Tisch saßen, brachte Eulenspiegel auf einem Teller den gebratenen Apfel und wendete sich vom Tisch ab, als ob er noch mehr holen wolle. Als er den Rücken wandte, griff der Holländer zu, nahm ihm den gebratenen Apfel vom Teller und schlang ihn schnell hinunter. Sogleich musste der Holländer brechen und brach alles aus, was er im Leibe hatte. Ihm wurde so übel, dass der Wirt und die anderen Gäste meinten, Eulenspiegel habe ihn mit dem Apfel vergiftet.

Doch Eulenspiegel sagte: „Das ist keine Vergiftung, es ist nur eine Reinigung seines Magens. Denn einem gierigen Magen bekommt keine Kost gut. Hätte er mir gesagt, dass er den Apfel so gierig hinunterschlucken sollte, so hätte ich ihn davor gewarnt. Denn in den weichen Eiern waren keine Mücken, aber in dem gebratenen Apfel lagen sie. Die musste er wieder ausbrechen."

1. Lies die beiden Geschichten in der Klasse so vor, dass das Zuhören Spaß macht.
2. *„Gesucht wird…!"* Gestaltet Steckbriefe von Schelmen, die ihr in diesen Schwankgeschichten kennen gelernt habt. Ihr könnt auch noch andere euch bekannte Schelme steckbrieflich suchen lassen. Hängt die Steckbriefe als Bildergalerie im Klassenzimmer aus (auch Gruppenarbeit).

INFO

- **Schwankgeschichten** (Schwank = Schwung, Hieb, lustiger Streich) sind kurze unterhaltsame und lustige Erzählungen, in deren Mittelpunkt ein Schelm steht, der mit Witz oder einem verblüffenden Einfall die Dummheit der Menschen entlarvt. Solche Schelme gibt es überall auf der Welt.

Nachschlagen → S. 283

Nachschlagen → S. 283

Alltagsgeschichten

Es ist lebendig und leuchtet Viktor Dragunskij

Einmal saß ich abends auf dem Hof am Sandhaufen und wartete auf Mama. Wahrscheinlich war sie im Dienst oder in einem Geschäft aufgehalten worden, oder sie musste lange an der Bushaltestelle warten. Ich weiß nicht. Jedenfalls waren schon alle Eltern aus unserem Block gekommen, und alle Kinder waren mit ihnen heimgegangen. Sie tranken jetzt bestimmt schon Tee und aßen Kringel mit Schafskäse; bloß meine Mama war immer noch nicht da.

Und in den Fenstern war überall schon Licht, Radio spielte, am Himmel zogen dunkle Wolken. Manche sahen aus wie böse, bärtige alte Männer.

Ich hatte Hunger, aber Mama kam nicht. Wenn zum Beispiel ich wüsste, dass meine Mama Hunger hat und auf mich wartet, irgendwo am Ende der Welt, sofort würde ich hinrennen und mich bestimmt nicht verspäten, ich würde sie nicht zwingen, auf dem Sandhaufen zu sitzen und traurig zu sein.

Da kam Mischka Slonow zu mir in den Hof, sagte: „Servus." Ich sagte auch: „Servus."

Mischka setzte sich neben mich und nahm meinen Kipper[1] in die Hand: „Hei!", sagte Mischka, „woher hast denn den? Lädt der auch selbsttätig Sand auf? Nein? Aber er entlädt selbsttätig? Ja? A-a-ah! Gib ihn mir mal mit nach Hause!"

„Nein, mit nach Hause gebe ich ihn dir nicht. Er ist ein Geschenk. Von Papa vor seiner Abreise."

Mischka pfiff und ging fort. Auf dem Hof wurde es immer dunkler. Ich sah zum Tor hinüber, damit ich ja merkte, wenn Mama kam. Aber sie kam nicht. Sicher hat sie Tante Rosa getroffen, nun stehen sie und reden, und an mich denkt überhaupt niemand mehr. Ich legte mich auf den Sandhaufen.

Auf einmal kam Mischka wieder: „Gibst du mir den Kipper wirklich nicht?"

„Lass mich in Ruhe, Mischka."

Da sagte er: „Ich kann dir dafür eine Guatemala[2] und zwei Barbados[3] geben."

„Vergleich bloß mal Barbados mit einem Kipper …"

Und Mischka: „Nu, wenn du willst, gebe ich dir meinen Schwimmring."

„Der hat ja ein Loch."

„Das kannst du ja zukleben."

Ich wurde böse: „Und wo soll ich damit schwimmen? In der Badewanne? Dienstags?"

Mischka pfiff wieder. Nach einer Weile sagte er: „Gut, was nicht ist, ist nicht. Aber sieh wenigstens, wie freigebig ich bin! Na!"

Er streckte mir ein Streichholzkästchen hin. Ich nahm es in die Hand.

„Mach's ruhig auf", sagte Mischka. „Du wirst dich wundern!"

Ich zog das Kästchen auf und sah erst gar nichts, aber dann erkannte ich ein kleines, hellgrünes Lichtlein, als ob weit entfernt von mir ein ganz kleines Stern-

---

[1] **Kipper** = Baufahrzeug, das Sand lädt und durch Kippen der Ladefläche abladen kann

[2] **Guatemala** = Zigarette
[3] **Barbados** = Zigarre

EXTRA: Lesen → S. 126–131

chen leuchtete, und dabei hielt ich es doch selbst in der Hand.

„Was ist das, Mischka?", fragte ich flüsternd. „Was ist das?" „Ein Glühwürmchen", sagte Mischka. „Gut, was? Es lebt sogar."

„Mischka", sagte ich, „nimm meinen Kipper, willst du? Nimm ihn auf ewig, ganz und gar! Aber gib mir dieses Sternchen, ich nehme es mit nach Hause…"

Mischka packte meinen Kipper und rannte heim. Ich blieb mit meinem Glühwürmchen, betrachtete es, sah es an, konnte mich nicht satt sehen. Es war so grün wie im Märchen, es leuchtete so nah auf meiner Handfläche und doch wie aus weiter Ferne … Ich konnte nicht ruhig atmen, hörte, wie mein Herz ganz rasch klopfte, und in meiner Nase kribbelte es so, als ob gleich Tränen kämen.

Lang saß ich. Kein Mensch war in der Nähe. Und ich hatte alles andere auf der ganzen Welt vergessen.

Auf einmal kam Mama, ich freute mich, und wir gingen ins Haus.

Als wir Tee tranken, Kringel mit Schafskäse aßen, fragte Mama: „Wie steht's mit deinem Kipper?"

„Mama, den habe ich getauscht."

„Das ist ja interessant! Wofür denn?"

„Für ein Glühwürmchen! Da im Streichholzkasten lebt es. Mach doch bitte mal das Licht aus."

Und Mama knipste das Licht aus, im Zimmer war es dunkel, und wir sahen beide lange auf das blassgrüne Sternchen. Dann machte Mama das Licht wieder an.

„Ja, wirklich", sagte sie, „es ist wie Zauberei! Aber trotzdem, sag, wie bist du bloß darauf gekommen, etwas so Wertvolles wie den Kipper gegen ein Glühwürmchen zu tauschen?"

„Ich wartete doch so lange auf dich und war traurig, aber dieses Glühwürmchen ist besser als jeder Kipper auf der ganzen Welt."

Mama sah mich neugierig an: „Wieso ist es besser?"

„Kannst du das denn nicht verstehen? Es ist doch lebendig! Und es leuchtet…!"

1. Was will das Kind seiner Mutter mit dem letzten Satz sagen? Sprecht darüber.
2. Schau dir das Foto genau an. Kannst du einen Zusammenhang mit der Geschichte erkennen?
3. Ihr sollt zu dieser Geschichte eine Fotografie anfertigen. Was ist darauf zu sehen?

Die Kellerkatze *Jutta Richter*

Die Kellerkatze hatte Glühaugen und war groß wie ein Panther.
Sie saß ganz hinten im Keller, auf dem alten Bettgestell neben Papas Bierkasten. Und sie saß da immer.
Die Großen sagten: „Stell dich nicht so an." Oder sie sagten: „Du mit deiner Fantasie!" Oma meinte, das käme vom vielen Lesen. „Das Kind verdirbt sich noch mal die Augen." Und Papa lachte und meinte: „Krause Haare, krauser Sinn."
Aber die Kellerkatze saß auf dem alten Bettgestell und funkelte mich mit ihren Glühaugen an, wenn ich zwei Flaschen Bier holen musste.
Niemand außer mir konnte sie sehen, und doch war sie da.
Und ich fürchtete mich und wollte nie mehr in den Keller gehen. Und Mama sagte, ich wäre zu faul, bequem und faul. „Nicht mal Kartoffeln holen will das Kind. Es ist eine Katastrophe mit ihr."
„Komm doch mit!", bettelte ich. „Nur einmal."
„Also gut", sagte Mama, „obwohl, da gehe ich ja schon wieder selbst und es ist doch deine Aufgabe..."
Aber sie kam mit. Sie ging vor mir her, öffnete die Eisentür, hinter der die steile Kellertreppe hinabführte, und knipste das Licht an. Die Glühbirne mit dem Drahtgitter drumherum leuchtete nur schwach. Es lagen zu viele tote Fliegen in der Glasschale.
Mama schob mich vorwärts.
„Also, wo sitzt deine Kellerkatze?", fragte sie spitz. „Zeige sie mir, und wehe, du hast gelogen..."
Ich kniff die Augen zusammen. Ich wollte gar nicht hingucken. Ich merkte, wie meine Hände feucht wurden, und mein Herz klopfte gegen das Summen der Umwälzpumpe an.
„Da!", sagte ich und zeigte auf das alte Bettgestell. „Da sitzt sie immer!"
„Nichts sitzt da!", sagte Mama. „Absolut nichts. Guck doch selbst!"
Sie machte drei Schritte nach vorn. Die Kellerkatze fauchte.
„Pass auf, Mama!", wollte ich schreien, aber es kam kein Ton über meine Lippen. Ich war wie gelähmt. Stumm vor Entsetzen.
Die Kellerkatze sträubte ihr Fell. Sie sah plötzlich doppelt so groß aus. Ein Panther war ein Schoßkätzchen gegen sie. Die Kellerkatze machte einen Buckel. Ihr Schwanz peitschte drohend hin und her.
Mama stand jetzt genau vor ihr und wollte mit der Hand auf das Bettgestell klopfen. Sie hätte die Kellerkatze geschlagen, wenn es nicht plötzlich „pitsch" gemacht hätte, und dann war stockfinstere Nacht.
Ich schrie, weil ich fürchtete, die Kellerkatze hätte Mama angesprungen. Dann wäre alles zu spät. Nie im Leben hätte ich Mama helfen können. Ich war ja nur ein Kind.
„Sei still", sagte Mama und nahm meine Hand. „Sei ganz ruhig, das war nur

---

Jutta Richter, geb. 1955 in Burgsteinfurt, veröffentlichte bereits als Schülerin ihr erstes Buch. Sie lebt als freie Autorin und schreibt für Erwachsene, Jugendliche und Kinder nicht nur Romane und Erzählungen, sondern auch Hörspiele, Theaterstücke, Lieder und Gedichte. U. a. veröffentlichte sie „Der Hund mit dem gelben Herzen" (1998), „Es lebte ein Kind auf den Bäumen" (1999), „Der Tag als ich lernte die Spinnen zu zähmen".

EXTRA: Lesen → S. 126–131

die Sicherung!" Und dann führte sie mich langsam die Kellertreppe hoch, öffnete die schwere Eisentür, und es war wieder hell.

„Du bist wirklich ein kleiner Angsthase", sagte sie und drückte mich. „Es gibt keine Kellerkatzen, und es wird nie welche geben."

Aber das stimmte nicht. Ich wusste, was ich wusste, und ich sah, was ich sah. Und lieber war ich ein Angsthase, als mich von Kellerkatzen fressen zu lassen.

Es wäre alles für immer so geblieben, wenn Herbert nicht in unser Haus gezogen wäre. Herbert war zwölf und viel größer und stärker als ich, und mit doofen Weibern hatte er nichts am Hut. Ich hatte Glück, dass ich noch nicht zu den doofen Weibern zählte. Die waren mindestens neun, kamen immer zu zweit und kicherten.

„Na, Meechen", sagte Herbert, als ich mit dem Kartoffeltopf durchs Treppenhaus schlich. „Hasse Angst?"

Ich schluckte und nickte, und Herbert fragte: „Wovor?"

Und dann erzählte ich ihm, was ich von der Kellerkatze wusste.

„Hört sich schwer nach Abenteuer an", sagte Herbert. „Hätt' ich nicht gedacht, dass in diesem Haus Kellerkatzen lauern."

„Willste sehen?", fragte ich.

„Na klar", sagte Herbert. Er zog den Spielzeugcolt mit den Knallblättchen aus dem Hosenbund und ging plötzlich ein bisschen breitbeinig wie ein Westernheld. Aber das war mir gar nicht peinlich. Mir war nur wichtig, dass er vorging. Ich hatte plötzlich das Gefühl, er könnte mich vor der Kellerkatze beschützen.

Und ich wusste, sie saß da und wartete auf uns. Wir öffneten leise die schwere Eisentür und schlichen mit angehaltenem Atem die Treppenstufen hinunter. Ich blieb dicht hinter Herbert, so dicht, dass ich ihn riechen konnte.

Er roch nach Lehm und Wiese und nach Knallplättchen. Ein bisschen sauer und ein bisschen süß, und ich konnte ihm vertrauen.

„Beweg dich nicht!", flüsterte er. „Da sitzt sie!"

Er zeigte mit dem Spielzeugcolt in Richtung Bettgestell.

„Wahnsinn! Das ist die größte Kellerkatze der Welt!"

„Kannst du sie verscheuchen?", fragte ich.

„Und ob! Du musst mir nur helfen!" Er zeigte auf das Kellerfenster.

„Schleich dich da rüber und mach es auf", flüsterte er. „Aber lass die Katze nicht aus den Augen!"

Mein Herz tat einen Sprung, fast hätte ich mich nicht getraut, aber dann sah ich Herbert an und wollte kein Angsthase mehr sein. Ich schlich vorsichtig auf das Fenster zu. Ich schob den Riegel nach unten. Die Kellerkatze war höchstens einen Meter von mir entfernt.

„Wenn ich losballere, musst du schreien!", zischte Herbert mir zu. „So laut du kannst!"

Ich hörte, wie er mit einem Klick den Spielzeugcolt entsicherte.

„Jetzt!"

Und dann knallte es und ich schrie, und es knallte und knallte.

Und die Kellerkatze jaulte auf und floh mit hoch aufgerecktem Schwanz Richtung Kellerfenster. Sie prallte gegen das Gitter, nahm einen neuen Anlauf und verschwand heulend im Hinterhof.

„Na bitte!", sagte Herbert und grinste. „Hast du noch Angst, Meechen?"

„Wovor?", grinste ich zurück.

„Eben", sagte Herbert. Und ab da waren wir Freunde.

1. Lies die Geschichte still für dich.
2. Diskutiert über das Verhalten der Kinder in dieser Geschichte.
3. Lest die Geschichte in verteilten Rollen. Worauf müsst ihr dabei achten?

Tipps zum Vorlesen

Vor dem Vorlesen kannst du kleine Sprechübungen machen, um den Mund zu lockern:
- z. B. hinstellen, einatmen und auf „brbrbrbr..." ausatmen. Sage dann ganz gemütlich „mjoin-mjoin" und bewege dabei deinen Kiefer wie die Kuh auf der Weide.
- Nimm im Raum eine klare Vorleseposition ein, sodass dich alle gut verstehen können.

- Achte beim Vorlesen auf Lautstärke, unterschiedliches Tempo und vor allem auch auf Atempausen. Markierungen als Erinnerungszeichen sind dabei hilfreich.
- Beim Lesen mit verteilten Rollen solltest du auf den Blickkontakt zu deinem Lesepartner achten. Versetz dich ganz in die Rolle der Figur, die du liest, damit der Zuhörer sich die Situation gut vorstellen kann.

EXTRA: Lesen → S. 126–131

Das Versteck *Giuseppe Pontiggia*

Als Andrea[1] verschwand, fiel das niemandem auf. Seine Eltern hatten im Flur eine Zwischendecke einziehen lassen, und zwischen der neuen und der alten Decke war über den Köpfen all derer, die durch die Wohnung liefen, ein unsichtbarer Tunnel entstanden. An jenem Nachmittag hatte Andrea die Leiter entdeckt, die an der Luke in der Decke lehnte, und war unverzüglich hinaufgeklettert. Er hatte die beiden Klapptüren aufgedrückt, und vor ihm hatte sich ein pechschwarzer Gang aufgetan. Alles war voll gestellt mit Kisten, Tapetenrollen, Koffern. Andrea kroch auf allen vieren hinein, und die Klapptüren fielen hinter ihm zu. Er bekam kaum Luft. Er kauerte sich auf den rauen Boden und wartete. Worauf? Darauf, dass seiner Mutter auffiel, dass er weg war. Aber es fiel seiner Mutter nicht auf. Nach einer Weile rückte sie die Leiter ab und räumte sie weg. Andrea wollte schon die Klapptüren öffnen und rufen: „Hier bin ich!" – doch dann überlegte er es sich anders. Seine Mutter würde nicht einmal überrascht sein und ihm womöglich auch noch Vorwürfe machen.

Das hinter seinem Rücken hereinsickernde Licht fiel auf zwei Gläser voll Honig, den sie in den Bergen gekauft hatten. Weiter vorn war ein Stapel englischer Geografiezeitschriften zu erkennen, die sein Vater nie las, sondern verschnürte und sich für das Alter aufhob. Die Zwischendecke ging nach einigen Metern über dem Vorraum weiter. Seine Eltern hatten sie erst vor wenigen Monaten einbauen lassen, nachdem ein Architekt gesagt hatte, ihre Wohnung sei wirklich sehr schön, bis auf den viel zu hohen Flur. Doch nach dem Einbau der Zwischendecke hatte Zeno, ein Freund der Eltern, nach einem Aufenthalt in den Vereinigten Staaten gesagt, dass der Flur früher vielleicht sogar der schönste Teil der Wohnung gewesen sei. Andreas Mutter hatte jedoch entgegnet: „Basta. Bei dem vielen Geld, das wir ausgegeben haben."

Andrea kroch auf allen vieren zwischen den Kisten, Tapetenrollen und Zeitschriften vorwärts. Plötzlich stieß er gegen eine Plastikhülle, in die Bettdecken eingewickelt waren, und als er die Hand zurückzog, fiel ein Stapel Bücher um. Er rührte sich nicht vom Fleck, aus Angst, man könnte ihn unten hören. Er vernahm die Schritte der Mutter, die vom Bad ins Schlafzimmer ging und schließlich in den Flur. Sie telefonierte.

Da nahm er seine Entdeckungsreise vorsichtig wieder auf. Und als er sich nach und nach weiter ins Dunkel vorwagte, war es, als dringe er ins Erdinnere ein, mutterseelenallein, denn die Expeditionskameraden waren unterwegs verloren gegangen. Vielleicht warteten hinter diesem riesigen Pappkarton die roten funkelnden Augen des Monsters, das er vor zwei Tagen im Kino gesehen hatte. Er blieb lange reglos hocken. Dann tastete er sich langsam seitlich am Karton vor, bis zur Kante, bis er den Gang an der Wand entdeckte. Nein, da drüben warteten keine Monsteraugen, nur kleine gelbe Punkte im Dunkeln. Vielleicht war es der Schatz mit den glitzernden Edelsteinen, der offene Tresor. Die Piraten waren längst dabei, von der anderen Seite einen Tunnel zu graben, man hörte die

[1] **Andrea** ist in Italien ein Jungenname.

dumpfen Schläge ihrer Spitzhacken in den Eingeweiden der Insel. Er musste unbedingt vor ihnen da sein, deshalb kroch er schnell weiter, immer schneller, bis er mit der Stirn gegen eine Betonwand prallte. Vor Schmerz halb betäubt, ließ er sich auf den Rücken fallen, zog die Beine an den Körper und presste die Hände gegen die Stirn. Er schaffte es, nicht zu weinen, nur leise zu wimmern. Er wiegte sich auf dem Beton hin und her, bis der Schmerz allmählich nachließ. Dann machte er kehrt und kroch den Gang wieder zurück. Als er bei den Klapptüren ankam, öffnete er sie lautlos ein Stück weit. Seine Mutter war in der Küche, sie saß am Tisch, bewegte sich nicht. Sie war an einen Marterpfahl gefesselt, und die Indianer hockten im Kreis um sie herum. Mit einem Mal stand sie auf und nahm die Kaffeedose aus dem Küchenschrank, dann öffnete sie eine zweite Schranktür und nahm die Zuckerdose heraus.

Auf der Uhr an der Wand war es fünf: eine halbe Stunde war verstrichen, und ihr war noch nichts aufgefallen. Erst als sie den Kaffee ausgetrunken hatte, sah sie sich suchend um. Endlich rief sie mit lauter Stimme.

„Andrea!"

Er zog den Kopf zurück, seine Augen leuchteten im Dunkeln, das Herz schlug ihm bis zum Hals. Dann näherte er sich wieder den Klapptüren. Sie rief noch lauter:

„Andrea!"

In demselben wütenden Tonfall fügte sie hinzu:

„Antworte gefälligst, wenn man dich ruft!"

Er hielt so lange den Atem an, bis er nicht mehr konnte, schnappte dann nach Luft. Seine Mutter ging gerade unter ihm durch den Flur.

„Andrea!", rief sie erneut. „Andrea, wo hast du dich versteckt?"

Ihre Stimme klang leiser, kam jetzt aus dem Wohnzimmer. Er hörte erneut ihre Schritte im Flur, dann ihre strenge, entnervte Stimme:

„Andrea! Jetzt reicht's aber! Komm raus!"

Da zuckte er zurück, presste die Lippen aufeinander und stützte sich mit den Händen auf dem Boden ab.

Nein, er kam nicht heraus. Auf allen vieren entfernte er sich von der Luke. Er konnte ebenso gut die Grotte weiter erforschen, seine Lebensmittelvorräte reichten aus. Den anderen würde es nicht mehr gelingen, ihn einzuholen. Der Durchgang am Ende des Tunnels war sehr eng, nur ein Kind wie er konnte sich hindurchzwängen und bis zum Boden der Höhle vordringen. Es war eiskalt. Das Wasser schoss durch ein Öffnung im Gewölbe und stürzte in einen Abgrund.

Man sah es in der Tiefe schäumen, doch so weit weg, dass das Geräusch nicht einmal zu ihm heraufdrang.

EXTRA: Lesen → S. 126–131

Er tastete den Boden ab und fand eine Taschenlampe. Er knipste sie an, und der Lichtstrahl wanderte tief unten beim Wasserfall an den Wänden des Abgrunds entlang. Die anderen würden ihn nicht mehr finden, er war jetzt im Inneren der Erde. Er seufzte, bedeckte die Augen mit einer Hand. Er sah zuckende Lichtreflexe, gelbe Flecken. Die Grotte verwandelte sich nach und nach in einen Blättertunnel aus Zweigen und Lianen hoch oben in den Baumkronen. Von dort konnte er seine Mutter sehen, die nach ihm suchte und den Hexenmeister, der am Rand des Dorfes wohnte, um Rat fragte. Der Hexenmeister malte einen Kreis in den Sand und sah dann zu den Zweigen hinauf. Andrea ging hinter dem Stamm in Deckung. Er hörte, wie sein Mutter die Wohnungstür öffnete, noch einmal „Andrea!" rief, die Tür dann hinter sich zuzog und die Treppe hinuntereilte. Wer weiß, ob sie ihn nach diesem Heidenschreck noch mit Rechenaufgaben quälen würde und mit dieser ständigen Vergleicherei mit anderen Kindern. Und auch sein Vater, der Stühle umwarf und Teller und Gläser auf den Boden schmiss, wenn er wütend war, auch er müsste sich endlich einmal mit ihm befassen und sich aufs Polizeirevier bequemen. Der Kommissar war der Gleiche wie in „Das Abenteuer von Laramie" und fragte ihn:

„Wissen Sie, warum Ihr Sohn von zu Hause weggelaufen ist?"

Und sein Vater antwortete: „Nein."

„Das sollten Sie und Ihre Frau aber wissen."

Und während sein Vater nicht wusste, was er antworten sollte, fuhr der Kommissar fort:

„Jetzt ist es zu spät. Wer soll Ihren Sohn jetzt noch finden?"

Niemand. Die Zeitungen druckten immer größere Schlagzeilen, und jeden Abend wurde im Fernsehen darüber berichtet. Seine Lebensmittelvorräte reichten für mindestens sechs Tage, aber etwas, das ihm völlig unentbehrlich war, fehlte: sein Gewehr.

Er musste sein Baumhaus kurz verlassen und am Stamm hinunterklettern. Er öffnete die Klapptüren und steckte den Kopf hinaus. Dann legte er sich auf den Bauch, hielt sich am Rand der Luke fest, baumelte einen Augenblick in der Luft und ließ sich auf die Fliesen plumpsen. Er lief in sein Zimmer, um das Gewehr zu holen – aber auf dem Rückweg stellte er fest, dass er nicht mehr hinaufkonnte. Die Leiter war weg. Seine Mutter kam gerade mit irgendwem zurück, er hörte, wie ihre Stimmen sich näherten. Es war aus. Er blickte hinauf zu seinem Versteck und fühlte sich in der Falle. Ihm blieb nichts anderes übrig, als sich zu ergeben. Aber er kannte jetzt den Ort, an dem er frei war.

1. Wähle aus der Geschichte eine Situation aus und male ein Bild dazu.
2. Sprecht über eure Bilder. Was sagen sie über die Situation des Jungen aus?

Die Geschichte vom bösen Hänsel, der bösen Gretel und der Hexe *Paul Maar*

Es war einmal eine alte Hexe, die hatte ihr ganzes Leben lang gearbeitet, hatte gezaubert vom frühen Morgen bis zum späten Abend, hatte gehext und Zaubersprüche aufgesagt jeden Tag und war nun in das Alter gekommen, wo ihre Zauberkraft nachließ und ihre Kräfte langsam schwanden.

Sie wurde aber nicht böse und giftig darüber wie manche andere Hexen, wenn sie so alt werden, sondern sagte sich: „Mit meiner Zauberkraft geht es zu Ende. Da will ich mir eine andere Beschäftigung suchen, damit ich nicht faulenzen muss und auf trübe Gedanken komme. Ich werde mein Haus zum schönsten Hexenhaus weit und breit machen!"

Und schon am nächsten Tag begann sie, ihr Häuschen aufs wunderlichste zu schmücken. Auf die Dachziegel legte sie Lebkuchen, die Wände verkleidete sie mit Brot und Kuchen, verziert mit Mandeln und Nüssen, ihre Glasfenster hängte sie aus und hängte neue ein, ganz aus weißem Zucker. Das dauerte viele Wochen; jeden Tag musste die alte Frau in der Küche stehen und backen. Aber sie arbeitete unermüdlich, und endlich war das Häuschen fertig.

Da war die Hexe stolz auf ihr Haus! Jeden Abend saß sie auf der Bank neben der Haustür, betrachtete die bunten Mauern, hexte mit ihrer versiegenden Zauberkraft mühsam noch einen roten Zuckerguss auf einen Kuchen oder verzierte einen Lebkuchen mit einer Nuss, wischte Staub und rieb dann die Zuckerscheiben glänzend. Und wenn irgendein Tier an ihrem Haus vorbeikam, staunend stehen blieb und schließlich sagte: „So ein schönes Haus habe ich noch nie gesehen", wurde sie grün vor Stolz.

Eines Tages stand die Hexe gerade vor ihrem Backofen und wollte einen Lebkuchen backen, weil der Wind in der Nacht einen vom Dach geweht hatte. Da war es ihr, als knuspere draußen jemand an ihrem schönen Haus und breche ganze Stücke ab. Ängstlich rief sie: „Knusper, knusper, kneuschen, wer knuspert an meinem Häuschen?"

Von draußen antwortete ein dünnes Stimmchen: „Der Wind, der Wind, das himmlische Kind!" „Da bin ich beruhigt", seufzte die Hexe erleichtert. „Es ist nur der Wind, der da draußen lärmt. Und ich hatte schon Angst, jemand wolle mein Häuschen zerstören."

Wie sie das gerade sagte …

Des Kaisers neue Kleider   *Hans Christian Andersen*

Vor vielen Jahren lebte ein Kaiser, der so ungeheuer viel auf hübsche, neue Kleider hielt, dass er all sein Geld dafür ausgab, um recht geputzt zu sein. Er kümmerte sich nicht um seine Soldaten, kümmerte sich nicht um das Theater und liebte es nicht, in den Wald zu fahren, außer um seine neuen Kleider zu zeigen. Er hatte einen Rock für jede Stunde des Tages, und wie man sonst von einem König sagt, er ist im Rate, sagte man hier immer: „Der Kaiser ist in der Kleiderkammer!"

In der großen Stadt, in der er wohnte, ging es sehr munter zu. Jeden Tag kamen viele Fremde, eines Tages kamen auch zwei Betrüger. Sie gaben sich für Weber aus und sagten, dass sie das schönste Zeug, das man sich denken könne, zu weben verständen. Nicht allein Farben und Muster wären ungewöhnlich schön, sondern die Kleider, die von dem Zeug genäht würden, besäßen auch die wunderbare Eigenschaft, dass sie für jeden Menschen unsichtbar wären, der nicht für sein Amt tauge oder unverzeihlich dumm sei.

„Das wären ja prächtige Kleider", dachte der Kaiser: „Wenn ich die anhätte, könnte ich ja dahinterkommen, welche Männer in meinem Reiche zu dem Amte, das sie haben, nicht taugen; ich könnte die Klugen von den Dummen unterscheiden! Ja, das Zeug muss sogleich für mich gewebt werden!" Und er gab den beiden Betrügern viel Handgeld, damit sie ihre Arbeit beginnen möchten. Sie stellten auch zwei Webstühle auf und taten, als ob sie arbeiteten; aber sie hatten nicht das geringste auf dem Stuhle. Frischweg verlangten sie die feinste Seide und das prächtigste Gold, das steckten sie in ihre eigene Tasche und arbeiteten an den leeren Stühlen bis spät in die Nacht hinein.

„Nun möchte ich doch wohl wissen, wie weit sie mit dem Zeuge sind!", dachte der Kaiser. Aber es war ihm ordentlich beklommen zumute bei dem Gedanken, dass derjenige, der dumm war oder schlecht zu seinem Amte passte, es nicht sehen könne. Nun glaubte er zwar, dass er für sich selbst nichts zu fürchten brauche, aber er wollte doch erst einen andern schicken, um zu sehen, wie es damit stände. Alle Menschen in der ganzen Stadt wussten, welche wunderbare Kraft das Zeug habe, und alle waren begierig zu sehen, wie schlecht oder dumm ihr Nachbar sei.

„Ich will meinen alten ehrlichen Minister zu den Webern senden!", dachte der Kaiser. „Er kann am besten sehen, wie das Zeug sich ausnimmt, denn er hat Verstand, und keiner versieht sein Amt besser als er!" –

Nun ging der alte gute Minister in den Saal hinein, wo die zwei Betrüger saßen und an den leeren Webstühlen arbeiteten. „Gott behüte uns!", dachte der alte Minister und riss die Augen auf, „ich kann ja nichts erblicken!" Aber das sagte er nicht.

Beide Betrüger baten ihn, gefälligst näher zu treten, und fragten, ob es nicht ein hübsches Muster und schöne Farben seien. Dabei zeigten sie auf den leeren Webstuhl, und der arme alte Minister fuhr fort, die Augen aufzureißen; aber er konnte nichts sehen, denn es war nichts da. „Herrgott!", dachte er, „sollte ich dumm sein? Das habe ich nie geglaubt, und das darf kein Mensch wissen! Sollte ich nicht zu meinem Amte taugen? Nein, es geht nicht an, dass ich erzähle, ich könnte das Zeug nicht sehen!"

„Nun, Sie sagen nichts dazu?", fragte der eine, der da webte.

„Oh, es ist hübsch! Ganz allerliebst!", antwortete der alte Minister und sah durch seine Brille. „Dieses Muster und diese Farben! Ja, ich werde dem Kaiser sagen, dass es mir sehr gefällt."

„Nun, das freut uns!", sagten die beiden Weber, und darauf nannten sie die Farben mit Namen und erklärten das seltsame Muster. Der alte Minister passte gut auf, damit er dasselbe sagen könnte, wenn er zum Kaiser zurückkäme, und das tat er.

Nun verlangten die Betrüger mehr Geld, mehr Seide und mehr Gold, das sie zum Weben brauchen wollten. Sie steckten alles in ihre eigenen Taschen, auf den Webstuhl kam kein Faden, aber sie fuhren fort, wie bisher an dem leeren Webstuhle zu arbeiten.

Der Kaiser sandte bald wieder einen anderen ehrlichen Staatsmann hin, um zu sehen, wie es mit dem Weben stände und ob das Zeug bald fertig sei. Es ging ihm ebenso wie dem Minister; er schaute und schaute, weil aber außer dem leeren Webstuhle nichts da war, konnte er auch nichts erblicken.

„Ist das nicht ein hübsches Stück Zeug?", fragten die beiden Betrüger und zeigten und erklärten das prächtige Muster, das gar nicht da war.

„Dumm bin ich nicht!", dachte der Minister. „Ist es also mein gutes Amt, zu dem ich nicht tauge? Das wäre lächerlich, aber man darf es sich nicht merken lassen!", und so lobte er das Zeug, das er nicht sah, und versicherte ihnen seine Freude über die schönen Farben und das herrliche Muster. „Ja, es ist ganz allerliebst!", sagte er zum Kaiser.

Alle Menschen in der Stadt sprachen von dem prächtigen Zeuge. Nun wollte der Kaiser es selbst sehen, während es noch auf dem Webstuhle war. Mit einer ganzen Schar auserwählter Männer, unter ihnen auch die beiden ehrlichen Staatsmänner, die schon früher dort gewesen waren, ging er zu den beiden listigen Betrügern hin, die nun aus Leibeskräften webten, aber ohne Faser oder Faden.

„Ist das nicht prächtig?", sagten die beiden alten Staatsmänner, die schon einmal da gewesen waren. „Sehen Eure Majestät, welches Muster, welche Farben!" Und dann zeigten sie auf den leeren Webstuhl, denn sie glaubten, dass die andern das Zeug gewiss sehen könnten.

„Was!", dachte der Kaiser, „ich sehe gar nichts! Das ist ja schrecklich! Bin ich dumm? Tauge ich nicht dazu, Kaiser zu sein? Das wäre das Schrecklichste, was mir begegnen könnte!" – „Oh, es ist sehr hübsch!", sagte er. „Es hat meinen allerhöchsten Beifall!" Und er nickte zufrieden und betrachtete den leeren Webstuhl, denn er wollte nicht sagen, dass er nichts sehen könnte. Das ganze Gefolge, das er bei sich hatte, schaute und schaute und bekam nicht mehr heraus als alle andern; aber sie sagten wie der Kaiser: „Oh, das ist sehr hübsch!" Und sie rieten ihm, diese neuen, prächtigen Kleider das erste Mal bei der großen Prozession, die bevorstand, zu tragen. „Herrlich, wundervoll, exzellent!", ging es von Mund zu Mund; man war allerseits innig erfreut darüber, und der Kaiser verlieh den Betrügern einen Ritterorden, im Knopfloch zu tragen, und den Titel: Kaiserliche Hofweber.

Die ganze Nacht vor dem Morgen, an dem die Prozession stattfinden sollte, saßen die Betrüger auf und hatten über sechzehn Lichter angezündet. Die Leute konnten sehen, dass sie stark beschäftigt waren, des Kaisers neue Kleider fertig zu machen. Sie taten, als ob sie das Zeug aus dem Webstuhl nähmen, sie schnitten mit großen Scheren in die Luft, sie nähten mit Nähnadeln ohne Faden und sagten zuletzt: „Nun sind die Kleider fertig!"

Der Kaiser kam mit seinen vornehmsten Kavalieren selbst dahin, und beide Betrüger hoben einen Arm in die Höhe, gerade als ob sie etwas hielten, und sagten: „Seht, hier sind die Beinkleider! Hier ist der Rock! Hier der Mantel!", und so weiter. „Es ist so leicht wie Spinnwebe, man sollte glauben, man habe nichts auf dem Leibe; aber das ist gerade der Vorzug dabei!"

„Ja!", sagten alle Kavaliere, aber sie konnten nichts sehen, denn da war nichts.

„Möchten nun Euer Kaiserliche Majestät allergnädigst belieben Ihre Kleider auszuziehen!", sagten die Betrüger. „Dann ziehen wir Ihnen die neuen an, hier drüben vor dem großen Spiegel!"

Der Kaiser zog alle seine Kleider aus, und die Betrüger taten nun so, als zögen sie ihm jedes Stück von den neuen an, die genäht sein sollten, und sie griffen ihm um den Leib und taten so, als bänden sie etwas fest, das war die Schleppe. Und der Kaiser wandte und drehte sich vor dem Spiegel.

„Gott, wie gut es kleidet! Wie wunderbar es sitzt!", sagten alle. „Welch ein Muster! Welche Farben! Es ist ein kostbares Gewand!"

„Draußen stehen sie mit dem Thronhimmel, der bei der Prozession über Euer Majestät getragen werden soll!", sagte der Oberzeremonienmeister.

„Ja, ich bin so weit!", sagte der Kaiser. „Sitzt es nicht gut?", und dann drehte er sich noch einmal vor dem Spiegel! Denn es sollte so aussehen, als betrachtete er sich so richtig in seinem Staat.

Die Kammerherren, die die Schleppe tragen sollten, tasteten mit den Händen über den Fußboden hin, so als nähmen sie die Schleppe hoch; sie gingen und taten so, als hielten sie etwas in die Höhe, sie durften andere nicht merken lassen, dass sie nichts sehen konnten.

Und dann ging der Kaiser unter dem schönen Thronhimmel in der Prozession, und alle Menschen auf der Straße und in den Fenstern sagten: „Gott, wie unvergleichlich sind des Kaisers neue Kleider! Was für eine wunderbare Schleppe hat er am Frack! Wie göttlich sie sitzt!" Keiner wollte es sich anmerken lassen, dass er nichts sehen konnte, dann hätte er ja für sein Amt nicht getaugt oder wäre sehr dumm gewesen. Keines von des Kaisers Kleidern hatte jemals so viel Anklang gefunden.

„Aber er hat ja gar nichts an!", sagte ein kleines Kind. „Herr Gott, hört die Stimme des Unschuldigen!", sagte der Vater; und einer flüsterte es dem anderen zu, was das Kind gesagt hatte.

„Er hat nichts an, sagt da ein kleines Kind, er hat nichts an!"

„Er hat ja nichts an", rief zuletzt das ganze Volk. Und den Kaiser schauderte es, denn er fand, sie hätten Recht, aber er dachte nun: „Jetzt muss ich die Prozession durchhalten." Und dann hielt er sich noch stolzer, und die Kammerherren gingen hinterdrein und trugen die Schleppe, die gar nicht da war.

Die Rathausglocke *Otfried Preußler*

Nach den Aufzeichnungen des Stadtschreibers von Schilda, Jeremias Punktum

Die Rathausglocke war unser aller Stolz – nicht zuletzt deshalb, weil sie uns einen schweren Batzen Geld gekostet hatte. Wir zeigten sie jedem Fremden, der nach Schilda kam, und der musste sie dann gebührend bewundern. Es war aber auch eine Glocke, die konnte sich sehen und hören lassen!

5 Leider sollten wir dieses kostbare Stück schon nach wenigen Monaten wieder einbüßen. Eines Tages erfuhren wir nämlich, es werde bald Krieg geben. Wir gerieten darüber in tausend Ängste. Schleunigst vergruben wir Männer das Bargeld, die Weiber den Schmuck und die Kinder ihr Spielzeug. Nichts Wertvolles durfte dem Feind in die Hände fallen.

10 „Und unsere Rathausglocke schon gar nicht!", sagte mein Schwiegervater, der Bürgermeister. „Sonst werden die Feinde sie mitnehmen und daraus Kugeln für ihre Kanonen gießen. Dem müssen wir vorbeugen! Aber wohin mit ihr?"

Einige meinten, wir sollten die Glocke im Wald verstecken, und andere rieten: „Vergraben!" Der Schmied aber sagte:

15 „Das Beste wird sein, wir versenken sie in den Schildsee! Dort ist sie, solange dem Städtchen Gefahr droht, gut aufgehoben. Wir können einstweilen in aller Ruhe den Frieden abwarten und sie dann wieder herausfischen."

Wir pflichteten alle den Worten des Schmiedes bei. Die Glocke wurde vom Rathaus heruntergeholt, und wir schleppten sie an den See. Dort verluden wir
20 sie in ein Boot und ergriffen die Ruder.

Wir ruderten weit hinaus, und als wir zu einer besonders tiefen Stelle gelangt waren, packten der Schmied und zwei andere starke Männer die Glocke und wollten sie über Bord werfen. Aber im letzten Augenblick warnte mein Vetter, der Schneider Siebenkäs:

25 „Halt! Keinen Unsinn! Wie wollt ihr denn unsere Glocke je wiederfinden, wenn sie erst einmal im Schildsee versunken ist?"

„Dafür sorge schon ich!", rief mein Schwiegervater, indem er aus seiner Kitteltasche ein Messer hervorzog. Das hielt er dem Vetter Siebenkäs unter die Nase.

30 „Mit diesem Messer", erklärte er, „schneide ich hier, wo die Glocke versenkt werden soll, in das Holz des Bootsrandes eine tiefe Kerbe. Das ist unser Zeichen! Mit seiner Hilfe lässt sich die Stelle, an der wir die Glocke ins Wasser geworfen haben, leicht wiederfinden. Ist das nicht sonnenklar?"

Jetzt war auch mein lieber Vetter davon überzeugt, dass nichts schief gehen
35 konnte. Herr Samuel kerbte den Bootsrand ein, und der Schmied und die beiden anderen ließen die Glocke genau bei der Kerbe ins Wasser plumpsen. Gurgelnd versank sie. Die Wellen schwappten ins Boot, und wir wurden klatschnass davon. Aber was tat es? Uns machte das gar nichts aus, denn wir wussten ja unsere kost-

bare Rathausglocke in Sicherheit. Zufrieden ruderten wir nach Hause, und wenn es denn sein musste, mochte der Feind nun getrost vor die Stadt rücke.

Aber der Feind ließ uns warten und warten. So scharf wir auch in der Folgezeit nach ihm Ausschau hielten: Er kam nicht. Ich glaube, er machte um Schilda herum einen großen Bogen. Was ihn zu dieser Vorsicht bewogen hat, weiß ich nicht. Es erscheint mir jedoch nicht ausgeschlossen, dass er von unserer außergewöhnlichen Klugheit erfahren hatte und sich davor in Acht nahm.

Wie dem aus sei – als die Kriegsgefahr glücklich vorüber war, dankten wir Gott und begannen sogleich, das vergrabene Geld und den Schmuck und die Spielsachen wieder auszuscharren.

Nun brauchten wir auch die Glocke nicht länger versteckt zu halten. Wir machten das Boot flott und ruderten abermals auf den See hinaus. Schon nach kurzer Zeit aber rief mein Herr Schwiegervater:

„Genug! Zieht die Ruder ein! Dies ist die Stelle, an der wir die Glocke versenkt haben."

„Was denn?", entgegnete zweifelnd mein Oheim Sauerbrot. „Hier schon? So nahe am Ufer?"

Wir anderen zweifelten auch; aber Samuel Hechelmann wies auf die Kerbe im Bootsrand.

„Seht ihr sie?", fragte er. „Hier ist das Zeichen – und folglich muss hier auch die Glocke liegen!"

Dagegen ließ sich nichts sagen. Wir tasteten also mit Stangen den Grund ab. Zu unserem Leidwesen stellte sich aber heraus, dass die Suche an dieser Stelle umsonst war. Wir wirbelten nur mit den Stangen den Schlamm auf; von unserer Rathausglocke jedoch fehlte jede Spur.

„Das ist sonderbar", meinte Herr Samuel. „Sollte die Kerbe am Ende verrutscht sein?"

„Vielleicht", sprach mein Schwager Kalbfell. „Vielleicht aber hat auch die Strömung die Glocke erfasst und sie abgetrieben."

„Leicht möglich", sagte der Schmied; und mein Pate, der Schreiner Quast, fragte kleinlaut:

„Was nun, liebe Freunde? Was nun?" Da war guter Rat teuer.

Wir suchten verzweifelt den ganzen See ab, sechs Tage lang hintereinander. Am siebenten gaben wir's auf, denn wir sahen nun ein, dass es sinnlos war.

„Gegen das Schicksal", grollte mein Schwiegervater, „hilft eben, wie man sieht, auch die äußerste Vorsicht und Klugheit nichts…"

Und dabei strich er nachdenklich über die Kerbe am Bootsrand.

EXTRA: *Lesen* ALLTAGSGESCHICHTEN

Luise   *René Goscinny und Sempé*

Mama hat gesagt, sie bekommt Besuch. Eine Freundin von ihr kommt zum Tee und bringt ihr kleines Mädchen mit und ich war gar nicht besonders froh darüber. Ich kann kleine Mädchen nicht ausstehen, die sind blöd und können nichts anderes spielen als Kaufladen und Puppen. Und alle naselang heulen sie. „Du wirst sehr nett und höflich sein zu Luischen", hat Mama zu mir gesagt, „sie ist ein reizendes kleines Mädchen und du musst zeigen, dass du gut erzogen bist."

Ich habe zu Mama gesagt, ich will lieber mit den anderen Jungen ins Kino und den Cowboy-Film ansehen, aber Mama hat mich groß angeguckt und dann muss man sich vorsehen.

Um vier Uhr ist die Freundin von Mama gekommen und hat ihr kleines Mädchen mitgebracht. Mamas Freundin hat mir einen Kuss gegeben und hat gesagt: Du bist aber schon ein großer Junge – das sagen alle zu mir und dann hat sie gesagt, das ist Luischen, und Luischen und ich, wir haben uns angesehen. Sie hat ganz gelbes Haar und Zöpfe und blaue Augen und ihre Nase und ihr Kleid sind ganz rot gewesen. Wir haben uns schnell die Hand gegeben, nur mit den Fingerspitzen. Wir haben Kuchen gegessen und Luischen und ich, wir haben keinen Ton gesagt. Wir haben gegessen und uns nicht angeguckt. Hinterher hat Mama gesagt: „Jetzt geht spielen, liebe Kinder. Nick, du gehst mit Luischen auf dein Zimmer und zeigst ihr deine schönen Spielsachen."

Luischen und ich, wir sind auf mein Zimmer gegangen und ich hab nicht gewusst, was ich mit ihr sprechen soll. Aber Luischen hat zuerst was gesagt, sie hat gesagt: „Du siehst aus wie ein Affe." Das hat mir gar nicht gefallen und ich hab gesagt: „Und du, du bist nur ein Mädchen", und da hat sie mir eine Ohrfeige gegeben. Ich hätte beinahe angefangen zu weinen, aber ich hab mich zusammengenommen, weil Mama doch gerne will, dass ich gut erzogen bin. Und da hab ich Luischen am Zopf gezogen und sie hat mich gegen das Schienbein getreten. Da musste ich doch „ujie" schreien, weil es so weh tat. Ich wollte ihr eine reinhauen, aber da hat Luischen von was anderem angefangen, sie hat zu mir gesagt: „Na, und deine Spielsachen? Krieg ich die jetzt zu sehen oder nicht?"

Ich wollte ihr gerade sagen: Meine Spielsachen sind Spielsachen für Jungen, basta – aber da hat sie meinen kleinen Plüschbären gesehen, den ich halb geschoren habe mit Papas Rasierapparat. Ich habe ihn nur halb geschoren, weil der Rasierapparat dabei kaputtging. „Was, du spielst mit Puppen?", hat Luischen gefragt und hat gelacht. Ich wollte sie an den Zöpfen ziehen und Luischen hat schon ausgeholt um mir eine zu kleben, da ging die Tür auf und unsere Mamas kamen herein, alle beide.

„Na, Kinder", hat Mama gesagt, „spielt ihr auch schön?" „O ja", hat Luischen gesagt und hat die Augen ganz weit aufgerissen dabei und dann hat sie die Augendeckel ganz schnell rauf und runtergeklappt und Mama hat ihr einen Kuss gegeben und hat gesagt: „Reizend, also wirklich ganz bezaubernd. Ein richtiges kleines Nesthäkchen." Und Luischen hat wieder ganz toll mit den Augendeckeln geklappert.

„Zeig Luischen auch mal deine schönen Bilderbücher", hat Mama gesagt und die andere Mama hat gesagt, wir sind zwei reizende kleine Nesthäkchen. Und dann sind sie raus.

Ich habe meine Bücher vom Bücherbrett runtergeholt und hab sie Luischen gegeben. Aber sie hat sie gar nicht angesehen, sondern auf die Erde geschmissen, sogar das, wo eine Masse Indianer drin vorkommen – Klasse!

„Pöh, Bücher – das interessiert mich nicht", hat sie zu mir gesagt. „Hast du nicht was Lustigeres?" Und dann hat sie auf dem Bücherbrett mein Flugzeug entdeckt, mein prima Flugzeug mit Gummimotor, und es ist ganz rot und fliegt klasse.

„Lass das liegen", hab ich gesagt, „das ist nichts für Mädchen – das ist mein Flugzeug!" Und ich habe versucht ihr das Flugzeug wieder abzunehmen, aber Luischen hat sich losgemacht. „Ich bin eingeladen", hat sie gesagt. „Ich darf mit deinen Sachen spielen, mit allen – und wenn du mich nicht spielen lässt, dann rufe ich meine Mama und dann werden wir ja sehen!" Ich hab nicht gewusst, was ich machen soll, ich wollte natürlich nicht, dass sie es kaputtmacht, das Flugzeug. Aber ich wollte auch nicht, dass sie ihre Mama ruft, weil, nämlich, so was gibt immer Theater. In der Zeit, wo ich nachgedacht hab, hat Luischen am Propeller gedreht und den Gummimotor aufgezogen. Und dann hat sie das Flugzeug losgelassen. Sie hat es aus meinem Zimmerfenster rausgelassen, das offen war. Und das Flugzeug ist abgebrummt. „Da siehst du, was du gemacht hast – so ein Blödsinn!", hab ich geschrieen. „Mein schönes Flugzeug – jetzt ist es kaputt!" Und ich hab angefangen zu weinen. „Ist ja gar nicht wahr", hat Luischen gesagt. „Guck mal, da unten im Garten, da liegt es. Wir brauchen es nur zu holen."

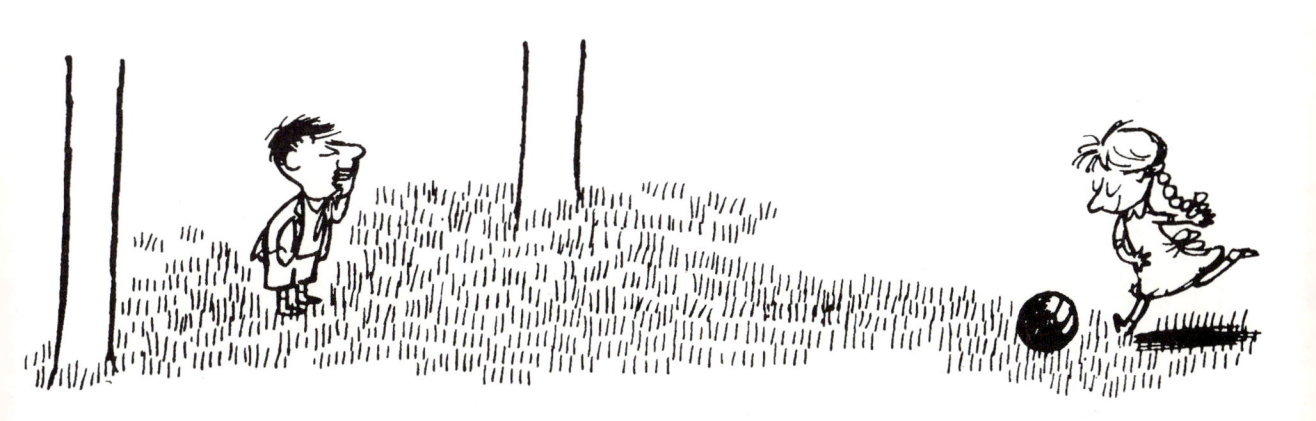

Wir sind runter in den Salon und ich hab Mama gefragt: Dürfen wir in den Garten gehen, spielen? Mama hat gesagt, es ist zu kalt. Aber Luischen hat wieder den Trick mit den Augendeckeln gemacht, sie hat gesagt, sie möchte gern die hübschen Blumen sehn. Da hat meine Mama gesagt, sie ist ein reizendes Geschöpfchen und wir sollen uns nur ja warm anziehen, wenn wir rausgehen. Ich muss das mit dem Augendeckelklappen unbedingt lernen – eine ganz tolle Masche und funktioniert prima!

Unten im Garten hab ich das Flugzeug aufgehoben – war nichts passiert, zum Glück. Und Luischen hat zu mir gesagt, was sollen wir machen? „Ich weiß nicht", hab ich gesagt, „du hast ja die Blumen angucken wollen, na bitte, da sind sie, jede Menge." Aber Luischen hat gesagt, sie macht sich einen Dreck aus Blumen und unsere Blumen sind der letzte Dreck. Ich hatte richtig Lust ihr eins auf die Nase zu geben, aber ich habe mich nicht getraut, weil nämlich, vom Salonfenster aus kann man in den Garten sehen und unsere beiden Mamas saßen im Salon. „Ich habe keine Spielsachen hier draußen", habe ich gesagt, „außer meinem Fußball, der liegt in der Garage."

Luischen hat gesagt, das ist eine prima Idee. Wir haben den Ball geholt und ich kam mir saublöd vor – ich hab Angst gehabt, dass meine Kameraden mich sehn, wie ich mit Mädchen spiele. „Stell dich da zwischen die beiden Bäume", hat Luischen gesagt, „so – und jetzt wollen wir mal sehen, ob du halten kannst."

Na, ich hab gedacht, das ist ja 'ne Marke, da kann man ja nur drüber lachen – aber schon ist sie angelaufen und – bumm – ein toller Schuss! Ich habe den Ball nicht halten können und klirr – eine Scheibe vom Garagenfenster war hin. Die Mamas sind aus dem Haus rausgekommen und meine Mama hat sich das Garagenfenster angesehen und hat gesagt aha! „Nicki!", hat sie gesagt. „Du solltest dich lieber um deine Gäste kümmern anstatt so rohe Spiele zu spielen. Vor allem, wenn deine Gäste so liebenswürdig sind wie Luischen." Ich hab Luischen angeguckt, aber sie war ganz hinten im Garten und hat an den Blumen gerochen – besonders an den Begonien. Am Abend habe ich keinen Nachtisch gekriegt zur Strafe. Aber macht nichts – Luischen ist klasse. Und wenn ich groß bin, wird geheiratet! Die hat einen tollen Schuss!

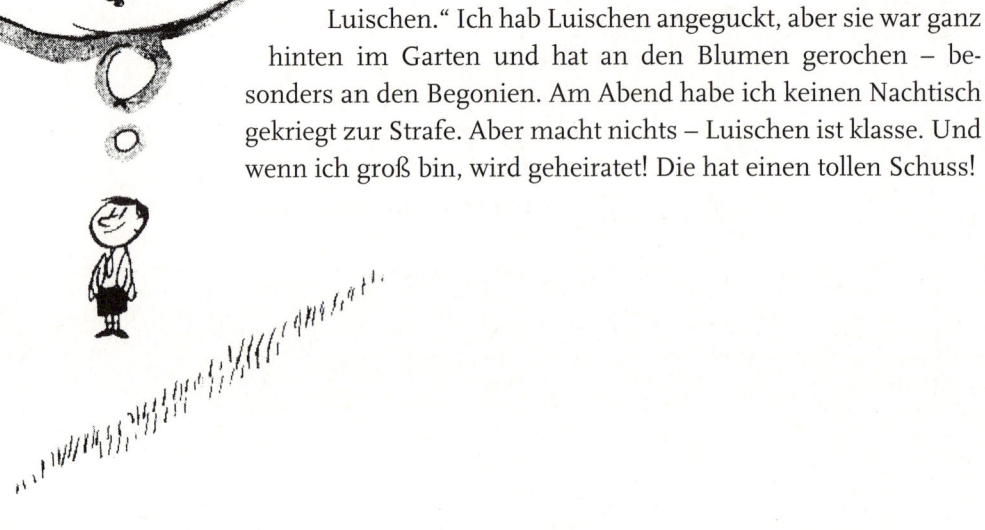

Eine wilde Nacht   *Franz Hohler*

Anina war zehn, und sie kannte den Weg vom Kinderzimmer auf die Toilette fast im Schlaf. Das war auch nötig, weil sie manchmal nachts erwachte und unbedingt schnell hinaus musste. Die Tür ihres Zimmers stand gewöhnlich einen Spalt offen. Im Vorraum brannte das Nachtlicht, und so war es genügend hell, damit sie die Tür fand und zum Badezimmer gehen konnte, am Telefontischchen und an der Garderobe vorbei. Wenn sie fertig war, drückte sie die Spültaste, sprang ganz schnell wieder ins Zimmer zurück und verkroch sich unter der Decke, denn vor dem gurgelnden Geräusch fürchtete sie sich ein bisschen. Warum, wusste sie eigentlich nicht. Sie hatte einfach das Gefühl, im Wasserstrudel, der ins Loch hinuntergesogen wurde, lauere irgendeine unbekannte Gefahr.

Aber wie so oft lauerte die Gefahr ganz woanders.

Eines Nachts, als Anina auf dem Weg zur Toilette am Telefontischchen vorbeiging, hörte sie etwas wie ein leises Fauchen. In ihrem Halbschlaf beachtete sie es kaum, es kam ohnehin von ziemlich weit weg. Erst auf dem Rückweg ins Kinderzimmer sah sie, woher es kam. Unter dem Telefontischchen wurden die alten Zeitungen für die Papiersammlung aufbewahrt, und dieser Zeitungshaufen begann sich jetzt zu bewegen, und aus ihm kam das Geräusch. Auf einmal fielen die Zeitungen links und rechts und vorn und hinten auf den Boden, und unter dem Telefontischchen hervor kroch gruchsend und schnaubend ein Krokodil.

Anina war vor Schreck wie versteinert. Mit weit aufgerissenen Augen schaute sie zu, wie sich das Krokodil ganz aus den Zeitungen herauswand und sich langsam in der Wohnung umsah. Es schien direkt aus dem Wasser zu kommen, denn es tropfte am ganzen Körper, und wo es hintrat, wurde der Teppich unter ihm klatschnass.

Gleich kommen meine Eltern aus dem Schlafzimmer, dachte Anina. Im selben Moment fiel ihr ein, dass die Eltern heute ausgegangen waren.

Aber vielleicht waren sie schon wieder da? Das Krokodil wiegte seinen Kopf hin und her und ließ dazu ein Zischen hören.

Als das Tier dann mit kleinen Schritten langsam in die Küche kroch, huschte Anina ins Schlafzimmer, und dort sah es genauso aus, wie sie befürchtet hatte: Die Betten ihrer Eltern waren unberührt, also war sie allein in der Wohnung. Und nicht nur das – die Leute im unteren Stock waren vor zwei Tagen in die Ferien verreist, also war sie allein im ganzen Haus.

Anina schluckte leer. In diesem Moment tauchte am Kücheneingang die Schnauze des Krokodils wieder auf, diese Schnauze mit den furchtbar langen Zahnreihen. Die Polizei, dachte Anina. Sie stand auf der Schwelle des Elternschlafzimmers, hob vorsichtig den Telefonhörer ab, immer das Tier im Auge behaltend, und wählte die rettende Nummer 110.

Als sich eine Männerstimme mit „Wache, Leuthard" meldete, flüsterte Anina, sie sollten bitte an die Sonneggstraße 41 kommen, es sei ein Krokodil in der Wohnung.

„So, so", sagte die Wache Leuthard, „und vielleicht noch eine Giraffe. Kleine Mädchen gehören ins Bett um diese Zeit, gell", und hängte wieder auf.

45 Anina kamen die Tränen vor Wut und Verzweiflung. Sie wünschte dem Polizisten ein Krokodil auf seine Wache, eines, das genauso heimtückisch aussah und langsam den langen Schwanz hin und her bewegte. Davon hatte Anina im „Tier" gelesen, wie die Krokodile mit den Schwänzen über das Wasser peitschen, wenn sie Feinde vertreiben wollen oder so angreifen, oder wie war das, und als 50 nun ihr Blick auf die letzte „Tier"-Nummer fiel, die genau vor ihren Füßen bei den alten Zeitungen lag, erschrak sie schon wieder. Das Titelbild, auf dem ein großes Krokodil abgebildet gewesen war, war leer, und man sah nichts als ein Flussufer.

Anina bückte sich und las die Zeitschrift auf. Da schlug das Krokodil so heftig 55 mit dem Schwanz aus, dass die große Bodenvase zersplitterte und alle Sonnenblumen auf den Teppich fielen. Mit einem raschen Sprung war Anina im Elternschlafzimmer. Sie knallte die Tür zu, packte eines der beiden Betten und stieß es gegen die Tür. Damit hatte sie eine Barrikade gebaut, die eigentlich krokodilsicher sein sollte. Erleichtert atmete sie auf. Hier würde sie warten, bis 60 Mami und Papi zurückkamen.

Doch dann stutzte sie. Wenn nun dieses Raubtier einfach auf der Lauer blieb, um die Eltern aufzufressen, wenn sie hereinkämen? Wie könnte sie ihre Eltern warnen? Vielleicht müsste man dem Krokodil etwas zu fressen geben, damit es keinen Hunger mehr hatte? War es nicht zuerst in die Küche gegangen? Anina schaute noch einmal auf die Tierzeitschrift, die sie in ihren Händen hielt. Wenn das Krokodil aus irgendeinem Grund aus diesem Bild gekrochen war, dann konnten das vielleicht auch andere Tiere. Anina blätterte hastig in der Zeitschrift, und ihr Blick blieb an einem Schwarm Flamingos in einem Urwaldsumpf hängen. Das sind die Richtigen, dachte sie, die sehen aus wie Geburtstagstorten für Krokodile. In diesem Augenblick krachte es, und die Schwanzspitze des Krokodils drang durch die splitternde Schlafzimmertür.

Anina hielt das Bild des Flamingoschwarms gegen das Loch in der Türe und rief, so laut sie konnte: „Raus aus dem Sumpf! Husch! Husch!" Dann warf sie die Zeitschrift in den Vorraum, klatschte dazu in die Hände und schrie und johlte.

Was danach passierte, konnte sie fast nicht glauben. Der ganze Vorraum war plötzlich voller kreischender Flamingos, die wie wild umherflatterten und mit ihren Stelzschritten überall hingingen. Anina sah einen Vogel mit einer Sonnenblume im Schnabel, und ein anderer holte sich den Hut ihrer Mutter an der Garderobe. Einen aber sah sie, der verschwand in der Schnauze des Krokodils. Mit zwei raschen Bissen hatte dieses den Flamingo geschnappt, und einem zweiten erging es ebenso, es war der mit der Sonnenblume im Schnabel.

Nach zwei Flamingo-Portionen schien das Krokodil genug zu haben und legte sich zufrieden mitten in den Vorraum. Als es die Augen geschlossen hatte und sich nicht mehr bewegte, schlüpfte Anina durch den Türspalt hinaus und legte ihm das leere Titelbild der Tierzeitschrift vor die Nase. „Bitte", flüsterte sie, „bitte, geh wieder nach Hause."

Sie schlich zurück ins Schlafzimmer, und als sie zum Loch hinausguckte, sah sie ein Krokodil auf der Titelseite des Heftes, und dort, wo es soeben noch gelegen hatte, war nur ein großer nasser Fleck.

Behutsam ging sie nun ins Wohnzimmer, wo sich die Flamingos um die Polstergruppe drängten und auf dem Fernsehapparat standen, der aussah wie ein Vogelfelsen, denn sie hatten ihn vor lauter Angst schon vollgeschissen. Anina schlug das Heft auf und legte ihnen die Seite mit dem leeren Bild hin. „Danke", sagte sie, „vielen Dank, ihr dürft wieder heim in euren Sumpf."

Als Aninas Eltern um drei Uhr früh nach Hause kamen und ihre Tochter weckten, die im Elternzimmer im Bett direkt hinter der zersplitterten Tür schlief, war es für Anina sehr schwer zu erzählen, was geschehen war, und die Eltern wollten es auch dann nicht verstehen, als ihnen Anina auf dem Bild mit den Flamingos im Urwald den Vogel zeigte, der ganz deutlich den Hut der Mutter im Schnabel hatte, den Hut, der an der Garderobe nicht mehr zu finden war.

Erwachsene sind manchmal so uneinsichtig und haben keine Ahnung, was es alles gibt im Leben, vor allem nachts.

TEXTE UND MEDIEN

Lyrik: Tiergedichte

Zum Bild:
Paul Klee, *Landschaft mit gelben Vögeln*, 1923, 32 (35,5 x 44 cm, Aquarell und Kreide auf schwarzer Grundierung auf Papier, zerschnitten und neu kombiniert, mit Gouache und Feder eingefasst, auf Karton)
Privatbesitz, Schweiz

Das Gefieder der Sprache *Hilde Domin*

Das Gefieder der Sprache streicheln
Worte sind Vögel
mit ihnen
davonfliegen.

Merkmale von Gedichten

Nachschlagen → S. 283

Igel *Meyers großes Kinderlexikon*

Am Abend hört Jakob ein Rascheln im Garten. „Ein Igel", sagt Oma. „Der wird erst bei Dunkelheit munter." Jetzt rollt sich der Igel zu einem Stachelball zusammen und ist so vor Angreifern geschützt. Bei der Geburt sind die Stacheln noch weich. So verletzen Sie die Igelmütter nicht. Igel fressen ➤ Insekten, ➤ Würmer und ➤ Schmecken. Im Winter halten sie im Laub versteckt ➤ Winterschlaf und ernähren sich von ihrem Fett. Leider werden viele Igel überfahren.

Kleiner Freund *Maximilian/Hendrik, 11 Jahre*

Der Igel, der ist kugelrund
und hat einen spitzen Mund.
Tausend Stacheln hat er auch,
aber nicht am Unterbauch.
5 Rollt bei Gefahr er sich plötzlich ein,
ist er kugelig und klein.
Im Herbst sucht er 'nen warmen Platz,
wo ihn nicht bekommt die Katz.
Im Frühling vom Winterschlaf erwacht,
10 jagt er Schnecken in der Nacht.

Begegnung im Regen *Christine Busta*

Igel, mein kleiner Stachelbruder,
gut getarnt wie ein Brocken Erde
in die nasse Wiese gerollt.

Stell dich nur tot! Ich weiß es besser:
ganz nach innen verbergen wir beide
unsre verletzliche Lebenswärme.

> Wenn man von Gedichten spricht, benutzt man häufig das Wort „**Lyrik**" dafür. (Dieser Begriff stammt von dem griechischen Wort „lyra" = Leier, was zeigt, dass die Sprache des Gedichts der Musik nahe steht.)

1. Lest die drei Texte laut vor und unterhaltet euch über die Unterschiede.

EXTRA: Lesen → S. 146–151

Tierisches *Gerhard Rutsch*

Im Wasserturm
ein nasser Wurm.
Im Untergrund
ein bunter Hund.
5 Im Bäderhaus
die Fledermaus.
Im Siedetopf
ein Wiedehopf.
Im Rittersaal
10 ein Zitteraal.
Im Haferstroh
ein braver Floh.
Im Straßenteer
ein Nasenbär.
15 Am Spiegeltisch
ein Igelfisch.
Im Wiesenschlamm
ein Riesenlamm.
Das Getier
20 ging hier
dem Reim
auf den Leim.

1. Lies das Gedicht laut vor. Was ist wohl mit dem letzten Satz gemeint?
2. Such dir ein Reimpaar aus und finde weitere Reimwörter.
3. Versucht zu zweit selbst „Tierisches" zu reimen. Zum Beispiel so:

   In der Kinderwiege eine freche Fliege…

EXTRA: Lesen → S. 146–151

Mit Reimen spielen 135

Fliegenmahlzeit *Friedrich Hoffmann*

> Die **Reime** eines Gedichts sind am Ende eines Verses alphabetisch durch Kleinbuchstaben gekennzeichnet. Jeder gleiche Reim bekommt denselben Buchstaben. Dies hilft dir zu erkennen, wie das Gedicht aufgebaut ist.

Gaumen *Mund* *fein* *anständig* *einzustecken* *mitzunehmen* *Nase* *Imbissbude* *Fliegen* *gar* *Kinderlein* *Abfalltonne* *stinkt* *Schnee* *Rüssel* *rieche*

```
   Die Familie Siebenbein              a
   Führt heut, welche Wonne,           b
   Alle hundert _____             a
   In die _____.                  b

5  Mhm, wie riechts hier wunderbar     c
   Nach verfaulten Pflaumen.           d
   Ach, solch grüne Wursthaut ____     c
   Kitzelt mir den _____.         d

   Schimmelkäse, alt und zäh,          e
10 Eine ganze Schüssel!                f
   Kinder, wenn ich so was _____,     e
   Wässert mir der _____.         f

   Immer schön manierlich sein,        g
   Nicht so hastig schlecken,          h
15 Brumsebrim, es ist nicht _____,    g
   Sich etwas _____.              h
```

4. Ergänze in jeder Strophe die fehlenden Reimwörter.
   Achtung: Es stehen mehr zur Auswahl als du brauchst.
5. Vergleicht zu zweit eure Verse mit denen des Originalgedichts (vgl. S. 146).
   Was ist ähnlich? Was ist unterschiedlich?
6. Entscheidet, welche der drei Varianten am besten passt.

Ein Krokodil *Hanna Johansen*

1 Ich träum, es kommt ein Krokodil
mit einem großen Maul.

2 Es will zu mir herein und frisst
mich dann.

3 Was willst du hier, schrei ich ganz laut,
ich glaub, du willst mich fressen.

4 Am Tage liegt's auf einem Stein,
am Tage ist es faul.

5 Es hat 'ne Menge Zähne in
dem großen roten Rachen.

6 Und dann am Abend wird es wach
und macht sich auf die Socken.

7 Es hinkt durchs Haus, das hör ich doch,
es steigt die Treppe rauf.

8 Und weil es auch noch Flügel hat,
glaub ich, es ist ein Drachen.

9 Es kriecht zu unserm Haus aufs Dach,
da seh ich es schon hocken.

10 Und wenn es erst ganz dunkel ist,
dann schleicht es sich heran.

11 Dann kommt's herein durchs Schlüsselloch
und reißt sein Maul schon auf.

12 Nein, sagt das Krokodil und schaut,
ich hab nur was vergessen.

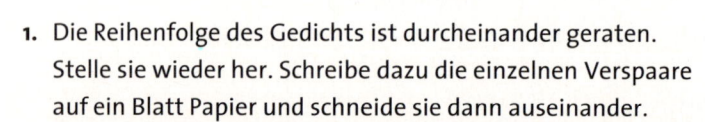

1. Die Reihenfolge des Gedichts ist durcheinander geraten. Stelle sie wieder her. Schreibe dazu die einzelnen Verspaare auf ein Blatt Papier und schneide sie dann auseinander.
2. Vergleiche deine Lösung mit dem Originaltext auf Seite 146. Wenn du Unterschiede feststellst, versuche zu erklären, warum du es anders gemacht hast. Woran hast du dich beim Zusammensetzen orientiert?

EXTRA: Lesen → S. 146–151

Einmal *Christina Zurbrügg*

Einmal
verwandle ich mich in ein Tier,
das hüpft wie ein _____,
schleicht wie eine _____
5 und rennt wie ein _____.
Ich habe die Augen von einem _____
und kann den Kopf drehen
wie ein _____.
Ich grabe mich wie eine _____ tief
10 in die Erde
und lasse mich an einem Faden
vom Wind durch das Land tragen.
Ich werde Räder schlagen wie ein _____,
gurren wie eine _____
15 und krächzen wie ein _____.
Und einmal kommt der Jäger,
und der trifft mich nicht.

Falke · Reh · Rabe · Raupe · Pfau · Taube · Uhu · Frosch · Schnecke

3. Vervollständige das Gedicht. Woran kannst du dich jetzt orientieren?
4. Vergleiche deine Fassung mit dem Original.
5. Jemand behauptet, dies sei kein Gedicht. Was würdest du ihm antworten?
6. Verfasse selbst ein Gedicht mit dem Anfang
   Einmal werde ich mich in ein Tier verwandeln, das…
   und mit dem Ende *Und einmal…!*

INFO

Nachschlagen → S. 283

- **Gedichte** unterscheiden sich von Alltagstexten häufig durch **Reime**, **Verse** und **Strophen**.
- Nicht alle Gedichte besitzen Reime oder sind in Strophen unterteilt.
- Ein **Reim** ist der Gleichklang von Wörtern *(Tisch – Fisch)*. **Reime** können verschieden angeordnet werden:
  - Der **Paarreim** ist die einfachste (und häufigste) Form der Reimstellung: a-a b-b c-c d-d usw.
  - Der **Kreuzreim** ist die gekreuzte Reimstellung: a-b-a-b c-d-c-d usw.
- Als **Strophe** bezeichnet man die einzelnen Abschnitte in einem Gedicht, sie sind aus mehreren Versen (= Zeilen) zusammengesetzt.

Gestaltender Umgang mit Gedichten

Ein eigenes Gedicht zu verfassen ist gar nicht so schwer. Sehr bekannt ist die Form des Elfchens.

Elfchen

Weiß.
Das Einhorn.
Glänzt vom Mond
im Licht des Wunderbaren.
Phantastisch.
    Peter, 10 Jahre

Schwarz.
Der Jaguar.
Er ist wild,
schön wie die Nacht.
Gefährlich!
    Clara, 10 Jahre

Schwarz.
Haariges Krabbeltier,
acht lange Beine.
Sie machen mir Angst:
Spinnen!
    Kezia, 10 Jahre

Grau.
Ein Pferd.
Ein dickes Pferd.
Von meiner liebsten Pferdeart.
Nilpferd.
    Giordano, 10 Jahre

1. Kannst du erkennen, nach welchen Regeln ein Elfchen aufgebaut ist? Ergänze:

   1. Zeile: ein Wort (eine Farbe)
   2. Zeile: zwei Wörter (etwas, das …)
   3. Zeile:
   4. Zeile:
   5. Zeile:

2. Schreibe nach diesem Muster selbst ein Tier-Elfchen.
3. Du kannst auch Zehnchen oder Zwölfchen schreiben oder die Vorgaben verändern, nach denen geschrieben werden muss.
4. Hängt eure Elfchen im Klassenzimmer auf.

EXTRA: Lesen → S. 146–151

Ideennetz zu einem Katzengedicht

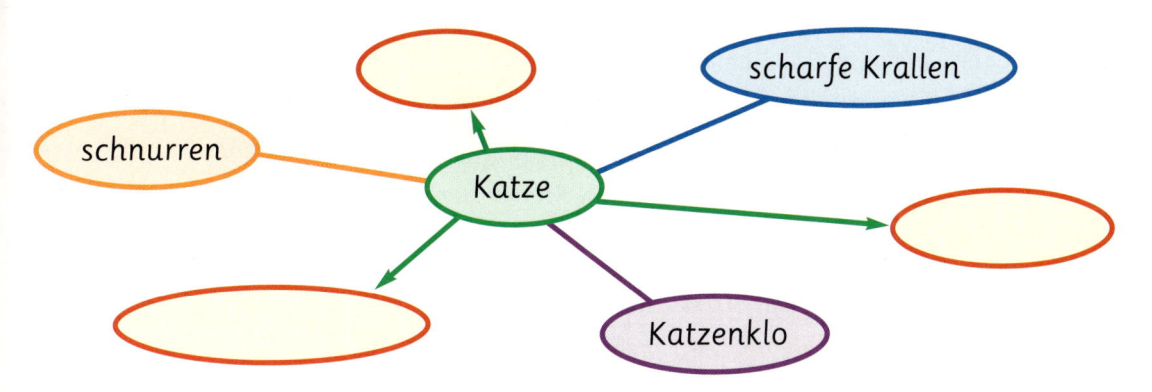

- scharfe Krallen
- schnurren
- Katze
- Katzenklo

1. Übertrage das **Ideennetz** in dein Heft und ergänze es.
2. Probiere einmal, mit Hilfe deines Ideennetzes ein Katzengedicht zu schreiben.

Ideennetz → S. 297

Herr Matz und die Katze *Josef Guggenmos*

Als Herr Matz
die Katze
von ihrem Platze
auf der Matratze
5 vertrieb,
beschloss die Katze,
vor Wut am Platzen,
Herrn Matz zu besteigen
und ihm mit der Tatze
10 die Glatze
zu zerkratzen.
Doch ließ sie es bleiben
und war lieber lieb.

3. Überlege, wie das Ideennetz für dieses Gedicht aussehen könnte.

INFO

Nachschlagen → S. 283

- Gedichte schreiben kann man ganz frei oder aber nach festen Vorgaben und Regeln, wie zum Beispiel beim Elfchen.
- In einem Ideennetz werden erste Gedanken gesammelt, die zum Schreiben von Gedichten genutzt werden können.

Der Gedichtvortrag

*Wenn du ein Gedicht auswendig lernen willst,
kannst du dir dies mit ein paar Tricks erleichtern:*

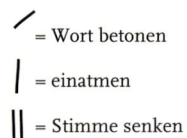

Möwenlied *Christian Morgenstern*

/ = Wort betonen
| = einatmen
‖ = Stimme senken

Die Möwen sehen alle aus,
als ob sie Emma hießen. |
Sie tragen einen weißen Flaus
und sind mit Schrot zu schießen. ‖

Stichwörter zum Inhalt

Über die Möwen

Ich schieße keine Möwe tot, |
ich lass sie lieber leben –
und füttre sie mit Roggenbrot
und rötlichen Zibeben.[1] ‖

Ich und die Möwen

1 **Zibeben**: große Rosinen

O Mensch, du wirst nie nebenbei
der Möwen Flug erreichen. |
Wofern du Emma heißest, sei
zufrieden, ihr zu gleichen. ‖

Mensch
Möwen
Emma

1. Bereite das Gedicht für einen Vortrag in der Klasse vor.
2. **Lerne** das Gedicht **auswendig** und präsentiere es deiner Klasse.

Auswendig lernen → S. 297

Tipps für das Auswendiglernen

- Kläre den Inhalt.
- Bearbeite jedes Gedicht mit Randnotizen, die dir helfen, das Gedicht zu behalten.
- Lies das Gedicht strophenweise laut und langsam durch und stelle dir dabei den Inhalt in Gedanken bildlich vor.
- Lerne eine Strophe nach der anderen, indem du die übrigen abdeckst.
- Trage das gelernte Gedicht dreimal jemandem vor und mache zwischen den Vorträgen längere Pausen (1–2 Stunden), in denen du etwas ganz anderes tust.

EXTRA: Lesen → S. 146–151

Unkenmunkel oder das Munkel-U *James Krüss*

Sieben dumme Unken munkeln:
Unke punke u ru ru,
in dem Brunnen, in dem dunklen
sitzt ein schwarzer Marabu.
5 Unke punke u ru ru,
sitzt ein schwarzer Marabu.

Hört ein Uhu das Gemunkel:
Unke punke u ru ru,
lugt hinab ins Brunnendunkel,
10 und die Unken gucken zu.
Unke punke u ru ru,
und die Unken gucken zu.

Uhu lugt zum Brunnengrunde:
Unke punke u ru ru,
15 doch die runden Brunnensteine,
Unke punke u ru ru,
malen in dem fahlen Scheine
Schatten wie ein Marabu.
Unke punke u ru ru,
20 Schatten wie ein Marabu.

Brummt der Uhu: Unken-Munkeln!
Unke punke u ru ru,
lugt wohl eine halbe Stunde:
Unten ist kein Marabu.
25 Unke punke u ru ru,
unten ist kein Marabu.

Unken-Munkeln wächst im Dunkeln,
besser ist, man hört nicht zu.
Unke punke u ru ru,
30 besser ist, man hört nicht zu!

3. Übt in Partner- oder Gruppenarbeit den Vortrag dieses Gedichtes ein. Überlegt euch genau, wer was sprechen soll! Welche Aufteilung hat die beste Wirkung? Vielleicht können auch zwei gleichzeitig sprechen.
4. Probiert verschiedene Orte zum Lesen aus, z. B. unter dem Tisch, auf dem Stuhl stehend, aus verschiedenen Ecken sprechend …
5. Versucht das Gedicht zu vertonen. Vielleicht hilft euch die Musiklehrerin bzw. der Musiklehrer.

INFO

- Das **Auswendiglernen** von Gedichten kann man sich durch geplantes Vorgehen sehr erleichtern.
- Gedichte sollten vorgetragen werden.

Nachschlagen → S. 284

Über Gedichte sprechen

Tintenfisch und Tintenfrau *Helga Glantschnig*

Mein weichstes Tier, mein
Weichtier du. Hast du
viele Arme! Zum Spritzen
und zum Schweben, zum Muschel-
5 fangen und zum Kitzeln. Und
fast tausend Augen tun fleißig
saugen. Einen Tintenbeutel
hab ich auch, kichert
die Tintenfrau. Kennst du
10 meine Meerschrift, meine
Wasserzeichen? Die zeigen
dir ganz genau, ob ich jetzt
mit dir eine Weile durch
Höhlen schlüpfen werde. Psst!
15 sagt der Tintenfisch und
spritzt für seine Frau ein
weites Herz ins nasse Blau.

Karpfenschuppe *Christine Nöstlinger*

Wenn man sie gegen das Licht hält
und ein Sonnenstrahl auf sie fällt,
dann gäb es nichts auf der Welt,
was schöner wär!
Aber meine Mutter hat keine Augen,
die für das Wunderbare taugen.
Sie sieht nicht, wie's funkelt, glitzert und blinkt.
Sie schnüffelt bloß:
Scheußlich, wie das wieder stinkt.

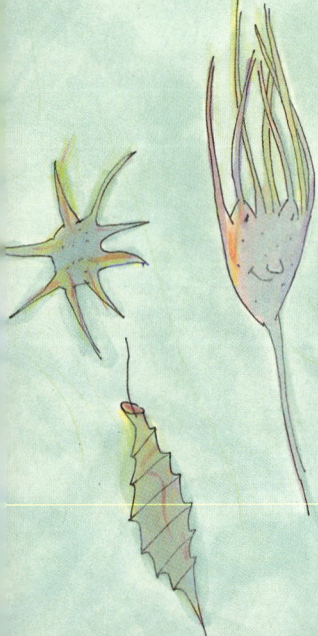

EXTRA: Lesen → S. 146–151

Goldfisch *Christoph Meckel*

Seit ich den Mond und das Wasser liebe,
lebt ein Goldfisch in meinem Haar,
das verblüfft mich und ich bemerke,
dass das bei keinem anderen Menschen
5 der Fall ist.

Seither bin ich durch viele Flüsse geschwommen,
aber das Wasser sagte ihm nicht zu,
ich bot ihm den Mann im Mond als Geschenk,
doch er weigerte sich im Licht der Sterne
10 zwischen den Wolken und Vögeln zu schwimmen,
ich führte ihn an das Rote Meer,
aber er bestand darauf, in der Dämmerung meines Haars zu altern.

Ich werde ihn weitertragen,
bis seine Schuppen bröckeln,
15 bis er schwarz wird
und tot in eine graue Pfütze fällt.

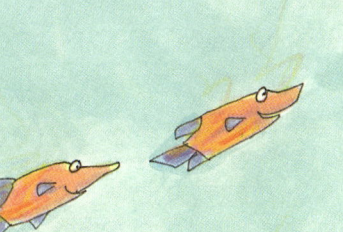

1. Sucht euch zu zweit eines der Gedichte aus und sprecht darüber, was es euch sagt.
2. Dazu schließe die Augen und lass dir das Gedicht von deinem Partner oder deiner Partnerin vorlesen und schreibe danach schnell auf, welche Wörter oder Formulierungen dir im Kopf geblieben sind.
3. Vergleicht eure erinnerten Wörter miteinander und sprecht über das Gedicht.
4. Besprecht in der ganzen Klasse, was ihr nicht klären konntet.

EXTRA: Projekt

Ein Klassen-Lyrikbuch gestalten

Ihr habt jetzt viele Gedichte gelesen und auch selber einige geschrieben. Es wäre zu schade, wenn diese Gedichte verloren gingen. Sammelt sie als Erinnerung in einem Klassen-Lyrikbuch. Dafür gibt es verschiedene Möglichkeiten: Ihr könnt es langsam „wachsen" lassen und immer mehr Gedichte hinzufügen, ihr könnt es aber auch planen. Dieses Buch könnt ihr weiterverschenken, aus ihm könnt ihr an einem Elternabend vorlesen, ihr könnt es der Schülerzeitung zur Verfügung stellen…

Tipps für das Klassen-Lyrikbuch:

Organisation

Setzt euch gemeinsam einen Termin, zu dem das Lyrikbuch fertig sein sollte, z. B. Weihnachten. Tragt in einen Organisationsplan ein, welche Arbeitsschritte nötig sind, wer für was verantwortlich ist und bis wann die Arbeit erledigt sein muss.

Arbeitsschritt	verantwortlich	Bis wann fertig?
Sammeln der Texte	Luisa, Sebastian, Max	erste Dezemberwoche
Titelblattgestaltung	Kleingruppen	…
…	…	…

Gedichtauswahl

Entscheidet euch vorher, wie eure Lyriksammlung aufgebaut sein soll:
- Gibt es einzelne Kapitel?
- Schreibt ihr zu bestimmten Themen?
- Sollen nur eure selbst geschriebenen Gedichte hinein oder wollt ihr auch Gedichte von anderen Dichtern und Dichterinnen aufnehmen?

Dazu könnte jeder seine schönsten eigenen Gedichte auswählen, den anderen sein Lieblingsgedicht eines Dichters oder einer Dichterin vorstellen.
Stöbert auch gemeinsam in Lyriksammlungen, ob euch spontan Gedichte gefallen…

Gestaltung

Überlegt, wie die einzelnen Seiten gestaltet sein sollen: mit Bildern, Fotos oder Zeichnungen, auf farbigem Papier, verschiedenen Papiersorten…
Schreibt ihr die Gedichte in schöner Schrift ab oder benutzt ihr den Computer?
Entwerft in Gruppen eine Titelseite und wählt die gelungenste aus.
Wie wollt ihr euer Lyrikbuch vervielfältigen und binden?
Fragt die Kunstlehrerin oder den Kunstlehrer.

EXTRA: Projekt

Hier eine Seite aus einem Lyrikbuch einer 5. Klasse:

Katz und Maus

Es träumte eine kleine Maus
einmal am hellen Tag,
dass neben ihr im Mäusehaus
die böse Katze lag.
Doch war die Katz in ihrem Traum
ein Kätzlein, klein und brav.
Die Maus, die konnt es glauben kaum
und freute sich im Schlaf.
Sie nahm das Kätzchen auf den Schoß;
    es hat sich nicht gewehrt.
Die Maus erwacht: Der Schreck ist groß
und alles umgekehrt.

Margaret Klare

Kratze Katze

Nimm die Pfoten weg, ich platze,
sagt der Luftballon zur Katze.

Frantz Wittkamp

Elfchen

Getigert
verspielte Katze
sie ist flink
geschmeidig in dunkler Nacht:
Jägerin

Jasmin K. (11 Jahre)

Originaltext zu S. 135

Fliegenmahlzeit *Friedrich Hoffmann*

Die Familie Siebenbein
Führt heut, welche Wonne,
Alle hundert Kinderlein
In die Abfalltonne.

5 Mhm, wie riechts hier wunderbar
Nach verfaulten Pflaumen.
Ach, solch grüne Wursthaut gar
Kitzelt mir den Gaumen.

Schimmelkäse, alt und zäh,
10 Eine ganze Schüssel!
Kinder, wenn ich so was seh,
Wässert mir der Rüssel.

Immer schön manierlich sein,
Nicht so hastig schlecken,
15 Brumsebrim, es ist nicht fein,
Sich etwas einzustecken.

Originaltext zu S. 137

Einmal *Christina Zurbrügg*

Einmal
verwandle ich mich in ein Tier,
das hüpft wie ein Frosch,
schleicht wie eine Schnecke
5 und rennt wie ein Reh.
Ich habe die Augen von einem Uhu
und kann den Kopf drehen
wie ein Falke.
Ich grabe mich wie eine Raupe tief
10 in die Erde
und lasse mich an einem Faden
vom Wind durch das Land tragen.
Ich werde Räder schlagen wie ein Pfau,
gurren wie eine Taube
15 und krächzen wie ein Rabe.
Und einmal kommt der Jäger,
und der trifft mich nicht.

Originaltext zu S. 136

Ein Krokodil *Hanna Johansen*

Ich träum, es kommt ein Krokodil
mit einem großen Maul.
Am Tage liegt's auf einem Stein,
am Tage ist es faul.

5 Und dann am Abend wird es wach
und macht sich auf die Socken.
Es kriecht zu userm Haus aufs Dach
da seh ich es schon hocken.

Und wenn es erst ganz dunke'
10 dann schleicht es sich heran.
Es will zu mir herein und frisst
mich dann.

Es hinkt durchs Haus, das hör ich doch,
es steigt die Treppe rauf.
15 Dann kommt's herein durchs Schlüsselloch
Und reißt sein Maul schon auf.

Es hat 'ne Menge Zähne in
dem großen roten Rachen.
Und weil es auch noch Flügel hat,
20 glaub ich, es ist ein Drachen.

Was willst du hier, schrei ich ganz laut,
ich glaub, du willst mich fressen.
Nein, sagt das Krokodil und schaut,
ich hab nur was vergessen.

Die Ameisen *Joachim Ringelnatz*

In Hamburg lebten zwei Ameisen,
die wollten nach Australien reisen.
Bei Altona auf der Chaussee
Da taten ihnen die Beine weh,
und da verzichteten sie weise
dann auf den letzten Teil der Reise.

Fink und Frosch *Wilhelm Busch*

Im Apfelbaume pfeift ein Fink
sein: pinkepink!
Ein Laubfrosch klettert mühsam nach
bis auf des Baumes Blätterdach
5 und bläht sich auf und quakt: „Ja, ja!
Herr Nachbar, ick bin och noch da!"

Und wie der Vogel frisch und süß
sein Frühlingslied erklingen ließ,
gleich muss der Frosch in rauen Tönen
10 den Schusterbass dazwischen dröhnen.

„Juchheija, heija!", spricht der Fink,
„Fort flieg ich flink!"
Und schwingt sich in die Lüfte hoch.

„Wat!", ruft der Frosch, „Dat kann ik och!"
15 Macht einen ungeschickten Satz,
fällt auf den harten Gartenplatz
ist platt, wie man die Kuchen backt,
und hat für ewig ausgequakt.

Wenn einer, der mit Mühe kaum
20 gekrochen ist auf einen Baum,
schon meint, dass er ein Vogel wär,
so irrt sich der.

Die Vögel warten im Winter vor dem Fenster *Bertolt Brecht*

Ich bin der Sperling.
Kinder, ich bin am Ende.
Und ich rief euch immer im vergangnen Jahr,
Wenn der Rabe wieder im Salatbeet war.
5 Bitte um eine kleine Spende.
    Sperling, komm nach vorn.
    Sperling, hier ist dein Korn.
    Und besten Dank für die Arbeit!

Ich bin der Buntsprecht.
10 Kinder, ich bin am Ende.
Und ich hämmere die ganze Sommerzeit,
All das Ungeziefer schaffe ich beiseit.
Bitte um eine kleine Spende.
    Buntspecht, komm nach vurn.
15   Buntspecht, hier ist dein Wurm.
    Und besten Dank für die Arbeit.

Ich bin die Amsel.
Kinder, ich bin am Ende.
Und ich war es, die den ganzen Sommer lang
20 Früh im Dämmergrau in Nachbars Garten sang,
Bitte um eine kleine Spende.
    Amsel, komm nach vorn.
    Amsel, hier ist dein Korn.
    Und besten Dank für die Arbeit!

Die Vogelscheuche *Christian Morgenstern*

Die Raben rufen: „Krah, krah, krah!
Wer steht denn da, wer steht denn da?
Wir fürchten uns nicht, wir fürchten uns nicht
vor dir und deinem Brillengesicht.

5 Wir wissen es ja ganz genau,
du bist nicht Mann, du bist nicht Frau.
Du kannst ja nicht zwei Schritte gehen
und bleibst bei Wind und Wetter stehn.

    Du bist ja nur ein bloßer Stock
10   mit Stiefeln, Hosen, Hut und Rock.
    Krah, krah, krah!"

ottos mops *Ernst Jandl*

ottos mops trotzt
otto: fort mops fort
ottos mops hopst fort
otto: soso

5 otto holt koks
otto holt obst
otto horcht
otto: mops mops
otto hofft

10 ottos mops klopft
otto: komm mops komm
ottos mops kommt
ottos mops kotzt
otto: ogottogott

Das Mondschaf
Christian Morgenstern

Das Mondschaf steht auf weiter Flur.
Es harrt und harrt der großen Schur.
   Das Mondschaf.

Das Mondschaf rupft sich einen Halm
5 und geht dann heim auf seine Alm.
   Das Mondschaf.

Das Mondschaf spricht zu sich im Traum:
„Ich bin des Weltalls dunkler Raum."
   Das Mondschaf.

10 Das Mondschaf liegt am Morgen tot.
Sein Leib ist weiß, die Sonn' ist rot.
   Das Mondschaf.

auf dem land *Ernst Jandl*

rinininininininDER
brüllüllüllüllüllüllüllEN

schweineineineineineineinE
grunununununununZEN

5 hunununununununDE
bellellellellellellellEN

katatatatatatatZEN
miauiauiauiauiauiauiauEN

katatatatatatatER
10 schnurrurrurrurrurrurrurrEN

gänänänänänänänSE
schnattattattattattattERN

ziegiegiegiegiegiegEN
meckeckeckeckeckeckERN

15 bienienienienienienEN
summummummummummummEN

grillillillillillillEN
zirirrirrirrirrirPEN

fröschöschöschöschöschöschE
20 quakakakakakakakEN

hummummummummummummLN
brummummummummummummEN

vögögögögögögögEL
zwitschitschitschitschitschitschEN

In dieser Minute *Eva Rechlin*

In der Minute, die jetzt ist –
und die du gleich nachher vergisst,
geht ein Kamel auf allen Vieren
im gelben Wüstensand spazieren,
und auf den Nordpol fällt jetzt Schnee;
und tief im Titicacasee
schwimmt eine lustige Forelle.
Und eine hurtige Gazelle
springt in Ägypten durch den Sand.
Und weiter weg im Abendland
schluckt jetzt ein Knabe Lebertran.
Und auf dem großen Ozean
fährt wohl ein Dampfer durch den Sturm.
In China kriecht ein Regenwurm
zu dieser Zeit zwei Zentimeter.
In Prag hat jemand Ziegenpeter
und in Amerika ist wer,
der trinkt grad seine Tasse leer,
und hoch im Norden irgendwo,
da hustet jetzt ein Eskimo,
und in Australien – huhu –
springt aus dem Busch ein Känguru.
In Frankreich aber wächst ein Baum
ein kleines Stück, man sieht es kaum,
und in der großen Mongolei
schleckt eine Katze Hirsebrei.
Und hier bei uns, da bist nun du
und zappelst selber immerzu,
und wenn du das nicht tätest, wär
die Welt jetzt stiller als bisher!

Stille *Thomas Rosenlöcher*

Sardinenbüchsen sind mit Bedacht
zu öffnen, zwischen den Leibern in
Öl könnte ein winziges
Rauschen des Meeres verborgen sein.

Freundschaft *Cyrus Atabay*

Wartend bis ich vom Spaziergang
wiederkomme,
sitzt meine Katze
auf der vereisten Landstraße;
die weiße Brust
gut zu unterscheiden
von den verschneiten Äckern ringsum.

Verschieden, aber zufrieden
Günther Strohbach

Der Leopard hat Flecken,
Der Papagei ist dreist,
Das Nashorn, das hat Zecken,
Das Nilpferd, es ist feist.

Der Hai hat scharfe Zähne,
Und Krallen hat der Bär.
Der Elch hat eine Mähne,
der Wal ist träg und schwer.

Die Gans hat weiße Federn,
Die Ziege einen Bart,
Die Haut vom Pferd ist ledern,
Der Schwanz vom Schwein apart.

Sie alle sind verschieden,
Am Kopf, am Schwanz, am Bauch,
Und doch mit sich zufrieden!
Ich hoff, du bist es auch!

Manchmal *Susanne Kilian*

Manchmal
wachst du erwartungsvoll auf:
Der Morgen.
Der ist so neu,
wie keiner vorher.

Alles ist ganz anders.
Sogar wie die Sonne scheint.
Und du denkst:
Heute wird etwas geschehn.
Etwas,
was es nie vorher gab.
Und du wartest darauf.

Du wartest die ganze Zeit.
Aber nichts geschieht.
Ein ganz gewöhnlicher
Tag ging vorbei.
Nur der Morgen war neu.
Und so anders.

Fragen über Fragen *Renate Peter*

Die Krähe kräht? Nein, die Krähe krächzt und
der Hahn kräht.
Die Fliege fliegt. Was noch? *(summt)*
Die Katze katzt? Nein, die Katze kratzt.
Die Maus maust.
Der Bär bärt? Nein, der Bär brummt.
Der Falter faltert? Nein, der Falter flattert.
Die Blume blumt? Nein, die Blume blüht.
Der Regen regnet.
Die Wolke wolkt. Und die Blume?
                Die Blume welkt.
Der Fluss fließt.
Der Strom strömt.
Stammelt der Stamm? Nein, der Stamm
                            wurzelt.

Die Zeit *Gerald Jatzek*

Man kann sie nicht riechen,
man kann sie nicht schmecken,
man kann sie einfach
nirgends entdecken.

Man kann sie vergeuden,
man kann sie vergessen.
Doch was man versäumt hat,
kann man nicht messen.

Man kann sie nicht kaufen,
man kann sie nicht borgen.
Man sucht das Gestern,
schon ist es morgen.

Man kann sie gut nutzen
Und jemandem schenken,
und wenn man Zeit hat,
an sie denken.

Wut *Inge Meyer-Dietrich*

Mama, du bist heute blöde.
Mama, du bist heute doof!
Ich könnte dich in die Mülltonne schmeißen,
in die große, ganz unten im Hof.

Peng! Knall ich den Deckel zu
und setz mich oben drauf.
Erst, wenn du aufhörst rumzuschrein,
mach ich ihn wieder auf.

Mama, guck mich nicht so an!
Ich kann doch nichts dafür.
Du meckerst dauernd an mir rum,
was ist denn los mit dir?

Jetzt brüll ich mal so laut wie du,
und du bist still und hörst mir zu!

Herr von Ribbeck auf Ribbeck im Havelland
Theodor Fontane

Herr von Ribbeck auf Ribbeck im Havelland,
ein Birnbaum in seinem Garten stand;
und kam die goldene Herbsteszeit
und die Birnen leuchteten weit und breit,
5 da stopfte, wenn's Mittag vom Turme scholl,
der von Ribbeck sich beide Taschen voll;
und kam in Pantinen ein Junge daher,
so rief er: „Junge, wist'ne Beer?"
Und kam ein Mädel, so rief er: „Lütt Dirn,
10 komm man röwer, ik hebb 'ne Birn!"

So ging es viele Jahre, bis lobesam
der von Ribbeck auf Ribbeck zu sterben kam.
Er fühlte sein Ende; 's war Herbsteszeit,
wieder lachten die Birnen weit und breit.
15 Da sagte von Ribbeck: „Ich scheide nun ab.
Legt mir eine Birne mit ins Grab!"
Und drei Tage drauf, aus dem Doppeldachhaus,
trugen von Ribbeck sie hinaus.
Alle Bauern und Büdner mit Feiergesicht
20 sangen: „Jesus, meine Zuversicht",
und die Kinder klagten, das Herze schwer:
„He is dod nu. Wer giwt uns nu 'ne Beer?"

So klagten die Kinder. Das war nicht recht,
ach, sie kannten den alten Ribbeck schlecht; –
25 der neue freilich, der knausert und spart,
hält Park und Birnbaum strenge verwahrt.
Aber der alte, vorahnend schon
und voll Misstrauen gegen den eigenen Sohn,
der wusste genau, was damals er tat,
30 als um eine Birn ins Grab er bat.
Und im dritten Jahr aus dem stillen Haus
ein Birnbaumsprössling sprosst heraus.

Und die Jahre gehen wohl auf und ab,
längst wölbt sich ein Birnbaum über dem Grab,
35 und in der goldenen Herbsteszeit
leuchtet's wieder weit und breit.
Und kommt ein Jung übern Kirchhof her,
so flüstert's im Baume: „Wist 'ne Beer?"
Und kommt ein Mädel, so flüstert's: „Lütt Dirn,
40 kumm man röwer, i gew di 'ne Birn."

So spendet Segen noch immer die Hand
des von Ribbeck auf Ribbeck im Havelland.

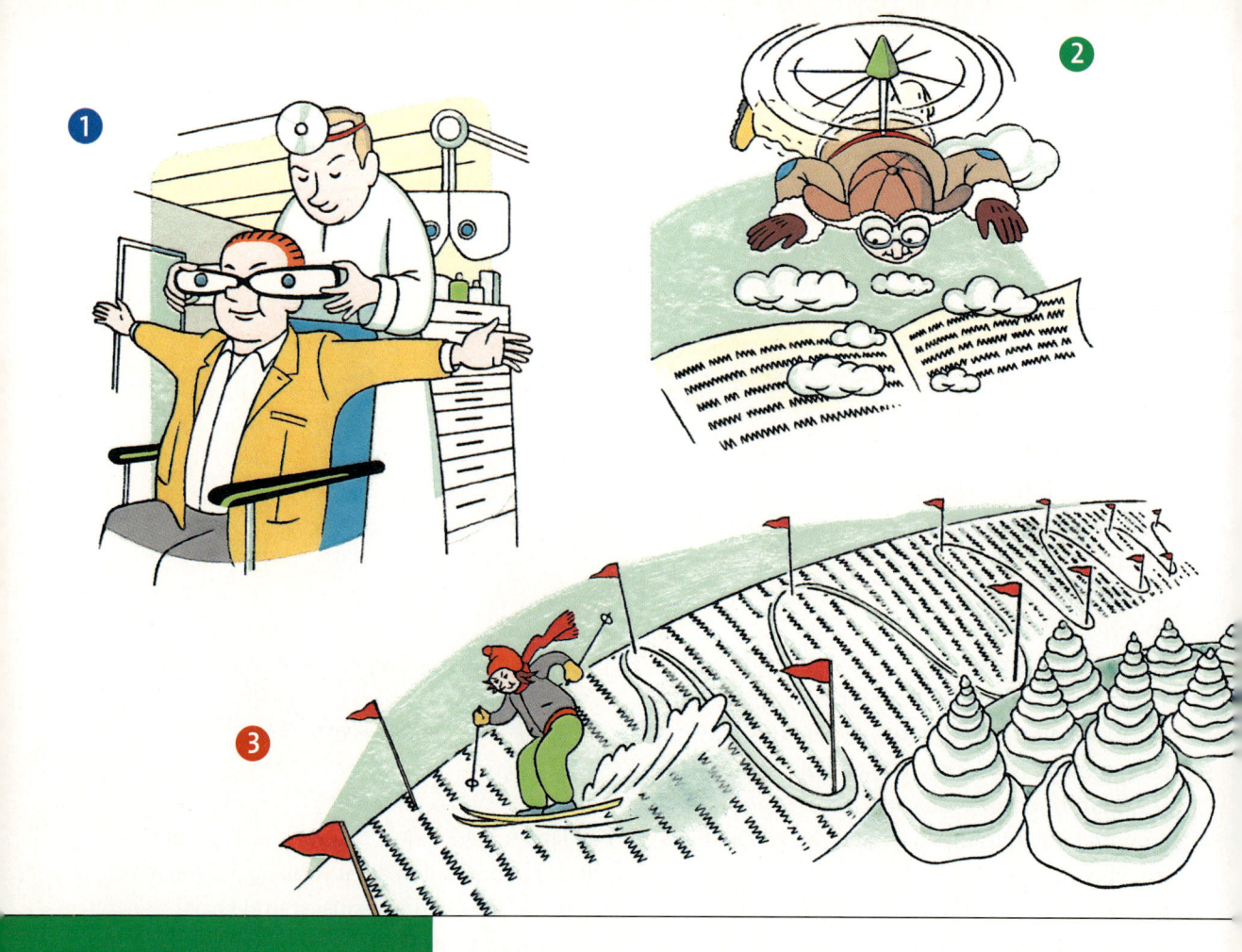

TEXTE UND MEDIEN

Mit Sachtexten umgehen

Lesetechniken

A Überfliegend lesen
Man verschafft sich einen ersten Überblick über die wichtigen Informationen eines Sachtextes, indem man die Überschrift liest, nicht jeden Satz genau durchliest, sondern auswählt und vorwiegend auf wichtige Substantive achtet.

B Slalomlesen
Der Blick gleitet an den wichtigen Wörtern entlang von links nach rechts, wieder nach links usw. wie bei einer Fahrt durch Slalomstangen.

C Blickspanne erweitern
Damit die Auswahl der wichtigen Wörter rasch gelingt, darf nicht nur ein Wort, sondern muss eine zusammenhängende Wortgruppe und bereits ein Teil der nächsten Wortgruppe in den Blick kommen.

- Texte kann man unterschiedlich lesen, wie die Bilder 1–3 deutlich machen. Kannst du ihnen auch die Beschreibungen A, B und C zuordnen?

Sachtexte erfassen

Nachschlagen → S. 284

Kletterwettkämpfe

Kletterwettkämpfe sind innerhalb kürzester Zeit zu einer Attraktion geworden. Oftmals sind es gerade die spannenden Momente – eine schöne Griffkombination oder auch das Scheitern an einer
5 Schwierigkeit nach vielen Versuchen –, die dafür der Auslöser waren.

Die in den ersten Jahren noch verbreiteten Leerlaufzeiten sind heute vorbei; heute spielt sich alles rasch ab. Künstliche Kletterwände haben
10 an Qualität gewonnen. Der Aufbau wurde weiter entwickelt, wurde ausgewogener. Die Fläche ähnelt immer mehr dem natürlichen Fels. Eine Vielzahl von Griffen und Tritten erlaubt den Wettkämpfern, ihren ganzen Ideenreichtum
15 bei der Eröffnung ihrer jeweiligen Route zu entfalten.

Nach nur wenigen Jahren streiten mittlerweile viele Länder um den Weltcup. Kontinentale Meisterschaften werden inzwischen
20 schon ausgetragen. Klettern als olympische Disziplin ist in aller Munde.

Der Kalender der Kletterer wird immer voller. Eine auf Wettkämpfe spezialisierte, monatlich erscheinende Zeitschrift wurde eigens geschaffen.
25 Mit den Wettkämpfen entstanden auch neue Praktiken, ein besonderes Training fernab der natürlichen Felswände. Das Klettern in künstlichen Wänden wurde zu einem eigenen Sport. Entsprechende Trainingseinrichtungen finden sich bereits in Sporthallen, Schulen und Stadien. Sie bewirken einen Anstieg der Wettkämpfe, und gestern noch unbekannte Champions machen heute schon von sich
30 reden.

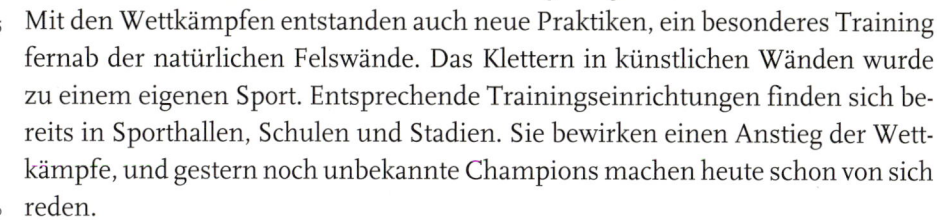

1. Lies den Text in verschiedener Weise – wie es auf der vorherigen Seite beschrieben ist.
2. Welches Verfahren liegt dir am besten? Diskutiert darüber.
3. Welche Hauptinhalte hast du erfasst?
   An welchen Wortgruppen hast du dich orientiert?

Der Eisvogel

Aussehen

Länge um 16 cm. In Gestalt, Farbe und Lebensweise unverwechselbar . Die Jungvögel sind etwas matter gefärbt, das Männchen erkennt man am schwarzen, das Weibchen am unterseits schwarzroten Schnabel.

Lebensraum

Im Brutgebiet müssen ruhige, klare und fischreiche Gewässer mit genügend Sitzplätzen für die Ansitzjagd vorhanden sein und eine Steilwand aus Sand, Löss oder Torf, in welche die Vögel ihre Bruthöhle graben.

Da es das ganze Jahr über Fische gibt, kann der Eisvogel früh mit der Brut beginnen, zuweilen schon im April . Immer wieder wird die Brutzeit so gewählt, dass nach dem Schlüpfen der Eisvögel auch Fischbrut verfüttert werden kann. Am liebsten

Fortpflanzung

bezieht der Eisvogel seine vorjährige Bruthöhle ; ist dies nicht der Fall, beginnt das Paar damit, im Rüttelflug Erdteilchen aus der Brutwand zu picken. Später hacken die Vögel mit dem Schnabel und scharren mit den Füßen. Die Röhre wird gut armtief und endet in einem Kessel, der immer so gelegen ist, dass der Brutvogel noch unmittelbar hinausschauen kann. Die 6–7 Eier liegen anfangs auf losgeschaffter Erde, aber mit der Zeit bildet sich eine pulverige Unterlage aus Fischschuppen und Gräten, welche die Vögel als Gewölle ausscheiden. Beide Eltern brüten. Brutdauer 18–21 Tage , drei Schachtelbruten wurden in einem Jahr beobachtet.

Nahrung

Eisvögel sind Stoßtaucher . Von einem Sitzplatz aus peilen sie ein Fischchen an und stoßen dann gezielt ins Wasser.

Markierungen
→ S. 298

Randbemerkungen
→ S. 298

1. Welche Art von Wörtern und Angaben ist markiert? Welche weiteren **Markierungen** wären hilfreich? Begründe deine Auswahl.
2. Wie unterscheiden sich die **Randbemerkungen** von den Markierungen?

Aus einer Deutschstunde

Beim Gespräch über den Eisvogel-Text beklagte sich Robert: „Der Text enthält so viele Wörter, die ich gar nicht kenne." „Die kann man aber trotzdem verstehen", antwortete ihm Sonja. „Welche Wörter meint ihr denn?", fragte der Lehrer die zwei.

1. Nenne die verschiedenen Wörter, die gemeint sein könnten.
   Welche Wörter sind dir nicht vertraut?
   Welche kannst du trotzdem verstehen? Warum?
   Bei welchen müsste man noch etwas mehr wissen?

Hilfsmaßnahmen!

Es gibt zwei Möglichkeiten, Begriffe zu klären:

Erklärung aus dem Zusammenhang

- **Stoßtaucher:** Peilen von Sitzplatz aus Fisch an, stoßen dann gezielt auf ihn.
- **Rüttelflug:** …
- …

Erklärung mithilfe eines Lexikons

Gew'ölf, die Jungen eines Wurfes beim Wolf und Hund.
Gew'öll [zu mhd. wellen ‚rollen', ‚erbrechen'; Lutherzeit], von Raubvögeln ausgespiene Ballen unverdauter Haare, Federn, Knochen.
Gew'ürz [spätmhd., zu ahd. wurz]

2. Setze die „Erklärungen aus dem Zusammenhang" in dieser Weise fort.
3. Schlage den Begriff *Gewöll* in einem anderen Lexikon nach.
4. Erkläre den Begriff *Fischbrut*. Verwende dabei die Sprache des Lexikons.

INFO

- Verschiedene Techniken für ein rasches Erfassen von Texten lassen sich unterscheiden, z. B. *überfliegend lesen, Slalomlesen, Erweitern der Blickspanne*. Durch bewusste Anwendung dieser Techniken kann man rascher die wichtigen Informationen in einem Text finden.
- **Markierungen** im Text und knappe **Randbemerkungen** helfen, die Hauptinhalte eines Textes optisch herauszuheben.
- Es ist wichtig, alle in einem Text verwendeten **Begriffe** zu verstehen. Manche Begriffe lassen sich aus dem Zusammenhang erklären, für andere benötigt man die Hilfe eines Lexikons.

Nachschlagen → S. 284

Sachtexte systematisch untersuchen

Schmetterlinge

Schmetterlinge scheint es fast überall zu geben. Sie leben auch da, wo man sie kaum noch erwartet. Sie fliegen über den Gipfeln hoher Berge. Sie leben in den Höhlen wilder Tiere. Manche ihrer Larven bohren sich durch das Holz von Baumstämmen. Andere fressen Löcher in Kleiderstoffe. Einige wenige leben im Wasser. Wieder andere verbringen ihr ganzes Leben in den Gipfeln riesiger Urwaldbäume und meiden den Erdboden. Mindestens fünfzig Arten sind in den kalten Ländern um den Polarkreis zu Hause. Dort fliegt schon in dem kurzen nordischen Frühling der Trauermantel, wenn die Erde noch mit Schnee bedeckt ist.

Einige Schmetterlinge haben so große Flügel, dass sie diese Buchseite damit ganz verdecken könnten. Andere sind so winzig, dass sie die meiste Zeit ihres Lebens in einem Labyrinth von Gängen verbringen, das sie in ein dünnes grünes Blatt gegraben haben. Die kleinsten Arten sind erst unter der Lupe richtig zu erkennen. Es gibt etwa 100 000 verschiedene Formen. […]

Jede dieser Arten hat ihre ganz besondere Entwicklung und Lebensweise. Aber schon eine oberflächliche Betrachtung zeigt, dass ganze Gruppen von Schmetterlingsarten untereinander viele Ähnlichkeiten aufweisen.

1. Aus welchen beiden Hauptteilen besteht dieser Text? Notiere für jeden eine kurze Überschrift in dein Heft.
2. Welche genaueren Sinnschritte lassen sich angeben? Orientiere dich an folgendem Beginn: *Aussagen des Textes*
   – *weite Verbreitung der Schmetterlinge*
   – *Aufzählung verschiedener Lebensräume*
   – …

Kernsätze und Zuordnung der Begriffe 157

Probleme

Bei der Suche nach besonders wichtigen Sätzen (Kernsätzen) im Text über die Schmetterlinge hat Florian gleich den ersten Satz markiert: *„Schmetterlinge scheint es fast überall zu geben."* Seine Nachbarin Julia hat den Satz *„Andere fressen Löcher in Kleiderstoffe."* unterstrichen. Daraus entwickelte sich ein Streit darüber, welcher Satz ein Kernsatz sein kann.

1. Überprüfe die Meinungen.
2. Nenne Gründe für die Wichtigkeit der Sätze in diesem Text.

Lösungen

Beim Begründen seiner Ansicht kam Florian auf die Idee, die Bedeutung der einzelnen Aussagen sichtbar zu machen. Dazu hat er sich folgendes Schema über die Zuordnung der Angaben und Begriffe ausgedacht. Die wichtigste Angabe hat er obendrüber gestellt, die anderen, die davon abhängen, hat er der Reihe nach darunter und nebeneinander gezeichnet.

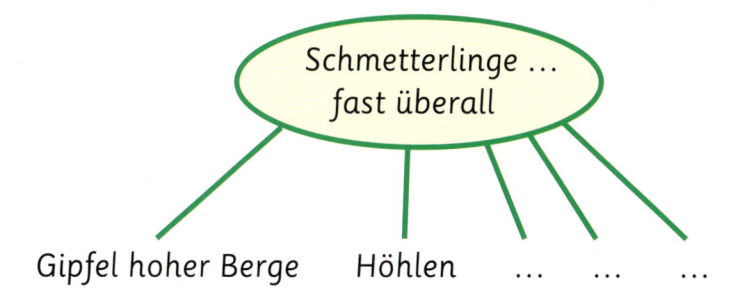

```
        Schmetterlinge ...
          fast überall
         /    |    \  \  \
Gipfel hoher Berge   Höhlen   ...   ...   ...
```

3. Ergänze das Schema.
4. Entwirf ein entsprechendes Schema für die Größe von Schmetterlingen.

INFO

Nachschlagen → S. 284

- Den Aufbau eines Textes kann man verdeutlichen, indem man für jeden **Hauptabschnitt** eine kurze Überschrift formuliert.
- Die einzelnen Inhalte notiert man am besten mit knappen Worten, die das umfassen, was zusammengehört.
- **Kernsätze** sind übergeordnete Aussagen, denen man mehrere andere Aussagen unterordnen kann. Diese Über- und Unterordnung lässt sich auch grafisch darstellen.

EXTRA: Projekt

Ergebnisse präsentieren

Arbeitstechniken für eigene Projekte anwenden

Ihr habt gelernt, aus Büchern und Sachtexten einen schnellen Überblick zu gewinnen und gezielt Informationen zu entnehmen.
Nun könnt ihr zu interessanten Themen Informationen suchen und der Klasse präsentieren.

Präsentieren:
Vortragen, informieren, etwas zeigen

Vorschläge:
- Tiere in Afrika
- So lebten die Römer!
- Urlaubsländer Europas
- Unsere Haustiere

- Für welche Themen interessieren sich viele in der Klasse? Macht Vorschläge für Unterrichtsprojekte. Denkt auch an Fächer wie Biologie, Erdkunde, Religion und Geschichte.
- Wie findet ihr Informationen und Material zu eurem Thema? Wo könnt ihr suchen?
- Verabredet, wer zusammen in einer Gruppe arbeiten möchte. Wie lange habt ihr Zeit? Fangt an zu planen und euch zunächst selbst zu informieren.

Möglichkeiten der Präsentation von Ergebnissen

1. Eine Wandzeitung erstellen

Die 5a hat sich für das Thema *Unsere Lieblingtiere* entschieden.
Meike, Jonathan und Isabel haben viel über Löwen herausgefunden.
Das Ergebnis zeigen sie auf einer Wandzeitung:

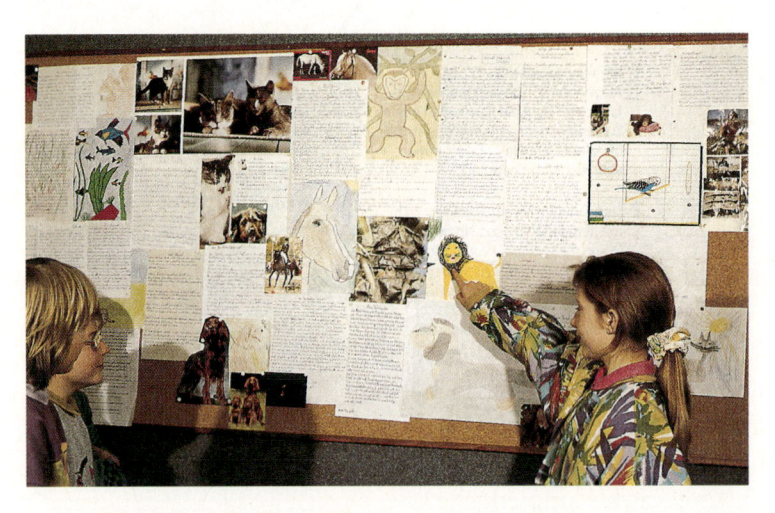

- Was ist eine Wandzeitung? Welches Material hat die Gruppe dafür verwendet?
- Worauf muss die Gruppe achten, wenn sie ihre Ergebnisse auf einer Wandzeitung präsentiert?

EXTRA: Projekt

2. Eine Folie beschriften
Kai, Melanie und Paulina haben mit ihrer Klasse das Thema *Das alte Ägypten* gewählt. Sie haben die Aufgabe übernommen, etwas über den Bau der Pyramiden zu erkunden. In einem Buch haben sie gute Skizzen und Zeichnungen gefunden. Einige davon kopieren sie auf Folien und beschriften sie farbig. Sie erläutern der Klasse, was sie herausgefunden haben und zeigen dabei ihre Folien mit dem OV-Projektor.

3. Tafelbilder und Skizzen entwerfen
Lena, Lisa und Malte haben sich beim Thema *Unsere Nutzpflanzen* den Kohl ausgesucht. Um die verschiedenen Kohlarten vorzustellen, haben sie an die Wandtafel eine Skizze gezeichnet mit den Züchtungen des Kohls.

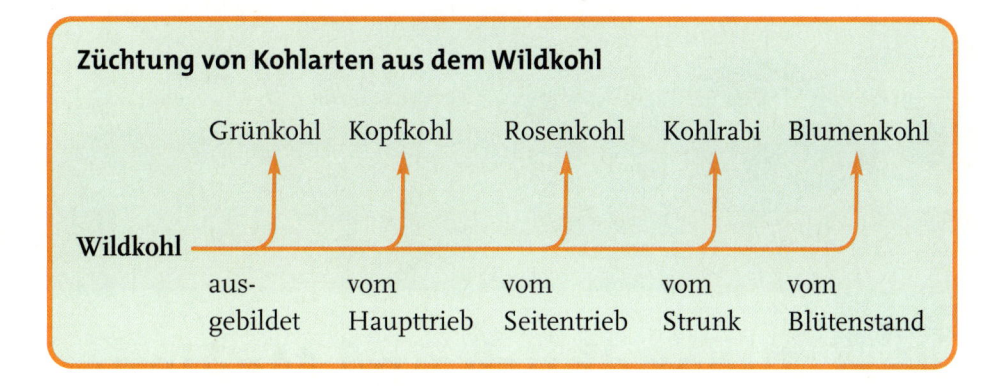

Züchtung von Kohlarten aus dem Wildkohl

	Grünkohl	Kopfkohl	Rosenkohl	Kohlrabi	Blumenkohl
Wildkohl	↑	↑	↑	↑	↑
	ausgebildet	vom Haupttrieb	vom Seitentrieb	vom Strunk	vom Blütenstand

4. Arbeitsblätter entwerfen
Die ganze Klasse arbeitet zum Thema *Länder Europas*. Marie, Sören und Max wollen die anderen an ihren Ergebnissen zu Italien mitarbeiten lassen. Deshalb haben sie ein Arbeitsblatt entworfen, wie das alle aus dem Unterricht kennen. Sie haben eine Landkarte kopiert und kurze Texte aus dem Erdkundebuch. Dazu stellen sie Fragen und lassen Platz für Antworten.

- Sprecht darüber, wann welche Form der Präsentation passend ist. Welche Vor- und Nachteile haben sie? Was muss beachtet werden? Legt euch eine Tabelle an, in der ihr eure Ergebnisse sammelt und festhaltet.
- Kilian will beim Thema *Haustiere* seinen Dackel Hugo mitbringen. Anne hat zum Thema *Mittelalter* eine Papier-Burg aus einem Bastelbogen gebaut und will die zeigen. Was haltet ihr davon?
- Welche Art der Präsentation wählt ihr für euer Ergebnis der Gruppenarbeit? Probiert es aus!

Fallen Euch andere Möglichkeiten der Präsentation ein? Gibt es Kombinationen?

TEXTE UND MEDIEN

Jugendbuch und Medien: Harry Potter

Als Joanne K. Rowling 1993 ihren Roman *Harry Potter und der Stein der Weisen* schrieb, hätte sie nie damit gerechnet, dass sie damit weltweit ein Harry-Potter-Fieber auslösen würde: Der Roman wurde in mehr als 47 Sprachen übersetzt und rund 116 Millionen Mal verkauft. Neben den Jugendbüchern wurden auch
5 Computerspiele, Stifte, Schreibunterlagen, Besen, Socken und vieles mehr im Harry-Potter-Stil zu Verkaufsschlagern. 2001 kam die Verfilmung von „Harry Potter und der Stein der Weisen" in die Kinos und schlug sofort alle Kassenrekorde.
Heute ist die Erfinderin von Harry Potter die zweitreichste Frau Großbritanniens
10 und der kleine Zaubererlehrling ist ein echter Medienstar geworden.

Das Jugendbuch

Ein Harry-Potter-Quiz

Teste dich selbst:
Wie gut kennst du das Jugendbuch „Harry Potter und der Stein der Weisen"?

1 Wie nennen die Zauberer die „normalen Menschen"?
   a) Normalos (0)
   b) Muggels (2)
   c) Magier (1)

2 Das Geld in der Zaubererbank „Gringotts" wird verwaltet von
   a) Drachen (1)
   b) Kobolden (2)
   c) Bankangestellten (0)

3 Welcher Zauberspruch ist kein unverzeihlicher Fluch?
   a) Verdammtnochmal-Fluch (0)
   b) Sacradi-Fluch (1)
   c) Fidelius-Fluch (2)

4 Wie werden die Hogwarts-Schüler auf die vier Häuser verteilt?
   a) durch einen sprechenden Hut (2)
   b) durch den Schulleiter Albus Dumbledore (1)
   c) durch Hagrids norwegischen Stachelbuckel (0)

5 In welchen Geschmacksrichtungen gibt es Bertie-Botts-Bohnen?
   a) Toast, Kokosnuss, Sardine (0)
   b) Erdbeere, Ohrenschmalz, Haselnuss (1)
   c) alle (2)

6 Was zaubert Hagrid Harrys Vetter Dudley an?
   a) einen Ringelschwanz (2)
   b) Elefantenohren (1)
   c) Plattfüße (0)

1. Löse das Harry-Potter-Quiz.
   Hinter jeder Aufgabe stehen Punkte. Zähle die Punkte bei deinen Antworten zusammen und lies die Bewertung deines Ergebnisses.

0–3 Punkte
Du bist ein echter Muggel, denn du hast ziemlich wenig Ahnung von Harry Potter und der Zaubererwelt. Als Schüler in Hogwarts würdest du wohl im Haus Hufflepuff wohnen – da, sagt man, kommen die Flaschen hin.

4–11 Punkte
Deine Kenntnisse über Harry und die Zauberer sind nicht schlecht, aber manches müsstest du noch einmal nachlesen. Du würdest damit in das Haus Ravenclaw passen, dort sollen die Schüler angeblich besonders gelehrsam sein.

12 Punkte
Du weißt einfach alles über Harry und bist Spezialist in allen Zaubererangelegenheiten. Du wärst sicher ein würdiges Mitglied im Haus Gryffindor – wie Harry und seine Freunde.

Harry Potter – ein ganz normaler Junge?!

Die Textausschnitte stammen alle aus dem Band „Harry Potter und der Stein der Weisen" von Joanne K. Rowling.

Harry bei den Dursleys

Harry wohnt bei seinem Onkel und seiner Tante,
weil seine Eltern gestorben sind, als er noch ein Baby war.

[…] Man sah es Harry zwar nicht an, aber er konnte sehr schnell rennen.

Vielleicht hatte es damit zu tun, dass er in einem dunklen Schrank lebte, jedenfalls war Harry für sein Alter immer recht klein und dürr gewesen. Er sah sogar noch kleiner und dürrer aus, als er in Wirklichkeit war, denn alles, was er
5 zum Anziehen hatte, waren die abgelegten Klamotten Dudleys, und der war etwa viermal so dick wie Harry. Harry hatte ein schmales Gesicht, knubbelige Knie, schwarzes Haar und hellgrüne Augen. Er trug eine Brille mit runden Gläsern, die, weil Dudley ihn auf die Nase geschlagen hatte, mit viel Klebeband zusammengehalten wurde. Das Einzige, das Harry an seinem Aussehen mochte,
10 war eine sehr feine Narbe auf seiner Stirn, die an einen Blitz erinnerte. So weit er zurückdenken konnte, war sie da gewesen, und seine allererste Frage an Tante Petunia war gewesen, wie er zu dieser Narbe gekommen war.

„Durch den Autounfall, bei dem deine Eltern starben", hatte sie gesagt. „Und jetzt hör auf zu fragen."

15 Hör auf zu fragen – das war die erste Regel, wenn man bei den Dursleys ein ruhiges Leben fristen wollte. […]

1. Zeichne ein Bild von Harry in seinem Schrank.
2. Hat Harry deiner Ansicht nach ein schönes Leben bei den Dursleys? Vergleiche deine Zeichnung von Harry mit dem Jungen auf Seite 160. Wem geht es besser?

Die Wahrheit über Harry

An seinem elften Geburtstag erhält Harry Besuch von Hagrid, der ihm erklärt,
dass er ein Zauberer und der berühmteste Junge in der Zaubererwelt sei.

[…] Hagrid zog plötzlich ein sehr schmutziges, gepunktetes Taschentuch hervor und schnäuzte sich laut wie ein Nebelhorn die Nase.

„Tut mir Leid", sagte er. „Aber es ist so traurig – hab deine Mum und deinen Dad gekannt, und nettere Menschen hast du einfach nicht finden können, je-
5 denfalls Du-weißt-schon-wer hat sie getötet. Und dann – und das ist das eigentlich Geheimnisvolle daran – hat er versucht, auch dich zu töten. Wollte reinen Tisch machen, denk ich, oder hatte inzwischen einfach Spaß am Töten. Aber er konnte es nicht. Hast du dich nie gefragt, woher du diese Narbe auf der Stirn bekommen hast? Das war kein gewöhnlicher Schnitt. Das kriegst du, wenn ein

mächtiger, böser Fluch dich berührt – hat sogar bei deiner Mum und deinem Dad geklappt – aber nicht bei dir, und darum bist du berühmt, Harry.

Keiner hat es überlebt, wenn er einmal beschlossen hat, jemanden zu töten, keiner außer dir, und er hatte einige der besten Hexen und Zauberer der Zeit getötet – die McKinnons, die Bones, die Prewetts – und du warst nur ein Baby, aber du hast überlebt." [...]

Hagrid betrachtete Harry voller Wärme und Hochachtung, doch Harry fühlte sich nicht froh und stolz deswegen, sondern war sich ganz sicher, dass es sich hier um einen fürchterlichen Irrtum handeln musste. Ein Zauberer? Er? Wie sollte das möglich sein? Sein Leben lang hatte er unter den Schlägen Dudleys gelitten und war von Tante Petunia und Onkel Vernon schikaniert worden; wenn er wirklich ein Zauberer war, warum hatten sie sich nicht jedes Mal, wenn sie versucht hatten, ihn in den Schrank einzuschließen, in warzige Kröten verwandelt? Wenn er den größten Hexer der Welt besiegt hatte, wie konnte ihn dann Dudley herumkicken wie einen Fußball? [...]

3. Was erfährt Harry über sich und seine Eltern? Wie denkt Harry darüber?
4. Wie könnte sich dadurch sein Leben bei den Dursleys verändern? Entwerft in Partnerarbeit ein Gespräch der Dursleys über Harry und spielt es in der Klasse vor.

Harry in der Zaubererwelt
Hagrid geht mit Harry in die Winkelgasse, um dort seine Schulausstattung zu kaufen.

Foto aus dem Film „Harry Potter und der Stein der Weisen"

[...] Im Tropfenden Kessel war es mit einem Schlag mucksmäuschenstill geworden.

„Grundgütiger", flüsterte der alte Barmann. „Harry Potter ... welch eine Ehre."

Er eilte hinter der Bar hervor, trat raschen Schrittes auf Harry zu und ergriff mit Tränen in den Augen Harrys Hand.

„Willkommen zu Hause, Mr. Potter, willkommen zu Hause."

Harry wusste nicht, was er sagen sollte. Aller Augen waren auf ihn gerichtet. Die alte Frau paffte ihre Pfeife, ohne zu bemerken, dass sie ausgegangen war. Hagrid strahlte.

Nun ging im Tropfenden Kessel ein großes Stühlerücken los, und die Gäste schüttelten Harry einer nach dem andern die Hand.

„Doris Crockford, Mr. Potter, ich kann es nicht fassen, Sie endlich zu sehen."

„Ich bin so stolz, Sie zu treffen, Mr. Potter, so stolz." [...]

5. Wie behandeln die Zauberer Harry im Vergleich zu den Dursleys?

Ein Abenteuer von Harry, Ron und Hermine

An Halloween gibt es in Hogwarts „Trollalarm": Ein gefährlicher Troll[1] ist in die Schule eingedrungen. Harry und Ron machen sich auf die Suche nach dem Troll. Sie finden ihn in der Mädchentoilette und wollen ihn schon dort einschließen, als sie voll Schrecken feststellen müssen, dass sich Hermine ebenfalls in diesem Raum befindet und damit in höchste Lebensgefahr gerät.

1 **Troll:** Fabelwesen aus den skandinavischen Ländern, Dämon in Riesengestalt mit zottigem Fell.

Hermine Granger stand mit zitternden Knien an die Wand gedrückt da und sah aus, als ob sie gleich in Ohnmacht fallen würde. Der Troll, links und rechts die Waschbecken herunterschlagend, schlurfte langsam auf sie zu.

„Wir müssen ihn ablenken!", sagte Harry verzweifelt zu Ron, griff nach einem
5   auf dem Boden liegenden Wasserhahn und warf ihn mit aller Kraft gegen die Wand.

Der Troll hielt ein paar Meter vor Hermine inne. Schwerfällig drehte er sich um und blinzelte dumpf, um zu sehen, was diesen Lärm gemacht hatte. Die bösen kleinen Augen erblickten Harry. Er zögerte kurz und ging dann, die Keule
10   emporhebend, auf Harry los.

„He, du Erbsenhirn!", schrie Ron von der anderen Seite des Raums und warf ein Metallrohr nach ihm. Der Troll schien nicht einmal Notiz davon zu nehmen, dass das Rohr seine Schulter traf, doch er hörte den Schrei, hielt erneut inne und wandte seine hässliche Schnauze nun Ron zu, was Harry die Zeit gab, um ihn
15   herumzurennen.

„Schnell, lauf, lauf!", rief Harry Hermine zu und versuchte sie zur Tür zu zerren, doch sie konnte sich nicht bewegen. Immer noch stand sie flach an die Wand gedrückt, mit vor Entsetzen weit offenem Mund.

Die Schreie und deren Echo schienen den Troll zur Raserei zu bringen. Mit
20   einem dumpfen Röhren ging er auf Ron los, der ihm am nächsten stand und keinen Ausweg hatte.

Harry tat nun etwas, das sehr mutig und sehr dumm zugleich war: Mit einem mächtigen Satz sprang er auf den Rücken des Trolls und klammerte die Arme um seinen Hals. Der Troll spürte zwar nicht, dass Harry auf seinem Rücken
25   hing, doch selbst ein Troll bemerkt, wenn man ihm ein langes Stück Holz in die Nase steckt, und Harry hatte seinen Zauberstab noch in der Hand gehabt, als er sprang – der war ohne weiteres in eines der Nasenlöcher des Trolls hineingeflutscht.

Der Troll heulte vor Schmerz, zuckte und schlug mit der Keule wild um sich,
30   und Harry, in Todesgefahr, klammerte sich noch immer auf seinem Rücken fest; gleich würde der Troll ihn herunterreißen oder ihm einen schrecklichen Schlag mit der Keule versetzen.

Hermine war vor Angst zu Boden gesunken. Jetzt zog Ron seinen eigenen Zauberstab hervor – er wusste zwar nicht, was er tat, doch er hörte, wie er den
35   ersten Zauberspruch rief, der ihm in den Sinn kam: *„Wingardium Leviosa!"*

Den Jugendbuchhelden kennen lernen

Harry, Hermine und Ron in dem Film „Harry Potter und der Stein der Weisen"

Die Keule flog plötzlich aus der Hand des Trolls, stieg hoch, hoch in die Luft, drehte sich langsam um – und krachte mit einem schrecklichen Splittern auf den Kopf ihres Besitzers. Der Troll wankte kurz im Kreis und fiel dann flach auf die Schnauze, mit einem dumpfen Schlag, der den ganzen Raum erschütterte.

40 Zitternd und um Atem ringend richtete sich Harry auf. Ron stand noch immer da und starrte auf das, was er angestellt hatte.

Hermine machte als Erste den Mund auf.

„Ist er – tot?"

„Glaub ich nicht", sagte Harry. „Ich denke, er ist k.o."

45 Er bückte sich und zog den Zauberstab aus der Nase des Trolls. Er war beschmiert mit etwas, das aussah wie klumpiger grauer Kleber.

„Uäääh, Troll-Popel."

Er wischte ihn an der Hose des Trolls ab. […]

6. Wie verhält sich Harry in diesem Abenteuer?
7. Du hast Harry bei den Dursleys, bei den Zauberern und mit seinen Freunden kennen gelernt. Beschreibe ihn mit einem **Ideennetz**. Wenn du noch mehr über Harry weißt, kannst du es auch eintragen.

Ideennetz → S. 297

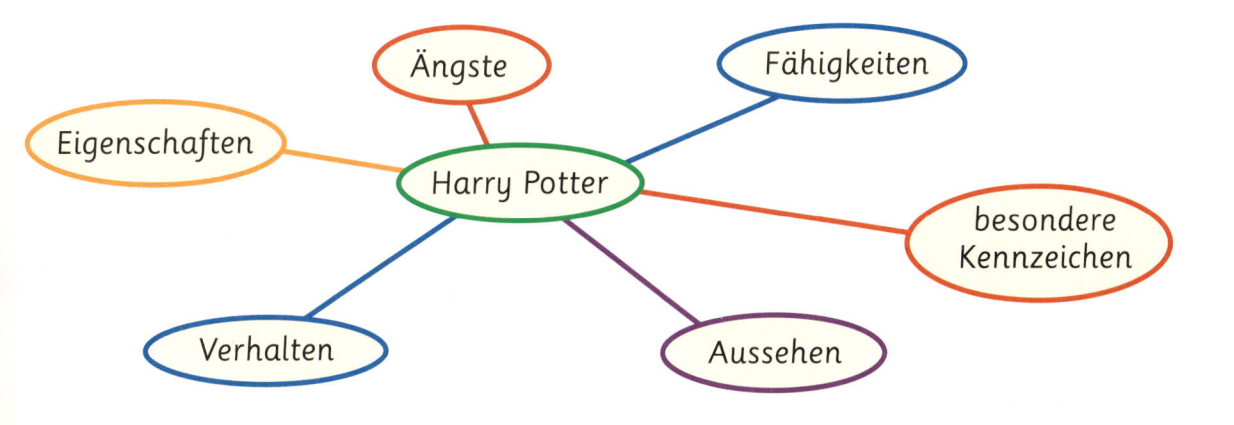

- Eigenschaften
- Ängste
- Fähigkeiten
- Harry Potter
- besondere Kennzeichen
- Verhalten
- Aussehen

Zauber, Geheimnis und Chaos
Aus einem Interview mit Joanne K. Rowling (1998)

[...]

Interviewer: Wie lange brauchen Sie, um ein Buch zu schreiben?

Rowling: Für mein letztes Buch – das dritte in der Harry-Reihe – benötigte ich etwa ein Jahr, was für mich ziemlich schnell ist. Wenn ich es schaffe, das vierte Harry-Buch bis zum Sommer fertig zu haben – das ist mein Abgabetermin –, dann wäre das mein bisher schnellstes Buch – etwa acht Monate.

Woher kamen die Ideen für die Harry-Potter-Bücher?

Rowling: Ich habe keine Ahnung, wo Ideen herkommen, und ich hoffe, ich erfahre das nie. Es würde für mich die ganze Spannung nehmen, wenn ich erführe, dass es nur eine komische kleine Falte auf der Oberfläche meines Hirns ist, die mich an unsichtbare Bahnsteige denken lässt.

Wie kommen Sie zu den Namen Ihrer Figuren?

Rowling: Einige der Namen in den Harry-Büchern habe ich erfunden. Ich sammle aber auch ungewöhnliche Namen. Ich habe sie von mittelalterlichen Heiligen, Landkarten, Wörterbüchern, Pflanzen, Kriegerdenkmälern und Leuten, denen ich begegnet bin!

Basieren Ihre Figuren auf Menschen, die Sie kennen?

Rowling: Einige schon. Aber ich muss äußerst vorsichtig sein mit dem, was ich dazu sage. In den meisten Fällen dienen real existierende Menschen als Inspiration für eine Figur. Aber sobald sie in meinem Kopf sind, fangen sie an, sich in eine ganz andere Person zu verwandeln. Professor Snape und Gilderoy Lockhart begannen beide als übertriebene Versionen von Leuten, denen ich irgendwann begegnet bin. Sie haben sich aber dann sehr verändert, nachdem sie auf dem Papier waren. Hermine ist ein wenig wie ich, als ich elf war – nur viel schlauer.

Basieren irgendwelche Ihrer Geschichten auf Ihrem eigenen Leben oder auf dem von Leuten, die Sie kennen?

Rowling: Ich habe keines der Harry-Bücher bewusst auf mein Leben aufgebaut, das bedeutet aber nicht, dass sich die eigenen Gefühle nicht doch einschleichen. Als ich das zwölfte Kapitel des ersten Buches *The Mirror of Erised* nochmals durchlas, bemerkte ich, dass ich viele meiner eigenen Gefühle über den Tod mei-

Joanne K. Rowling, geb. 1966 in Chipping Sodbury (England), Studium der französischen Sprache und Literatur, Arbeit als Fremdsprachensekretärin und Lehrerin. Schreibt Romane für Erwachsene und Kinder.

ner Mutter auf Harry projiziert hatte, obwohl mir das beim Schreiben überhaupt nicht bewusst war.

Woher hatten Sie die Idee zu Quidditch?

Rowling: Ich erfand Quidditch, als ich einmal die Nacht in einem sehr kleinen Zimmer im Bournville Hotel in Didsbury, Manchester, verbrachte. Ich suchte nach einer Sportart für Zauberer, und ich wollte schon immer ein Spiel sehen, in dem zur selben Zeit mehr als nur ein Ball benutzt wurde. Die Idee machte mir einfach Spaß. Das Spiel, dem es am ehesten ähnelt, ist Basketball, was wohl die Sportart ist, die ich am liebsten sehe. Ich hatte viel Spaß beim Erfinden der Spielregeln, und ich habe immer noch das Notizbuch, in das ich alles geschrieben habe – komplett mit Zeichnungen und all den Namen, die ich für die Bälle hatte, bevor ich mich für Snitch, Bludgers und Quaffle entschied.

Woher hatten Sie die Ideen für die Zaubererschule und die Zaubersprüche?

Rowling: Ich habe mir die Schulfächer schon früh ausgedacht. Die meisten Zaubersprüche sind erfunden, aber einige von ihnen haben ihren Ursprung in dem, was die Menschen früher als wirksam erachteten. Viele unserer wissenschaftlichen Erkenntnisse haben wir den Alchemisten zu verdanken!

Welche Zutaten sind Ihrer Meinung nach wichtig für alle Harry-Potter-Bücher?

Rowling: Ich denke eigentlich nie an so was wie Zutaten. Aber wenn ich welche nennen sollte, würde ich sagen Humor, starke Figuren und eine wasserdichte Handlung. Diese Dinge würden die Sorte Buch ausmachen, die ich selbst gerne lese. Oh, fast hätte ich es vergessen – schaurig muss es auch sein. Ich nehme mir nie vor, den Leuten Angst zu machen, aber irgendwie schleicht es sich dann doch ein. […]

1. Gestaltet eine Wandzeitung zu Joanne K. Rowling und ihrer Arbeitsweise.
2. Sucht weitere Informationen für die Wandzeitung, z. B. im Internet.

Joanne K. Rowling: Harry Potter und der Stein der Weisen – eine Inhaltsangabe *Schülertext*

Harry Potter lebt als Pflegekind bei der Familie Dursley, die ihn als Baby aufgenommen hat, nachdem seine Eltern bei einem mysteriösen Unfall ums Leben gekommen sind. Harry hat eine unglückliche Kindheit. Seine widerliche Tante Petunia und sein Onkel Vernon verhätscheln den eigenen Sohn Dudley, während sie Harry immer wieder schikanieren. Er muss in einer Abstellkammer unter der Treppe schlafen und Dudleys abgelegte Kleidung auftragen.

Vor Harrys elftem Geburtstag geschehen plötzlich eigenartige Dinge. Jemand versucht ihm einen Brief zu schicken, doch die Pflegeeltern versuchen mit allen Mitteln, die Zustellung des Briefs zu verhindern. Schließlich erhält Harry den Brief aber doch und erfährt, dass er aus einer berühmten Zaubererfamilie stammt und als Schüler in Hogwarts, der Schule für Zauberei, ausgebildet werden soll. Er erfährt auch, dass er in der Zaubererwelt eine Berühmtheit ist, weil er bereits als Baby dem Fluch des bösen Lord Voldemort widerstanden und damit dessen Macht gebrochen hat.

In Hogwarts beginnt ein neues Leben für Harry. Einerseits ist es geprägt durch harte schulische Arbeit, denn Harry muss wie die anderen Hogwarts-Schüler das Zaubern erst erlernen. Andererseits wird Harry dort immer wieder mit neuen Abenteuern konfrontiert. Seine besondere Stellung in der Zaubererwelt bringt Harry Bewunderung und Neid ein. Er findet Freunde fürs Leben und erbitterte Feinde, er kämpft gegen Zauberwesen, hat Probleme mit der Schule und einigen Lehrern, ist keineswegs ein „Superman", sondern lebt in der ständigen Angst, von der Schule zu fliegen.

Nach und nach findet Harry seine eigenen positiven Kräfte und Eigenschaften heraus, und so wagt er es mit Hilfe seiner besten Freunde, sich auf die gefährliche Suche nach dem Stein der Weisen zu begeben.

1. Welche Themenbereiche werden in dem Roman *Harry Potter und der Stein der Weisen* behandelt?

Vergleich mit anderen Jugendbüchern   169

Bekannte Jugendbücher …

Hier sind die Titelseiten einiger bekannter Jugendbücher abgebildet:

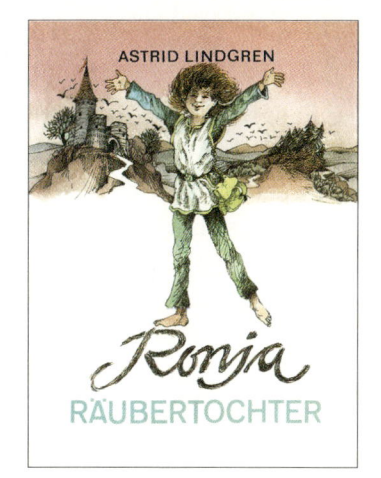

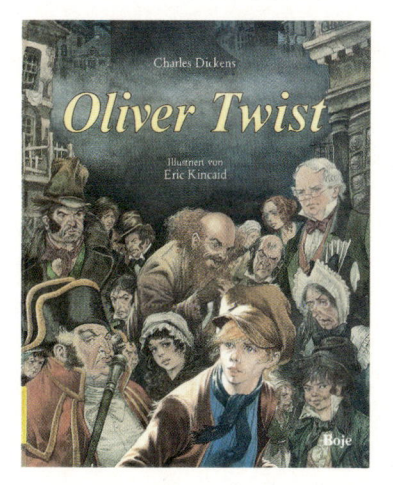

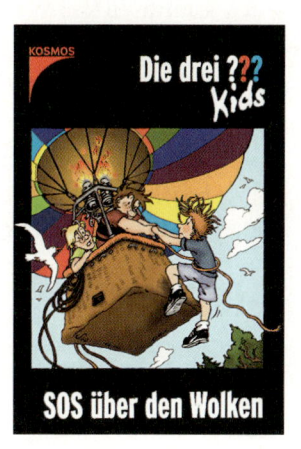

2. Kennst du diese Jugendbücher?
   Fasse kurz deren Inhalt zusammen und überlege,
   was sie mit *Harry Potter* gemeinsam haben.
3. Warum sind deiner Meinung nach gerade die
   Harry-Potter-Geschichten weltweit so erfolgreich?

Der Film

Was Kinder über den Harry-Potter-Film sagen …

Andy: Der Film war super. Ich würde ihn mir auch nochmals anschauen. Dass er so lang gewesen ist, hat mich gar nicht gestört. Manches war sogar besser als im Buch, zum Beispiel das Quidditch-Spiel.

Fabian: Ich habe alle Bücher gelesen, die haben mir super gefallen. Ich habe gehofft, dass der Film so ähnlich ist und nicht viel verändert wurde. Einiges war aber schon anders. Manchmal stellt man sich etwas einfach nicht so vor. Ich habe mir die Lehrer ganz anders vorgestellt.

Sandra: Ich konnte es kaum erwarten, bis der Film in die Kinos kam. Der Film war richtig toll, aber nicht so gut wie das Buch. Einiges wurde übergangen und es kommt nicht alles so rüber, im Buch ist alles ausführlicher beschrieben.

Lisa: Ich habe ein Buch gelesen und Harry-Potter-Kassetten gehört. Der Film hat mir gut gefallen, auch wenn er zum Teil anders war, als es die Bücher sind. Das Mädchen Hermine ist im Film viel zu hübsch gewesen. Einiges wurde ausgelassen, anderes dafür eingefügt.

Frederik: Ich habe noch kein Harry-Potter-Buch gelesen. Vielleicht hat mir der Film deshalb so gut gefallen. Er ist sehr spannend und hat tolle Szenen. Jetzt kaufe ich mir vielleicht doch die Bücher.

1. Seid ihr mit den Aussagen über die Verfilmung von *Harry Potter und der Stein der Weisen* einverstanden? Diskutiert darüber in der Klasse.
2. Schreibe deine eigene Kritik zu dem Film.

Harry Potter und der Stein der Weisen *Markus Hoff-Holtmanns*

Kritik: Sehr schön. Eigentlich bräuchte man nicht viel mehr zu sagen. Der Film ist sehr schön inszeniert, und auch für Leute, die die Bücher nicht kennen, nachvollziehbar und unterhaltsam. Denn der Film erzählt in seinen 152 Minuten genau den Inhalt des ersten Buchs. Und das mit so aussagekräftigen Bildern und schönen Effekten, dass man kaum verhindern kann, von der Faszination dieser fabelhaften Zaubererwelt mitgerissen zu werden.

Dadurch empfand ich nicht eine Minute des Films als langweilig. Nicht einmal die etwas sehr in die Länge gezogene Einführung der Zieheltern, des Lebens unter Muggeln und Harrys „Befreiung". Selbst das ist stimmig und passt in den Ablauf.

Harry Potter selbst (Daniel Radcliffe) spielt für einen 11-Jährigen, so er denn noch so jung ist, recht ansehnlich, auch wenn er an seiner Mimik noch ein wenig arbeiten sollte. Man erhält trotzdem einen überzeugenden Eindruck, wie man sich fühlt, wenn man Hals über Kopf in eine Welt von Magiern, Zauberern und Hexen geworfen wird.

Dumbledore (Richard Harris), höchster Zauberer und Direktor in Hogwarts, ist etwas zu großväterlich dargestellt, er hätte ruhig mystischer, ernster und mit weniger Rauschebart auftreten dürfen.

Viel zu kurz kam der Auftritt von Snape (Alan Rickman), der eigentlich eine viel größere Rolle in Harrys Leben spielt. Aber vermutlich wusste der Regisseur Chris Columbus, dass er Alan Rickman nicht zu sehr in den Vordergrund bringen darf, ohne dass er alle anderen an die Wand spielt…

Ein oder zwei Szenen sind dem jungen Publikum geschuldet, in denen vielleicht etwas zu viel sphärisches Licht und Engelssingen benutzt wurde, aber das ist noch im erträglichen Rahmen. An ein oder zwei Stellen, speziell in den Flugszenen mit den Besen, hatte ILM wohl nicht die Hände im Spiel, denn dort sieht man deutlich, dass sie (schlecht) computeranimiert sind.

Fazit: Auf jeden Fall ein lohnenswerter Film, auch für Nicht-Potter-Fans, der allemal unterhält und, wenn man noch ein bisschen Kinderblut in den Adern hat, einfach schön ist und Spaß macht.

Bewertung: 8 von 10 Nimbus 2000 Rennbesen

3. Wie bewertet der Kritiker den Film und die Schauspieler?
4. Schreibe einen Leserbrief als Reaktion auf diese Kritik, in dem du darlegst, ob die Schauspieler deinen Vorstellungen von den Figuren im Roman gerecht werden.

Wer die wichtigste Person im Film spielt …

Daniel Radcliffe spielt Harry Potter

Daniel wurde am 31.7.1989 geboren. Mit der Schauspielerei hat er schon durch seine Eltern zu tun: Seine Mutter Marcia Gresham ist Direktorin einer Casting[1]-Agentur, sein Vater Alan Radcliffe arbeitete für eine große Talentagentur, bevor er seinen Beruf aufgab, um sich als Manager ganz um die Karriere seines Soh-
5 nes zu kümmern.

Daniels Schaupielerkarriere begann bereits mit 6 Jahren, als er in der Schule in einem Theaterstück mitspielte.

Ein paar Jahre später war er mit seinen Eltern auf einer Party, auf der jemand zufällig erwähnte, dass Daniel für die BBC[2]-Produktion von „Oliver Twist"[3] die
10 ideale Besetzung wäre. Seine Eltern waren zunächst dagegen, dann aber riefen sie bei der Casting-Agentur an und wollten ihren Sohn für die Rolle vorschlagen. Doch leider war Oliver Twist schon an einen anderen Schauspieler vergeben. Daniel durfte jedoch bei der BBC als „David Copperfield"[3] vorsprechen und bekam die Rolle prompt. So spielte er 1999 an der Seite von Bob Hoskins zum ers-
15 ten Mal im Fernsehen.

Dies bedeutete die entscheidende Chance für Daniel. Denn als der amerikanische Regisseur Chris Columbus auf die Suche nach einem Hauptdarsteller für seine Harry-Potter-Verfilmung ging, sah er ein Video von „David Copperfield" und wusste, dass Daniel für die Rolle in Frage kommt.

20 Damit setzte sich Daniel gegen 30.000 Mitbewerber um die Rolle als Harry Potter durch. Aber wieder waren seine Eltern dagegen, dass er in dem Film mitspielt. Sie wussten, dass der Darsteller von Harry Potter ins Zentrum des Medieninteresses geraten würde und Daniels Gesicht als Harry Potter auf allen Titelseiten erscheinen würde. Deshalb wollten sie ihren Sohn vor dem Erfolg
25 und den daraus entstehenden Folgen schützen.

Der Regisseur und der Produzent des Film brauchten lange, um Daniels Eltern zu überreden, ihren Sohn den Harry Potter spielen zu lassen. „Wir ver-

---

1 **Casting:** Auswahl der Schauspieler für einen Film, z. B. durch Vorsprechen

2 **BBC** = British Broadcasting Company
3 **Oliver Twist, David Copperfield:** Romane von Charles Dickens

suchten alle Eltern zu überzeugen, dass wir die Kinder schützen würden", sagt Columbus. „Ich habe schon mit einer Reihe von Kindern gearbeitet und ich möchte nicht, dass dasselbe noch einmal geschieht, dass die Presse immer über sie herfällt und versessen auf sie ist. Ich möchte, dass sie eine Art normales Leben führen können."

Daniel erinnert sich an den Abend, als sein Vater ihm sagte, dass er die Rolle des Harry bekommen würde. Es war Freitag und er lag im Bad. „Mein Dad kam rein und sagte: ‚Dan, rate mal, wen sie als Harry Potter ausgewählt haben?' Und ich glaube, ich sagte den Namen eines anderen Schauspielers und dann ‚Jemand anders?', denn ich konnte mir absolut nicht vorstellen in einer Million Jahren, dass sie mich auswählen würden. Als er das gesagt hatte, hatte ich – glaube ich – doch ein klein wenig Hoffnung, dass ich die Rolle bekommen hätte. Aber ich wollte mich nicht zu früh freuen. Aber er sagte dann ‚Dan, du bist es …' Ich schrie auf vor Freude. Es war der größte Schock in meinem Leben."

Beim ersten Tag der Film-Arbeiten war Daniel sehr nervös. Als man beim Make-up die blitzförmige Narbe auf seine Stirn zeichnete, erkannte er vielleicht zum ersten Mal, dass dieses etwas anderes, viel größer war, als alles was er bisher erfahren hatte.

Inzwischen ist Daniel ein Star, genießt den Erfolg in vollen Zügen, hat aber auch schon die andere Seite des Starruhms entdeckt. „Es macht wirklich Spaß, aber da waren eine Menge Leute in meiner Schule, die nie vorher mit mir gesprochen hatten, aber als ich die Rolle bekommen hatte, begannen sie mir E-Mails zu schicken und vorzugeben, wir wären die besten Freunde", sagt Daniel. „Meine engen Freunden stehen total cool darüber. Wenigstens hoffe ich das – und überhaupt Mama und Papa führen weiterhin ein normales Leben. Ich habe einige enge Freunde und sie sind die gleichen, die sie vorher waren. Sie möchten natürlich viel darüber erfahren und einige von ihnen sind zum Set[4] gekommen und haben sich das angesehen, aber es hat sich nichts verändert."

Er wird natürlich eine Menge Geld für die Filme bekommen. Wie viel genau, das ist ein sorgfältig gehütetes Geheimnis, aber es könnte um die eine Million Pfund pro Film sein. Er wird eine ganze Menge Geld für einen zwölfjährigen Jungen sein. „Ich denke, dass ich alles einfach sparen werde", sagt Daniel nüchtern, „ich weiß nicht, wie viel ich bekomme, und ich möchte es auch nicht wissen, denn ich denke, es ist nicht wichtig. Es geht mir nicht um das Geld, sondern Spaß zu haben und Leute zu treffen."

[4] **Set**: Dreharbeiten

1. Möchtest du mit Daniel Radcliffe tauschen?
   Schreibe ihm einen Brief und begründe deine Meinung.
2. Sammelt Bilder und weitere Informationen über Daniel sowie die anderen Schauspieler des Harry-Potter-Films und fertigt über jeden ein Plakat an.
   Ein kleiner Tipp: Sucht z. B. im Internet unter
   http://www.harrypotter.warnerbros.de

Andere Medien

Spieletest: Harry Potter als Computer-Spiel

Nach einer kurzen Einführung über Harrys unglückliche Kindheit beginnt in Hogwarts das Action-Adventure-Abenteuer für Kinder ab dem Grundschulalter, in dem der Spieler durch das Internat und die nähere Umgebung steuern muss. Es gilt, mit Zaubersprüchen Rätsel zu lösen, fleischfressenden Pflanzen auszu-
5 weichen, Geschicklichkeitsübungen zu meistern. Als „Waffe" dient Harry sein Zauberstab, den er auf Gegner und Gegenstände richten kann und mit dem er je nach Zauberspruch eine andere Wirkung erzielen kann.

In ungefähr 10 Spielstunden erlernt der Held das Zaubern und setzt sich gegen Fieslinge und Geister durch. Der Spielverlauf ist insgesamt recht geradlinig,
10 ohne größere Herausforderungen, absolut gewaltfrei und einfach. Abwechslung bieten einige Abschnitte, in denen Harry unsichtbar ist oder auf seinem Besen Nimbus 2000 unterwegs ist. Die Optionen des Programms für das Quidditch-Spielen sind recht witzig und unterhaltsam gestaltet.

Insgesamt ist das Spiel wirklich vor allem für Kinder im Grundschulalter
15 geeignet, allen älteren Fans dürfte es zu einfach und langweilig sein. Außer dem Abarbeiten vieler kleiner Aufgaben, wie Einsammelspiele, Knallbonbon-Schlachten und der Betäubung von Angriffsschildkröten, kommt keine durchgehende Handlung und damit auch keine Spannung auf.

Vielleicht lässt sich die Geschichte von Harry Potter aber einfach auch nicht
20 nachspielen…

1. Würdest du das Computerspiel aufgrund des Testberichts weiterempfehlen?

Harry online

Natürlich gehören zum Erfolg von Harry Potter auch die Einträge im Internet. Gibt man in eine Suchmaschine das Stichwort „Harry Potter" ein, so landet man 1.860.000 Treffer! Es gibt weltweit unzählige Fanseiten und Homepages über Harry. Eine davon wurde z. B. von zwei Schwestern aus Berlin, der zehnjährigen Sarah und der vierzehnjährigen Saskia, gestaltet:

Das Herzstück der Website ist eine Zaubererschule. Aber wer am Unterricht dieser Schule teilnehmen will, muss zuerst eine Aufnahmeprüfung machen: Drei Fragen sind zu beantworten: Was sind Muggel? Wie heißt die berühmteste Zaubererschule aller Zeiten? Welche Farbe hat Zaubertinte?

Danach werden die Schüler auf die vier Häuser von Hogwarts aufgeteilt (Gryffindor, Slytherin, Hufflepuff, Ravenclaw). Jeder Teilnehmer bekommt per E-Mail ein Kennwort zugesandt und kann dann zusammen mit den anderen Bewohnern seines Hauses um den Hauspokal kämpfen …

HP-FC
Autorin HP (J. K. R.)
Bücher
Gründer
Hierarchie
Fanclub-Regeln
FAQ's (häufige Fragen)
Hauptfiguren
   Harry Potter
   Ron Weasley
   Hermine Granger
   Hagrid
   Draco Malfoy
   Familie Dursley
   Familie Weasley
   Albus Dumbledore
   Du-weißt-schon-wer!
   Lehrer aus Hogwarts
   Magische Geschöpfe
Handlungsorte
   Hogwarts (Rundflug)
   Ligusterweg
   Winkelgasse
   Gringotts
   Hogsmeade
Tagesprophet
Presse
Zaubersprüche
Bibliothek
unser HP-Film
News vom HP-Movie
Wettbewerbe
   Fotowettbewerb
   Malwettbewerb
   Dichter und Denker
   Abstimmungen
   20 Sprachen
Demos
   Snape explodiert
   (H)Eulerei
   QuitWitch
   Harry auf PC & Co.
Free Downloads
   Harry Bildschirmschoner
   Autogramm von JKR
   Arithmetik-TR
   Harry & Co. Desktop

1. Geht auf die Internet-Seite von Sarah und Saskia unter http://www.hp-fc.de.
2. Testet verschiedene Elemente der Seite, z. B. FAQs, Magische Geschöpfe, Lehrer in Hogwarts, Aufnahmeprüfungen usw.
3. Vergleicht die Seite mit anderen Harry-Potter-Fanseiten im Internet und bildet euch ein Urteil. Tragt eure Meinung ins Gästebuch der Seite ein.

HITS

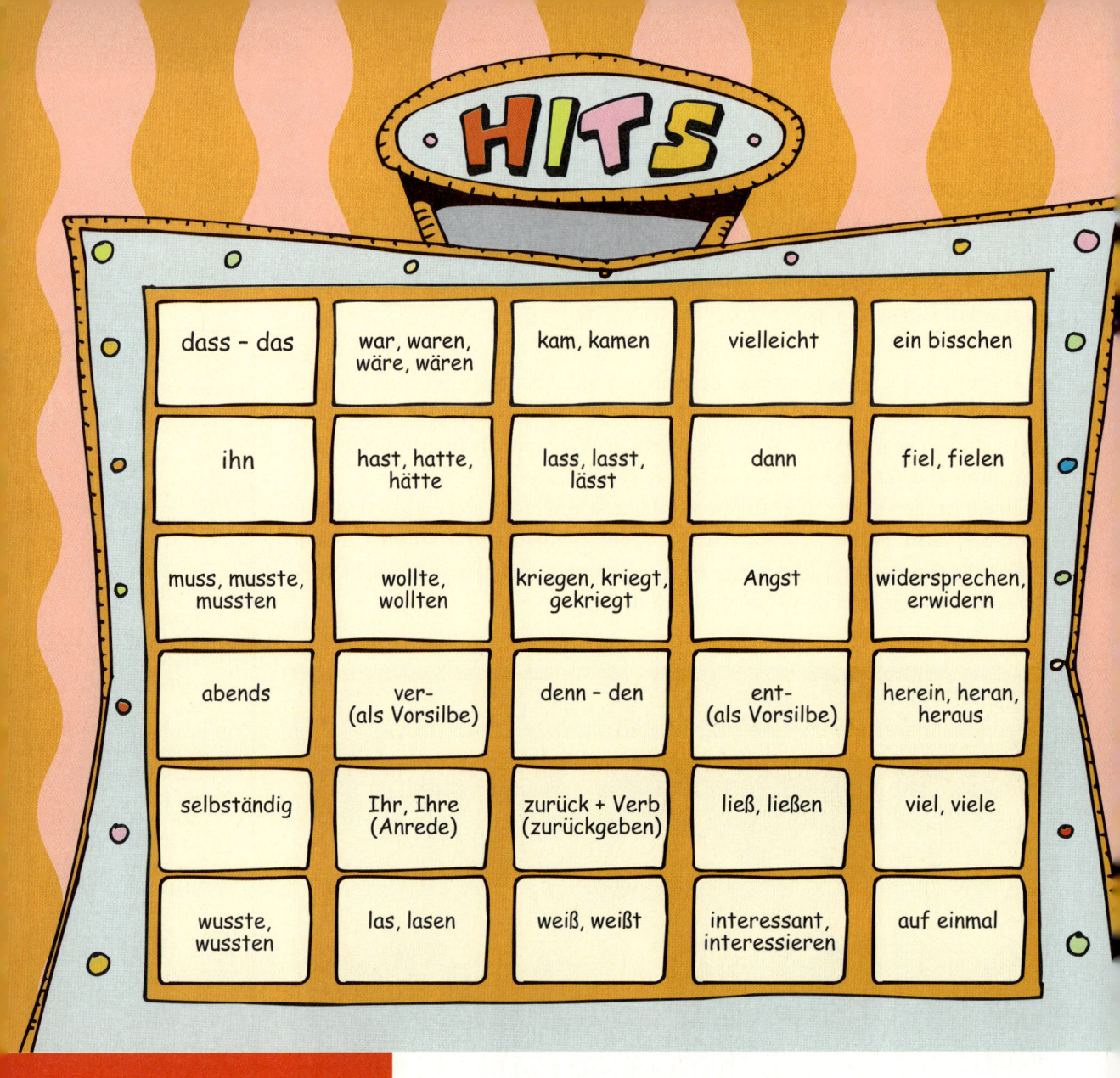

dass – das	war, waren, wäre, wären	kam, kamen	vielleicht	ein bisschen
ihn	hast, hatte, hätte	lass, lasst, lässt	dann	fiel, fielen
muss, musste, mussten	wollte, wollten	kriegen, kriegt, gekriegt	Angst	widersprechen, erwidern
abends	ver- (als Vorsilbe)	denn – den	ent- (als Vorsilbe)	herein, heran, heraus
selbständig	Ihr, Ihre (Anrede)	zurück + Verb (zurückgeben)	ließ, ließen	viel, viele
wusste, wussten	las, lasen	weiß, weißt	interessant, interessieren	auf einmal

SPRACHREFLEXION

Rechtschreibung und Zeichensetzung

Hitparade schwieriger Wörter

Wie in der Popmusik gibt es auch in der Rechtschreibung so etwas wie eine Hitparade, und zwar der Wörter, die von Schülern am häufigsten falsch geschrieben werden.
- Warum werden diese 30 Wörter wohl falsch geschrieben?

Rechtschreibschwierigkeiten

Nachschlagen → S. 285

Ein Märchen aus uralten Zeiten

K Es war einmal vor langer Zeit ein trauriger Laut [k]. Die deutsche Sprache wurde geschaffen und das [k] hatte sich so sehr gewünscht, den Buchstaben *k* zu bekommen. Immer wenn [k] gesprochen wird, hätte man *k* geschrieben und sonst keinen anderen Buchstaben.
Aber anscheinend wurde in diesen uralten Zeiten niemand nach seinen Wünschen gefragt. Zumindest das [k] hatte dieses Gefühl. Denn was war passiert, als die deutsche Sprache endlich fertig war? Viele Buchstaben konnten plötzlich für den Laut [k] stehen, und der arme, traurige Laut konnte ganz verschieden geschrieben werden: mit *kk* wie in *Mokka*, mit *ck* wie in *Hacke*, mit *x* wie in *Hexe*, mit *q* wie in *Quark*, mit *ch* wie in *Chaos* und mit *c* wie in *Claus*.
Als der arme Laut so traurig dastand und sich benachteiligt fühlte, tauchten plötzlich die Laute [f], [t] und [ts] auf. Sie trösteten das [k] und machten ihm klar, dass nicht nur seine Wünsche unerfüllt blieben. Auch ihre Wünsche wurden nicht erfüllt. Denn sie hatten viele Wörter mitgebracht, in denen sie immer anders geschrieben wurden:

> Waffe – Reiz – Stadt – Rätsel – Fuß – Löwchen – Katze – Vater – Theater – Physik – Matte – Tasse – Heft – Mut

Der Laut [k] war ein wenig getröstet, als er sah, dass auch andere Laute sein Schicksal teilten. Was war aber mit den Menschen, die all diese Laute schreiben mussten?

1. Welche Buchstaben können für die Laute [f], [t] und [ts] stehen?
   Ordne den Lauten die einzelnen Wörter zu.
2. Du kennst noch andere Laute, die mit verschiedenen Buchstaben geschrieben werden können. Nenne Beispiele.
   Vielleicht kann dir die Musikbox helfen.
3. Beantworte die letzte Frage des Lautes [k]:
   Welche Schwierigkeiten haben die Menschen, wenn sie diese Laute schreiben müssen?

Vermeidung von Rechtschreibfehlern

[Nachschlagen → S. 285]

Warum wird das so geschrieben?

Es kann schon sein, dass man manchmal nicht weiß, wie ein Wort geschrieben wird. Du findest hier eine kleine Hilfestellung. Dazu musst du die Sätze 1–6 mit den Wörtern auf den Karten A–F ergänzen:

1 Man schreibt **er liest** und **Lesebuch** ohne h und mit s wegen …

2 Man schreibt **er stiehlt** und **Diebstahl** mit h wegen …

3 Man schreibt **er schwankt** und **Schwank** mit k wegen …

4 Man schreibt **er fiel** und **Gefälle** mit f wegen …

5 Man schreibt **er fror** und **gefroren** ohne h wegen …

6 Man schreibt **er singt** und **Gesang** mit g wegen …

A fallen
B lesen
C schwanken
D frieren
E singen
F stehlen

1. Schreibe die Sätze **1–6** in dein Heft und ergänze sie mit den richtigen Wörtern aus den Karten **A–F**. Welche Hilfestellung kannst du für die Schreibung der rot gedruckten Wörter erkennen?
2. Suche weitere Wörter, die zu den Wortstämmen auf den Karten **A–F** gehören.

Wortstamm:
Der Wortstamm ist der Teil eines Wortes, der im Wesentlichen unverändert bleibt, auch wenn unterschiedliche Formen mit diesem Wort gebildet werden.

EXTRA: Üben → S. 202

Meine Wörterkartei

Um besser zu schreiben, muss man viel üben. Dazu kann man eine **Wörterkartei** *anlegen. Wie das geht, wird im Folgenden beschrieben. Ein Tipp: Eine solche Kartei lässt sich auch als Klassenkartei anlegen.*

Wörterkartei
→ S. 298

Verben	Schule	fahren	i-Laut
fallen, er fiel	um acht Uhr	du fährst	niesen
essen, er aß	Physik	Gefährte	Dieb
wiederholen	Filzschreiber	Fahrt	er gibt
widerlegen	Zeugnis	ich fuhr	
		Fuhrwerk	

Welche Wörter kommen in deine Kartei?
– Wörter, die für dich neu sind.
– Wörter, die dir beim Schreiben Schwierigkeiten bereiten.
– Fachwörter aus den Unterrichtsfächern

Wie ordnest du die Wörter auf deiner Kartei?
Du musst die Ordnung wählen, die dir am geeignetsten erscheint. Oben findest du vier Karten aus einer Wörterkartei, die unterschiedlich geordnet sind.

Wie übst du mit deiner Wörterkartei?
– Schaue dir ein Wort auf der Karteikarte an und präge es dir ein.
– Drehe die Karteikarte um und schreibe das Wort in dein Übungsheft.
– Drehe die Karteikarte um und kontrolliere das geschriebene Wort.
– Wenn du es falsch geschrieben hast, schreibe es noch mal.
– Wenn du es richtig geschrieben hast, mache auf der Karteikarte ein Kreuzchen dahinter.
– Wenn ein Wort drei Kreuzchen hat, kannst du es durchstreichen.

1. Nach welchen Gesichtspunkten sind die Wörter auf den vier Karteikarten geordnet? Ordne folgende Begriffe den Karteikarten zu: *Wortfamilie, Thema, Wortart, Rechtschreibung.*
2. Diskutiert in eurer Klasse: Inwieweit können solche Karteien helfen? Sollte jeder für sich eine solche Kartei anlegen? Oder ist eine Klassenkartei besser? Wie übt man mit der Klassenkartei?

Allerlei Abkürzungen

Jg. Mn., 26, 1,80 gr., viels. int., schlk., sportl., dklblnd. NR u. NT sucht attr. Sie +/− 4 J. f. ehrl. glückl. Leben zu zw.

Mam|mut, das; -s, Plur. -e u. -s <russ.-franz.> (Elefant einer ausgestorbenen Art); …
Sau|rier [… i ə r], der; -s, - (urweltl. [Riesen]echse)

1. Entschlüssele den linken Text. Woraus könnte er entnommen sein?
2. Gehe mit den rechten Texten genauso vor.

Informationen im Wörterbuch

Konkrete Informationen	Allgemeine Zuordnung
(Elefant einer ausgestorbenen Art)	– Pluralform(en)
Ma.m	– grammatisches Geschlecht (Artikel im Nominativ Singular)
das	
<russ. - franz.>	– Betonung
-s	– Herkunft
Plur. -e u. -s	– Bedeutung
Mam|mut	– Silbentrennung
	– Aussprache
	– Genitiv Singular

3. Ordne richtig zu. Was bleibt offen?
4. Schlage das Stichwort *Mammut* im Rechtschreib-Wörterbuch nach. Welche Informationen findest du noch?
5. Was wird beim Wort *Saurier* nicht erklärt?
6. Schreibe die allgemeinen Zuordnungen in der gültigen Reihenfolge auf: *1. Betonung, 2. Silbentrennung, 3. …*
7. Suche in einem Rechtschreib-Wörterbuch alle Informationen zu den Substantiven *Museum, Nougat, April, Bowle, Abbau, Shirt*.
8. **Schlage** die Wörter *äffen, Fresse, anzwitschern, Allee, Frisbee* in deinem Wörterbuch **nach**. Was entdeckst du noch?

Nachschlagen
→ S. 298

EXTRA: Üben → S. 202

Stichwörter finden

Kai und Susanne streiten darüber, wie das Wort *fragst* richtig geschrieben wird.
Sie beschließen, in einem Wörterbuch nachzuschlagen.

9. Suche das Wort in deinem Wörterbuch. Was stellst du fest?
10. Suche folgende Stichwörter: *lügst, Förster, Sesambrötchen, Küsse, reichlich, Ringelnatter, gefahren, nasser, Fertigstellung.*
11. Formuliere Hilfestellungen für die Stichwortsuche bei Verbformen, Adjektiven und Steigerungsformen, zusammengesetzten Nomen und Pluralformen.

Arbeitsschritte helfen

Du sollst ein Wort in deinem Wörterbuch nachschlagen.
Wie gehst du vor?

12. Notiere die Arbeitsschritte in der richtigen Reihenfolge.
13. Suche Seitenleitwörter, Spalte und Stichwort zu *Mammutbaum* und *Elefantenhaut*.

richtige Spalte · gesuchtes Wort · Seitenleitwörter oben links/rechts · Stichwort · Anfangsbuchstabe · Wortblock mit stammverwandten Wörtern

Ein Wettbewerb

Jeder zeichnet eine Tabelle mit folgenden Spalten in sein Heft:

Wort	Seite	Spalte	Geschlecht	Wortart	Herkunft	Bedeutung

14. Legt zehn Wörter fest, die im Wörterbuch zu finden und mit Angaben in die Tabelle einzutragen sind. Wer ist der schnellste Nachschlager?

INFO

Rechtschreibfehler vermeidet man durch folgende Verfahren:
- Man übt mit Karteikarten.
- Man achtet auf den Stamm der Wörter.
- Man verlängert das Wort.
- Man übt mit Diktaten.
- Man schlägt in einem Wörterbuch nach.

Nachschlagen → S. 285

Nachschlagen → S. 285

Dehnung

Wörterlinien

Von **A** nach **B**, von **C** nach **D**, von **E** nach **F**, von **G** nach **H** und von **I** nach **J** kann man Zickzacklinien ziehen. Auf jeder Linie befinden sich dann fünf Wörter, die etwas gemeinsam haben.

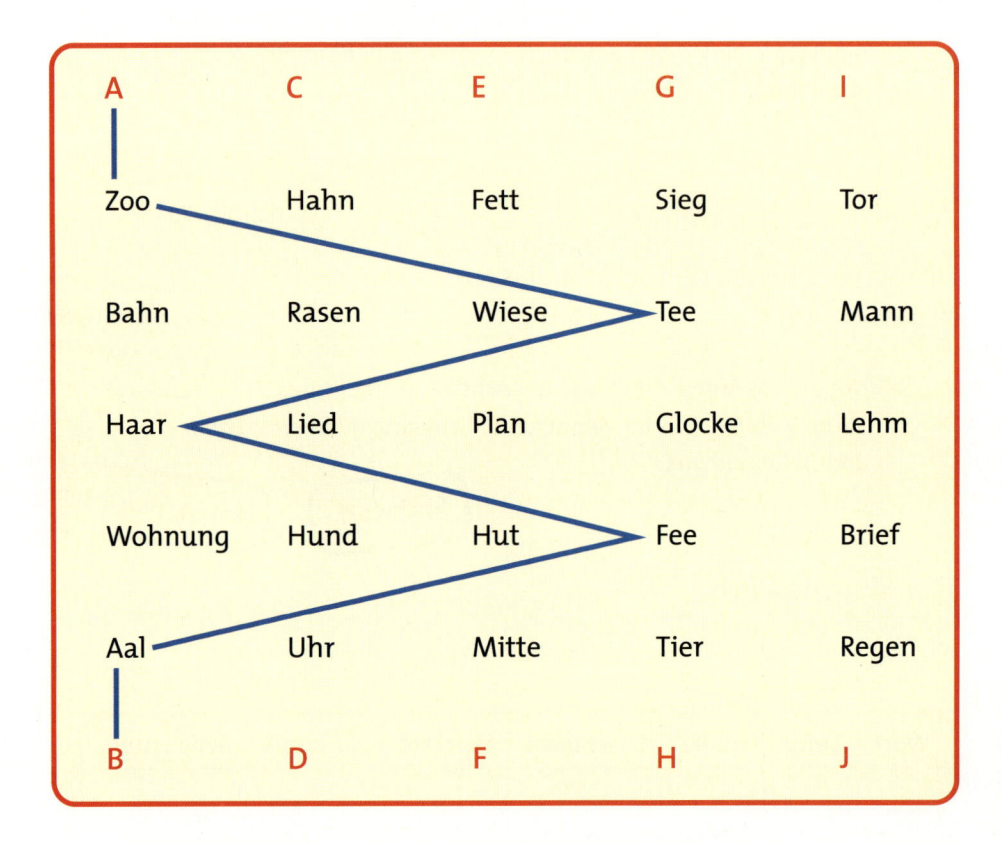

A	C	E	G	I
Zoo	Hahn	Fett	Sieg	Tor
Bahn	Rasen	Wiese	Tee	Mann
Haar	Lied	Plan	Glocke	Lehm
Wohnung	Hund	Hut	Fee	Brief
Aal	Uhr	Mitte	Tier	Regen
B	D	F	H	J

1. Fahre gedanklich den einzelnen Linien nach. Schreibe jeweils die fünf Wörter in dein Heft auf, die etwas gemeinsam haben.
2. Lies diese Wörter laut. Achte dabei auf den Stammvokal. Was fällt dir bei einer Linie auf?
3. Was haben die Wörter der anderen Linien gemeinsam? Wie werden lang gesprochene Vokale geschrieben? Formuliere eine Regel.

EXTRA: Üben → S. 203–204

Wortbilder

1. Schau dir diese Bilder an. Schreibe alle Wörter auf.
   Was haben sie gemeinsam?
2. Malt weitere Bilder. Lasst die anderen raten.

Wortliste mit Dehnungs-h

wehren – Ohr – drohen – ähnlich – Sohn – kahl – ruhen – allmählich –
ohne – fehlen – wahrscheinlich – befehlen – Nähe – lehren – bohren –
mehr – dehnen – während – kehren – fahren – fühlen – Gefahr – Kohl –
Bühne – Kohle – Lohn – rühren – sehen – kühl – nehmen – Rahmen – Jahr –
Rohr – empfehlen – sehr – stehlen – stöhnen – Strahl – Stuhl – gehen –
Fohlen – Uhr – nahen – gewöhnen – führen – wahr – Mühe – Fahne –
wohnen – zählen – angenehm – jährlich – gefährlich – wehren – Zahl

3. Ordne diese Wörter in eine Tabelle ein: *äh/ah, eh, öh/oh* und *üh/uh*.
4. Wähle fünf Wörter aus. Suche dazu Verwandte.
   Zum Beispiel: *ähnlich – ähneln, Ähnlichkeit …*
5. Wie unterscheiden sich davon die farbig hervorgehobenen Wörter?
   Achte darauf, welche Buchstaben vor und nach dem *h* stehen.

Ratespiel

1. menschliches Organ
2. darauf fährt die Eisenbahn
3. jemand aus Athen ist ein …
4. jemand bemalt den Schultisch
5. Lebewesen
6. kleines, flinkes Tier
7. fleißiges Insekt
8. alkoholisches Getränk
9. jemandem wird die Strafe erlassen
10. Zahlwort
11. Treibstoff für Lastwagen
12. Schreiben per Post verschickt
13. Dachschräge beim Haus
14. zwei mögen sich
15. lässt die Augen tränen
16. anderes Wort für Schläge
17. sein Fahrrad lieben heißt
18. einer der klaut
19. etwas mit Löchern
20. die Schöne und das

Amnes – be – bel – ben – Bie – Biest – Brief – che – Die – Gie – Grie – Hie – lie – ne – ne – re – ren – schie – schmie – sel – Sieb – stiehlt – Tier – ver – e – Zwie – en – e – Schie – sel – tie

---

1. Schreibe die Lösungswörter in dein Heft.
   Die Wörter und Silben im Kasten können dir dabei helfen.
   Welches Dehnungszeichen wird verwendet?

Wortliste mit einfachem „i"

Apfelsine – Benzin – Bikini – Brise – Familie – Gardine – Giraffe – Kamin – Krise – Kugelschreibermine – Lidschatten – Margarine – Maschine – Mikrofon – Mimik – Musik – Piano – piksen – prima – Schikane – Schreibstil (aber: Besenstiel) – Sirene – Tiger – Violine

2. Lies die Wörter laut vor. Achte auf das lange *i*.
3. Schreibe mit einigen Wörtern Werbeanzeigen.

EXTRA: Üben → S. 203–204

Doppelvokale

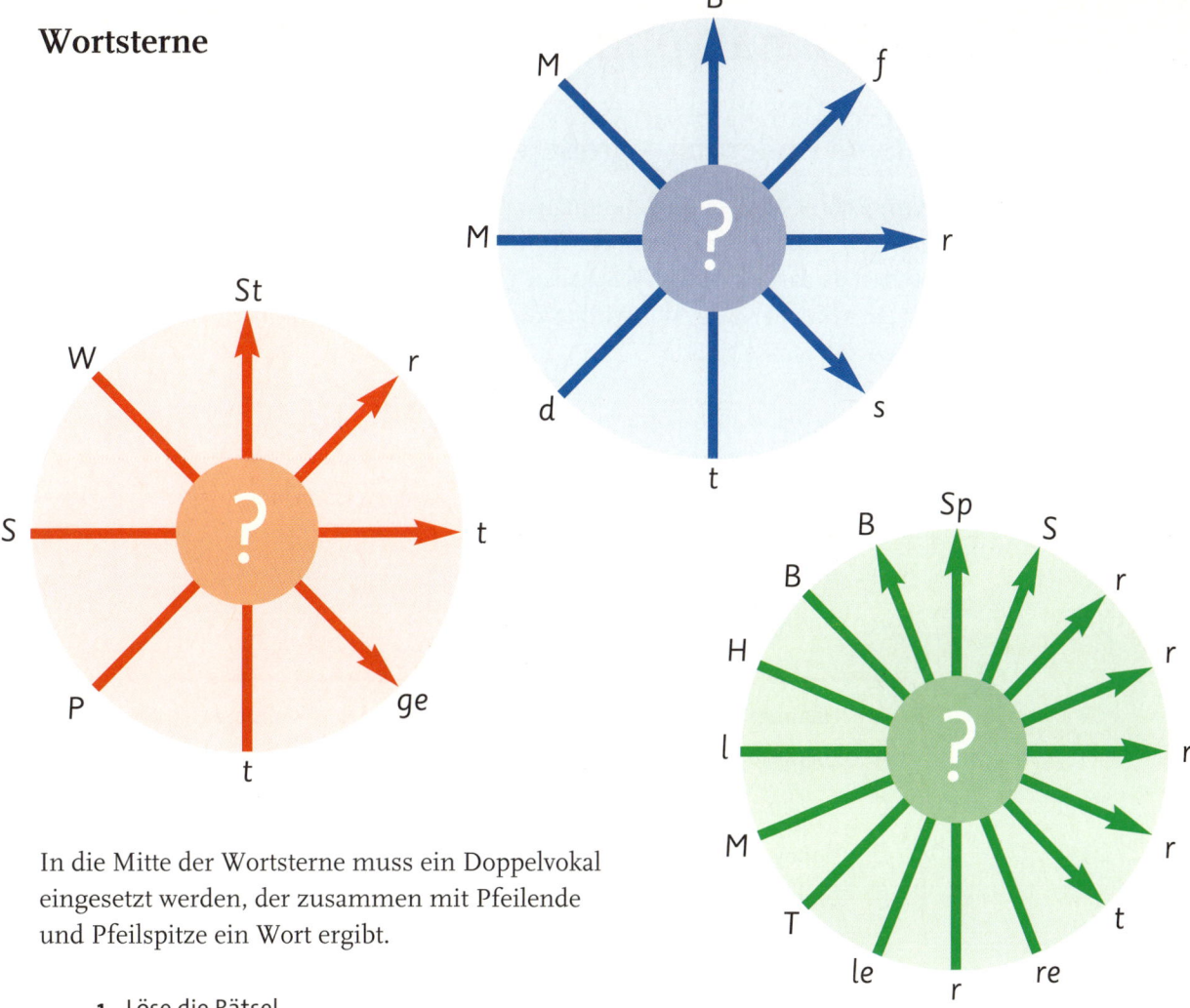

Wortsterne

Wortstern 1 (orange): St, r, t, ge, t, P, S, W (Mitte: ?)

Wortstern 2 (blau): B, f, r, s, t, d, M, M (Mitte: ?)

Wortstern 3 (grün): Sp, S, r, r, t, re, r, le, M, l, H, B, B (Mitte: ?)

In die Mitte der Wortsterne muss ein Doppelvokal eingesetzt werden, der zusammen mit Pfeilende und Pfeilspitze ein Wort ergibt.

1. Löse die Rätsel.
2. Für welche Vokale gibt es die meisten Wörter, für welche die wenigsten? Welche Vokale können nicht verdoppelt werden?

INFO

Nachschlagen → S. 285

- Wird ein Vokal (Selbstlaut) lang gesprochen, dann kann er ohne Dehnungszeichen (mit einfachem Vokal), mit Dehnungs-*h* oder mit Doppelvokal geschrieben werden.
- Das Dehnungs-*h* kommt häufig bei den Vokalen *a, e, o* und *u* vor.
- Lange Vokale werden mit einem silbentrennenden *h* gekennzeichnet, wenn vor und nach dem *h* ein Vokal steht.
- Ein lang gesprochenes *i* wird oft mit dem Dehnungszeichen *e* geschrieben.
- Der Vokal *e* kann am häufigsten verdoppelt werden.

Die Schärfung

Nachschlagen → S. 286

Kleine Änderung – große Wirkung!

Eine *Kate* ist ein kleines Bauernhaus. Wenn daraus eine *Karte* wird – was ist dann passiert? Eine *Nabe* ist die Mittelhülse eines Rades. Wenn sie zur *Narbe* wird – was ist da passiert? Eine *Pfote* haben Tiere. Wie aber wird sie zur *Pforte*? Ein *Pfad* ist ein schmaler Weg. Wie wird er zum *Pfand*? Wenn ich *gebe*, bin ich großzügig. Wie wird daraus *gerben*?

1. Lies die kursiv gedruckten Wörter laut.
   Wie sprichst du den Stammvokal?
2. Wann wird der Stammvokal kurz gesprochen, wann lang?
   Formuliere eine Regel.

Zwei passen nicht!

A	Hammer – Name – kommen – schwimmen – Dom – Himmel
B	Donner – rennen – man – Sonntag – Mann – Montag
C	Bagger – Flagge – Frage – sagen – schmuggeln – Roggen
D	Hobby – eben – Ebbe – Robbe – krabbeln – Robe
E	Widder – Pudding – Widerstand – Paddel – einladen – buddeln
F	Hafen – schlafen – schlaff – Pfeffer – Schiff – schaffen
G	Rasse – Wasser – rasen – Vase – Messer – wissen
H	Schale – Halle – brüllen – Brille – voll – Stil
I	murren – stur – Pfarrer – Tor – verharren – klirren
J	Pappe – klappern – schlapp – Wippe – Doping – hupen
K	Wetter – Watte – tot – schütteln – Stute – bitter

3. Lest euch die Wortreihen laut vor.
   Könnt ihr hören, welche Wörter nicht passen?
4. Was ist an der Rechtschreibung dieser Wörter anders?
5. Was passiert mit nur einem Konsonanten,
   der auf einen kurzen Vokal folgt? Formuliere eine Regel.
6. Sucht weitere Begriffe für die Konsonantenverdopplung.

EXTRA: Üben → S. 205

Wörterkiste

```
K A U Z G F S C H W I T Z E N O P H Q U A R K J F A C K E L
M E R W E I Z E N W X S I T Z E N Y V H A K E N L Z L A C K
A B A R Z T T A T Z E V B C Q W E L K E N P O X P A C K E N
L K H E I Z E N G K A T Z E K I J T A N K E N O U D E C K E
A L O P I Z Z A H L M O K K A M O J A Z Z L A K K O R D I N
H O L Z S R V P O W W I T Z S C H I N K E N L H A C K E B L
M N J F H E R Z R M E T Z G E R B M A K E L R T V F L E C K
Q S A L Z P S P A T Z A D K R A K E L X D A C K E L B O B E
```

1. In dieser Wörterkiste sind 32 Wörter in waagrechter Linie versteckt.
   Ordne sie in deinem Heft in eine Tabelle ein:

z	zz	tz	k	kk	ck

2. Lies die Wörter laut. Achte im Wortstamm auf den Stammvokal, auf Doppellaute (Diphthonge) und auf Konsonantenhäufung.
3. Formuliere Regeln:
   Wann steht *z*? Wann *tz*? Wann *k*? Wann *ck*? Wann *zz* und wann *kk*?

INFO

Nachschlagen → S. 286

- Nach kurzem Vokal folgen mehrere Konsonanten (Konsonantenhäufung) oder ein Doppelkonsonant.
- Die Konsonanten *z* und *k* werden nicht verdoppelt, sondern zu *tz* und *ck*.
- Die Doppelkonsonanten *zz* und *kk* stehen nur bei Wörtern aus fremden Sprachen.

Gleich und ähnlich klingende Laute

Teekesselchen – Spiel

Mein 🫖 ist ein Wochentag.
Mein 🫖 ist der beste Freund von Robinson Crusoe.

Mein 🫖 kann man rauchen.
Mein 🫖 wird beim Straßenbau benutzt.

Mein 🫖 benutzt der Schiedsrichter.
Mein 🫖 schützt eine Wunde.

Mein 🫖 ist eine kleine Mahlzeit am Abend.
Mein 🫖 ist ein Gottesdienst am Abend.

Mein 🫖 ist ein König im alten Ägypten.
Mein 🫖 ist der Name eines französischen Kartenspiels.

Mein 🫖 ist ein Zusammenschluss von Vereinen.
Mein 🫖 wickelt man um eine Wunde.

Mein 🫖 ist ein Schulfach.
Mein 🫖 ist eine Wissenschaft über die Gesetze der Natur.

Mein 🫖 ist eine exotische Frucht.
Mein 🫖 ist das Gegenteil von mutig.

1. Finde die Lösungswörter des Teekesselspiels und lies sie laut vor. Was fällt dir bei Aussprache und Schreibung auf?
2. Ordne die Wörter aus der folgenden Wörterliste nach ihrer Schreibung mit *f – v – pf – ph*.

> ■liege – ■erfassung – ■änomen – Schnu■en – ■utter – Kno■ – ■ach – ■arisäer – Za■en – ■erlangen – ■ahne – ■erschnitt – Em■ang – ■alten – ■orstellung – ■lanke – ■und – ■ase – ■anne – ■lamme – ■erbrechen – ■licht – ■amilie – ■antasie – ■orsicht – ■leisch – ■erien – ■asan – ■orurteil – ■arrer – ■iloso■ie – ■erd – ■lasche – ■erlieren

3. Mit einigen dieser Wörter kann man übrigens auch Teekesselchen spielen. Versuche es einmal.

EXTRA: Üben → S. 206

Sätze bilden: ein Spiel

Mit den Wörtern und Wortgruppen aus den folgenden Kästen müssen innerhalb einer bestimmten Zeit Sätze gebildet werden. Es dürfen aber nur die Kästen zusammen einen Satz bilden, in die der gleiche Buchstabe (*g*, *k* oder *ch*) gesetzt wurde.
So ist beispielsweise der folgende Satz ungültig, weil sowohl *g*, *k* als auch *ch* verwendet wurden: *Der Käfig schwankt mit aller Macht.*
Gültig wäre etwa: *In den Käfig fliegt ein Teig.*

mit einem Kru■ voll Wein	der Schei■	um den Ha■en	ran■t sich	mit dem Flugzeu■
viel Kra■	erklin■t	der Kal■	schöner Gesan■	ein Köni■
die Modellya■t	bei der Hasenja■d	flie■t	mit voller Fra■t	durch den Par■
in den Botti■	der Wellensitti■	bei der Flu■t	sin■t	über den Tei■
auf eine Ban■	schwan■t	über den We■	ein kran■er Fin■	rieselt und sin■t
ziemli■	la■t	der Kra■e	ma■t	tau■t

1. Spielt dieses Spiel. Erfindet ähnliche Sätze.

INFO

- Der *f*-Laut kann mit *f*, *v* und *ph* geschrieben werden; *pf* klingt ähnlich.
- Der *k*-Laut kann mit *g* oder *k* geschrieben werden; *ch* klingt ähnlich.

Nachschlagen → S. 286

Die Schreibung der s-Laute

Nachschlagen → S. 286

Zwei s-Laute stellen sich vor

S: Ich hasse kaltes Essen und weiß, dass du eine heiße Tasse Tee nicht genießen kannst.

> Ich bin *stimmhaft*. Mich erkennst du, wenn du beim Sprechen eines s-Lautes mit deiner flachen Hand am Hals eine Vibration (ein Summen) spürst.

> Ich bin *stimmlos*. Mich kannst du feststellen, wenn du mit deiner flachen Hand am Hals beim Sprechen eines s-Lautes keine Vibration (kein Summen) spürst.

S: Ich sehe Susi schmausend leise lesen und Hasen über Wiesen rasen.

1. Lies beide Sätze und mache den „stimmhaft/stimmlos-Test" dabei.
2. Erfinde Sätze, in denen nur stimmhafte oder stimmlose s-Laute vorkommen, z. B.:
   – Klasse, dies Essen schmeckt uns aus der Tasse.
   – Susi, sag' mal saure Sahne.

EXTRA: Üben → S. 207

Regeln beim s-Laut – ein kleines Forschungsprojekt

Der s-Laut kann verschieden geschrieben werden. Die Regeln dafür kannst du hier erforschen. Dazu musst du ausgehend von dem Wortmaterial sechs Fragen beantworten. Wie machst du das? Ganz einfach: Schau dir die Kästen 1–6 genau an. Da ist das Wortmaterial unter verschiedenen Gesichtspunkten geordnet.

Wortmaterial
Gräser – Fass – scheußlich – Gefäß – reisen – Hase – Streusel – Strauß – böse – Mais – grüßen – wissen – groß – blass – lesen – Fuß – schießen – Gläser – heißen – riesig – größer

Fragen
1. Wie wird der stimmhafte s-Laut geschrieben?
2. Wie wird der stimmlose s-Laut geschrieben?
3. Wie wird der s-Laut nach langem Vokal geschrieben?
4. Wie wird der s-Laut nach kurzem Vokal geschrieben?
5. Wie wird der s-Laut nach Diphthong geschrieben?
6. Wie wird der s-Laut nach Umlaut geschrieben?

1 stimmhafter s-Laut
Hase – Gläser – böse – lesen – riesig – Streusel – Gräser – reisen

2 stimmloser s-Laut
scheußlich – Gefäß – grüßen – groß – Fuß – schießen – Mais – wissen – Strauß – heißen – blass – größer – Fass – piepsen

3 nach kurzem Vokal
wissen – blass – Fass

4 nach langem Vokal
Hase – schießen – lesen – riesig – groß – Fuß

5 nach Diphthong
scheußlich – Streusel – Strauß – heißen – Mais – reisen

6 nach Umlaut
Gefäß – Gläser – Gräser – größer – grüßen – böse

1. Beantworte die Fragen und schreibe sie als Regeln in dein Heft. Welche beiden Regeln sind eindeutig?

Wann man s, ss oder ß schreibt

Achtung Zungenbrecher!

Wer nichts weiß und weiß, dass er nichts weiß, weiß mehr als der, der nichts weiß und nicht weiß, dass er nichts weiß.

Esel essen Nesseln nicht und Nesseln essen Esel nicht.

Genießer genießen genüsslich mit Genuss, Verdrießer niesen verdrießlich ohne Genuss.

Große Kolosse küssen krosse Klöße zum Gruß.

Wir Wiener Waschweiber würden weiße Wäsche waschen, wenn wir wüssten, wo warmes Wasser wäre.

Strauße lieben Sträuße. Lieben Sträuße Strauße?

1. Versuche, die Zungenbrecher so schnell wie möglich zu sprechen. Achte dabei vor allem auf die Aussprache der Vokale vor *ss* und *ß*.
2. Formuliere Regeln, wann *ss* und wann *ß* geschrieben wird.
3. Kennst du auch Zungenbrecher mit s-Lauten? Wenn nicht, dann erfinde doch einfach welche.

Zwei gehören zusammen: dass oder das?

1 Gestern sagte das Mädchen,

2 Da drüben steht das Mädchen,

3 Das ist das Glas,

4 Peinlich war an der Sache mit dem Glas,

5 Ich erinnere mich bei dem Spiel,

6 Ich erinnere mich an ein Spiel,

a das du fast zerbrochen hättest.

b dass es uns großen Spaß gemacht hat.

c das neben meiner Tante wohnte.

d das uns großen Spaß gemacht hat.

e dass du es fast zerbrochen hättest.

f dass es nicht mehr neben meiner Tante wohnt.

4. Schreibe die zusammengehörenden Sätze in dein Heft. Welche Rechtschreibschwierigkeit erkennst du?

EXTRA: Üben → S. 207

Der Sprachersetzer

Es war einmal ein Mann, der rühmte sich, alle Wörter der Sprache ersetzen zu können. „Ich bin der größte Sprachersetzer der Welt", prahlte er, „wem es gelingt, mir ein Wort zu nennen, das ich nicht ersetzen kann, dem schenke ich einen Sack voll Gold."

5 Eine Gruppe junger Studenten wollte sich gerne etwas dazu verdienen. Sie dachten sich knifflige Sätze aus, mit denen sie den Sprachersetzer überlisten wollten. Der Reihe nach traten sie vor den Sprachersetzer und nannten ihre Sätze:

„**Das** Mädchen ging in den Wald."

10 Darüber konnte der Sprachersetzer nur hämisch lachen: Aus das machte er ▇ .

„Das Schloss, das die alte Hexe bewohnte, lag tief im Wald verborgen." Wieder lachte der Sprachersetzer lauthals über die Studenten und ersetzte schnell **das** durch ▇ . Er war sich wirklich seiner Sache

15 sehr sicher.

„**Das** Mädchen bemerkte das Schloss erst, als es davor stand."
Der Sprachersetzer hörte nicht mehr auf zu lachen und über die Studenten zu spotten. Er freute sich, dass er sein Gold behalten würde. Rasch ersetzte er **das** durch ▇ . Nur noch ein Student war übrig geblieben und durfte

20 seinen Satz nennen. Er trat vor den grinsenden Sprachersetzer und sagte:

„*Das Mädchen wusste nicht,* **dass** *dort die alte Hexe wohnte.*"
Nun begann der Sprachersetzer zu grübeln …

1. Suche die Wörter, mit denen der Sprachersetzer *das* ersetzt.
2. Versuche, die Aufgabe des letzten Studenten zu lösen.
3. Wann schreibt man *das* oder *dass*?

INFO

- s-Laute können in **stimmhafte** und **stimmlose** Laute unterschieden werden.
- Der stimmhaft gesprochene s-Laut wird immer als *s* geschrieben.
- Der stimmlose s-Laut kann mit *s, ss* oder *ß* geschrieben werden. Nach kurzem Vokal steht immer *ss*, nach langem Vokal *s* oder *ß*.
- Wenn das gesprochene *das* nicht durch *ein, dieses, welches* ersetzt werden kann, wird es *dass* geschrieben.

Nachschlagen → S. 286

Die Großschreibung

Kurz und bündig

- Es gibt nichts Gutes, außer man tut es!
- Vorsicht beim Einparken!
- Etwas Warmes braucht der Mensch! (Reklame für Tütensuppen)
- Ein Junger kann manchmal auch ganz alt aussehen.
- Im Westen nichts Neues (Buchtitel)
- Beim Abbiegen auf Straßenbahn achten!
- Füttern und Anfassen der Tiere verboten!
- Zum Öffnen roten Hebel nach unten drücken!
- Im Flur und im Hof ist das Ballspielen verboten!
- Mit dem Betreten der Sporthalle wird die Hausordnung anerkannt!
- Lassen Sie nichts Wertvolles im Fahrzeug liegen!
- Viel Aufregendes erleben Sie in unserem Freizeitpark!
- Sonntag Trödelmarkt! Wir bieten allerlei Altmodisches.

1. Welche Arten von Wörtern stehen vor den Verben, die auf den Zetteln großgeschrieben worden sind?
2. Welche Arten von Wörtern stehen vor den Adjektiven, die auf den Zetteln großgeschrieben worden sind?
3. Schreibe die Sprüche um, sodass keine großgeschriebenen Verben und Adjektive übrig bleiben. Wie wirken die Aussagen ohne Nominalisierungen?

EXTRA: Üben → S. 208

Namensgeschichten – ein Schreibspiel

Du findest hier zwei Beispiele für ein Schreibspiel.
Dabei können lustige oder auch unsinnige Texte entstehen.

	Der arme Hans
Hässlich	Hans hatte das Märchen vom Froschkönig gelesen. Aus einem nassen Frosch wurde durch einen süßen Kuss ein
Arm	hübscher Prinz. Hans probierte es gleich an einem Frosch aus, obwohl er sich ekelte, wenn er etwas Hässliches oder
Nass	Nasses anfassen musste. Er küsste tatsächlich einen Frosch. Der Arme! Der Frosch blieb ein Frosch, und Hans brauchte
Süß	viel Süßes, um den hässlichen Geschmack im Mund loszuwerden.

	Im Musikunterricht
Hämmern	Hans hatte einen Schnupfen und musste im Musikunterricht immer niesen. Er störte die Mitschüler beim Singen,
Arbeiten	und auch die Lehrerin beklagte sich, dass sie nicht arbeiten kann. Doch Hans wusste Rat. Er holte sein Lineal aus der
Niesen	Tasche und begann damit den Takt des Liedes zu hämmern. Durch das Hämmern wurde sein Niesen nicht gehört.
Singen	Die Schüler konnten in Ruhe singen, und die Lehrerin wurde nicht beim Arbeiten gestört.

4. Lies die beiden Spiele. Nach welchen Regeln funktionieren sie?
5. Führt dieses Schreibspiel mit euren Namen durch.

Dumme Fragen – dumme Antworten

Vielleicht ist es dir auch schon mal passiert, dass dir eine Frage gestellt wurde, die sich eigentlich erübrigt. Hier werden zwei solche Situationen beschrieben. Du bekommst auch mögliche Antworten geliefert. Für alle Fälle!

Dumme Fragen

A Zwei Jungen sind auf einem Fahrrad unterwegs und stürzen. Ein Erwachsener kommt vorbei und fragt sie: „Hoffentlich ist euch beiden nichts passiert. Seid ihr hingefallen?"

B Ein Schüler betritt das Klassenzimmer, nass und tropfend. Durchs Fenster sieht man, dass es regnet. Der Lehrer fragt ihn: „Oh, du bist ja ganz nass, deine Kleider tropfen, dir läuft ja überall Wasser herunter. Regnet es draußen?"

Dumme Antworten

1 Nein, Sie sind zu früh gekommen.
Wir wollen gerade auf unser Fahrrad steigen.

2 Nein, Sie schwitzen so und Ihre Brille ist beschlagen.
Vielleicht tropft Ihnen Wasser von der Stirn.

3 Nein, Ihnen sind die neuen Bremsmethoden entgangen.
Wir bremsen ab heute immer so.

4 Wenn Sie es genau wissen wollen: Ich habe die Abkürzung durch den Kanal genommen.

1. Suche alle Anredepronomen heraus. Wie werden sie geschrieben? Kannst du eine Regel formulieren?
2. Schreibe ähnliche Antworten für folgende dumme Frage:
   *Ein kleiner Junge schreit, weil er hingefallen ist.
   Ein Erwachsener fragt ihn: „Hast du dir wehgetan?"*

EXTRA: Üben → S. 208

Briefe an die Redaktion

Wenn eine Schülerzeitung die Rubrik „Leserbriefe" eingerichtet hat, erhält sie dann und wann Post von Lesern. Manche sind gar nicht so freundlich und oft auch anonym. Hier ein paar Beispiele und die Antworten der Redaktion:

1 Wenn IHR Leserbriefe beantwortet, dann setzt IHR vor EURE Antwort immer das Kürzel „Red". Jetzt weiß ich, was diese Abkürzung bedeutet: *Richtige Erz-Doofies* – wie EURE Zeitung. Ha! Ha! Ha!

> *Die Red.:* Schön, dass DU so humorvoll bist. Hast DU DIR aber schon mal ein Kürzel überlegt für solche Leute, die so eine doofe Zeitung lesen? Wie warten auf DEINE Antwort, auch wenn sie anonym ist.

2 Ich bin der Vater eines Mitschülers von EUCH. In EURER letzen Zeitung habe ich ein Bild gesehen: Dort zeigt IHR ein Mädchen auf dem Bahnsteig, das ein Schild in seiner Hand hält, auf dem „Godot" steht. Ich nehme an, das stammt von EURER Theater-AG. Da gibt es nämlich ein berühmtes Theaterstück, das „Warten auf Godot" heißt. Zwei Männer warten auf Godot, den Sinn ihres Lebens, und der kommt nicht. Das müsst IHR EUREN Lesern erläutern, so wie ich es für EUCH gemacht habe. Wie könnt IHR erwarten, dass jeder das weiß? So werden aus EUCH nie gute Journalisten.

> *Die Red.:* Herzlichen Dank für IHREN Hinweis. Leider müssen wir SIE enttäuschen. Auch wenn es IHNEN nicht gefällt: Das Bild stammt nicht von unserer Theater-AG. Es zeigt eine Mitschülerin, die ihre französische Austauschschülerin vom Bahnhof abholt. Zu IHRER Information: Die Austauschschülerin heißt mit Nachnamen Godot. Nebenbei bemerkt: In unserer Zeitung sollten SIE nicht nur die Bilder betrachten. Ein Zusatztext erläutert IHNEN und unseren Lesern den Hintergrund des Bildes. Alles so, wie es sich für gute Journalisten gehört.

1. Wie werden die Anredepronomen in den Briefen und den Antworten der Redaktion geschrieben?

INFO

- Adjektive und Verben, die als Nomen gebraucht werden, schreibt man groß.
- Das Anredepronomen *du* und verwandte Formen werden kleingeschrieben.
- Das Anredepronomen *Sie* und verwandte Formen werden großgeschrieben.

Nachschlagen → S. 286

Die Silbentrennung

Bun – des – ju – gend – spie – le

Wunderbar, Annica, wunderbar Annica!

Flasche, Flasche!

Johanna, durchhalten!

Schneller, schneller!

Aufgeben, aufgeben!

Weiter, weiter, weiter!

Bahn einhalten, Bahn einhalten!

Vorwärts, vorwärts!

Katarina, Katarina, Katarina!

1. Ruft die Anfeuerungssprüche laut und rhythmisch.
2. Schreibe die Wörter ab und trenne sie nach Sprechsilben.
3. Kennst du weitere Anfeuerungsrufe beim Sport und beim Spielen?

EXTRA: Üben → S. 209

Geheimschrift

Thomas und Sabrina tauschen während des Unterrichts öfter kleine Zettel aus. Sie verwenden eine Geheimschrift, falls der Lehrer sie dabei entdecken sollte. In dem Kasten beschreibt Sabrina, wie sich ein toller Spickzettel herstellen lässt:

> ges ternhat teich ei netol lei deefür ei nenspick zet telbeim a bend es senfal len mir die bes tensa chenein den zie henwir beim nächs tendik tat aus derta scheda springtun serleh reran diede ckezwei wei ßeblät ter wer denü berein an der ge legt mit ei nem k u gel schrei ber schreibt manwör terauf dasers teblatt man mussa ber mit derspit zefest aufdrü ckendie wör terer schei nendann un sicht barauf demzwei tenblatt

4. Welche Idee hatte Sabrina für ihre Geheimschrift? Schreibe den Zettel ab. Mache ihn verständlich.
5. Was geschieht mit den Konsonanten im Wortinneren, wenn nach Silben getrennt wird?
6. Wie werden die Konsonanten *ch*, *ck*, *sch*, *st* und *tz* getrennt?
7. Wie werden die Wörter *aber* und *Idee* getrennt?

Das Silbentrennungsspiel

Das Spiel lässt sich am einfachsten zu zweit spielen. Spieler A denkt sich ein Wort aus und trennt es in Wortsilben, etwa das Wort *hin-ter-ei-nan-der*, das aus fünf Silben besteht.
Spieler B notiert die Silben und muss das Wort erraten: Spieler A nennt zuerst eine Silbe, etwa *der*, dann die zweite, etwa *an* usw., bis Spieler B das Wort erraten hat. Wird das Wort nach der ersten Silbe erkannt, gibt es fünf Punkte, nach der zweiten vier usw. Die Punktzahl ist abhängig von der Zahl der Silben. In der nächsten Runde denkt Spieler B sich ein Wort aus. Sieger ist, wer die meisten Punkte hat.

8. Spiele dieses Spiel mit deinem Banknachbarn. Lest nach fünf Runden eure Wörter mit Silbentrennung in der Klasse vor.

INFO

Nachschlagen → S. 287

- Wörter werden nach Sprechsilben getrennt.
- Die Konsonanten *st* und *tz* werden getrennt.
- Die Konsonanten *ch*, *ck* und *sch* werden nicht getrennt.
- Ein Buchstabe kann eine Silbe sein.

Zeichensetzung

Saudoof und affengeil

Der Lehrer beklagt sich bei seiner Klasse: „Ich höre immer wieder von anderen Lehrern, dass ihr unflätige Ausdrücke verwendet." – „Wer hat das gesagt?", fragt Klaus. „Das ist egal", fährt der Lehrer fort, „ich will von euch in Zukunft auf keinen Fall mehr zwei Wörter hören. Das eine Wort ist *affengeil* und das andere ist *saudoof*." „In Ordnung!", meldet sich Karin, „und wie heißen die zwei Wörter?"

1. Lies den Text und achte auf die Zeichensetzung bei der wörtlichen Rede.
2. Formuliere Regeln: Welche Zeichen werden gesetzt, wenn der Begleitsatz an unterschiedlichen Stellen im Satz steht?

Platz da!

Es ist ein klarer ■ sonniger ▲ und lauer Herbsttag. Auf dem Schulhof der Goethe-Schule ▲ herrscht in der Pause umtriebiges Leben: Die Schüler spielen ■ rennen ■ lärmen ▲ und unterhalten sich. Plötzlich ein lautes Schreien. Gerd rast mit dem Fahrrad ▲ über den Schulhof und ruft: „Platz da! Platz da!" Ein Aufsicht führender Lehrer sieht den Fünftklässler. „Halt!", ruft er ihm entgegen, „kein Licht ■ kein Schutzblech ■ keine Klingel!" „Aus dem Weg", ruft Gerd, „auch keine Bremse!"

3. Schreibe den Text ab und setze die Kommas an die richtige Stelle. Die Dreiecke und Vierecke helfen dir dabei.
4. Was wird hier aufgezählt? Wie wird das Komma verwendet?
5. Entwerft Schilder für den Schulhof:
   – Was sollte verboten sein?
   – Was sollte erlaubt sein?
6. Beschreibt euren Wunschklassenkameraden:
   Ich wünsche mir einen ... Klassenkameraden.

Tierische Witze

1 Warum ist ein Elefant groß grau und runzelig? Wäre er klein weiß und glatt, könnte man ihn mit einer Kopfschmerztablette verwechseln.

2 Frau Meier war im Zoo und erzählt am nächsten Tag an ihrem Arbeitsplatz: Gestern habe ich im Zoo einen klugen hochintelligenten Affen gesehen, der für drei arbeitet. Da wundert sich ein Kollege: Und das nennst du intelligent?

3 Der kann sein Testament machen sagt ein Sonntagsjäger zu seinem Jagdkameraden, als er einen Rehbock erblickt. Er legt an schießt und der Rehbock geht weiter. Du sagt der Jagdkamerad ich glaube, der ist auf dem Weg zu seinem Notar um sein Testament zu machen.

4 Eine Eintagsfliege weicht einem Spinnennetz aus. Na und? ruft die Spinne dann erwische ich dich morgen übermorgen oder nächste Woche. Da lacht die Eintagsfliege: Wetten, dass nicht?

5 Im Zirkus trat ein Kunstreiter auf. Donnerwetter sagt Dieter der Kerl kann springen reiten und turnen. Der hängt einmal unter einmal seitlich und einmal über dem Bauch. Da meint sein Freund Karl: Das ist nichts Besonderes. Bei meinen ersten Reitstunden habe ich das auch gemacht.

6 Der Vater ist mit seiner Tochter im Zoo und sie schauen sich die Löwen Leoparden Nilpferde und Giraffen an. Da fragt der Vater die Tochter: Möchtest du auch so einen langen Hals haben wie die Giraffe? Beim Waschen nicht, aber in der Mathematikarbeit antwortet die Tochter.

7 Husch husch ins Bettchen sagt die Holzwurmmutter zu ihren Kindern.

8 Der kleine Tausendfüßler fleht seine Mutter an: Kauf mir bitte bitte bitte nie wieder Schnürschuhe.

7. Schreibe die Witze ab und setze die Satzzeichen bei wörtlicher Rede und bei Aufzählungen.

INFO

Nachschlagen → S. 287

- **Wörtliche Rede** wird durch Anführungsstriche und Schlussstriche gekennzeichnet.
- Wörter oder Wortgruppen, die in **Aufzählungen** gleichrangig sind, trennt man durch Komma ab, wenn sie nicht mit *und* oder *oder* verbunden sind.

EXTRA: Üben RECHTSCHREIBUNG

Den Stamm erkennen

Ein Memory

Du findest hier 40 Karten mit Wörtern, die bei der Schreibung Schwierigkeiten bereiten können. Zwei Wörter sind jeweils miteinander verwandt und können dir bei der richtigen Schreibung helfen:

1 kläglich	2 der Kreis	3 haarig	4 unbekannt	5 sie schwamm
6 täglich	7 sie schnappte	8 nass	9 grüßen	10 sie war
11 reisen	12 der Klang	13 der Gefährte	14 erwidern	15 sie rannte
16 kennen	17 wahr	18 das Haar	19 die Nässe	20 mächtig
21 zählen	22 waren	23 die Zahl	24 der Tag	25 sie flieht
26 schwimmen	27 spaßig	28 die Macht	29 die Klage	30 die Wahrheit
31 fliehen	32 rennen	33 der Gruß	34 fahren	35 klingen
36 kreisen	37 die Reise	38 der Spaß	39 schnappen	40 der Widerstand

1. Welche beiden Karten gehören jeweils zusammen?
   Kennst du weitere verwandte Wörter zu diesen Wortpaaren?
2. Übertrage die Karten auf ein festes Papierblatt und schneide sie aus.
   Du kannst dann mit deinem Nachbarn Memory spielen.

EXTRA: Üben GRAMMATIK

Wie Wörter mit langem Vokal geschrieben werden

Dro Chonoson ...

Kennst du das Kinderlied „Drei Chinesen mit dem Kontrabass", aus dem durch Austauschen von Vokalen „Dro Chonoson" ... oder „Dra Chanansan" ... werden kann? Etwas Ähnliches ist mit den folgenden Versen passiert, die sich auf einmal nicht mehr reimen:

1
In Mathe schrieben wir einmul
an die Tofel eine Zuhl.
Die ist sühr klein gewasen.
Niemand konnt' sie lüsen.

2
Ich sitze mit meinen Geföhlen
zwischen allen Stählen.
Ist es Hass oder Labe?
Krieg ich Küsse oder Höbe?

3
Putze niemals deine Nuse
mitten auf der Strieße.
Ist auch noch die Ampel rut,
fohrt dich gleich ein Auto tat.

4
Ich trinke aus der Däse
und verklecker' meine Hüse.
Das war für mich kein Spoß.
Nun trink' ich aus dem Glus.

5
In einem großen Seel
gab es ein gutes Muhl.
Die Teller waren loor.
Es schmeckte allen sühr.

6
Ich traf zwei junge Demen,
die in die Disco kumen.
Sie sagten zu mir nor:
„Geh uns aus der Spär."

7
Ich lieg auf einer Wose
und habe meine Krüse.
Alles tut mir wäh
vom Kopf bis zu dem Züh.

8
Bei großem Verkohr
ist das Autofuhren schwar.
Wir sollten uns bequumen
die Eisenbühn zu nöhmen.

1. Schreibe die Gedichte ab und setze die richtigen Vokale.
    Achte auf die Schreibung.
2. Könnt ihr selbst solche Verse verfassen?
    Tauscht auch hier die Vokale aus.

EXTRA: Üben RECHTSCHREIBUNG

Gleich und ähnlich klingende Laute

Silbenrätsel

> arfe – arve – ase – aser – eilchen – eile – erse – erse – F – F – F –
> F – f – H – L – olkreich – olgsam – Ph – Ph – raß – rase – V – V – v

1. Wie heißt der Teil des Fußes, der den Zehen gegenüberliegt?
2. Wie heißen die Zeilen in einem Gedicht?
3. Schlechtes Essen ist ein …
4. Wenn man etwas oft wiederholt, dann wird es zur …
5. Eine lila Bume, die duftet
6. Werkzeug, mit dem etwas geglättet wird
7. Wenn du besonders artig bist
8. Viele Menschen leben in einem Land, es ist deshalb …
9. Der Wettkampf nähert sich der heißen …
10. Der Stoff wird hergestellt aus einer künstlichen …
11. Die Melodie wird gespielt auf einer …
12. Der Schmetterling war vorher eine …

1. Löse das Rätsel und schreibe die gesuchten Wörter in dein Heft.

Immer diese Fremdwörter – Fehler erlaubt!

Da glaubt man nun, die neue Rechtschreibung habe alles einfacher gemacht – und dann so ein schwieriger Text:

Ein **F/PHotograF/PH** rennt ans **TeleF/PHon**. Am anderen Ende der Leitung ist der **F/PHilosoF/PH** und **triumF/PHiert**: Sein zahmer **DelF/PHin** singt die erste **StroF/PHe** eines Liedes und spricht das **AlF/PHabet** ins **MikroF/PHon**; das kluge Haustier hat auch gute **GeograF/PHiekenntnisse** und kann **SaxoF/PHon** spielen.

2. Wie würdest du die Fremdwörter schreiben?
3. Bei welchen Silben ist deiner Meinung nach im Deutschen die Schreibung mit *f* üblich?

EXTRA: Üben GRAMMATIK

Wie Wörter mit langem Vokal geschrieben werden

Dro Chonoson …

Kennst du das Kinderlied „Drei Chinesen mit dem Kontrabass", aus dem durch Austauschen von Vokalen „Dro Chonoson" … oder „Dra Chanansan" … werden kann? Etwas Ähnliches ist mit den folgenden Versen passiert, die sich auf einmal nicht mehr reimen:

1
In Mathe schrieben wir einmul
an die Tofel eine Zuhl.
Die ist sühr klein gewasen.
Niemand konnt' sie lüsen.

2
Ich sitze mit meinen Geföhlen
zwischen allen Stählen.
Ist es Hass oder Labe?
Krieg ich Küsse oder Höbe?

3
Putze niemals deine Nuse
mitten auf der Strieße.
Ist auch noch die Ampel rut,
fohrt dich gleich ein Auto tat.

4
Ich trinke aus der Däse
und verklecker' meine Hüse.
Das war für mich kein Spoß.
Nun trink' ich aus dem Glus.

5
In einem großen Seel
gab es ein gutes Muhl.
Die Teller waren loor.
Es schmeckte allen sühr.

6
Ich traf zwei junge Demen,
die in die Disco kumen.
Sie sagten zu mir nor:
„Geh uns aus der Spär."

7
Ich lieg auf einer Wose
und habe meine Krüse.
Alles tut mir wäh
vom Kopf bis zu dem Züh.

8
Bei großem Verkohr
ist das Autofuhren schwar.
Wir sollten uns bequumen
die Eisenbühn zu nöhmen.

1. Schreibe die Gedichte ab und setze die richtigen Vokale.
   Achte auf die Schreibung.
2. Könnt ihr selbst solche Verse verfassen?
   Tauscht auch hier die Vokale aus.

Zweizeiler mit langem Vokal

Lustige Zweizeiler zu schreiben ist gar nicht so schwer. Du findest hier zwei Beispiele. Allerdings gibt es Regeln: Der Endreim und mindestens ein weiteres Wort im Vers sollten einen langen Vokal enthalten:

> Wer liebt es im Kinderwagen
> Apfelsinen nach Hause zu tragen?

> Mein Bruder schreit ins Mikrofon.
> Meine Ohren dröhnen schon.

> Das Leben ist sehr angenehm.
> Nur immer langsam und bequem!

> Überall gibt's viele Diebe,
> im Supermarkt und in der Liebe.

3. Welche Vokale werden lang gesprochen? Wie werden sie geschrieben?
4. Verfasst selbst solche Zweizeiler. Wer schafft die meisten in 15 Minuten?

Alles für mein Herrchen

Partnerdiktat

1. Teil

Stets, Tag für Tag, Jahr für Jahr sorge ich für das Wohl meines Herrchens. Ich führe mein Herrchen aus und lasse ihm dabei die Wahl, wenn es in die Natur möchte. Es bereitet ihm sehr viel Spaß, abgeschlagene Stöcke und Äste auf eine Wiese oder eine Straße zu werfen. Es freut sich wie ein Jugendlicher, wenn ich sie ihm hole. Mein Herrchen spielt auf diese Weise stundenlang auf einsamen Wegen und singt dabei fröhliche Lieder. **[75 Wörter]**

2. Teil

Ich habe mir angewöhnt, es zu verstehen. Wenn es „bei Fuß" ruft, lasse ich es an meiner Seite traben, und es bewegt sich brav neben mir. Manchmal sieht es mich lieb an; sicher überlegt es und mag es nur nicht sagen: „Du bist mein bester Freund!" – Ja, ich darf behaupten, dass mein Herrchen es gut bei mir hat. – Nur der Dank für meine Mühe bereitet ihm Schwierigkeiten, denn es schenkt mir täglich nur Dosenfutter. **[76 Wörter]**

5. Den ersten Teil diktiert Schülerin A, den zweiten Teil Schülerin B, dann wird gemeinsam korrigiert.

EXTRA: Üben RECHTSCHREIBUNG

Wie Wörter mit kurzem Vokal geschrieben werden

Die Teilung des Erbes

Ein reicher Mann hatte zwei Töchter. Als er merkte, dass er bald sterben musste, sorgte er sich um die gerechte Verteilung des Erbes. Er wollte, dass seine Töchter auch in der Zukunft friedlich miteinander lebten. Aber wie konnte das geschehen? Lange dachte er darüber nach, wie sein Besitz gerecht
5 an die Kinder verteilt werden sollte. Schließlich ließ er einen Notar holen und diktierte ihm sein Testament. Er verfügte, dass die ältere Tochter das Vermögen in zwei gleiche Hälften teilen müsse. Die jüngere Tochter dagegen dürfe als Erste den Teil wählen, den sie wolle. Seine Töchter hielten sich nach seiner Beerdigung an seinen Willen. Es wird erzählt, dass sie ihr Leben lang
10 nicht gestritten haben. [123 Wörter]

1. Schreibe die Wörter mit kurzem Vokal heraus.
   Welche Konsonanten folgen darauf?

Alltag auf dem Bauernhof

Lämmer   melken   Milchkannen   Dachrinne
schwitzen   Wanne mit Wasser   Hammer   Holz
Schubkarre   Strohballen   Sack   Grünfutter
Hennen   Katze   Lappen zum Säubern
sitzen   dicke Holzstämme   Weizen   Haken
Schuppen mit Egge   hacken

2. Mit allen diesen Gegenständen muss sich der Landwirt Matthias heute beschäftigen. Schreibe einen Text, der den Tagesablauf des Landwirts wiedergibt. Benutze dabei diese Wörter. Verwende aber auch neue.

EXTRA: Üben RECHTSCHREIBUNG

Gleich und ähnlich klingende Laute

Silbenrätsel

> arfe – arve – ase – aser – eilchen – eile – erse – erse – F – F – F –
> F – f – H – L – olkreich – olgsam – Ph – Ph – raß – rase – V – V – v

1. Wie heißt der Teil des Fußes, der den Zehen gegenüberliegt?
2. Wie heißen die Zeilen in einem Gedicht?
3. Schlechtes Essen ist ein …
4. Wenn man etwas oft wiederholt, dann wird es zur …
5. Eine lila Bume, die duftet
6. Werkzeug, mit dem etwas geglättet wird
7. Wenn du besonders artig bist
8. Viele Menschen leben in einem Land, es ist deshalb …
9. Der Wettkampf nähert sich der heißen …
10. Der Stoff wird hergestellt aus einer künstlichen …
11. Die Melodie wird gespielt auf einer …
12. Der Schmetterling war vorher eine …

1. Löse das Rätsel und schreibe die gesuchten Wörter in dein Heft.

Immer diese Fremdwörter – Fehler erlaubt!

Da glaubt man nun, die neue Rechtschreibung habe alles einfacher gemacht – und dann so ein schwieriger Text:

Ein **F/PHotograF/PH** rennt ans **TeleF/PHon**. Am anderen Ende der Leitung ist der **F/PHilosoF/PH** und **triumF/PHiert**: Sein zahmer **DelF/PHin** singt die erste **StroF/PHe** eines Liedes und spricht das **AlF/PHabet** ins **MikroF/PHon**; das kluge Haustier hat auch gute **GeograF/PHiekenntnisse** und kann **SaxoF/PHon** spielen.

2. Wie würdest du die Fremdwörter schreiben?
3. Bei welchen Silben ist deiner Meinung nach im Deutschen die Schreibung mit *f* üblich?

EXTRA: Üben RECHTSCHREIBUNG

s-Laute

Wörterkette mit Dominosteinen

Die folgenden neun Dominosteine sind in einer bestimmten Reihenfolge angeordnet.
Die Reihenfolge hat etwas mit der Schreibung der s-Laute zu tun:

1	Anfang / na■	2	Ha■ / Ma■	3	er sa■ / Do■e
4	Ho■e / Fü■e	5	Grü■e / Klö■e	6	Grö■e / Gla■
7	Lo■ / Prei■	8	Krei■ / wi■en	9	Ki■en / Ende

1. Wie werden die s-Laute geschrieben?
   Nach welchem Prinzip sind die Dominosteine geordnet?
2. Stelle eine solche Wörterkette mit Dominosteinen her.
   Deine Mitschüler müssen sie aneinander legen.

Verwechslungen

viele Rosse – eine Rose   die enge Gasse – die giftigen Gase
ein Riese – die Risse   sie hassen – mehrere Hasen
große Massen – kleine Maße   Flaggen hissen – sie hießen
die Posse – eine zierliche Pose unser Wissen – die blühenden Wiesen

3. Schreibe einen lustigen Text, in dem die Wörter vertauscht werden, z. B.:
   Weil sie Blumen liebte, schenkte er ihr zur Verlobung viele Rosse.

EXTRA: Üben RECHTSCHREIBUNG

Groß- und Kleinschreibung

Wo Männer sich verschleiern

Beim Wüstenvolk der Tuareg ist das Verschleiern der Männer üblich. Sie sehen darin nichts Ungewöhnliches. Sie verwenden während des Ankleidens ein bis zu zehn Meter langes Baumwolltuch zum Umhüllen ihres Kopfes. Weshalb sie das tun, ist nicht bekannt. Beim Leben in der Wüste ist das Schützen der Gesichtshaut vor Sand, Wind oder Sonne natürlich sinnvoll, aber die Tuareg-Frauen verzichten darauf. Die Tuareg erzählen selbst eine Geschichte, die wenig Tapferes von den Männern berichtet.
Vor langer Zeit war das Tragen von Schleiern bei Frauen der Tuareg so üblich wie bei anderen Völkern mit islamischer Religion. Aber bei einem überraschenden Feindesangriff erlebten die Frauen ein panikartiges Fliehen der Männer. Die Frauen ergriffen die Waffen und besiegten die Bösen. Nach erfolgreichem Abwehren der Feinde lag etwas Stolzes im Blick der Tuareg-Frauen. Nichts Tapferes war über die Männer zu sagen. Verschleiern sie deshalb bis heute ihr Gesicht? [139 Wörter]

1. Suche die Artikel, Adjektive, Mengenwörter, Präpositionen und die nachstehenden großgeschriebenen Verben und Adjektive heraus.
   Wie lassen sich diese Substantivierungen durch Formulierungen ersetzen, die ohne Substantivierung auskommen?
2. Vermindere die Zahl der Substantive in den Sätzen, ohne den Sinn zu ändern. Du kannst aus einem langen Satz zwei kürzere gestalten oder Nebensätze hinzufügen.

Übungsdiktat: Anredepronomen

Liebe Inga,
das war ■ein Pech, dass ■u beim Wandertag einen Weisheitszahn gezogen bekamst. Wir haben ■ich bedauert, nur unser schusseliger Klassenlehrer hat gar nicht bemerkt, dass ■u nicht anwesend warst. Wir fragten ihn: „Haben ■ie denn ■hren Lehrerkalender mit den Schülernamen nicht in ■hrer Jackentasche?"
Wir wünschen ■ir, dass ■u bald wieder gesund wirst, auch der Klassenlehrer lässt ■ich grüßen, nachdem wir gesagt hatten: „Ja, wissen ■ie denn nicht, dass ■hre beste Schülerin ihre ‚Weisheit' herausgezogen bekommt!" – Hoffentlich sehen wir ■ich bald im Schwimmbad. [90 Wörter]

Es grüßt ■ich
■eine Katharina

EXTRA: Üben RECHTSCHREIBUNG

Silbentrennung

Das längste deutsche Wort

Die „Gesellschaft für deutsche Sprache" in Wiesbaden wollte in einem Wettbewerb das längste deutsche Wort, in dem jeder Buchstabe nur einmal vorkommt, erfinden lassen. Das Ergebnis heißt:

Heizölrückstoßabdämpfung

Jetzt steht dieses Ungetüm im Guinessbuch der Rekorde. Keiner weiß genau, was es bedeutet. Lange Wörter können sehr lustig sein:

Donaudampfschifffahrtskapitänsmützenreinigergehilfendienstkleidungsvorschrift

1. Erfinde selbst solche Wortriesen und schreibe sie mit allen Trennmöglichkeiten auf.

Wortriesen in einzelne Wörter zerlegen

JUNGSCHWEINSHAXENBRATENESSEN
EIERPFLAUMENBAUMPLANTAGENBESITZER
ANANASSAUERKRAUTSALATTELLER
VIERFRUCHTMARMELADENGLASDECKEL
WILDSCHWEINSBRATENFESTAGSSCHMAUS
INTERCITYSCHAFFNERANWÄRTERSCHULUNG

2. Zerlege diese Wortriesen in einzelne Wörter und trenne jede Silbe.

Weltraumsprache

Aus einem Bericht einer Weltraumpatrouille (Streife) des Planeten Sventudom im Jahre 2119:

**Knullige Kugonen krackern kilpige Kaußen kattig.
Lirpife Bidangen lukauken Büpfarken
lobirwardigerwatse schripptoblak.
Schlifterunt Jakelmatschdif Bibbelbroxgäheutik**

3. Verstehen lässt sich dieser Text schwer, aber setze wenigstens alle Trennungsstriche zwischen die einzelnen Silben.
Wer wagt eine Übersetzung des Textes?

SPRACHREFLEXION

Wortarten

Ordnung ist das halbe Leben

Manch einer mag vielleicht das Chaos. Vielleicht hat er auch Ausreden parat: Menschen, die Ordnung halten, sind nur zu faul zum Suchen.
Aber spätestens dann, wenn man tatsächlich etwas sucht oder endgültig den Überblick verloren hat, wünscht man sich Ordnung herbei.
Auch die Wörter unserer Sprache wirken auf den ersten Blick wie ein heilloses Durcheinander. Doch die Wörter haben mit anderen Wörtern etwas gemeinsam. Und danach kann man sie ordnen – für den besseren Überblick. So wie die folgenden zwölf Wörter, die man in sechs Gruppen teilen kann. Probiere es mal!

Haus	gehen	er	schön
wir	Hund	auf	rennen
in	der	reich	ein

Was Nomen leisten 211

Nomen/Substantiv und Artikel

Nachschlagen → S. 287

Eine Rätselgeschichte

Morgens steige ich aus etwas, das Beine hat, aber nicht geht, und Federn besitzt, aber doch nicht fliegt. Nachdem ich mich gewaschen habe, ziehe ich zuerst etwas an, bei dem man in ein Loch hineinschlüpft und aus dreien wieder herauskommt. Dann folgt etwas, das zwei Eingänge hat, in dem man aber erst drin ist, wenn man mit den Füßen wieder heraus ist. Nach dem Frühstück verlasse ich das Haus und steige auf etwas, das zwei Brüder hat, die immer hintereinander herlaufen, sich aber nie einholen.

1. Löse die Rätselgeschichte, indem du den Text verständlich machst.
2. Überlege, was du getan hast:
   Wie müsstest du reden, wenn es keine Nomen gäbe?
3. Probiere es auch an den anderen Nomen der Rätselgeschichte aus.

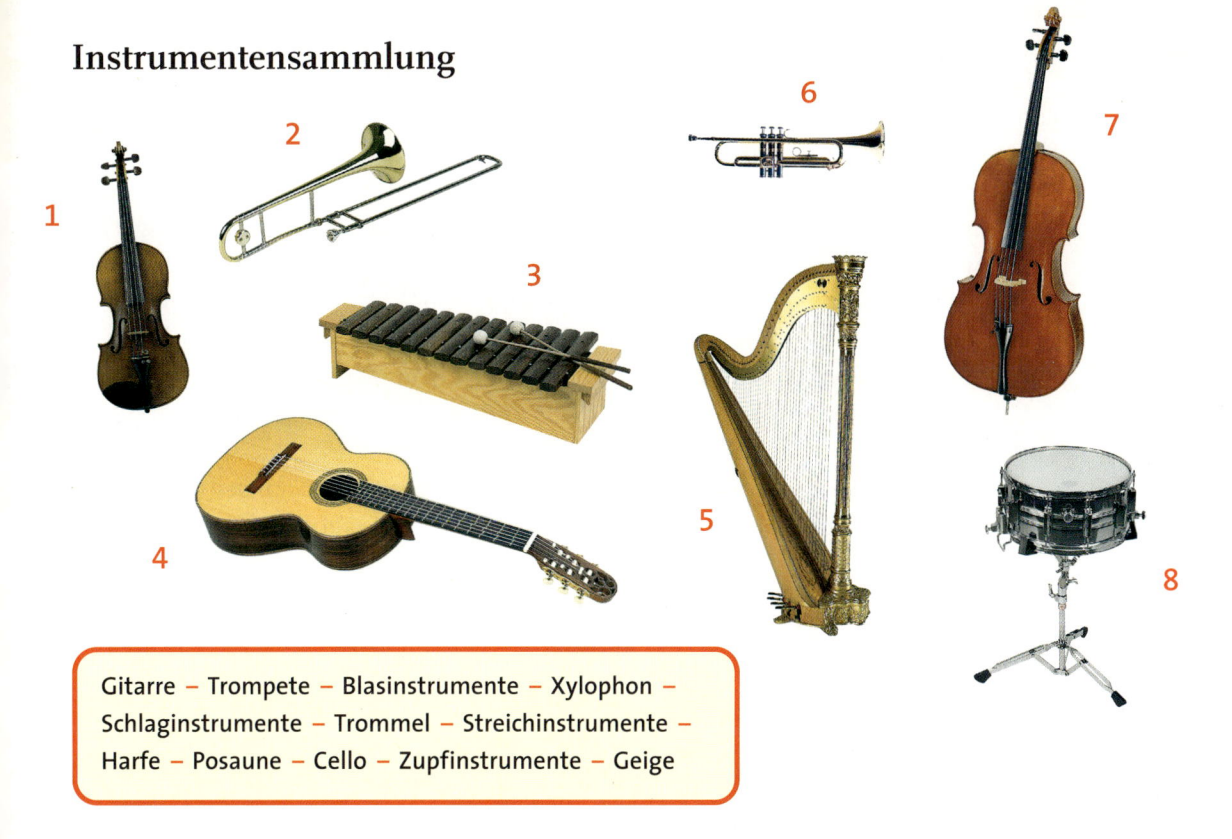

Instrumentensammlung

> Gitarre – Trompete – Blasinstrumente – Xylophon – Schlaginstrumente – Trommel – Streichinstrumente – Harfe – Posaune – Cello – Zupfinstrumente – Geige

4. Ordne diese Nomen den Bildern zu.
5. Welche beziehen sich auf mehrere Abbildungen? Warum?

Patricks Wunschzettel

Meine Wünsche für das Geburtstagsfest:
- eine elektrische Eisenbahn
- ein neues Fahrrad
- mehr Verständnis
- Erfolg in der Schule
- keine Strafen mehr
- keine Angst mehr im Dunkeln
- ein spannendes Buch
- ein Computerspiel

1. Welche Wünsche werden als Geschenk für Patrick auf dem Geburtstagstisch liegen? Welche nicht? Warum?
2. Schreibe deinen eigenen Wunschzettel.

Die schöne Müllerstochter

Aus: Jacob und Wilhelm Grimm: Rumpelstilzchen

Es war einmal ein Müller, der war arm, aber er hatte eine schöne Tochter. Nun traf es sich, dass er mit dem König zu sprechen kam, und um sich ein Ansehen zu geben, sagte er zu ihm: „Ich habe eine Tochter, die kann Stroh zu Gold spinnen." Der König sprach zum Müller: „Das ist eine Kunst, die mir wohlgefällt; wenn deine Tochter so geschickt ist, wie du sagst, so bring sie morgen auf mein Schloss, da will ich sie auf die Probe stellen." […]

Da saß nun die arme Müllerstochter und wusste keinen Rat; sie verstand gar nichts davon, wie man Stroh zu Gold spinnen konnte, und ihre Angst ward immer größer, dass sie endlich zu weinen anfing.

3. Ordne die Nomen des Märchens nach konkreten Gegenständen (Konkreta) und abstrakten Gegenständen (Abstrakta) in eine Tabelle ein.

Konkreta	Abstrakta
das Stroh	das Ansehen
…	…

Jakobs Walkman

Jenny kommt von der Schule nach Hause und will ihrem Bruder Jakob von einem interessanten Erlebnis erzählen. Leider hat Jakob gerade seinen Walkman auf und versteht Jenny nicht so recht:

Jenny Du, Jakob, heute in der Schule! Das muss ich dir erzählen. Also: *Unser Klassenlehrer* war heute komisch wie die anderen Klassenlehrer. Er gibt uns diese Tabelle mit. Die sollen wir auswendig lernen. Dann eine neue anlegen und mit *Klassenlehrer* auffüllen. Dabei ist er wirklich unser bestes Stück.
5 *Jakob* Wer ist verrückt?
Jenny Niemand! Also noch einmal. Wir haben uns über die Hausaufgabe geärgert und *unserem Klassenlehrer* einen Streich gespielt.
Jakob Wem gspült?
Jenny Niemandem! Ach, lassen wir den Streich. Für uns war klar, dass die Wut
10 *unseres Klassenlehrers* groß war.
Jakob Wessen Hut ist sonderbar?
Jenny Es gibt doch gar keinen Hut! Ich wollte nur sagen: Mit anderen Klassenlehrern kann es Probleme geben, aber *unseren Klassenlehrer* liebt die ganze Klasse.
15 *Jakob* Wen schiebt die Klasse?
Jenny Mensch, nimm endlich deinen Walkman ab. Sonst wird unser Gespräch immer schwerer.
Jakob Ach so, du sprichst von deinem Klassenlehrer?

Tabelle des Klassenlehrers

	Nominativ	Genitiv	Dativ	Akkusativ
Singular	der Mann	des Mannes	dem Mann	den Mann
	die Schwester	der Schwester	der Schwester	die Schwester
	das Beispiel	des Beispiel(e)s	dem Beispiel	das Beispiel
Plural	die Männer	der Männer	den Männern	die Männer
	die Schwestern	der Schwestern	den Schwestern	die Schwestern
	die Beispiele	der Beispiele	den Beispielen	die Beispiele

1. Erledige für Jenny die Hausaufgabe und lege eine Tabelle für das Nomen *Klassenlehrer* an. Benutze dabei die Formen aus dem Gespräch.
2. Stell dir vor, Jakob hätte nur das Wort *Klassenlehrer* nicht verstanden. Wie müsste er dann fragen?
3. Erstelle eine solche Tabelle auch für die Nomen *Schule* und *Stück*.

EXTRA: Üben → S. 272

Ein seltsamer Gelehrter

Professor Grammatikus ist ein seltsamer Gelehrter, der zwar Grammatik studiert hat, aber ab und zu ganz eigenwillige Ansichten vertritt:
In der deutschen Sprache haben alle Nomen ein grammatisches Geschlecht. So kann ein Nomen weiblich sein wie etwa *die Frau* oder männlich wie *der Vater*. Es kann aber auch keines von beiden sein, also sächlich wie *das Kind*. Das grammatische Geschlecht ist abhängig vom natürlichen Geschlecht des jeweiligen Nomen. Es heißt *die Kuh*, weil sie weiblich ist; es heißt *der Bulle*, weil er männlich ist, es heißt *das Kalb*, weil es noch keines von beiden ist.

1. Was behauptet der Professor über die Beziehung von grammatischem und natürlichem Geschlecht?
2. Überprüfe an den folgenden Beispielen, ob diese Behauptung zutrifft:

    Goldschatz – Weib – Frau   Atlantik – Nordsee – Mittelmeer

Mrs. Miller lernt Deutsch

Mrs. Miller lernt Deutsch und beschäftigt sich im Augenblick mit dem Numerus. Aus ihrer Sprache weiß sie, dass ein Nomen im Singular (Einzahl) und im Plural (Mehrzahl) stehen kann. Leider macht sie bei der Pluralbildung ein paar Fehler:

die Kuh – die Kühe	der Bub – die Buben	das Haus – die Häuser
der Schuh – die Schühe	der Klub – die Kluben	die Maus – die Mäuser

3. Schreibe die richtigen Pluralformen in dein Heft.
4. Wie wird im Deutschen der Plural gebildet? Achte auf die Endungen und den Wortstamm.
5. Bilde von den folgenden Nomen den Plural:

> Ohr – Hund – Mutter – Bett – Streik – Vogel – Bild – Tag – Geist – Hobby

6. Welche der folgenden Nomen können keinen Singular oder Plural bilden?

> Eltern – Geschwister – Leute – Masern – Alpen – Trümmer – Ferien – Gold – Butter – Laub – Obst

EXTRA: Üben → S. 272

Wie Artikel unterschieden werden

Der verlorene Geldschein

Ein Mann betritt *die* Stadtbibliothek und spricht sofort *die* Bibliothekarin an: „Ich habe vor einigen Tagen *ein* Buch zurückgebracht. *Das* Buch war schwer zu lesen. Da ich es deshalb immer wieder unterbrechen musste, habe ich *einen* Geldschein als Lesezeichen verwendet. Jetzt ist er weg." *Die* Bibliothekarin fragt nach: „Auf welchen Seiten lag *der* Geldschein zum Schluss?" Nach kurzem Überlegen antwortet der Mann: „Zwischen den Seiten 215 und 216." *Die* Bibliothekarin holt *das* Buch und schlägt es auf. Dann fragt sie *den* Mann erneut: „Sie sind sich also ganz sicher, dass *der* Geldschein zwischen den Seiten 215 und 216 lag?" „Ganz sicher", antwortete *der* Mann. „Dann haben Sie mich belogen. Ich werde jetzt *einen* Kollegen oder *den* Pförtner benachrichtigen, dass er sie festhält, bis *die* Polizei kommt", sagt *die* Bibliothekarin, als sie *das* Telefon ergreift.

1. Woher weiß die Bibliothekarin, dass sie belogen wurde?
2. Wie unterscheidest du die kursiv gedruckten Artikel? Wo stehen sie?
3. Warum wird zuerst *ein Mann* und dann *der Mann* verwendet?
4. Bei welchen *Nomen* ist dies ebenso? Bei welchen anders? Warum?

Der/ein Löwe gehört zu den Großkatzen mit etwa zehn Unterarten. Er lebt in Savannen und offenen Grassteppen, heute nur noch südlich der Sahara, wenige Exemplare in Indien.

In der Fabel werden *dem/einem* Löwen bestimmte Eigenschaften wie Stärke und Macht zugesprochen. *Das/ein* Löwenmännchen wird bis zu 1,9 m lang und 1 m hoch. Im Gegensatz zu allen anderen Katzen lebt *der/ein* Löwe in Rudeln.

Bevorzugte Beutetiere sind Antilopen und kleinere Säugetiere. *Der/ein* Löwe greift *den/einen* Menschen nur bei starkem Hunger an oder wenn er in die Enge getrieben wird. *(Lexikontext)*

---

5. Schreibe den Lexikonartikel ab und setze den deiner Meinung nach richtigen Artikel ein. Vergleicht eure Ergebnisse. Was stellt ihr fest?

INFO

Nachschlagen → S. 287

- **Nomen/Substantive** bezeichnen Gegenstände und ordnen diese in Unter- und Oberbegriffe.
- Nomen werden in **Konkreta** und **Abstrakta** eingeteilt.
- Nomen haben ein **Genus/Geschlecht** (männlich, weiblich, sächlich) und ein **Numerus** (Singular, Plural).
- Nomen haben einen **Kasus** (Nominativ, Genitiv, Dativ, Akkusativ).
- Es gibt einen **bestimmten** und einen **unbestimmten Artikel**.

Das Adjektiv

Eine seltsame Geschichte

Es war helle, dunkle Nacht. Der Mond versteckte sich hinter den Wolken. Kaum jemand war unterwegs. Nur ein Mann ritt auf seinem schwarzen Schimmel einen lustigen Weg entlang. Er fühlte sich einsam und hing mit seinen Gedanken der Vergangenheit nach. Auf den Weg achtete er nicht. Plötzlich hörte er ein
5 gelbes Geräusch. Ein stilles Knacken von verzweifelten Zweigen war zu hören. Trockener Schweiß lief ihm über das Gesicht. Was war das? Der Mann fing an zu grübeln: Räuber, die ihn überfallen wollen? Was sollte er tun? Niemand war da, der ihm helfen konnte.
Und da: Ein weiblicher Kater lief über den Weg, dem ein riesiger Winzling folgte,
10 der seine heimgekehrte Katze suchte.

1. Warum ist diese Geschichte seltsam?
2. Schreibe die Geschichte richtig. Erkläre, was du gemacht hast.
3. Warum heißen Adjektive im Deutschen „Eigenschaftswörter" (Wie-Wörter)?

Ein Ratespiel

Sinn des Spieles ist es, ein Nomen, das sich jemand aus der Klasse, der Quizmaster, ausgedacht hat, mithilfe von Adjektiven so schnell wie möglich zu erraten (Jakob ist der Quizmaster und denkt sich *Clown* aus). Der Quizmaster darf aber immer nur ein Adjektiv der Klasse bekannt geben. Dann muss geraten werden
5 (Jakob gibt *geschminkt* bekannt).
Weiß keiner die Antwort, verrät der Quizmaster ein weiteres Adjektiv (Jakob verrät *lustig*). Der Vorgang wiederholt sich, bis das Nomen erraten ist.
Nach dem dritten Wort darf der Quizmaster auch ganze Sätze benutzen, die allerdings ein Adjektiv enthalten müssen (Jakob nennt den Satz *Mein Nomen hat*
10 *eine rote Nase*).
Nachdem das Wort erraten ist, wird ein neuer Quizmaster ausgelost.

4. Spielt dieses Spiel in eurer Klasse.
5. Sprecht dann über die Erfahrungen während des Spiels.
   Wann war ein Gegenstand leicht zu erraten? Wann schwer?
   Wann überhaupt nicht?

Wie Adjektive gebraucht werden 217

Märchenexperten gesucht!

Kennst du dich mit Märchen aus? Teste dich! Du findest hier zehn Zitate aus fünf Märchen. Jeweils zwei Zitate stammen aus einem Märchen. Übrigens: In allen Zitaten kommt das gleiche Adjektiv vor!

1 Was der Frosch gesagt hatte, das geschah, und die Königin gebar ein Mädchen, das war so schön, dass der König vor Freude sich nicht zu lassen wusste und ein großes Fest anstellte.

2 Die Frau hatte zwei Töchter mit ins Haus gebracht, die schön und weiß von Angesicht waren, aber garstig und schwarz von Herzen.

Schneewittchen

3 Als der König sich der Dornenhecke näherte, waren es lauter große schöne Blumen, die taten sich von selbst auseinander und ließen ihn unbeschädigt hindurch.

4 Es war eine schöne Frau, aber sie war stolz und übermütig und konnte nicht leiden, dass sie an Schönheit von jemand sollte übertroffen werden.

Dornröschen

5 In den alten Zeiten, wo das Wünschen noch geholfen hat, lebte ein König, dessen Töchter waren alle schön, aber die jüngste war so schön, dass die Sonne selber, die doch so vieles gesehen hat, sich verwunderte, sooft sie ihr ins Gesicht sah.

6 Es verlor die Besinnung, und als es erwachte und wieder zu sich selbst kam, war es auf einer schönen Wiese, wo die Sonne schien und viele tausend Blumen standen.

Der Froschkönig
oder
Der eiserne Heinrich

7 Und weil es so schön war, hatte der Jäger Mitleid und sprach: „So lauf hin, du armes Kind."

8 Sie nahmen ihm seine schönen Kleider weg, zogen ihm einen grauen alten Kittel an und gaben ihm hölzerne Schuhe.

Frau Holle

9 Eine Witwe hatte zwei Töchter, davon war die eine schön und fleißig und die andere hässlich und faul.

10 Die Königstochter war voll Freude, als sie ihr schönes Spielwerk erblickte, hob es auf und sprang damit fort.

Aschenputtel

1. Welche beiden Zitate gehören jeweils zu einem Märchen? Schreibe sie untereinander.
2. Welches Adjektiv kommt in allen beiden Zitaten vor? Wie wird es jeweils gebraucht?
3. Unterscheide die anderen Adjektive in gleicher Weise. Wie verändern sich die attributiv gebrauchten Adjektive?

Schneller geht's nicht!

Karin wohnt in Berlin und hat Besuch von ihrem Cousin Bill aus Hollywood, der als eingebildet und als Angeber gilt. Sie besichtigen die Stadt, und Karin zeigt ihm nacheinander einen Turm, eine Kirche und eine Brücke.

Bill	What's that? What's that? What a wonderful tower! Wie lange haben Berliner gebraucht zu bauen diesen *schönen* tower?
Karin	Diesen Turm? Etwa zwei Jahre.
Bill	Wonderful! Wonderful! Die Berliner sind *gut* wie alle Deutschen. Wir aus Hollywood sind *besser*. Wir bauen *schöneren* tower als die Berliner in einem Jahr!
	What's that? What's that? What a wonderful church! Wie lange brauchen Berliner zu bauen diese *schöne* church?
Karin	Diese Kirche? Etwa ein Jahr.
Bill	Wonderful! Wonderful! Das ist *besser* als zwei Jahre. Die Berliner sind *gut*, aber nicht so *gut* wie wir aus Hollywood. Wir aus Hollywood sind am *besten*. Wir bauen *schönste* church in einem halben Jahr.
	What's that? What's that? Oh, what a wonderful bridge! Wie lange brauchen Berliner zu bauen diese *schöne* bridge?
Karin	Welche Brücke? Welche Brücke? Die war vorhin noch gar nicht da!

4. Spielt dieses Gespräch. Wie ändern sich die Adjektive *schön* und *gut*? Warum verwendet Bill solche Wörter?
5. Schreibe einen kleinen Text mit den Adjektiven *bunt* und *viel*. Versuche eine Regel zu finden, wie die Adjektive *schön* und *bunt* sowie die Adjektive *gut* und *viel* verändert werden.

EXTRA: Üben → S. 273

Das fröhliche Lager der Ausreißer

Aus: Mark Twain: Tom Sawyers Abenteuer

Es war die Zeit der kühlen, grauen Dämmerung, und ein köstliches Gefühl des Friedens ging von der tiefen Stille und Regungslosigkeit des Waldes aus. Weiße Asche bedeckte die
5 Glut des Feuers, und ein dünner blauer Rauchfaden stieg in die Luft. […]
Sie waren zu hungrig, um erst noch zu fischen, aber sie hatten ein prächtiges Mahl von kaltem Schinken und legten sich dann in
10 den Schatten nieder, um zu plaudern. Bereits seit einer Weile hatten die Jungen in der Ferne einen seltsamen Laut vernommen. Jetzt aber wurde dieser geheimnisvolle Laut deutlicher. Lange herrschte lautloses, ungestörtes Schwei-
15 gen – dann tönte aus der Ferne ein tiefes, dumpfes Rumpeln.

> 1. Schreibe den Text ab und lasse dabei alle attributiv gebrauchten Adjektive weg. Wie wirkt der Text dann auf dich?

Die Ausreißer – einmal anders!

Es war die geheimnisvolle Zeit der kühlen, düsteren, grauen Dämmerung, und ein köstliches, herrliches Gefühl des stillen Friedens ging von der tiefen, endlosen Stille und völlig lautlosen Bewegungslosigkeit des grünen, dunklen Waldes aus. Feine, sandförmige, weiße Asche bedeckte die heiße Glut des grellen Feuers, und ein dünner, kaum wahrnehmbarer blauer Rauchfaden stieg in die heiße Luft.

> 2. Wie wurde der Satz aus Mark Twains Geschichte verändert? Wie gefällt er dir besser? Begründe deine Ansicht.

INFO

Nachschlagen → S. 288

- **Adjektive (Eigenschaftswörter)** beschreiben Menschen und Dinge näher.
- Adjektive werden **attributiv** und **prädikativ** gebraucht.
- Adjektive können **dekliniert** und **gesteigert** werden.

Das Verb

Nachschlagen → S. 289

Das Abc-Spiel

Spielregel: Jeder in der Klasse hat zwei Minuten Zeit, sich zu zehn, vom Lehrer vorgegebenen Buchstaben des Alphabets Wörter mit gleichem Anfangsbuchstaben aufzuschreiben. Danach sind mit diesen Wörtern möglichst viele Sätze zu bilden. Die Wörter auf dem grünen und blauen Zettel dürfen ebenfalls verwendet werden.

> an – auf – mit – in – neben – unter – über

> der – die – das – den – dem – ein – eine – einer – einem

Die Klasse 5a spielt dieses Spiel. Klaus hat sich folgende zehn Wörter aufgeschrieben:

> Ball – Fluss – er – Garten – hoch – Kind – langsam – sie – Ulrich – Wiese

1. Versuche, aus seinen Wörtern nach den Spielregeln Sätze zu bilden. Wie wird deiner Meinung nach Klaus bei dem Spiel abschneiden?
2. Welche Aufgabe haben Verben in Sätzen?

Verbpakete

Tätigkeit
SARMARBEITEN
RAORENNENEN
ARKOCHENETA
INLERNENVGIP
OKLÄPSPIELEN

Vorgang
TAÖBLÜHENGEN
HEREGNENZIGO
SCHWITZENPOIK
RUDONNERNWE
FDAEATMENMN

Zustand
ERPLIEGENET
VETSTEHENP
GEVJKSITZEN
RUHENERBNU
GHIVHEISSEN

3. In den einzelnen Paketen sind Verben versteckt, die eine Tätigkeit, einen Vorgang oder einen Zustand beschreiben. Schreibe sie heraus.
4. Fülle die Pakete weiter auf. Bilde dann mit diesen Wörtern Sätze.

EXTRA: Üben → S. 274

Bewegungsspiel

Carola spielt dieses Spiel mit ihren Freunden Klaus und Peter. Wenn sie beschreibt, was sie macht, könnte sie es wie folgt tun:

Hüpfen, strecken, rundum drehen, viermal klatschen, stampfen, stehen.

Ich hüpfe mit beiden Beinen. Dann strecke ich meine Arme in die Höhe und drehe mich im Kreis. Anschließend klatsche ich viermal in die Hände, stampfe mit den Füßen auf den Boden und stehe zum Schluss still.

1. Wie ändert Carola die Verbformen in ihrer Beschreibung?
2. Fertige folgende Beschreibungen an:
   – Carola erklärt das Spiel Peter (*du* …).
   – Peter berichtet, was Carola macht (*sie* …).
   – Alle drei berichten gemeinsam (*wir* …).
   – Carola erklärt ihren beiden Freunden das Spiel (*ihr* …).
   – Carola beschreibt, was Klaus und Peter machen (*sie* …).

Heiratshindernis

„Heiratest du mich, wenn wir einmal groß sind?", fragt die kleine Julia ihren Spielkameraden.
„Nein!", antwortet Philipp. „Warum heiraten wir nicht?", fragt Julia nach.
„Was fragst du so dumm? In unserer Familie heiratet niemand einen Fremden. Meine Oma hat den Opa geheiratet, mein Vater meine Mutter. Ich heirate auch jemanden aus unserer Familie."

3. Wie oft musst du im Wörterbuch nachschlagen, um alle Verben zu finden? Denk daran, in welcher Form Verben im Wörterbuch stehen.

Atemübungen

Puste in den Strohhalm.
Pass auf, dass zwar Blasen aufsteigen,
aber kein Wasser überschwappt.

Halte ein Blatt Papier vor den Mund.
Blase und *versuche,* es möglichst lange
ohne Unterbrechung flattern zu lassen.

1. Wie werden die kursiv gedruckten Verben verwendet?
   Was wird damit ausgedrückt?
2. Setze diese Verben in den Plural.

Jetzt wird's schwierig

> deutlich sprechen – jemanden erschrecken – das Gedicht lesen –
> das Brot essen – den Ball werfen – jemandem die Hand geben

3. Bilde von diesen Verben den Imperativ in Singular und Plural.

Verben messen ihre Kräfte

> befehlen – befahl – befohlen; lachen – lachte – gelacht; essen – aß – gegessen;
> lesen – las – gelesen; fragen – fragte – gefragt; fließen – floss – geflossen;
> sagen – sagte – gesagt; legen – legte – gelegt; meinen – meinte – gemeint;
> fahren – fuhr – gefahren; singen – sang – gesungen; glauben – glaubte – geglaubt

4. Ordne diese Verben in zwei Gruppen.
   Nach welchen Gesichtspunkten teilst du sie ein?

EXTRA: Üben → S. 274

Ein Grammärchen: Hilfsverben beklagen sich

Wir Hilfsverben fühlen uns benachteiligt von den Menschen, die Grammatikbücher geschrieben haben. Sie haben uns einen Namen gegeben, der niemandem gefallen kann. Kein Schüler ist gern ein Hilfsschüler, kein Lehrer gern ein Hilfslehrer. Sicherlich haben wir auch die Aufgabe, bei der Satzbildung zu helfen. Ohne uns könnte man nicht sagen *Ich bin gegangen*, *Du hast gelesen* oder *Er wird kommen*. Wenn man dann aber bedenkt, dass wir wie alle anderen Verben, die man deswegen Vollverben nennt, ganz allein in einem Satz wie *Ich habe Hunger* stehen können, dann kann sicherlich jeder verstehen, dass wir uns über einen solchen Namen beklagen.

5. Wie heißen die Hilfsverben? Nenne sie im Infinitiv.
   Inwiefern haben sie helfende Funktion?
   Was wird mit ihnen gebildet?
6. Schreibe weitere Sätze, in denen die Hilfsverben als Vollverben gebraucht werden.

Mein Steckbrief: Das Partizip

1. Manchmal bin ich Teil einer Verbform.
2. Manchmal kann ich auch ein Substantiv näher bestimmen.
3. Ich werde gebildet mit der Vorsilbe *ge-* und der Endung *-t*.
4. Ich werde aber auch gebildet mit der Vorsilbe *ge-* und der Endung *-en*.
5. Manchmal fällt die Vorsilbe *ge-* weg.
6. Manchmal wird die Vorsilbe *ge-* eingeschoben.
7. Manchmal tritt ein *e* vor die Endung *-t*.

a Das Flugzeug ist notgelandet.
b Der geschlagene Hund bellt.
c Ich habe geschlafen.
d Ich habe dir gratuliert.
e Du hast mich gerettet.
f Ich habe gelacht.

7. Ordne die Beispiele den einzelnen Regeln zu.
   Achtung! Ein Beispiel kann für mehrere Regeln stehen.
8. Bilde weitere Beispiele zu den Regeln.

Lehreralltag

Während einer Unterrichtsstunde denkt die Deutschlehrerin Frau Müller über ihren Stundenplan nach:

- Bei der 5 a wird es sicherlich interessanter sein.
- In der 6 a macht es heute Spaß.
- In der 7 c hatten alle die Hausaufgaben gemacht.
- In der 10 b langweilen sich die meisten.
- In der 11 c haben die meisten wieder geschlafen.

1. Schreibe den Stundenplan der Lehrerin. Wo gibt es Unsicherheiten? Warum?
2. In welcher Klasse befindet sich Frau Müller gerade? Wie hast du das herausgefunden?
3. Wie ändern sich die Verben in den einzelnen Zeitstufen? Bilde sie für die Verben *unterrichten* und *lesen*.

STUNDENPLAN

Mo	Di	Mi	Do	Fr

Vergangenes ← → Zukünftiges

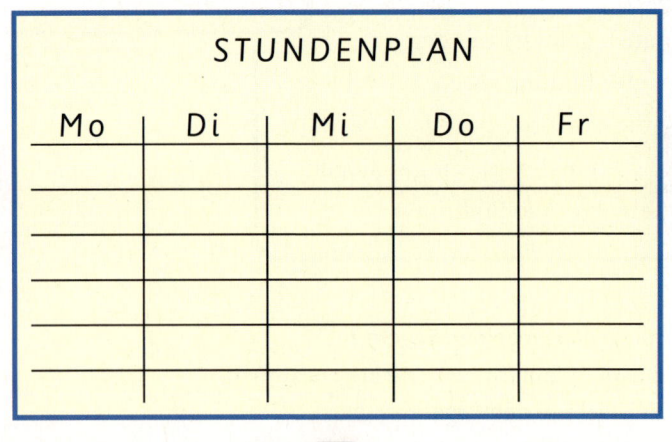

↓ Gegenwärtiges

EXTRA: Üben → S. 274

Ein paar Probleme

Professor Grammatikus denkt intensiv nach, wann das Präsens, die Zeitform der Gegenwart, gebraucht wird. Ihm ist klar, dass damit ein Geschehen beschrieben wird, das in der Gegenwart, also zur Sprechzeit oder um die Sprechzeit herum, abläuft. Ihm fallen Beispielsätze ein wie:
   Draußen regnet es.
   Im Augenblick spiele ich mit dem Ball.
Er weiß aber auch, dass es noch andere Sätze im Präsens gibt:
   Morgen regnet es.
   Nächste Woche beginnen die Ferien.
Damit kann doch keine Gegenwart gemeint sein? Und wenn man sagt:
   Jeden Tag gehe ich in die Schule.
   Das Schwein ist ein Allesfresser.
Dann wird doch auch hier nicht nur die Gegenwart beschrieben?

1. Könnt ihr Professor Grammatikus helfen? In welcher Bedeutung wird das Präsens in den Beispielsätzen gebraucht?
2. Schreibe eine kleine Geschichte im Präsens, in der alle Bedeutungen vorkommen. Sie könnte so beginnen:
   Jetzt haben wir Mathematik …

Ein berühmter Schriftsteller: Mark Twain

Mark Twain *erblickt* am 30. November 1835 in Florida, im US-Staat Missouri, das Licht der Welt. Zunächst lernt er das Handwerk des Druckers. Anschließend ist er Lotse auf dem Mississippi und *arbeitet* in einer Silbermine. Später *unternimmt* er als Schriftsteller zahlreiche Studien- und Vortragsreisen nach Europa. Sein berühmter Roman „Die Abenteuer des Tom Sawyer" (1876) *findet* eine Fortsetzung in dem Hauptwerk „Abenteuer und Fahrten des Huckleberry Finn" (1884). Beide Werke *machen* ihn zu einem beliebten Jugendbuchautor. Am 21. April 1910 stirbt er in Redding, im Staate Connecticut.

3. Überrascht es dich, dass über diese Ereignisse im Präsens berichtet wird? Begründe deine Meinung.

EXTRA: Üben → S. 274

Immer der Reihe nach!

Sabine kommt aufgeregt nach Hause und schreibt sofort in ihr Tagebuch:
Liebes Tagebuch, wie aufgeregt bin ich! Ich habe etwas Ärgerliches erlebt! Ich glaube es noch immer nicht. Meine Hände haben gezittert! Wie soll ich es dir nur sagen? Vor lauter Wut bin ich einfach weggerannt. Mir fehlen die Worte!
5 Miriam, meine beste Freundin, hat es wirklich geschafft, mich wütend zu machen. Aber ich will dir der Reihe nach erzählen.
Es läutete zur großen Pause. Die Deutschstunde war zu Ende. Ich packte meine Sachen in die Schultasche und ging auf den Flur. Dort wartete ich auf Miriam. Als sie kam, nahm ich sie bei der Hand und wollte mit ihr in die Pause gehen.
10 Irgendwie benahm sie sich anders als sonst. Sie sagte aber nichts. Wir gingen auf den Schulhof …

1. Erzähle die Geschichte zu Ende.
2. Schreibe die Verben heraus, mit denen Sabine über Vergangenes berichtet. Warum verwendet sie einmal das Präteritum und einmal das Perfekt? Achte auf die Situationen, in denen sie diese Zeitformen verwendet.
3. Wie werden diese Formen gebildet?

Oma *Peter Härtling*

Aus: Peter Härtling: Oma

Das Jugendbuch „Oma" handelt von Kalle, der seine Eltern bei einem Verkehrsunfall verloren hat und bei der Großmutter aufwächst. Die eigentliche Geschichte wird immer durch innere Monologe unterbrochen wie in dem folgenden Auszug.

Die Geschichte
Es muss ja weitergehen, irgendwie geht es weiter! Und Oma hatte in einer Runde von lauter fremden Onkeln und Tanten in Kalles Anwesenheit beschlossen: Den Kalle nehme ich mit. Der bleibt bei mir (…). Kalle hatte Oma vorher nur wenige Male gesehen. Gefallen hatte sie ihm immer. Sie sprach ein wenig lauter, als er es sonst gewohnt war, sagte Worte, die nicht immer anständig waren, und behandelte den Vater so, als wäre er so alt wie Kalle.

Innerer Monolog der Oma
Jetzt hab ich den Jungen. Ich bin verrückt, ein altes Weib und ein Kind, das mindestens noch zwölf oder dreizehn Jahre braucht, um selbst durchzukommen, soll ich wegen Kalle hundert werden? Aber wer von der Verwandtschaft hätte ihn denn genommen? Die hätten ihn am Ende in ein Heim gesteckt. Und das geht nicht, nein!

4. In welchem Tempus ist die Geschichte geschrieben?
In welchem Tempus der innere Monolog?
Setze die Geschichte ins Perfekt. Wie wirkt sie dann?
5. Wie wird im inneren Monolog über Vergangenes berichtet?

Ein schreckliches Kind *Christine Nöstlinger*

Eine deutsche Familie erwartet das englische Austauschkind Tom. Plötzlich erfährt sie, dass statt Tom sein Bruder Jasper kommt. Der Ich-Erzähler erkundigt sich bei seinem Klassenkameraden Peter Stollinka über das neue Austauschkind.

Aus: Christine Nöstlinger: Das Austauschkind

Natürlich erfuhr ich von Peter Stollinka noch eine Menge mehr. Dass der Jasper den Tom einmal derart gebissen hatte, dass der Tom verarztet werden musste. Dass er sich einmal tückisch auf dem Klo eingesperrt hatte und einen ganzen Tag
5 lang nicht herausgekommen war und die Familie Pickpeer zur Nachbarin aufs Klo hatte gehen müssen.
Dass er das Schachspiel, das ihm sein Vater zu Weihnachten geschenkt hatte, sofort nach der Übergabe zum Fenster hinausgeworfen hatte. Nur um Haaresbreite hatte der schwere
10 Holzkasten den Kopf eines
Passanten verfehlt. Und dem Peter Stollinka hatte er vergangenen Sommer einen Teller voll heißer Tomato-Soup über den Kopf gegossen. Und ihm ein anderes Mal so heftig gegen das Schienbein getreten, dass es „fast" gebrochen
15 war. Und den Tom hatte er oft angespuckt. Und an den schwarzen Haaren gezogen. Und schließlich erfuhr ich noch, dass Jasper seit Anfang des Jahres nicht mehr davonlief, weil Mary wieder geheiratet hat und jetzt in Amerika wohnt.

1. Die Erzählung ist vorwiegend im Präteritum geschrieben. Wo und wann wird dagegen das Plusquamperfekt verwendet?
2. In welchem zeitlichen Verhältnis steht es zum Präteritum? Wie wird es gebildet?

Frühmorgens

Nachdem der Wecker um sechs Uhr läutet, stand Klara auf. Da hörte sie die Mutter schon rufen „Zieh dich schnell an!", obwohl sie noch nicht einmal duschte. War das eine Hektik am frühen Morgen! Kaum trat sie aus der Dusche, schrie der Vater: „Etwas schneller, gnädiges Fräulein!" Bevor sie am Frühstückstisch saß, verging ihr schon der Appetit.

3. Welche Zeitformen sind falsch gewählt? Korrigiere sie.

Morgen, Kinder, wird's was geben

1. Mor-gen, Kind-der, wird's was ge-ben,

Morgen, Kinder, wird's was geben,
morgen werden wir uns freun!
Welch ein Jubel, welch ein Leben
wird in unserem Hause sein!
Einmal werden wir noch wach,
heißa, dann ist Weihnachtstag.

1. Wann findet der Weihnachtstag von der Sprechzeit aus gesehen statt?
2. Wie wird das Futur gebildet?

Die zwei Wahrsager

Im Morgenland lebte ein abergläubischer Fürst. Sein Volk litt oft unter seinen launischen Einfällen. Es konnte geschehen, dass er willkürlich die Steuern erhöhte.
„Dann regnet es morgen", war seine Begründung. Auch musste jeder mit hohen
5 Strafen bei den geringsten Vergehen rechnen. Er meinte dazu nur: „Wer mich nicht liebt, wird mich zumindest fürchten."
In diesem Land gab es zwei Wahrsager. Beide waren dem Fürsten ein Dorn im Auge. Denn einer von ihnen galt als besonders weise, und viele seiner Vorhersagen sind eingetroffen.
10 Eines Tages ließ der Fürst sie zu sich rufen und fragte den ersten: „Sage mir, wann du sterben wirst!"
Der erste Wahrsager überlegte kurz und sagte dann: „Ich sterbe erst in zwanzig Jahren."
„Stimmt nicht, mein Freund", frohlockte der Fürst, „du bist gar kein Hellseher.
15 Zumindest wirst du nicht mehr lange einer sein. Du stirbst heute Abend unter dem Fallbeil." Er ließ den Wahrsager abführen.
Dann fragte er den zweiten: „Sage mir, wann *du* stirbst."
Der zweite Wahrsager überlegte etwas länger. Dann sagte er: „Ich werde einen Tag vor Ihnen sterben, mein Fürst."

3. Was wird der Fürst tun?
4. Schreibe die Sätze heraus, die über Zukünftiges berichten. Was fällt dir auf?

EXTRA: Üben → S. 274

Das Feuer *James Krüss*

Hörst du, wie die Flammen flüstern,
Knicken, knacken, krachen, knistern,
Wie das Feuer rauscht und saust,
Brodelt, brutzelt, brennt und braust?

Siehst du, wie die Flammen lecken,
Züngeln und die Zunge blecken,
Wie das Feuer tanzt und zuckt,
Trockne Hölzer schlingt und schluckt.

[…]

1. Was für Verben hat James Krüss in den beiden ersten Strophen seines Gedichts *Das Feuer* verwendet?
2. Lass dich von seinen Gedichtstrophen anregen und schreibe ähnliche Verse zu den Stichwörtern *Heiterkeit*, *Regen*, *Wind* und *Wasser*.

> **Heiterkeit**
> Sieh nur, was der Peter macht,
> wie er schmunzelt,
> grinst und lacht …

INFO

Nachschlagen → S. 289

- **Verben** bezeichnen Tätigkeiten, Vorgänge und Zustände.
- Es gibt **infinite** (unveränderliche) und **finite** (veränderliche) **Verbformen**.
- Verben können besondere Formen haben:
  – den **Imperativ** (Befehlsform)
  – sie können **stark** oder **schwach** sein
  – sie können **Hilfsverben** sein
  – das **Partizip II** (Partizip Perfekt).
- Verben bilden verschiedene Zeitstufen:
  – **Präsens** (Gegenwart)
  – **Präteritum** und **Perfekt** (Vergangenheit)
  – **Plusquamperfekt** (Vorvergangenheit)
  – **Futur I** (Zukunft).

Das Personal- und das Possessivpronomen

Nachschlagen → S. 291

Ein Mord?

Er betritt es. Weil er sie braucht, öffnet er es. Dabei bemerkt er nicht, dass er es umstößt, in dem er ist. Es fällt zu Boden. Er legt sich auf es und schläft ein. Morgens findet sie ihn tot unter ihm.

> das Bett – ein betrunkener Mann – ein Goldfisch – das Fenster – das Zimmer – das Aquarium – seine Frau – den Goldfisch – frische Luft – dem Bett – das Aquarium

1. Was ist passiert?
   Mache die Geschichte mithilfe der Wörter aus dem Kasten verständlich.
   Ein Tipp: Schreibe die Wörter ab und streiche die eingesetzten durch.
2. Warum ist die Geschichte nur mit Pronomen schwer verständlich?
   Wofür stehen diese Pronomen?

Neckverse

In der Pause sagen sich Heinz, Peter und Paul folgende Neckverse auf:

Ich bin Peter, du bist Paul,
ich bin fleißig, du bist faul.

Du bist Peter, ich bin Paul,
du bist fleißig, ich bin faul.

Er ist Peter, er ist Paul,
er ist fleißig, er ist faul.

3. Wer sagt die Verse zu wem? Woran erkennst du das?
4. Wie werden Personalpronomen in einem Gespräch verwendet?
   Wen bezeichnet *ich*, wen *du* und wen *er*?

Was Possessivpronomen anzeigen **231**

Die Ameisen und der Getreidekörnerbär

Zwei Ameisen liefen über ein abgeerntetes Getreidefeld und fanden dort ein Getreidekorn. Beide waren hungrig, und so stritten sie sich gierig um den Fund. „Das ist ■ Getreidekorn", behauptete die eine. „Das ist nicht ■ Getreidekorn, sondern ■ ", entgegnete die andere.

5 Da kam ein Getreidekörnerbär des Weges, hörte den beiden Streithähnen zu und fragte sie: „■ Freunde! Wem gehört nun das Getreidekorn?" „Das ist ■ Getreidekorn!", schrien beide Ameisen gleichzeitig.

Der Getreidekörnerbär überlegte kurz und sagte dann: „Da es nicht ■ Getreidekorn ist, ist es ■." Sprach's, nahm's und verschwand.

10 Die beiden Ameisen schauten sich verlegen an. Dann meinte die eine: „Wir hätten sagen sollen, das ist ■ Getreidekorn."

Wahrscheinlich hätte ihnen auch das nichts genützt.

> eine – das – die – euer – unser – meine – eins – meins – mein – eine – ein – dein

1. Welche Wörter aus der Wörterliste passen jeweils in die Lücken der Geschichte?
2. Was drücken diese Wörter aus?

Zur See!

Segel 1: Kapitän, See, Boot, Hafen, Mannschaft
Segel 2: er, sie, sein, ihr, wir, es, unser

3. Schreibe mit den Wörtern auf den beiden Segeln eine Geschichte.
4. Wie hängen Personal- und Possessivpronomen zusammen?

Eine gefährliche Begegnung *Frederik Hetmann / Harald Tondern*

Der Schüler Nemed Gürzil berichtet, wie er mit seiner Klassenkameradin Susan in die Gewalt von Skinheads gerät:

Das leer stehende Hotel, in dem unsere Klasse untergebracht war, hatte noch kein Telefon. Deshalb hatte ich mir gleich am Tag unserer Ankunft eine Telefonzelle gesucht. Ich hatte meinen Eltern versprochen, dass ich während unserer Klassenfahrt am Samstagabend anrufen würde. Jetzt wartete Sakine
5 bestimmt schon ungeduldig. Sakine ist meine kleine Schwester. […]
„Na, prima", sagte Susan, als wir an der Post ankamen. „Nur das Kartentelefon ist frei!" In der anderen Zelle stand ein junger Mann in einer schwarzen Bomberjacke. Er schien ziemlich sauer zu sein. „Ja, ja", rief er. […]
10 Kurz bevor wir die Straßenecke erreichten, tauchte dort der Junge mit den Fransenhaaren auf, den wir schon aus der Telefonzelle kannten. Hinter ihm erschienen noch ein paar Kerle. Einer von ihnen hatte sich den Schädel kahl geschoren. Er grinste erfreut. […]
15 Langsam schloss sich der Kreis der Skinheads um uns.
Susan hatte beide Daumen in die Taschen ihrer Jeans gesteckt. „Was wollt ihr eigentlich von uns?", fragte sie ärgerlich. „Könnt ihr uns nicht
20 in Ruhe lassen?" „Können wir schon", antwortete der mit den Fransen über den Augen. Seine runden Backen hatten sich gerötet vor Aufregung. Er schien mächtig stolz darauf zu sein, dass er seine Kumpels zu uns geführt hatte. […]

1. Schreibe alle Personal- und Possessivpronomen heraus und ordne sie in einer Tabelle.
2. Bestimme den Kasus der Pronomen. Was stellst du fest?

Die passende Überschrift

Sie ist noch klein, erst sieben Jahr,
Und spielt am liebsten „Verstecken".
Sie wär' so gerne unsichtbar,
Dann könnt' sie niemand entdecken.

Das Mädchen *Die Schülerin* *Das Kind*

1. Welche Überschrift würdest du für das Gedicht wählen? Begründe deine Meinung.

Ferienende

Karins Schulferien sind zu Ende. Es war eine aufregend schöne Zeit: der Ponyhof in Bayern, die Spiele mit den Freundinnen und das schwere Gewitter. Auch in der Schule hat sich einiges getan. Die Klassenzimmer wurden renoviert. Für jeden Schüler der 6. Klasse gibt es eine neue Schulbank, und auch der Schulhof wurde frisch angelegt, mit viel Grün zum Herumtoben. Sie freut sich jetzt richtig auf den Schulbeginn.

2. Im letzten Satz stimmt die Verwendung des Pronomens nicht. Wie würdest du ihn schreiben?

Unsere tolle Deutschlehrerin

Unsere Deutschlehrerin ist toll. *Die* kann und weiß alles. Zum Glück ist *die* gleichzeitig auch unsere Klassenlehrerin und hat für Probleme ein offenes Ohr. Mit *der* kann man über alles reden. Neulich gab es ein Problem. Klaus, dessen Freund Peter und Karin störten den Unterricht. Unsere Klassenlehrerin hatte sich eine gute Strafe für den Anstifter Klaus ausgedacht. *Der* musste zwei Wochen Klassenordner sein. Dadurch war *der* auch für das Tagebuch zuständig, denn das ist *dessen* Aufgabe als Klassenordner.

3. Ersetze die kursiv gedruckten Wörter durch Pronomen.

INFO

- Das **Personalpronomen** ist Stellvertreter des Substantivs.
- Das **Possessivpronomen** zeigt ein Besitzverhältnis an.
- Personal- und Possessivpronomen werden **dekliniert**.
- Personal- und Possessivpronomen stellen Zusammenhänge in Texten dar.

Nachschlagen → S. 291

Die Fragewörter

Nachschlagen → S. 292

Ein Fall für Kommissar Hansmann

Vor einer Diskothek wird einer alten Frau die Handtasche geraubt.
Ein Tatverdächtiger, übrigens ein Brillenträger, wird festgenommen. Er bestreitet alle Vorwürfe. Die alte Frau kann ihn vor lauter Schreck nicht identifizieren. Kommissar Hansmann kommt hinzu:

	Hansmann	Wie heißen Sie? Wer sind Sie?
	Verdächtiger	Ede.
	Hansmann	Wo ist Ihr Ausweis?
5	*Verdächtiger*	Habe ich nicht dabei. Wer nimmt schon seinen Ausweis mit, wenn er abends in die Disko geht?
	Hansmann	Wo waren Sie während der Tatzeit?
	Verdächtiger	In der Disko natürlich! Wissen Sie, ich komme von weit her. Dann muss ich mich natürlich den ganzen Abend dort vergnügen.
10	*Hansmann*	Warum wurden Sie dann vor der Diskothek gestellt?
	Verdächtiger	Ich wollte frische Luft schnappen. In der Disko war es heiß und stickig. Kein Wunder, bei den vielen Leuten.
	Hansmann	Wann genau haben Sie die Diskothek verlassen?
15	*Verdächtiger*	Kurz nachdem die Frau überfallen wurde.
	Hansmann	Wer kann Ihre Angaben bestätigen?
	Verdächtiger	Niemand. Ich bin allein da, und ich habe es Ihnen bereits gesagt: In der Disko ist es voll und außerdem dunkel.
20	*Hansmann*	Also haben Sie kein Alibi?
	Verdächtiger	Doch, indirekt schon. Als Brillenträger und zudem stark kurzsichtig kann ich es gar nicht gewesen sein. Als ich aus der heißen Disko an die kalte Luft kam, war meine Brille sofort beschlagen. Es dauerte einige Zeit, bis ich
25		überhaupt etwas sehen konnte.
	Hansmann	Aha! Sie kamen also aus der heißen Disko in die kalte Luft! Danke, das genügt. Sie sind verhaftet.

1. Warum ist Hansmann sich sicher, dass er belogen wurde?
2. Was für ein Gespräch führt er mit dem Verdächtigen?
   Weshalb benutzt er dabei vor allem Fragewörter?

Kommissar Hansmanns Karteikarten

Kommissar Hansmann hat in seinem Büro Karteikarten angelegt, auf denen Fragewörter, die er in seinen Verhören anwendet, verzeichnet sind. Eine Unterscheidung hat er bereits vorgenommen. Allerdings fehlt die genaue Begründung dafür. Im Augenblick brütet er darüber, wie er sie noch besser ordnen könnte.

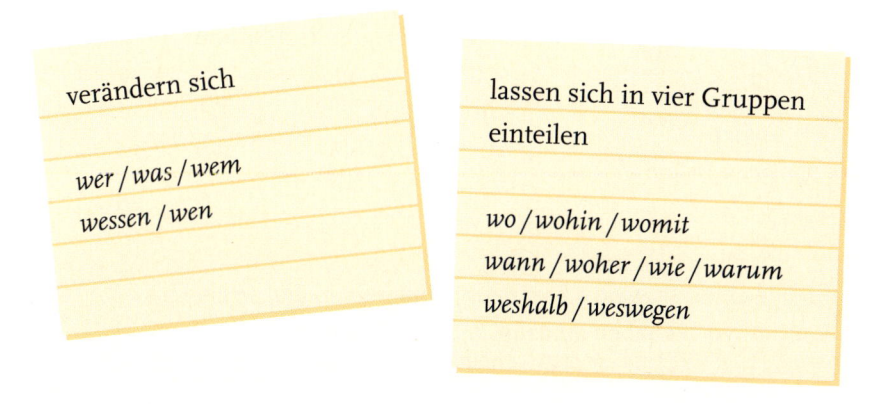

Karteikarte 1:
verändern sich

wer / was / wem
wessen / wen

Karteikarte 2:
lassen sich in vier Gruppen einteilen

wo / wohin / womit
wann / woher / wie / warum
weshalb / weswegen

1. Bilde mit diesen Fragewörtern Sätze.
2. Wie verändern sich die Fragewörter der linken Karteikarte?
3. Ordne die Fragewörter der rechten Karteikarte in vier Gruppen. Bedenke dabei, wonach man mit ihnen fragen kann.

Entscheide dich!

An wen / woran denkst du? – Ich denke an Karin.
Über was / worüber sprichst du? – Ich spreche über die Schule.
Wovon / von was sprichst du? – Ich spreche von vergangenen Dingen.
Wovon / von wem sprichst du? – Ich spreche von Martin.
Welches / was für ein Auto willst du? – Ich will das rote Auto.
Welches / was für ein Auto willst du? – Ich will ein rotes Auto.

4. Wie würdest du die Fragen stellen? Schreibe Frage und Antwort ab.

INFO

- Mit **Fragewörtern** kann man Informationen erfragen.
- Einige Fragewörter werden **dekliniert**.
- Fragewörter lassen sich in vier Gruppen einteilen: Man fragt mit ihnen nach Ort, Zeit, Grund und Art und Weise.

Nachschlagen → S. 292

Die Präposition

Nachschlagen → S. 292

Sitzordnung

Günter sitzt hinter Charlotte und neben Marilen. Hans sitzt hinter Magdalena. Dietmar sitzt vor Charlotte. Magdalena sitzt neben Dietmar. Marilen sitzt zwischen Günter und Klaus. Hans sitzt zwischen Charlotte und Evelin. Magdalena sitzt zwischen Dietmar und Karin. Evelin sitzt vor Klaus und hinter Karin.

1. Fertige einen Sitzplan dieser neun Schülerinnen und Schüler an.
2. Welche Wörter haben dir dabei geholfen? Warum?

Was Schüler so alles tun

In der *Schule* lernen – gemäß den *Vorschriften* sich benehmen – vor der *Tür* stehen – wegen des *Lärms* nicht aufpassen – mit dem *Schwamm* die Tafel putzen – vor die *Klasse* treten – in die *Schule* gehen – um die *Schule* rennen – bis nächste *Woche* keine Hausaufgaben machen – unterhalb des *Tisches*
5 rascheln – zu einer *Party* gehen – während der *Schulstunden* schwätzen – auf dem *Tisch* stehen – über die *Stühle* springen – an der *Ecke* stehen – bei einem *Freund* übernachten – über den *Wolken* schweben – für eine *Stunde* weggehen – trotz des *Regens* spielen – gegen das *Schienbein* treten – auf die *Bänke* steigen – an die *Hilfe* des Nachbarn glauben – von den *Ferien*
10 träumen – fern der *Schule* wohnen – aus der *Schule* gehen.

3. Bestimme den Kasus der kursiv gedruckten Nomen. Was fällt dir bei manchen Präpositionen auf?
4. Übertrage die Tabelle in dein Heft und fülle sie auf.

Genitiv	Dativ	Akkusativ
wegen des Lärms	in der Schule	vor der Klasse

Immer diese 5a!

Während der Pause ist in der 5a der Teufel los. *Seit zwei Wochen* wird immer *zu der gleichen Zeit* eine Klassenparty gefeiert. *Mit einem lauten Tarzanschrei* springt Peter *auf einen Stuhl*. Karin schlägt *aus lauter Übermut* einen Purzelbaum. *Neben ihr* macht Peter einen Handstand *an die Wand*, der allerdings *unter aller Kanone* ist. *In großer Eile* will jeder noch einen Blödsinn machen, und *vor lauter Lärm* versteht niemand sein eigenes Wort. *Mit dem Klingeln* ist der Spuk wieder vorbei. Jeder sitzt ganz brav *auf seinem Platz*.

1. Präpositionen lassen sich in vier Gruppen unterteilen: lokal (Ort), temporal (Zeit), modal (Art und Weise) und kausal (Grund). Trage die Präpositionen des Textes in eine Tabelle ein:

lokal	temporal	kausal	modal
auf einem Stuhl	während der Pause	aus lauter Übermut	mit einem lauten Tarzanschrei

Regeln im Klassenzimmer

Im und *außerhalb* des Klassenzimmers gelten bestimmte Regeln. Es ist vielleicht verständlich, wenn manche Schüler eine Abneigung *für* solche Regeln empfinden. Dennoch sollte jeder *an* einigen Maßnahmen mitmachen. Denn *durch* diese Maßnahmen profitieren alle. So sollte die Tafel *durch* den Ordner geputzt werden, und die Schuleinrichtung ist *von* Beschädigungen zu bewahren.

2. Die kursiv gedruckten Präpositionen sind nicht ganz richtig gebraucht. Schreibe den Text ab und setze die passenden Präpositionen ein.
3. Bilde mit *sich freuen auf / über / an / mit* jeweils Sätze, in denen du die Präpositionen richtig gebrauchst.

INFO

Nachschlagen → S. 292

- **Präpositionen** (Verhältniswörter) stellen Verhältnisse zwischen Nomen und Pronomen her und bestimmen den Kasus des Bezugswortes.
- Präpositionen lassen sich einteilen in **lokale, modale, temporale** und **kausale** Präpositionen.

SPRACHREFLEXION

Sätze und Satzglieder

Der dreibeinige Tisch

Lehrerin   Klaus du hast in der Klassenarbeit einen Spickzettel benutzt er lag unter deinem Tischbein wo hast du ihn hingetan

Klaus   Ich habe ihn aus dem Fenster geworfen es war aber kein Spickzettel das Papier lag zwar unter dem Tischbein der Tisch hat aber gewackelt deshalb habe ich es darunter gelegt jetzt wackelt der Tisch nicht mehr

Lehrerin   Aha dein Tisch hat also gewackelt da muss ich mal kurz nachdenken Klaus du hast mich angelogen denk selbst mal nach dein Tisch hat nämlich drei Beine

- Lies den Text für dich.
  Warum weiß die Lehrerin, dass Klaus gelogen hat?
  Spielt dieses Gespräch. Wie müsst ihr betonen, damit es verständlich ist?
  Schreibe den Text ab. Setze die fehlenden Satzzeichen und
  schreibe die Satzanfänge groß.
  Was verstehst du unter einem Satz?

Der einfache Satz

Nachschlagen → S. 292

Zwei gehören zusammen!

Wo gibt es in Deutschland die meisten Briefträger? – Gehen Sie bei Rot über die Straße! – Zwei Luftballons gehen über die Straße. – Was macht ein Glaser ohne Glas? – Halte mit ausgestreckten Armen zwei Kerzen in die Höhe! – Die meisten Briefträger gibt es bei der Post. – Nenne fünf Tiere aus Afrika! – Wie komme ich am schnellsten ins Krankenhaus? – Achtung! Da kommt ein Omnipatsch! – Ich bin doch kein Armleuchter! – In Afrika gibt es zwei Löwen und drei Elefanten. – Ohne Glas trinkt ein Glaser aus der Flasche.

1. Welche beiden Sätze gehören jeweils zusammen?
2. Lege in deinem Heft eine Tabelle an und trage die Sätze ein. Achte dabei auf die Stellung des Verbs.

Aussagesätze	Fragesätze	Ausrufesätze	Aufforderungssätze

Bowle für die Gartenparty

Zu einer Gartenparty gehören Getränke. Da sind sich alle Gastgeber einig. Aber welche Getränke sollte man servieren? Wie wäre es zur Abwechslung mal mit einer leckeren Bowle mit Früchten? Genau das Richtige für heiße Sommertage! Dazu braucht ihr einen Krug, eine Flasche Zitronenlimonade, Himbeer- oder Waldmeistersirup, Früchte und den Saft einer halben Zitrone. Füllt zuerst die Zitronenlimonade in den Krug und gießt dann einen Schuss Himbeer- oder Waldmeistersirup dazu. Rührt die beiden Flüssigkeiten um. Dann kommen Erdbeeren, Bananen und Ananas dazu. Einfach alles, was schmeckt! Rührt nun das Ganze noch einmal kräftig um. Zum Schluss gehört noch ein Spritzer Zitronensaft in die Bowle. Fertig! Prost!

Zutaten
- 1 Flasche Zitronenlimonade
- Himbeer- oder Waldmeistersirup
- verschiedene Früchte
- Saft einer halben Zitrone

3. Schreibe den Text ab. Unterstreiche die gleichen Satzarten mit der gleichen Farbe. Was wird mit ihnen ausgedrückt?
4. Entwirf ein ähnliches Rezept für andere Getränke.

EXTRA: Üben → S. 275

Ein Fahrradunfall

1. Bist du hingefallen?
2. Hast du dich verletzt?
3. Wie ist das passiert?
4. Warum bist du hingefallen?
5. Soll ich die Polizei benachrichtigen?
6. Wer hat den Unfall gesehen?

A Ein Autofahrer hat mich behindert.

B Ja.

C Nein.

D Nein. Ich bremse immer so.

E Auf der Straße war eine Öllache.

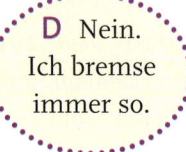

F Niemand.

1. Welche Antwort passt zu welcher Frage?
   Schreibe die Frage mit der dazugehörigen Antwort ab.
2. Wie unterscheiden sich die Fragen?
   Welche Antwort wird erwartet?
   Warum wirkt eine Antwort lustig?

Schlagfertig!

*Eine Frau spricht ein Mädchen an,
das mit seinem Fahrrad vor der Schule steht:*

Frau	Funktioniert die Bremse deines Fahrrads?
Mädchen	…
Frau	Wie weit bist du heute schon gefahren?
Mädchen	…
Frau	Weißt du, wer ich bin?
Mädchen	…
Frau	Ich bin eine Polizistin in Zivil.
Mädchen	Wissen Sie, wer ich bin?
Frau	…
Mädchen	Ich bin die größte Lügnerin aller Zeiten.

3. Was würdest du jeweils antworten?
4. Unterscheide mit den Antworten die Fragesätze.

EXTRA: Üben → S. 275

Ferienbeginn

Carola und Sabine beschreiben in ihrem Tagebuch den Ferienbeginn:

Carola
Wie froh bin ich, dass ich von der Schule weg bin! Endlich Ferien! Hurra! Wie lange habe ich schon auf diesen Tag gewartet! Endlich ist er da! Morgens stehe ich nicht mehr vor 10 Uhr auf. Und sechs Wochen mache ich keine Hausaufgaben. Wie ich mich freue! –

Sabine
Ich bin froh, dass ich von der Schule weg bin. Die Ferien haben endlich begonnen …

1. Schreibe Sabines Tagebucheintrag zu Ende.
   Verwende dabei nur Aussagesätze.
2. Vergleiche die beiden Tagebucheinträge miteinander.
   Wie wirken sie auf dich?

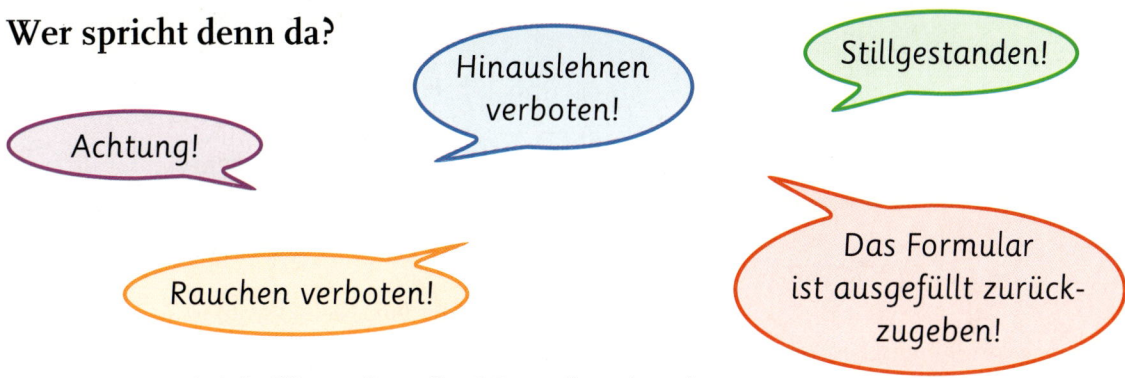

Wer spricht denn da?

- Achtung!
- Hinauslehnen verboten!
- Stillgestanden!
- Rauchen verboten!
- Das Formular ist ausgefüllt zurückzugeben!

3. Warum sind die Sätze so formuliert? Formuliere sie anders.
4. Schreibe kleine Geschichten, in denen diese Aufforderungssätze vorkommen.

INFO

Nachschlagen → S. 292

- Der **Satz** ist die kleinste sprachliche Einheit, mit der man einen zuammenhängenden Gedanken ausdrücken kann.
- Der einfache Satz wird unterschieden in **Aussage-, Frage-, Ausrufe-** und **Aufforderungssatz**.
- **Fragesätze** werden unterschieden in **Ergänzungs-** und **Entscheidungsfragen**.
- Ein Satz wird abgeschlossen mit einem **Satzschlusszeichen**.

Satzreihe und Satzgefüge

Nachschlagen → S. 293

Sprichwörter

1 Der Krug *geht* so lange zum Brunnen …

2 *Was* der Bauer nicht *kennt* …

3 …, so *schallt* es heraus.

4 *Wenn* das Wörtchen „wenn" nicht *wär'* …

5 Vögel, …, *holt* am Tag die Katz.

6 … *die* am meisten *bellen* …

7 …, das *lernt* Hans nimmermehr.

8 … *die* frühmorgens *pfeifen* …

9 …, das *acht'* ich nicht.

10 *Wie* man in den Wald *ruft* …

11 …, das *isst* er nicht.

12 *Was* Hänschen nicht *lernt* …

13 Hunde, …, *beißen* am wenigsten.

14 *Was* man schwarz auf weiß *besitzt* …

15 …, dann *geht* er aufs Eis tanzen.

16 …, *bis* er *bricht*.

17 …, dann *geht* der Prophet zum Berg.

18 *Was* ein Esel vor mir *spricht* …

19 Ein guter Abend *kommt* heran …

20 …, *wenn* ich den ganzen Tag *getan*.

21 …, dann *wäre* ich Millionär.

22 *Wenn* dem Esel zu wohl *ist* …

23 …, das *kann* man getrost nach Hause tragen.

24 *Wenn* der Berg nicht zum Propheten *kommt* …

1. Setze die Sprichwörter aus den Sätzen der roten und blauen Spalte zusammen.
2. Wo stehen die Hauptsätze? Wo stehen die Nebensätze? Woran erkennst du beide? Achte auf die kursiv gedruckten Wörter.
3. Suche dir ein Sprichwort aus und schreibe eine kleine Geschichte dazu. Verwende dabei Haupt- und Nebensätze.

EXTRA: Üben → S. 275

Beobachtung am Strand

Ein Mann taucht aus dem Wasser auf. Er trägt eine Taucherbrille mit Schnorchel. Neben ihm ist eine Katze. Ein Schlumpf rennt aus dem Wasser. Er trägt einen Schwimmreifen. Er hat Angst …

aber
denn
und
auch
doch
oder
dann
außerdem
sondern
deshalb

1. Ergänze diese Beobachtungen.
   Verwende dabei nur Hauptsätze.
2. Wenn es nötig ist, verknüpfe deine Beobachtungen mit den Bindewörtern neben dem Bild.
   Ein Schlumpf hat Angst, deshalb rennt er aus dem Wasser …

Anders ausgedrückt!

Aus dem Wasser taucht ein Mann auf, der eine Taucherbrille mit Schnorchel trägt. Neben ihm ist eine Katze. Weil er Angst vor den beiden hat, rennt ein Schlumpf aus dem Wasser …

3. Formuliere deine Beobachtungen auf diese Weise weiter, indem du Haupt- und Nebensätze ergänzt.

© Peyo – 1999 – Licensed through I.M.P.S. (Brussels) – www.schlumpf.com

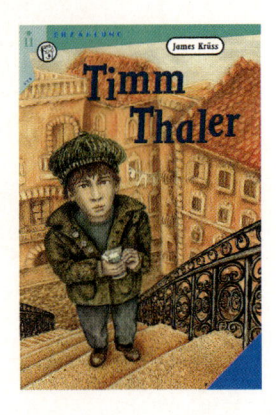

Tinas Buchempfehlung

Tina hat in den Ferien das Buch *Timm Thaler oder Das verkaufte Lachen* von James Krüss gelesen und möchte ihrer Freundin darüber schreiben. Da ihr der erste Brief nicht so recht gelungen erscheint, schreibt sie ihn noch einmal.

Hier Auszüge aus beiden Briefen:

Brief 1

Die Hauptfigur dieses Buches heißt Timm Thaler. Timm ist ein kleiner Junge. Seine Mutter ist schon sehr früh gestorben. Er wächst bei einer Stiefmutter auf. Sie liebt ihn nicht so sehr wie ihr eigenes Kind. Nach einiger Zeit stirbt auch noch sein Vater. Timm hat bei allem Unglück das Lachen nie verlernt. Da lernt er einen seltsamen Mann kennen. Dieser möchte sein Lachen kaufen. Er bietet ihm dafür eine begehrte Fähigkeit. Timm soll alle Wetten gewinnen können.

Brief 2

Die Hauptfigur dieses Buches heißt Timm Thaler. Timm ist ein kleiner Junge. Da seine Mutter schon sehr früh gestorben ist, wächst er bei einer Stiefmutter auf …

1. Schreibe den zweiten Brief zu Ende. Benutze dabei auch Satzreihen (verbundene Hauptsätze) und Satzgefüge (Haupt- und Nebensatz).
2. Welcher Brief gefällt dir besser? Diskutiert in der Klasse darüber.

INFO

- Bei **Hauptsätzen** steht das Verb an zweiter Stelle, bei **Nebensätzen** steht es am Schluss.
- **Satzreihen** sind verbundene Hauptsätze; **Satzgefüge** bestehen aus Haupt- und Nebensätzen.

Nachschlagen → S. 293

EXTRA: Üben → S. 275

Zeichensetzung

Die Tänzerin *Heinz Erhardt*

Erst tanzt sie nach rechts, dann tanzt sie nach links, dann bleibt sie in der Mitte. Dann tanzt sie nach links und wieder nach rechts, sie hat so ihre Schritte. Dann hebt sie den Arm, dann senkt sie das Haupt, voll Schmerz sind ihre Züge. Dann hebt sie das Haupt, dann senkt sie den Arm, sie tanzt „Die fromme Lüge". Dann geht sie zurück und dann geht sie vor, sehr schön ist dieser Vorgang. Dann reißt sie sich hoch, und dann fällt sie hin, und dann fällt auch der Vorhang.

1. Schreibe diese Hauptsätze ab, und bringe sie in die Form eines Gedichtes.
2. Achte dabei auf die Kommas. Wann steht zwischen den Hauptsätzen ein Komma? Wann nicht?

Wie fängt man ein Krokodil?

Willst du ein Krokodil fangen? Das ist ganz einfach. Zuerst fährst du nach Ägypten an den Nil denn dort gibt es die meisten Krokodile. Eine Taschenlampe muss dabei sein auch ein bisschen Mut sollte nicht fehlen und Angst darfst du schon gar nicht haben. Am besten fängst du ein Krokodil nachts doch sollte es nicht ganz dunkel sein denn sonst findest du den Nil nicht. Mit der Taschenlampe leuchtest du den Nil ab und irgendwann wirst du zwei helle Punkte entdecken. Das sind die Augen eines Krokodils. Du musst aber weiter leuchten und irgendwann wirst du wieder zwei helle Punkte entdecken. Das sind die Augen eines zweiten Krokodils. Jetzt ist alles ganz einfach: Du fängst die beiden Krokodile dann lässt du eines wieder laufen.
Es gibt auch eine andere Möglichkeit. Außer einer Taschenlampe nimmst du eine Lupe, eine Pinzette und eine Streichholzschachtel mit. Du musst wieder den Nil ableuchten und irgendwann wirst du wieder zwei helle Punkte entdecken. Nun hältst du die Lupe verkehrt über das Krokodil dieses wird verkleinert und du kannst es mit der Pinzette in die Streichholzschachtel tun.

3. Lies den Text vor und lies dabei die fehlenden Kommas laut mit.
4. Entwirf selbst einen fantasievollen Text, z. B.:
   Was machst du, wenn dir ein Löwe begegnet?
   Ganz einfach, ich renne in eine Telefonzelle …

Sprüche für dein Poesiealbum

1 Solange Regen vom Himmel fällt,
bin ich ein Freund, der zu dir hält.
Solange Käuze im Walde schrein,
will ich dir im Gedächtnis sein.

2 Wenn die Rosse Reiter lenken,
werd' ich nicht mehr an dich denken.
Wenn die Mäuse Katzen fressen,
dann erst will ich dich vergessen!

3 *Wenn du eine Freundin suchst,
so suche stets die rechte.
Denn unter hundert Freundinnen
sind 99 schlechte.*

4 Ich find' es manchmal gar nicht schön,
dass wir täglich zur Schule gehn.
Dass wir uns aber wiedersehen,
lässt mich trotzdem täglich gehen!

5 **Wenn dir ein Stein vom Herzen fällt,
so fällt er auf den Fuß dir prompt.
So ist es nun mal auf der Welt:
Ein Kummer geht, ein Kummer kommt.**

6 *Wenn du glücklich leben willst,
trage bei zu anderer Glück,
denn die Freude, die wir geben,
kehrt ins eigene Herz zurück.*

7 Französisch ist ein Unterricht,
bei dem man durch die Nase spricht.
But if you now speak through your nose,
bist du noch lange kein Franzos'.

8 *Ich hab' mich hinten angewurzelt,
damit niemand aus dem Album purzelt.*

5. Welche Sprüche gefallen dir am besten?
   Schreibe sie ab und unterstreiche die Nebensätze.
6. Achte auf die Kommas. Welche Regel kannst du formulieren?

Löst Cola Fleisch auf?

Früher haben sich die Menschen Legenden erzählt die natürlich nicht der Wirklichkeit entsprachen. Aber ganz frei erfunden sind sie nun doch nicht denn etwas Wahres ist schon daran.

Auch heute gibt es noch Legenden die von den meisten Menschen geglaubt werden. So schnell merkt man gar nicht dass auch sie frei erfunden sind. Eine solche Legende ist die Geschichte mit Cola und dem aufgelösten Fleisch. Wenn man über Nacht ein Stück Fleisch in eine Schale mit Cola legt ist das Fleisch angeblich am nächsten Morgen aufgelöst.

Dass diese Geschichte nicht stimmt kann man leicht selbst überprüfen. Man nehme ein Stück Fleisch und lege es tatsächlich über Nacht in Cola. Was meinst du was dann passiert? Das Fleisch hat sich hellbraun gefärbt und riecht übel aber aufgelöst hat es sich nicht. Der braune Farbstoff der Cola ist ausgefällt und schwimmt als Flocken in der braunen Brühe. Auf der Oberfläche hat sich ein brauner Schaum gebildet.

Wenn man das gleiche Experiment mit Orangensaft oder Mineralwasser macht erhält man andere Ergebnisse. Es entsteht keine Brühe das Fleisch ist lediglich aufgeweicht und ausgebleicht.

Was ist nun das Besondere an Cola? Die wichtigsten Substanzen werden vom Hersteller zwar geheim gehalten doch weiß man dass in Cola viel Zucker und Phosphorsäure ist. Diese beiden Substanzen sind sehr aggressiv vor allem die Phosphorsäure kann einiges bewirken. Wenn man statt des Fleisches einen rostigen Nagel in Cola legt wird er tatsächlich entrostet. Der Chemiker kann erklären was da passiert. Phosphorsäure kann nämlich Rost zersetzen.

Cola kann aber auch unsere Zähne angreifen. Im Jahre 1950 wurde in Amerika ein Experiment durchgeführt bei dem Ratten nur Cola zu trinken bekamen. Den Ratten hat das wohl geschmeckt doch innerhalb eines halben Jahres hatten sie keine Zähne mehr.

Cola kann also einiges bewirken und daher rührt wahrscheinlich die Legende von dem aufgelösten Fleisch.

1. Lies den Text mit den fehlenden Kommas laut vor.

INFO

- Zwischen **Hauptsätzen** steht ein Komma. Auch wenn die Sätze durch *und, oder* usw. verbunden sind, kann man ein Komma setzen, um die Gliederung des ganzen Satzes deutlich zu machen.
- **Nebensätze** werden vom Hauptsatz mit Komma abgetrennt; sind sie eingeschoben, so werden sie mit paarigem Komma abgetrennt.

Nachschlagen → S. 293

Die Gliederung eines Satzes

Nachschlagen → S. 293

[Steine mit Wörtern:]
der | Schatz | abends | Mensch | Pharaos | kluge | zum | des | gelangt
hat | roten | Sonne | ihm | zur | Weg | den | gezeigt | die | Mauer
achte | die | Pforte | Mutigen | Stein | der | geheime | öffnet | dem

Auf der Suche nach dem blauen Diamanten

Professor Buddel, der bekannte Altertumsforscher, hat seit Jahren nur ein Ziel: Er möchte den wertvollen blauen Nildiamanten des Pharaos Ramses III. finden, von dem zahlreiche ägyptische Legenden berichten und der seit 2000 Jahren als verschwunden gilt. Den Aufzeichnungen zufolge soll er in einer geheimen Kammer in der Wüste begraben sein.

Nach jahrelanger harter Arbeit ist es dem Professor endlich gelungen, dem blauen Diamanten ein Stück näher zu kommen. Gemeinsam mit seinen Mitarbeitern hat er eine Mauer freigelegt, die der Eingang zu der versteckten Kammer sein könnte. Voller Vorfreude hat Professor Buddel die ägyptischen Schriftzeichen auf den Steinen entziffert und übersetzt. Doch was sollen die Bausteine bedeuten?

Für die erste Steinzeile hat der Professor folgende Kombinationsmöglichkeiten gefunden:

Zum Schatz des Pharaos der kluge Mensch abends gelangt.
Der kluge Mensch gelangt abends zum Schatz des Pharaos.
Gelangt abends der kluge Mensch zum Schatz des Pharaos.
Abends gelangt zum Schatz des Pharaos der kluge Mensch.

EXTRA: Üben → S. 276–277

1. Für welche Kombinationsmöglichkeit wird der Professor sich entscheiden? Warum?
2. Welche Kombinationsmöglichkeiten gibt es für die anderen Steinzeilen?
3. Vergleiche deine Sätze. Was fällt dir dabei auf?
4. Trenne in deinen Sätzen die Satzglieder, d. h. die Wörter oder Wortgruppen, die sich nur zusammen verschieben lassen, durch Schrägstriche von den anderen Bauteilen ab und unterstreiche sie farbig.
   Der kluge Mensch / gelangt / abends / zum Schatz des Pharaos.

Eine merkwürdige Mitteilung

Die schlaue Assistentin des Professors, Carola Clever, hat auch einen Teil der geheimnisvollen Inschrift entziffert. Als sie Professor Buddel ihre Ergebnisse mitteilt, sagt sie:

„Herr Professor, ich weiß jetzt Bescheid. Bald lässt es es dort wachsen und er leuchtet so darunter. Aber das ist noch nicht alles. Es wächst nur dann. Nur sie kannten ihn."

Doch der Professor kann sich über Carolas Ergebnisse nicht freuen, sondern blickt sie nur zweifelnd an, dreht sich dann um, geht kopfschüttelnd davon und tippt sich dabei mit dem Finger an den Kopf.

Eigentlich hätte Carola Clever jetzt beleidigt sein müssen, doch sie lächelt nur verschmitzt und schlägt ihr Notizbuch auf, wo sie sich einige Wörter notiert hatte, die auf einem Steinhaufen neben der Mauer geschrieben standen:

> im heißen Sand   das Wasser des Nils
> bläuliches Moos   der blaue Diamant des Nils
> unter der Moosdecke   wie der Himmel
> während der großen Nilflut   das blaue Moos
> den Beginn der Nilflut   die Priester des Pharaos

5. Warum kann sich der Professor über die Arbeit seiner Assistentin nicht freuen?
6. Mache die Botschaft von Carola Clever verständlich. Benutze dazu die Wörter, die in ihrem Notizbuch stehen. Gibt es Satzglieder, die man nicht ersetzen kann?

Eine gestörte Telefonverbindung rettet die Schatzsuche

Professor Buddel ist verzweifelt: Obwohl er die Anweisungen der Inschrift genau befolgt hat, konnte er den blauen Diamanten nirgends finden. Vielleicht hätte er die Ergebnisse seiner Assistentin doch ernst nehmen sollen?
Da Carola Clever inzwischen nach Deutschland zurückgereist ist, bleibt dem Professor nichts anderes übrig, als sich die Bedeutung der von ihr entschlüsselten Zeilen am Telefon erklären zu lassen.
Leider ist die Telefonverbindung gestört. Der Professor versteht nicht alles und muss oft zurückfragen:
„Das bläuliche Moos *brummm* jetzt noch nicht. Die Nilflut lässt *brummm* in die Kammer steigen. Aber *brummm* beginnt erst in ein paar Tagen. *Brummm* kann also noch nicht in der Kammer sein. Nur die Priester wussten früher *brummm* der Nilflut. Herr Professor, *brummm* müssen warten bis zur Flut. Dann *brummm* Sie das Moos und auch *brummm* hell leuchten sehen. Bald sind Sie *brummm* nahe!"

1. Was hat Carola Clever gesagt, als der Professor nur ein Brummen in der Leitung hörte?
2. Wie lauten die Rückfragen, die der Professor stellt?
3. Übertrage folgende Tabelle in dein Heft und vervollständige sie.
   Manche Sätze musst du umstellen, damit sie in das Schema passen.

wer/was?	was tut?	wem?	wen/was?	andere Satzglieder
Das bläuliche Moos	wächst			jetzt noch nicht.
Nur die Priester	wussten		den Beginn der Nilflut.	

4. Wie kannst du mit dieser Tabelle Satzglieder herausfinden und unterscheiden?

EXTRA: Üben → S. 278–279

Der erste Satz ist immer der schwierigste

Professor Buddel hat den blauen Diamanten tatsächlich gefunden. Nun sitzt er an seinem Schreibtisch und soll eine wissenschaftliche Abhandlung über die Schatzsuche schreiben. Aber wie es bei Altertumsforschern häufig der Fall ist, gräbt er lieber als zu schreiben.
Schon der erste Satz bereitet ihm Schwierigkeiten:

„Ich habe den blauen Diamanten nach langer Suche in Ägypten gefunden …"
  Aber damit ist der Professor nicht zufrieden.
  Er streicht den Satz durch und schreibt:
„Nach langer Suche habe ich den blauen Diamanten in Ägypten gefunden …"
  Das gefällt ihm auch nicht so recht. Er versucht es mit:
„Den blauen Diamanten habe ich nach langer Suche in Ägypten gefunden …"
  Oder vielleicht mit:
„In Ägypten habe ich den blauen Diamanten nach langer Suche gefunden …"

1. Lies die Sätze des Professors laut vor. Was muss jeweils betont werden?
2. Was fällt dir bei der unterschiedlichen Betonung auf?
3. Wähle einen der Anfangssätze des Professors aus und schreibe den Bericht über die Schatzsuche zu Ende.

INFO

Nachschlagen → S. 293

- Die Bausteine, aus denen sich ein Satz zusammensetzt, nennt man **Satzglieder**. Was alles zu einem Satzglied dazugehört, findet man
  - durch die **Umstellprobe**
  - durch die **Ersatzprobe**
  - durch **Erfragen**.

Das Prädikat

Rätselseite mit Lösung

Petra, Claudia, Stefanie und Heinz, Mitglieder des Redaktionsteams der Schülerzeitung *Punkt, Komma, Strich*, planen für die neue Ausgabe eine Rätselseite. Dabei stehen sie vor einem großen Problem: Was machen sie mit der Lösung? Wenn sie angeführt wird, wird sofort gespickt. Wenn sie sie auf die nächste Ausgabe verschieben, verärgern sie manchen Rätselfreund. Doch plötzlich hat Claudia die rettende Idee und fertigt folgende Rätselseite an:

Der durstige Rabe

Ein Rabe war nahe am Verdursten. Da entdeckte er einen Krug mit Wasser. Doch die Öffnung war so eng, dass er seinen Schnabel nur ein Stück hineinstecken konnte. Die begehrte Flüssigkeit erreichte er leider nicht. Natürlich kam er auf die Idee, den Krug umzuwerfen. Doch alle Anstrengung war vergebens. Der Krug war zu schwer. Der Rabe überlegte, und plötzlich hatte er die rettende Idee. Welche?

Lösung

Der Rabe zum Fluss. Denn dort es Steinchen. Er nicht lange, weil sie überall. Er sie und sie in den Krug. Das Wasser und er.

In der Lösung fehlen Wörter. Du findest sie in dem Kasten. Wenn du sie in der richtigen Reihenfolge einsetzt, weißt du, welche Idee der Rabe hatte.

herumlagen – warf – trank – suchte – ging – gab – stieg – sammelte

---

1. Welche Idee hatte Claudia? Hältst du sie für gelungen?
2. Durch welche Wortart werden die Prädikate gebildet?
3. Auf welche Fragen geben sie Auskunft? Wo stehen sie?
4. Welche Aufgabe übernehmen die Prädikate im Satz?

EXTRA: Üben → S. 278–279

Wie Prädikate gebaut sein können 253

Neues aus Schlumpfhausen

(Sprechblase orange): Was können wir beim Fest bloß schlumpfen?

(Sprechblase grün): Morgen schlumpft das große Schlümpfefest statt. Der Schlümpfechef schlumpft euren Rat.

(Sprechblase blau): Wir schlumpfen dann unbedingt wieder einen Preis schlumpfen wie im letzten Jahr.

(Sprechblase lila): Ja, als Preis schlumpfe ich einen großen Kuchen.

(Sprechblase rot): Ich will nicht zum Fest schlumpfen. Ich schlumpfe lieber fern!

(Sprechblase blau): Pah, im letzten Jahr habe ich mir mit deinem Kuchen den Magen verschlumpft.

(Sprechblase grün): Ich schlumpfe eine Idee.

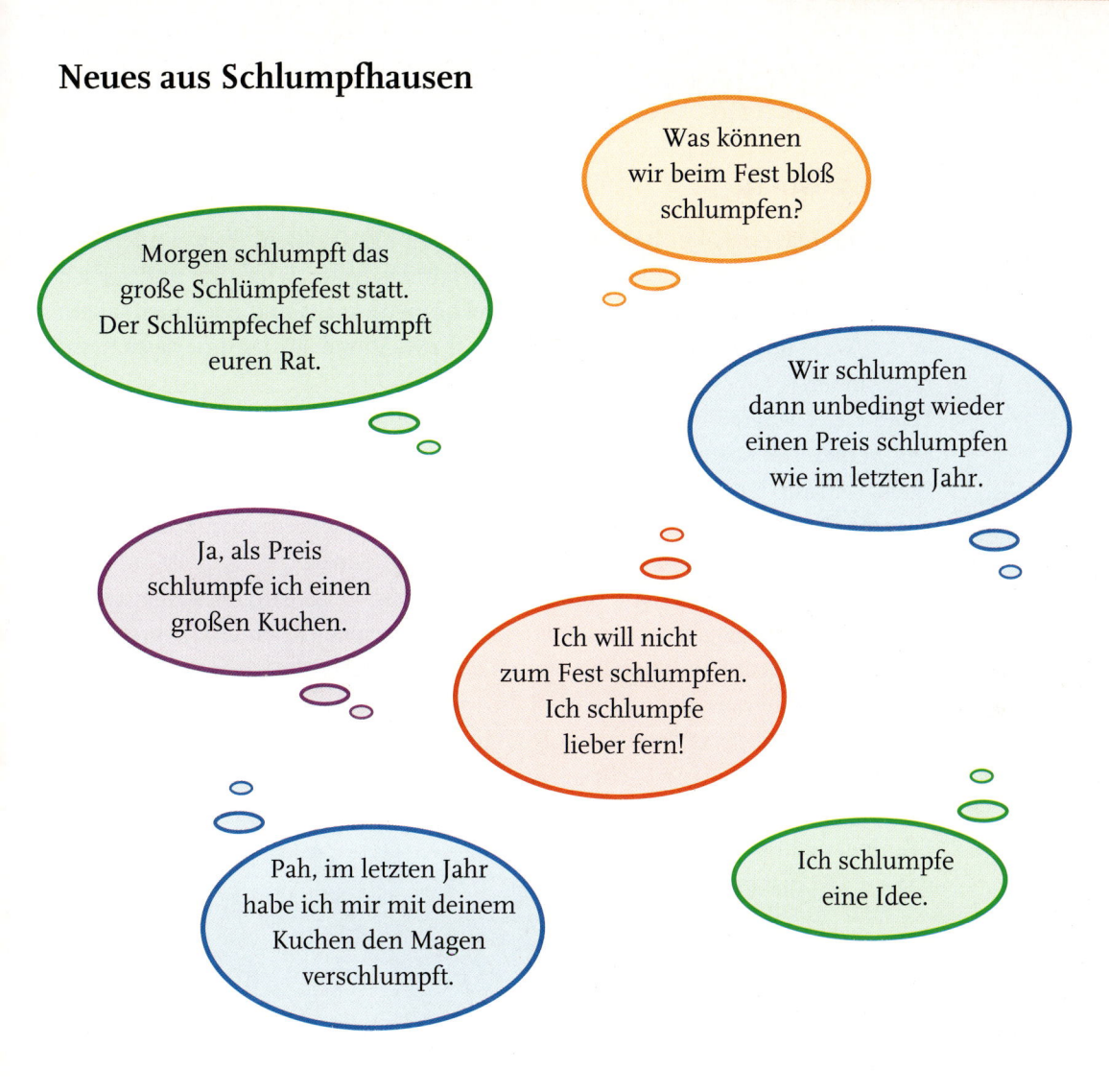

1. Ersetze *schlumpfen* durch andere passende Verben.
2. Was gehört zum Prädikat alles dazu? Wie sind die Prädikate aufgebaut?
3. Mache die Umstellprobe. Wo steht das mehrteilige Prädikat im Satz?
4. Sätze kann man auch selbst schlumpfen. Jemand schlumpft etwas und die anderen in der Klasse müssen schlumpfen, was er damit schlumpft.

INFO

Nachschlagen → S. 294

- Das **Prädikat** gibt Auskunft, was in einem Satz geschieht oder was jemand tut. Es wird mit „was tut?" erfragt.
- Prädikate können **einteilig** oder **mehrteilig** sein.

Das Subjekt

Täter gesucht

Es war einmal eine alte Geiß. ▬ hatte sieben junge Geißlein. Es war auch einmal eine glückliche und zufriedene Wolfsfamilie, Vater Wolf, ▬ und sieben kleine ▬, die als Siebenlinge zur Welt gekommen waren und noch nicht allein in den Wald durften. ▬ ging jeden Tag zur Arbeit und ▬ kümmerte sich um
5 ihre Kinder.

Eines Tages wollte ▬ in den Wald gehen und Futter holen, da rief ▬ alle sieben herbei. ▬ sagte zu ihren Kindern: „Liebe Kinder, ▬ will hinaus in den Wald, seid auf der Hut vor dem Wolf, wenn ▬ hereinkommt, so frisst ▬ euch alle mit Haut und Haar. ▬ verstellt sich oft, aber an seiner rauen Stimme und
10 seinen schwarzen Füßen werdet ▬ ihn gleich erkennen."

Auch ▬ musste ihre Höhle verlassen. Kaum war ▬ gegangen, da begannen die kleinen ▬ ausgelassen zu spielen. Als aber vielleicht eine ▬ vergangen war, scharrte es am Höhleneingang und eine Stimme rief: „Kommt heraus, liebe Kinder, ▬ ist wieder
15 da und hat euch etwas Feines mitgebracht."

Aber ▬ riefen: „▬ bist nicht unsere Mutter. Unsere Mama hat eine tiefe, schöne Stimme, nicht so eine blecherne wie du. ▬ bist die alte Geiß."

1. In diesem Text ist einiges durcheinander geraten. Finde die richtigen Täter, die in die Lücken des Märchentextes passen. Wie kannst du nach ihnen fragen?
2. In welchem grammatischen Fall steht das Subjekt?
3. Wie das Märchen von den sieben Geißlein weitergeht, weiß jeder. Aber wer kennt schon das Märchen *Von der Geiß und den sieben kleinen Wölflein*? Erfinde eine Fortsetzung.

Ein Grammärchen

Lange Jahre hatten das Subjekt und das Prädikat glücklich und zufrieden in den Märchen der Brüder Grimm gelebt. Aber in letzter Zeit war es immer häufiger zum Streit zwischen den beiden gekommen. Eines Tages sagte das Subjekt schließlich: „Höre, Prädikat, wir beide verstehen uns einfach nicht mehr. Deswegen verlasse ich dich. Ich werde in den Sätzen so weit weggehen, dass ich nichts mehr mit dir zu tun haben muss."
Und so geschah es. Das Subjekt packte seine Koffer und wollte an verschiedene andere Stellen im Satz gehen, um sich neue Freunde zu suchen:

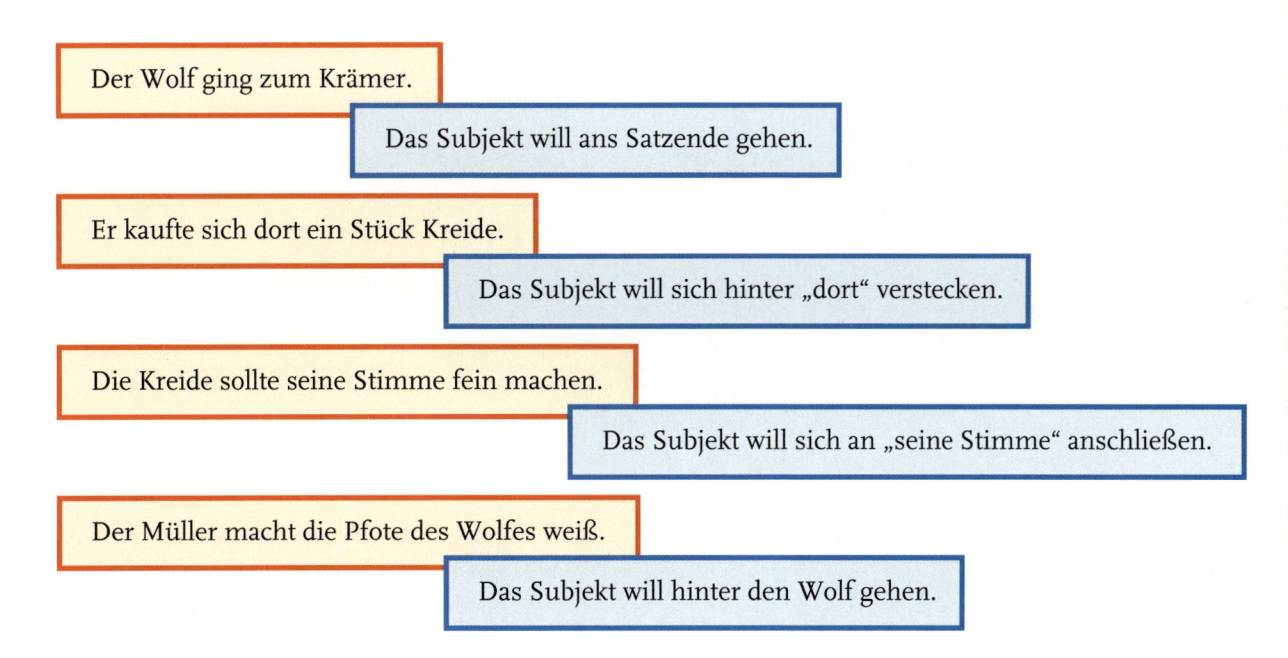

> Der Wolf ging zum Krämer.

>> Das Subjekt will ans Satzende gehen.

> Er kaufte sich dort ein Stück Kreide.

>> Das Subjekt will sich hinter „dort" verstecken.

> Die Kreide sollte seine Stimme fein machen.

>> Das Subjekt will sich an „seine Stimme" anschließen.

> Der Müller macht die Pfote des Wolfes weiß.

>> Das Subjekt will hinter den Wolf gehen.

1. Stelle die Sätze so um, dass das Subjekt dort steht, wohin es gehen will. Was stellst du fest?

Das fröhliche Prädikat

Was aber sollte nun aus dem armen Prädikat werden? Es weinte bitterlich. Schließlich ging es zum weisen alten Uhu, dem klügsten Tier in den Märchen der Brüder Grimm, und klagte ihm sein Leid. Der Uhu redete lange und bedächtig. Und als er zu Ende gesprochen hatte, konnte das Prädikat wieder lachen …

2. Warum kann das Prädikat bald wieder lachen?
3. Wie hängen Subjekt und Prädikat zusammen?

Das jüngste Geißlein erzählt

Aus: Jacob und Wilhelm Grimm: Der Wolf und die sieben Geißlein

Als die alte Geiß aus dem Walde wieder heimkam, ach, was musste sie da erblicken! Die Haustüre stand sperrangelweit auf: Tisch, Stühle und Bänke waren umgeworfen, die Waschschüssel lag in Scherben, Decken und Kissen waren aus dem Bett gezogen. Sie suchte ihre Kinder, aber nirgends waren sie zu finden. Sie rief sie nacheinander beim Namen, aber niemand antwortete. Endlich, als sie an das jüngste kam, da rief eine feine Stimme: „Liebe Mutter, ich stecke im Uhrenkasten." Sie holte es heraus und es erzählte ihr, was passiert war.

4. Erzähle aus der Sicht des jüngsten Geißleins, was sich zugetragen hat. Überlege vor allem, was passiert ist, nachdem der Wolf mit sanfter Stimme und weißer Pfote geklopft hat. Dein Text könnte so beginnen:
Ach liebe Mutter, du warst noch gar nicht lange fort, da klopfte es an der Haustüre und jemand rief: „Macht auf ..."
5. Vergleiche deinen Text mit den Märchentexten oben. Was hat sich verändert? Wonach richtet sich die Form des Prädikats?

Nachschlagen → S. 294

INFO

- Das **Subjekt** gibt Auskunft darüber, wer oder was in einem Satz etwas tut.
- Es steht im **Nominativ**.
- Es stimmt in Person und Zahl mit dem Prädikat überein.
- Subjekt und Prädikat bilden den **Satzkern**.

EXTRA: Üben → S. 278–279

Der Gleichsetzungsnominativ

Nachschlagen → S. 294

Lustiges Personenraten

Wer ist das?

1 Er ist sehr schlau.
2 Seine Heimat ist Gallien.
3 Er ist klein, aber oho!
4 Er ist immer Sieger.
5 Sein bester Freund ist rothaarig und dick.
6 Sein größter Feind ist Julius.
7 Er ist plötzlich bärenstark.
8 Sein Freund ist Hundebesitzer.
9 Er ist ungeschlagen.
10 Er ist ein französischer Held.

Wer bin ich?

1 Ich bin manchmal trocken.
2 Mein Beruf ist Gebäudereiniger.
3 Ich bin manchmal nass.
4 Meine Freundin ist die Tafel.
5 Ich bin löchrig.
6 Ich bin ein Schülerfreund.
7 Meine Aufgabe ist unheimlich wichtig.
8 Ich bin ein Hilfsmittel.
9 Ich bin weich und knautschig.
10 Ich bin kein Wurfgeschoss.

1. Mit welchen Wortarten wird das Prädikat ergänzt?
2. Wie kannst du nach den Ergänzungen fragen?
   Zu welchem anderen Satzglied könnten sie gehören?
   Darf man sie weglassen?
3. Überlege dir selbst Rätselfragen zu berühmten Personen
   und lass jemanden in der Klasse raten, wen du meinst.

INFO

- Der **Gleichsetzungsnominativ** ergänzt das Subjekt.
- Er steht nach dem Verb *sein*.
- Er kann aus einem Nomen oder einem Adjektiv bestehen.

Nachschlagen → S. 294

Die Objekte

Der Sprachgeizhals

Ein geiziger alter Mann, der sich in seinem Leben nichts gönnen wollte, sagte zu seiner Frau: „Wir müssen Sprache sparen! Es kann nicht so weitergehen, dass wir ständig Wörter verschwenden, sonst gehen sie uns womöglich eines Tages aus. In Zukunft werden wir nur noch mit Subjekten und Prädikaten sprechen. Alles andere ist ohnehin überflüssig."

Der Mann und seine Frau reden jetzt immer so miteinander:

> Scheint die Sonne?
> Du erzählst.
> Das geht.
> Gib mir!
> Unser Sohn kauft.

> Es regnet.
> Wir sagen.
> Das gehört.
> Nimm dir!
> Unsere Tochter hilft.

1. Hat der Mann Recht, dass außer Subjekt und Prädikat alles überflüssig ist? Wovon hängt es ab, ob wir weitere Satzglieder brauchen oder nicht?
2. Welche Fragen würdest du dem Mann und seiner Frau stellen?
3. Was hätte das Paar gesagt, wenn es nicht so geizig wäre?
4. Schreibe aus den Äußerungen in den Sprechblasen eine kleine Geschichte.

Was siehst du?

*Wenn man die drei Bilder genauer betrachtet, kann man verschiedene Dinge sehen.
Im Kasten darunter sind sie aufgeführt, allerdings auch Dinge, die nicht zu sehen sind.*

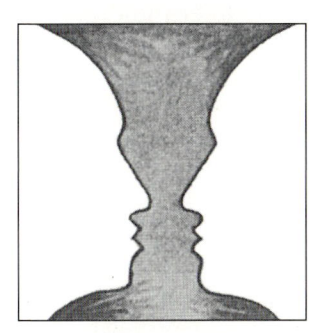

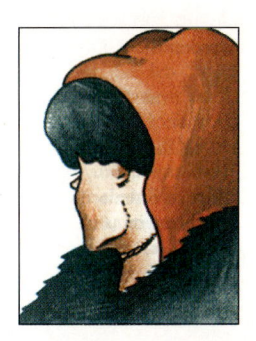

> Lastwagen – Baum – zwei Gesichter – Hund – Schwert – alte Frau – Katze – Dompteur – Priester – Tigerkopf – Computer – Blumentopf – Schneemann – Vase – junge Frau – Bär

1. Schreibe auf, was du auf den Bildern siehst.
2. Wie erfragst du diese Dinge?

Der Maler Max *Josef Guggenmos*

Es war einmal ein Maler, Max hieß er, der stand eines Morgens vor seiner Staffelei und überlegte, was er malen sollte. Es war mitten im Winter, und Max, der Maler, hatte Sehnsucht nach dem Sommer. Also malte er ein Stück Sommer. Er malte den Blick in die Krone eines Kirschbaums: beblätterte Zweige, an denen hundert leuchtend rote Kirschen hingen.

„Gut hingekriegt!", rief er, als er fertig war. „Diese Kirschen! Wie echt! So richtig zum Reinbeißen. Wenn ich das Bild ins Freie stelle, kommen die Vögel und picken daran!"

Aber nachdem er das Bild länger betrachtet hatte, sagte er: „Hm. Ganz ordentlich, diese Kirschen. Richtig naturgetreu. Aber wie abgemalt. Ich weiß, was ich mache. Dann kann keiner mehr sagen: Das hast du alles nur abgemalt; abmalen kann jeder." Und nun setzte er mitten ins Bild …

3. Was könnte Max alles malen. Schreibe auf: *Max malt …*
4. Wie erfragst du das, was er gemalt hat?
5. Kann man diese gemalten Dinge auch schmecken, tasten oder hören?
   Schreibe es jeweils auf.

Wem gehört was?

Ausgerechnet in der Verlängerung des Pokalfinales ging im Fußballstadion ein Wolkenbruch nieder. Die Zuschauer flüchteten sich Hals über Kopf unter die Tribüne. In dem hektischen Gedränge ging natürlich einiges verloren. Glücklicherweise sammelte ein Polizist die verlorenen Gegenstände ein und gab sie nach Spielende den Eigentümern zurück. Nur eine Brieftasche mit nagelneuen 300-Euro-Scheinen blieb übrig.

6. Schreibe auf, wem was gehört:
   – *Der Fußball gehört ...*
   – ...
7. Wie erfragst du die Personen in diesen Sätzen?
8. Warum wurde eigentlich die Brieftasche nicht abgeholt?

EXTRA: Üben → S. 278–279

Spuren im Schnee

Stell dir vor, manche Menschen – sie werden in den Kästen beschrieben – würden seltsame Fußspuren im Schnee hinterlassen wie in den Beispielen A–E:

Fußspur A	+	−	:	×	+	−	:	×
Fußspur B	♣	♣	♣	♣	♣	♣	♣	♣
Fußspur C	@	@	@	@	@	@	@	@
Fußspur D	♪	♪	♪	♪	♪	♪	♪	♪
Fußspur E	%	%	%	%	%	%	%	%

1	2	3	4	5
Diese Fußspur erinnert mich an einen Computerfreak. Wahrscheinlich beschäftigt er sich gerade mit seiner elektronischen Post.	Diese Fußspur ist typisch für einen Glücksspieler. Für ihn sind nur seine Spielkarten wichtig.	Diese Fußspur wurde von einem Musiker hinterlassen. In Gedanken spielt er gerade auf seinem Klavier.	Diese Fußspur gehört zu einem Bankier. Er denkt nur an Zinsen.	Diese Fußspur stammt von einem Mathematiklehrer; er scheint sich auf seinen Unterricht vorzubereiten.

9. Welche Fußspur gehört zu welcher Beschreibung?
10. Wie erfragst du die Personen in den einzelnen Beschreibungen? Zum Beispiel: An wen erinnert mich diese Fußspur?
11. Schreibe die Satzglieder aus den Beschreibungen heraus, die in gleicher Weise erfragt werden. Wie sind diese Satzglieder gebildet?

INFO

Nachschlagen → S. 294

- Die meisten Sätze sind allein mit Subjekt und Prädikat unvollständig und benötigen Ergänzungen. Solche Ergänzungen werden **Objekte** genannt.
- Das **Dativobjekt** wird mit *wem* erfragt.
- Das **Akkusativobjekt** wird mit *wen* oder *was* erfragt.
- Das **Präpositionalobjekt** wird mit einer Präposition und einem Fragewort erfragt.

SPRACHREFLEXION

Wortkunde

Im Zirkus

Der berühmte Clown Sporelli treibt immer seine Späße mit dem Publikum.

Sporelli   Liebes Publikum!
Nun eine kleine Geschichte: In einem Haus wohnen so dumme Menschen, dass sie sich immer verlaufen, wenn sie das Haus verlassen. Um das zu verhindern, hat man um das Haus einen Zaun gezogen, so einen Zaun mit … äh … mit … äh … mit Draht … äh …, an dem Stacheln sind. Wie heißt der Draht doch gleich?

Publikum   …

Sporelli   Kommt ihr auch aus diesem Haus? Ha! Ha! Nun eine andere Geschichte: Ein Bauer hat zwei Söhne, einen intelligenten und einen dummen. Der Bauer liegt im Sterben und vermacht dem intelligenten Sohn den ganzen Hof. Er will aber nicht, dass der Dumme leer ausgeht und schenkt ihm einen Eimer Numpf.

Publikum   …

Sporelli   Das hat der Dumme auch gefragt. Ha! Ha!

- Was hat das Publikum jeweils gesagt? Warum fällt es auf die Späße rein?

Bedeutungslehre

Nachschlagen → S. 295

Eine seltsame Familie. Oder?

Wenn morgens der [Hahn] kräht, steht meine [Mutter] auf.

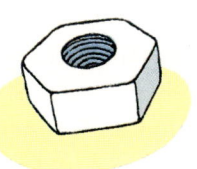

Mein Vater geht gerne auf einen [Ball]. Dazu bindet er sich immer eine [Fliege] um. Mein großer Bruder arbeitet auf einer [Bank]. Er ist sehr eitel und drückt sich jeden Morgen einen [Pickel] aus. Meine kleine Schwester hofft auf eine goldene Zukunft. Sie träumt von einem [Schloss] mit einem großen [Tor]. Dort spielt sie den ganzen Tag auf einem [Flügel].

1. Setze Wörter für die Bilder ein. Was ist daran seltsam?
2. Warum ergibt die Geschichte dennoch einen Sinn?

Stille Betrachtung   *Alexander Roda Roda*

Es gibt Tiere, Kreise und Ärzte.
Es gibt Tierärzte, Kreisärzte und Oberärzte.
Er gibt einen Tierkreis und einen Ärztekreis.
Es gibt auch einen Oberkreistierarzt.
Ein Oberkreistier aber gibt es nicht.

3. Welche Bedeutungen hat das Wort *Kreis* in diesem Gedicht?

Was Karlchen mag

Karlchen mag Apfelsinen und Orangen; er mag aber keine Himbeeren und Erdbeeren. Karlchen geht gerne zum Metzger und zum Fleischer; er geht aber nicht gerne zum Bäcker und in den Supermarkt. Karlchen geht gerne am Samstag und am Sonnabend weg; am Sonntag und am Montag bleibt er aber zu Hause. Karlchen arbeitet gerne mit einer Axt und einem Beil; er will aber nicht mit Hammer und Nagel arbeiten. Karlchen fährt gerne Fahrstuhl und Lift; er mag aber keine Treppen und keine Leiter. Karlchen schluckt gerne Tabletten und Pillen; er mag aber keine Bonbons und keinen Lutscher. Karlchen spendet gerne Beifall und Applaus; er klatscht aber nicht gerne in die Hände oder trampelt mit den Füßen.

1. Was mag Karlchen?
   Ein Tipp: Schreibe die Wortpaare untereinander.

Alles Synonyme?

Wenn du in einem Synonymwörterbuch nachschlägst, findest du bei den Einträgen noch andere sinnverwandte Bedeutungen. Hier einige Beispiele:

Haus: Heim, Anwesen, Bauwerk, Bude, Domizil, Eigenheim, Gebäude, Unterkunft, Zuhause, Hütte, Villa

Kopf: Haupt, Schädel, Schopf, Birne, Dez

Etage: Stockwerk, Geschoss, Obergeschoss, Stock

Auto: Fahrzeug, Automobil, Kraftfahrzeug, Klapperkasten, Kiste, Personenkraftwagen

2. Welche Wörter haben die gleiche Bedeutung wie das Stichwort? Welche eine ähnliche?

Im Schilderwald

Du findest hier Zeichen, die du sicherlich im Bahnhof, im Zug oder auf der Straße irgendwann einmal gesehen hast. Auf den Karten A–I stehen die Bedeutungen dafür:

A Auskunftsbüro	B Vorfahrt gewähren	C Schließfächer für Gepäck
D Verbot für Fahrzeuge aller Art	E Postamt	F Vorfahrt
G Bushaltestelle	H Verbot der Einfahrt	I Nichtraucher

1. Ordne die Bedeutungen den einzelnen Zeichen zu.
2. Bei welchen Zeichen fällt es leicht? Bei welchen nicht? Warum?
3. Ordne die Zeichen entsprechend in zwei Gruppen.

INFO

- Manche Wörter werden gleich geschrieben und gesprochen. Sie haben aber verschiedene Bedeutungen **(Homonyme)**.
- Manche Wörter lauten unterschiedlich, haben aber die gleiche Bedeutung **(Synonyme)**.
- Zeichen können in **Piktogramme** und **Symbole** unterschieden werden.

Nachschlagen → S. 295

Wortfeld und Wortfamilie

Nachschlagen → S. 295

Stimmungen

> glücklich – traurig – zornig – heiter – betrübt – freudestrahlend – hoch beglückt – wehklagend – grimmig – wütend – wohlgemut – misslaunig – bekümmert – fröhlich – schmerzbewegt – jammervoll – verärgert – gut gelaunt – aufgeräumt – bedrückt – ausgelassen – aufgekratzt – fuchsteufelswild – erzürnt – trübselig – wehmütig – tränenerstickt – herzzerreißend – zufrieden – schelmisch

1. Welche Stimmungen drücken die Gesichter aus?
2. Ordne den Gesichtern die Wörter zu.
   Welches Wort passt deiner Meinung nach am besten?
3. Schreibe zu einem Gesicht eine Geschichte, in der du diese Wörter verwendest.

Hier stimmt was nicht

A notieren, zeichnen, erzählen, schreiben, eintragen
B Hund, Katze, Schaf, Fuchs, Kuh, Schwein
C Sandale, Socke, Wanderstiefel, Joggingschuh, Pantoffel
D hämmern, sägen, mauern, tapezieren, anstreichen, umziehen
E toll, schön, ausgezeichnet, hässlich, wunderbar, sagenhaft

4. Welches Wort passt jeweils nicht in die Reihe?
5. Mit welchen Oberbegriffen kannst du die einzelnen Reihen bezeichnen?
6. Schreibe selbst solche Reihen. Lass die anderen das falsche Wort raten.

Zwei Familien

> Lehrer – belebend – lebenslang – lehren – unbelehrbar – Lebenserfahrung – Lebensmittel – Lehrling – belehrend – Lebensversicherung – Wortstamm – Lehrzeit – Lehrbuch – gelehrt – leben – Erlebnis – Privatgelehrter – Lehrfach – lebenslang – gelehrig – lebenslänglich – lebhaft – leblos – Lebewesen – erleben – Lebensweise – Lehramt – lebensnotwendig

lehren	leben
…	…

1. Ordne die Wörter diesen beiden Gruppen zu.
2. Was haben die Wörter einer Gruppe gemeinsam?
3. Ein Wort hat sich verirrt.
   Was hat es aber mit den beiden Gruppen zu tun?

Der Fahrradunfall

Klaus, ein begeisterter Fahrradfahrer, erzählt seinem Freund Marco, wie er sich den Arm brach: „Ich *radelte* auf meinem Fahrrad eine unbefahrene *Straße* entlang, als ein *Auto* der Fahrschule ‚Sicher
5 fahren' mit Fahrlehrer und Fahrschüler aus einer Ausfahrt *herauskam* und mir fahrlässig die Vorfahrt nahm. Da ich keine Gefahr ahnte, konnte ich nicht so schnell reagieren und *prallte* gegen die Beifahrerseite."
10 Der *Freund* unterbricht: „War es für den Beifahrer nicht gefährlicher als für dich?" – „Ach was, ich habe die Fahrt nur geträumt und bin aus dem Bett gefallen."

4. Schreibe alle Wörter heraus, die zur Wortfamilie *fahren* gehören und unterstreiche den Stamm.
5. Für die kursiv gedruckten Wörter kannst du ebenfalls Wörter dieser Familie einsetzen. Findest du sie?

Ein Morgenerlebnis

starren
beäugen
bemerken
sichten
erspähen
betrachten
wahrnehmen
beobachten
ausmachen
besichtigen
stieren
glotzen
lugen
erblicken
mustern
schauen

Dieter wird jeden Morgen um Viertel nach sechs von seiner Mutter geweckt. An diesem Morgen ist Dieter früher wach und wartet auf seine Mutter. Er sieht an die Decke, sieht die aufgehende Sonne und sieht eine Fliege am Fenster. Seine Mutter kommt immer noch nicht. Dieter dreht sich auf die Seite und sieht ungläubig seinen Wecker an: schon halb sieben! Er sieht durch den Türspalt und sieht seine Mutter in der Küche. Er sieht sie eine Weile, bis er schließlich ruft: „Mutti, bitte sieh nach mir, sonst verschlafe ich, denn es ist schon halb sieben!"

1. Setze für *sehen* andere Verben ein.
   Achtung! Es sollen nicht alle Verben aus der Liste eingesetzt werden.

Handbuch für Wortfelder

Du weißt sicherlich, dass du in einem Wörterbuch nachschlagen kannst, wenn du dir unsicher bist, wie ein Wort geschrieben wird. Hast du aber auch gewusst, dass es auch für die Wortfelder ein Nachschlagewerk gibt? Wenn du bei „Feuer" und „Feuerlöscher" nachschlägst, findest du die folgenden Einträge:

Feuer, Brand, Feuerbrand, Feuersbrunst, Feuergarbe, Feuermeer, Feuersglut, Feuersturm, Flamme, Flammengezüngel, Flammenmeer, Funke, Funkengarbe

Feuerlöscher, Autofeuerlöscher, Dampfspritze, Feuerlöschgerät, Feuerspritze, Handfeuerlöscher, Nasslöscher, Schaumlöscher, Sprinkleranlage, Trockenlöscher, Wasserlöscher

2. Welche Informationen kannst du einem Handbuch für Wortfelder entnehmen? Wozu kannst du es gebrauchen?
3. Welche Einträge könnten für *brennen* und *löschen* darin stehen?

Nachschlagen → S. 295

INFO

- Wörter, die unterschiedlich geschrieben und gesprochen werden, können ähnliche oder gemeinsame Bedeutungsmerkmale haben. Sie bilden ein **Wortfeld**.
- Zu einer **Wortfamilie** gehören alle Wörter, die den gleichen Wortstamm haben.

Wortbildung

Nachschlagen → S. 296

Gar nicht so lustig

Josef spricht in der Pause seine Klassenkameradin Blanca an:

Josef Hallo, Blanca. Ich habe einen ganz tollen Witz gehört.
Pass auf: Ein Ausländer wird an der Grenze nach seinem Familienstand gefragt. Da sagt er: „Ob ich geheiratet bin?" – „Nein, verheiratet!"
5 – „Okay! Ich bin verschieden." Ist das nicht ungläubig, dass man diese Wörter verwechseln kann?
Blanca Du meinst unglaublich.
Josef Ach, Blanca, das ist doch egal.
Hauptsache, mein Witz war verständig.
10 Blanca Du meinst verständlich.
Josef Ach, Blanca, hör auf. Das ist doch kindlich.
Blanca Einverstanden! Erzähl aber keine
kindischen Ausländerwitze mehr,
die niemand hören will.

1. Was machen der Ausländer und Josef falsch? Was haben sie verwechselt?

Das Präfix-Suffix-Spiel

Spielregel: Sinn des Spieles ist es, in einer festgelegten Zeit, etwa zwei Minuten, möglichst viele Wörter zu finden, die den gleichen Stamm haben. Jedes Wort muss aber ein Präfix (Vorsilbe) oder Suffix (Nachsilbe) aus den folgenden Listen enthalten.

Präfixe
ver-, ent-, er-, be-, zer-, un-, ge-, ab-, ur-, miss-

Suffixe
-ig, -ung, -er, -ling, -nis, -heit, -keit, -lich, -sal, -e, -tum, -schaft, -isch, -en, -bar, -sam

2. Spielt dieses Spiel.
3. Zu welcher Wortart lassen sich die meisten Wörter finden?

Wer hat was wo gesagt?

Im Spielkasino?

Am Bahnhof?

Ich will eine Karte.

Im Restaurant?

Auf der Geburtstagsfeier?

Auf dem Postamt?

Im Kino?

4. Wähle einen Ort aus und schreibe eine kleine Geschichte dazu.
5. Mach die Äußerung genauer, sodass der Ort klar wird.

Gehört das zusammen?

Was haben

A ein Bär und eine Tüte gemeinsam?   1 Beide passen in einen Topf.
B eine Tasche und Fieber gemeinsam?   2 In beide bläst der Wind.
C Blumen und Honig gemeinsam?   3 Beide können ein Eis vertragen.
D ein Fuß und ein Stein gemeinsam?   4 Beide stehen in einem Buch.
E eine Hose und ein Beutel gemeinsam? 5 Beide können einen Pilz haben.
F der Koch und das Telefon gemeinsam? 6 Beide können auf die Reise gehen.

6. Welche beiden Sätze gehören zusammen?
   Findest du zugleich auch die Komposita (Zusammensetzungen)?

Wie Wörter zusammengesetzt werden

Was ist das?

Du findest hier zwölf unvollständige Sätze, die mit einer Zusammensetzung aus Nomen zu ergänzen sind. Die Nomen dazu stehen unten auf den Zetteln:

1 Eine Reise, die man ins Ausland macht, nennt man eine …	2 Einen Dieb, der Juwelen stiehlt, nennt man einen …	3 Einen Salat aus Obst nennt man einen …
4 Eine Zeitung, die einmal in der Woche erscheint, nennt man …	5 Eine Reise mit der Bahn nennt man eine …	6 Eine Zeitung, die nur am Sonntag erscheint, nennt man …
7 Ein Dieb, der anderen Menschen aus der Tasche stiehlt, nennt man einen …	8 Einen Salat aus Wurst nennt man einen …	9 Eine Zeitung, die jeden Wochentag erscheint, nennt man …
10 Einen Salat, der wie ein Kopf aussieht, nennt man einen …	11 Ein Dieb, der hinter einem Strauch lauert, nennt man einen …	12 Eine Reise um die ganze Welt nennt man eine …

7. Vervollständige die Sätze.
8. Übertrage die Zettel mit den Nomen in dein Heft und schreibe die Zusammensetzungen dazu.

(Reise)   (Salat)   (Dieb)   (Zeitung)

9. Was drücken die Nomen im ersten Teil der Zusammensetzung jeweils aus?

INFO

Nachschlagen → S. 296

- Viele Wörter sind Zusammensetzungen. Sie können aus einem **Stamm**, einer **Vorsilbe** (Präfix) und einer **Nachsilbe** (Suffix) bestehen.
- **Wortzusammensetzungen** (Komposita) bestehen aus einem **Grund-** und **Bestimmungswort**.

EXTRA: Üben GRAMMATIK

Nomen verändern sich

Der Junge mit dem Schwan Catherine Storr

Ein Waisenjunge entdeckt einen geheimen Teich und macht wichtige Erfahrungen durch die Begegnung mit Schwänen:

Nach diesem Erlebnis ging er oft zu der Stauwasserstelle am Fluss. Es machte ihm Spaß, die Schwäne zu beobachten. Die Idee, zu fischen, hatte er aufgegeben, und er sah auch keine Angler, die ihn daran hätten erinnern können. Sooft er konnte, hockte oder lag er im Schilf und beobachtete die Schwäne. An diesem
5 Abschnitt des Flusses gab es nur das eine Paar, das er entdeckt hatte. Er wünschte sich, sie wären auf seinem geheimen Teich. Dann wären es noch mehr nur seine Schwäne. Aber weil er niemals irgendjemanden bei den Stauwassern traf, begann er daran zu glauben, dass kein Mensch jemals vor ihm hier war und dass niemand von dem Schwanenpaar wusste. Es gab eine Menge anderer Schwäne
10 an anderen Stellen der Flussmündung, doch dieses Paar lebte getrennt von ihnen, so wie er getrennt von den anderen Kindern in seiner Schule lebte. Er fand keine Worte für das, was die Schwäne für ihn bedeuteten.

1. Bestimme jeweils den Kasus der Nomen *Schwäne* oder *Schwanenpaar*.
2. Schreibe selber eine kleine Tiergeschichte. Setze dabei das von dir gewählte Tier in verschiedene Kasus.

Das Kasusspiel

Spielregel: Sinn des Spieles ist, in einer bestimmten Zeit Nomen eines beliebigen Textes zu finden. Dann ist ihr Kasus zu bestimmen, und sie sind in eine Tabelle einzutragen. Taucht ein Nomen im gleichen Kasus mehrmals auf, darf es nur einmal eingetragen werden. Für jeden richtigen Eintrag gibt es einen Punkt. Wer die meisten Punkte hat, ist Sieger.

Beispiel: Ein männlicher **Briefmark** erlebte,   Er wollte sie wiederküssen,
Was **Schönes** bevor er klebte.   Da hat er verreisen müssen.
Er war von einer **Prinzessin** beleckt.   So liebte er sie vergebens,
Da war **die Liebe** in ihm erweckt.   Das ist die **Tragik** des **Lebens**.

Nominativ	Genitiv	Dativ	Akkusativ
der Briefmark die Tragik die Liebe	des Lebens	einer Prinzessin	etwas Schönes

3. Spielt dieses Spiel.

Wie Adjektive gebraucht werden

Erzähler der Nacht *Rafik Schami*

Unter den Einwohnern von Damaskus gab es zu jener Zeit seltsame Menschen. Wen wundert das bei einer alten Stadt? Man sagt, wenn eine Stadt über tausend Jahre ununterbrochen bewohnt bleibt, versieht sie ihre Einwohner mit Merkwürdigkeiten, die sich in den vergangenen Epochen angesammelt haben. […]

5 Der alte Kutscher Salim war der merkwürdigste unter ihnen. Er war klein und schmächtig, doch seine warme und tiefe Stimme ließ ihn nicht als einen großen Mann mit breiten Schultern erscheinen. […]

So schmächtig und klein er auch war, in seinen Erzählungen bezwang Salim nicht nur Riesen mit funkelnden Augen und Furcht erregenden Schnurrbärten, 10 er schlug auch Haifische in die Flucht, und fast auf jeder Reise kämpfte er mit einem Ungeheuer. […]

Viel wussten die Leute nicht über Salim. Er erzählte selten von sich. Wenn, dann war das so märchenhaft, dass keiner genau wusste, ob er nun von sich oder einem seiner Helden sprach. […]

15 Eines Nachts, im August 1959, wachte Salim plötzlich auf. Er war schweißgebadet. […] Es war stockdunkel, aber der Kutscher spürte die kleine Hand der Frau, die sein Gesicht berührte.

1. Schreibe mindestens drei attributiv und prädikativ gebrauchte Adjektive heraus und bilde eigene Sätze mit ihnen.
2. Versuche auch einmal, eine merkwürdige Person zu beschreiben, indem du dabei Adjektive attributiv und prädikativ verwendest.

Wortkombinationen: leicht und schwierig

> hoch – schön – tief – ruhig – reif – leicht – grün – laut – gefährlich – schmal

> Lippe – Abenteuer – Brise – Straße – Knall – Turm – Klee – Schlucht – Bild – Frucht

> Urteil – Wettbewerb – Gelassenheit – Strafe – Treffen – Gewissen – Idee – Überzeugung

> rein – gerecht – unlauter – grandios – gesellig – heiter – fair – moralisch

3. Verbinde die Wörter der grünen Zettel miteinander, sodass sie zueinander passen. Verfahre bei den blauen ebenso.
4. Dekliniere eine Wortkombination in ganzen Sätzen.

Welche Zeitstufen Verben ausdrücken

Die Puppe *Mirjam Pressler*

Kerstin hat lange auf diesen Sonntag gewartet. Wochenlang. Die Tage haben sich gezogen wie Kaugummi, und die Wochen waren so lang wie Jahre.

„An meinem Geburtstag kommt sie doch bestimmt, nicht wahr, Oma?", hat Kerstin immer wieder gefragt.

Und ihre Oma hat immer wieder gesagt: „Ja, Kind, ich glaube bestimmt, dass sie an deinem Geburtstag kommt."

Kerstin wurde jedes Mal ganz aufgeregt, wenn sie nur daran dachte.

Das letzte Mal, als sie hier gewesen war, hatte sie Kerstin eine Puppe versprochen.

„Ich komme an deinem Geburtstag und bringe dir eine wunderschöne neue Puppe mit", hatte sie gesagt. „Ganz bestimmt." Kerstin hatte auf ihrem Schoß gesessen und ihr Gesicht in ihre Haare gedrückt. Sie waren weich und rochen nach Äpfeln.

Dann war sie weggefahren.

Kerstin hat gewartet und die Tage und Wochen gezählt. Und dann kommt der Sonntag wirklich.

1. Welche Zeitstufen drücken die Verben aus?
   Trage sie in eine Tabelle ein:

Präsens	Präteritum	Perfekt	Plusquamperfekt	Futur

Zeitstufen

Ich gehe – ich bin gegangen – ich war gegangen – ich werde gehen.
Ich habe gefragt – ich frage – ich fragte – ich werde fragen.
Ich lachte – ich habe gelacht – ich hatte gelacht – ich werde lachen.
Ich werde rennen – ich renne – ich rannte – ich war gerannt.
Ich hatte gerufen – ich rufe – ich rief – ich habe gerufen.

2. Schreibe die Zeilen ab und ergänze jeweils die fehlende Zeitstufe.

EXTRA: Üben GRAMMATIK

Sätze lassen sich unterscheiden

Wer weiß die Antwort?

Willst du knifflige Aufgaben lösen? Versuche es doch einmal bei den folgenden Problemen. Sei aber nicht enttäuscht, wenn es dir nicht gelingt. Denn bisher hat niemand eine Erklärung gefunden, und wahrscheinlich lässt sich auch keine finden. Zerbrich dir also nicht zu lange den Kopf!

A Hast du schon einmal ein Loch im Garten deiner Eltern gegraben? Puuh! Das ist sicherlich mühsam! Darum geht es aber nicht. Schütte das Loch wieder zu. Du wirst merken, dass immer etwas Erde übrig bleibt. Wie kommt das?

B Fliegen sind lästige Zeitgenossen, und sie werden überall gejagt. Achte einmal darauf, was bei einer Fliegenjagd passiert: Sobald man zur Fliegenklatsche greift, düsen die Fliegen schon los. Wie kommt das? Wie erkennen sie die Gefahr?

C Wer schneidet schon gerne seine Zehennägel? Leider muss man es in bestimmten Abständen immer wieder tun, denn normalerweise wachsen sie ziemlich schnell. Wie aber haben sich die Menschen ihre Zehennägel geschnitten, bevor Schere und andere Werkzeuge erfunden wurden?

D Wenn man einen Gegenstand über das Wasser zieht, geht er nicht unter. Denk an einen Wasserskiläufer. Wie schnell müsste ein 80-Kilo-Mensch über das Wasser laufen, damit er nicht untergeht?

E Frage mal deine Mutter oder deinen Vater, ob sie folgendes Problem schon beobachtet haben: Wenn man seine Unterhose in der Waschmaschine wäscht, kommt sie linksgewendet wieder heraus. Wenn man sie gleich so in die Waschmaschine tut, passiert das Gleiche. Warum ist da so?

1. Bestimme die Satzarten und trage sie in einer Tabelle in dein Heft ein:

Aussagesätze	Aufforderungssätze	Ausrufesätze	Fragesätze

2. Bestimme nach jedem Satzschlusszeichen, ob es sich um eine Satzreihe oder ein Satzgefüge handelt.
3. Bestimme in den Satzgefügen Haupt- und Nebensatz.

Satzglieder umstellen

Aus Professor Buddels Kindheit

Professor Buddel erinnert sich und erzählt einigen Mitarbeitern, warum er sich schon seit seiner Kindheit für Ägypten interessiert. Um es aber den Zuhörern nicht allzu einfach zu machen, verschlüsselt er seine Nachrichten wie die alten Ägypter:

A   GEBURTSTAG MIT SCHENKTE MEINE ELFTEN EIN ZU MIR BUCH TANTE EINBAND MEINEM GOLDENEM

B   ALTEN VOM BUCH SOFORT DEM INTERESSANTEN HANDELTE ES ÄGYPTEN BLÄTTERTE ICH WEIL IN

C   DORT DIE ARMEN HATTEN ERNTE NILFLUT HEFTIGE JAHRELANG DURCH IHRE VERLOREN BAUERN DIE

D   DESHALB DEM PRIESTER HINWEISE PHARAO GABEN ZUM BESÄNFTIGEN NILGOTTES DES DIE RATLOSEN

E   PHARAO GEHEIMEN SCHLIESSLICH AN NILGOTT BLAUEN DER DIAMANTEN DEM SEINEN ORT OPFERTE EINEM

1. Bildet in eurer Klasse fünf gleich große Gruppen. Jede der Gruppen ist für einen der Worthaufen des Professors verantwortlich.
2. Jedes Gruppenmitglied schreibt alle Wörter eures Worthaufens auf ein Blatt und schneidet sie dann alle auseinander. Achtet darauf, dass ihr zwischen den Wörtern genügend Abstand zum Schneiden lasst.
3. Legt nun eure Wortschnipsel zu einem Satz und nehmt gemeinsam so viele sinnvolle Umstellungen wie möglich vor.
4. Klebt eure Wortschnipsel zu einem Satz geordnet ins Heft und schreibt zwei weitere mögliche Sätze dazu, die ihr durch Umstellungen herausgefunden habt.
5. Markiert in jeweils verschiedenen Farben die Satzglieder, d. h. die Wörter oder Wortgruppen, die sich nur als zusammenhängende Blöcke umstellen lassen.

6. Jeder in der Gruppe schreibt jetzt ein Satzglied groß und deutlich auf ein DIN-A4-Blatt. Manchmal muss man dabei nur ein Wort schreiben, manchmal eine Reihe von Wörtern.
7. Tauscht eure DIN-A4-Blätter mit einer anderen Gruppe in der Klasse und versucht dann, aus den Satzgliedern der anderen einen sinnvollen Satz zu bilden. Teilt die Blätter so auf, dass jedes Mitglied der Gruppe wiederum für ein Satzglied verantwortlich ist.
8. Stellt euch als Gruppe mit den Satzgliedblättern vor der Klasse zu einem Satz geordnet auf und zeigt auch die Umstellprobe, indem ihr eure Plätze tauscht. – Wer darf dabei immer stehen bleiben?

Schon die alten Ägypter hatten Probleme

A Mit vernichtenden Folgen für die Ernte überschwemmte die starke Nilflut die ausgetrockneten Felder häufig.
B Den Pharao baten die verzweifelten Menschen um Hilfe.
C Bei den Priestern suchte der Pharao schleunigst Rat.
D Gnädiger stimmte den Nilgott das Opfer des blauen Diamanten.
E Zur Bewässerung ihrer Felder konnten die Bauern das Wasser des Nils dann nutzen.

9. Wende die Umstellprobe auf diese Sätze an. Wähle dabei die Lösung, die dir am wirkungsvollsten erscheint.

EXTRA: Üben GRAMMATIK

Satzglieder erkennen und anwenden

Ein märchenhafter Grammatikzirkel

Arbeitsanweisungen

1. Teilt eure Klasse in sechs gleich große Gruppen ein.
2. Stellt Tische und Stühle zu Stationen zusammen, dass jeweils eine Gruppe daran Platz hat.
3. Jeder in der Gruppe braucht etwas zum Schreiben und Papier.
4. Jede Gruppe muss alle sechs Stationen durchlaufen.
5. An jeder Station wartet eine andere Aufgabe auf euch, die ihr innerhalb einer bestimmten Zeit erledigen müsst.
6. Wenn der Lehrer ein Zeichen gibt, wechselt jede Gruppe zur nächsten Station.

Station I   Hier stimmt was nicht

Es war einmal eine alte Geiß. Sieben junge Geißlein, ihre Kinder, sangen sie sehr. Eines Tages schlief die alte Geiß in den Wald. Da kochte sie zu ihren Kindern: „Schreiben euch in Acht, solange ich weg lese. Der böse Wolf schenkt sicher versuchen ins Haus hereinzukommen. Aber ihr trinken ihn leicht. Seine raue Stimme und seine schwarzen Pfoten backen ihn."

1. Schreibt den Text ab und setzt die richtigen Prädikate des Märchens ein. Gleicht die Prädikate richtig an die Subjekte an.

Station II   Was denkt der böse Wolf?

Der Wolf wollte ins Haus der Geißlein eindringen, aber sie haben ihn an seiner rauen Stimme erkannt. Da ging der Wolf zu einem Krämer und kaufte sich ein großes Stück Kreide. Die aß er und machte damit seine Stimme fein. Nachdem er die Kreide gefressen hatte, dachte der böse Wolf: „…"

2. Schreibt die Gedanken des Wolfes auf.
   Verwendet dabei folgende Wörter als Subjekte in euren Sätzen:
   die jungen Geißlein – ich – sie – ihre Mutter – mein Hunger – der Krämer.

Station III   Die Lückentext – Katastrophe

Der Wolf rief ▮ mit sanfter Stimme. Sie blieben aber immer noch misstrauisch und hielten ▮ verschlossen. Da legte der Wolf nn ins Fenster und die Geißlein erkannten, dass sie weiß war. Also machten sie ▮ auf, denn sie erwarteten ▮. Plötzlich aber sahen sie ▮ hereinkommen. Sie erschraken und wollten sich verstecken. Aber der Wolf erwischte ▮. Er machte nicht langes Federlesen und schluckte ▮ in seinen großen Rachen. Als er ▮ gestillt hatte, trollte sich der Wolf und schlief unter einem großen Baum auf der Wiese ein. Dort fand ▮ die alte Geiß.

3. Füllt die Lücken mit den richtigen Akkusativobjekten.

Station IV Geißlein und Objekte gesucht

Als die Geiß zurückkam und die Katastrophe erblickte, weinte sie bitterlich. Das jüngste Geißlein folgte ihr hinaus auf die Wiese. Dort lag der Wolf am Baum und sein Schnarchen ließ die Äste zittern. Sie betrachtete ihn von allen Seiten und sah, dass sein angefüllter Bauch merkwürdige Bewegungen machte. „Na warte,
5 du Ungetüm", dachte sie, „dir werde ich helfen!"
Da musste das Geißlein nach Hause laufen und Schere, Nadel und Zwirn holen. Dann schnitt die Geiß dem Ungetüm den Wanst auf. Kaum hatte sie den ersten Schnitt getan, so streckte schon ein Geißlein den Kopf heraus. Nacheinander sprangen alle Sechse heraus. Sie waren völlig gesund und hatten keinen Scha-
10 den gelitten, denn das Ungetüm hatte sie in seiner Gier ganz hinuntergeschluckt.

> **TIPP** Insgesamt gibt es im Text zehn Akkusativobjekte und drei Dativobjekte.

4. Sucht alle Objekte aus dem Text heraus und schreibt sie auf.
   Überlegt euch vorher noch einmal genau, *wie* ihr nach den Objekten fragt.

Station V Ein Geißlein – Wortpuzzle

> die Wackersteine – aus dem Bauch des Wolfes – die Geißlein – schläft – rettet – die Geiß – schleppen herbei – in den Bauch des Monstrums – der Wolf – ihre Kinder – springen – die Geiß und ihre Kinder – mit aufgeschnittenem Bauch – Wackersteine – werden gefüllt

5. Bildet aus diesem Wortpuzzle fünf Sätze, die einen Teil des Geißlein-Märchens erzählen. Die Subjekte der Sätze erkennt ihr daran, dass sie blau gedruckt sind.

Station VI Wer oder was findet ein gerechtes Ende?

Wer oder was hatte endlich ausgeschlafen? Weil die Wackersteine in seinem Magen wen oder was erregten, wollte wer oder was zu einem Brunnen gehen und trinken? Der Wolf beugte sich über wen oder was, aber wer oder was zogen ihn hinein? Niemand konnte wem mehr helfen, wer oder was musste jämmerlich ersaufen? Als wer oder was das sahen, riefen sie laut: „Wer oder was ist tot?" Auch die alte Geiß tanzte trotz hohen Alters vor Freude um wen oder was herum?

6. Macht aus den Fragen Aussagesätze, indem ihr die passenden Subjekte und Objekte einsetzt.

Sprechen und Schreiben

Kapitel *Miteinander sprechen*

Seite 20 Gesprächsanlässe und Gesprächsregeln

Gespräche erfolgen aus bestimmten Anlässen und haben in der Regel bestimmte Themen (z. B. *Die neue Schule*). Gespräche unterliegen, wenn sie erfolgreich sein sollen, ganz bestimmten Regeln, z. B.:
- nicht dazwischenreden, Beiträge anzeigen
- deutlich sprechen und verständlich formulieren
- beim Thema bleiben
- zuhören und ausreden lassen
- aufeinander eingehen
- Meinungen begründen

Seite 23 Gesprächsformen

Es gibt Gespräche, die häufig wiederkehren, z. B. das **Streitgespräch**, die **Diskussion**, das **Einkaufsgespräch**). Die beiden letzteren unterliegen bestimmten Regeln:

Regeln für eine Diskussion
- genau zuhören
- die anderen ausreden lassen
- zur Sache reden
- seine Meinungen begründen
- zu einem Ergebnis kommen

Regeln für ein Einkaufsgespräch
- nicht abschweifen, bei der Sache bleiben
- als Verkäufer: auf die Wünsche des Kunden eingehen; ihn beraten, höflich sein
- als Kunde: auf genaue Information bestehen, zielgerecht und präzise fragen

Seite 27 Sprechabsichten

Wer beim Sprechen bestimmte Absichten verfolgt, tut dies in ganz bestimmten sprachlichen Äußerungen, die man auch **Sprechhandlungen** nennt. Sie können erfolgreich sein oder misslingen. Beides hängt ab von der Situation, in der man sich äußert, und von der Person, zu der man etwas sagt, und von der Art und Weise, wie man spricht.

Wünschen und **bitten**: Wünsche können erfolgreich sein oder misslingen. Sollen Wünsche in der Wirklichkeit oder im Alltag gelingen, muss man sich sorgfältig überlegen, was man sich wünscht und wie man es formuliert. Bitten lässt sich von Wünschen nur schwer unterscheiden.

Auffordern: Mit der Äußerung *Schließe das Fenster!* forderst du jemanden auf, das Fenster zu schließen. Eine solche Sprechhandlung nennt man eine **direkte Aufforderung**. Du könntest aber auch zu jemandem sagen *Es zieht*. In diesem Fall handelt es sich um eine **indirekte Aufforderung**. Direkte Aufforderungen werden in Befehlssätzen (Imperativsätzen), indirekte in Aussagesätzen ausgedrückt.

Einladen: Wie man einlädt, d. h., wie man Einladungen formuliert, hängt ganz entscheidend vom Alter derjenigen ab, die einladen und die eingeladen werden. Darüber hinaus ist wichtig, wozu eingeladen wird.

Kapitel *Sachliches Darstellen*

Seite 31 Informieren

Informationen gibt man für einen Empfänger (Adressaten) über eine Person oder einen Gegenstand und zu einem bestimmten Zweck. (Wer soll worüber zu welchem Zweck informiert werden?) Danach richtet sich, welches die wichtigen Informationen sind.

Seite 34 Berichten

Das Berichten ist in der Regel eine sachliche Darstellung. Wird über einen Vorgang berichtet, muss die richtige zeitliche Abfolge eingehalten werden. Als Zeitform (Tempusform) wird die Vergangenheit (das Präteritum) gewählt.

In der Regel wird für einen **Adressaten** berichtet. Normalerweise will jeder Adressat wissen, wer an einem Geschehen beteiligt und was geschehen ist. Andere Fragen sind abhängig vom jeweiligen Adressaten. So sind für den einen die Folgen des Geschehens wichtig (Welche Folgen?), für den anderen der Zeitpunkt (Wann?) und für einen anderen der Ablauf des Geschehens (Wie?).

In der Regel ist der Bericht sachlich und knapp, wie etwa ein Bericht für die Versicherung. Er kann aber auch je nach Adressat anschaulich und ausführlich sein.

Seite 40 Beschreiben

Jede Beschreibung setzt eine genaue Beobachtung voraus, um einen Adressaten entsprechend zu informieren. Beim Beschreiben von Vorgängen muss man sich an der zeitlichen Reihenfolge orientieren. Die Zeitstufe einer **Vorgangsbeschreibung** ist in der Regel die Gegenwart (das Präsens). Einmalige Vorgänge, die man aus der Erinnerung beschreibt, können wie eine literarische Beschreibung auch in der Vergangenheit (im Präteritum) stehen.

Die Sprache der Beschreibung muss anschaulich sein, damit sich ein Adressat eine genaue Vorstellung von dem Vorgang machen kann.

Kapitel Erzählen

Seite 45 Zum Erzählen kommen

Besondere Ereignisse sind oft ein Anlass zum Erzählen. Dabei muss man mit wachen Augen durch den Tag gehen, um Besonderheiten und Auffälligkeiten im Alltag wie mit dem Vergrößerungsglas zu entdecken. Bevor man anderen eine Geschichte erzählt, ist es sinnvoll, sich **Notizen** zu machen.

Dabei kann man sich an **W-Fragen** orientieren: Wo ist das Ereignis passiert? – Wann geschah es? – Wer war beteiligt? – Was ist passiert? – Wie und warum kam es dazu? Wenn man genau beobachtet und mit allen Sinnen wahrnimmt, kann man das Ereignis auch besser ausgestalten.

Seite 52 Erzählungen schreiben

Beim Erzählen muss man Wichtiges von Nebensächlichem unterscheiden, um eine Geschichte für den Leser interessant zu machen. Auch dabei helfen W-Fragen. Bei einer Erzählung müssen Einzelheiten in eine sinnvolle Reihenfolge gebracht werden, die der Leser nachvollziehen kann.

Seite 58 Erzählanfang – besonderes Ereignis – Erzählende

In der Regel ist eine Erzählung in drei Schritten aufgebaut: Erzählanfang, besonderes Ereignis und Erzählende: Am **Anfang der Erzählung** wird für den Leser eine Situation eröffnet, um ihn neugierig auf die kommende Handlung zu machen.

Im Mittelpunkt der Erzählung steht das **besondere Ereignis**. Das besondere Ereignis verlangt eine sorgfältige und anschauliche sprachliche Gestaltung.

Das **Erzählende** entlässt den Leser und nennt in wenigen Sätzen den Ausgang.

Seite 66 An der Sprache feilen

Eine Geschichte wird für einen Leser interessant, wenn aussagekräftige Wörter sowie **bildhafte Ausdrücke** und **Vergleiche** verwendet werden. Auch sollten unabsichtliche Wiederholungen in der Wortwahl und im Satzbau vermieden werden. Eine Hilfe für angemessenes Schreiben sind Übungen mit Wortfeldern.

Seite 70 Nacherzählen

Mit der **mündlichen Nacherzählung** einer Geschichte macht man seine Zuhörer neugierig, damit sie Lust bekommen, ein Geschichte zu lesen. Deshalb ist es wichtig, sich eng an die

Textvorlage zu halten, ohne sie wörtlich wiederzugeben. Auch muss der Inhalt richtig und zusammenhängend wiedergegeben werden.

Bei der **schriftlichen Nacherzählung** muss man die Textvorlage sehr genau kennen, um sie entsprechend wiedergeben zu können. Beispielsweise müssen die **Erzählschritte** und die **Erzählabsicht** erkannt werden.

Kapitel Darstellendes Spiel

Seite 77 Spielideen

Das **darstellende Spiel** sollte durch Basisübungen wie **Aufwärmspiele**, **Pantomimen**, **Sprachspiele** und **Stegreifspiele** vorbereitet werden. Sie sind wichtige Grundlagen für das spätere Theaterspielen. So kann man mehr über Personen und ihre Gefühle erfahren oder Situationen besser verstehen. Auch kann man dadurch den eigenen Körper, die eigene Stimme und den Raum besser wahrnehmen.

Beim darstellenden Spiel ist es wichtig, dass man verschiedene Formen des Körperausdrucks (**Körpersprache**) beherrscht und die Wirkung auf den Zuschauer einschätzen lernt, z. B. den Ausdruck des Gesichts (**Mimik**) sowie der Arme und Beine (**Gestik**). Eine besondere Form des „Spielens ohne Worte" ist die **Pantomime**.

Seite 82 Theaterszenen

Das erfolgreiche Spielen einer Theaterszene muss sorgfältig vorbereitet werden durch Lesen mit verteilten Rollen, durch Gestaltung eines Bühnenraumes, durch Regieanweisungen und durch eine Spielvorlage.

Beim **Lesen mit verteilten Rollen** wird die Theaterszene nicht vom Platz aus im Sitzen gelesen, sondern von einer angemessenen Position im Raum. Dabei wird das Lesen auch durch verschiedene Formen des Körperausdrucks (Gestik und Mimik) unterstrichen.

Ein Bühnenraum sollte mithilfe von **Requisiten** so gestaltet sein, dass er die Aussage des Theaterstückes zum Ausdruck bringt.

Regieanweisungen unterstreichen das Handeln der Personen und helfen, die Personen in ihrem Denken und Fühlen genauer zu verstehen. Eine Szene, die mit solchen Regieanweisungen ausgestaltet wird, nennt man **Spielvorlage**. Sie dient der späteren Aufführung als Orientierung.

Texte und Medien

Kapitel Erzählende Texte

Seite 91 Märchen

Märchen werden seit vielen Jahrhunderten mündlich weitererzählt. So sollten sie auch heute noch nicht nur gelesen, sondern erzählt werden. Dabei kann man die Wirkung auf die Zuhörer unterstreichen, wenn man ein Märchen spielt oder musikalisch umrahmt.

Märchen folgen meistens einem typischen Muster. Der Märchenheld zieht aus, erlebt Gefahren oder muss Prüfungen bestehen und wird am Ende für seine Mühe belohnt. Der Held ist zugleich der Gute, der über das Böse siegt.

Märchen erkennt man an **typischen Elementen**. Es kommen Zauberwesen wie Hexen oder Feen vor, die Zauberdinge benutzen, etwa einen Hexenbesen, und Zaubersprüche äußern.

In der Regel haben die Personen eines Märchens keinen Namen. So ist häufig von einem Prinzen oder einem Mädchen die Rede. Auch gibt es keine bestimmten Orts- und Zeitangaben. Häufig ist nur von einem Schloss oder einem Wald oder einem Berg die Rede. Die typische Zeitangabe ist „Es war einmal".

Seite 106 Schwankgeschichten

Schwankgeschichten wurden in früheren Zeiten gern zur Unterhaltung oder auch zur Belehrung des Volkes erzählt. Häufig steht ein namentlich bekannter Schelm im Mittelpunkt, von dem viele verschiedene Streiche erzählt wurden, die uns in Schwanksammlungen überliefert sind.

Seite 112 Alltagsgeschichten

Alltagsgeschichten sind Erzählungen, die in der heutigen Zeit spielen und von alltäglichen Menschen und Problemen handeln. Viele Erzählungen haben das gleiche Thema, etwa die Probleme zwischen Kindern und Erwachsenen.

Kapitel Lyrik: Tiergedichte

Seite 133 Merkmale von Gedichten

Gedichte haben in der Regel eine besondere Sprache und Form. Sie sind gekennzeichnet durch Verse, Reime und Strophen. Man erkennt Gedichte an einigen besonderen Merkmalen: Die Zeilen eines Gedichts nennt man **Verse**. Die Verse eines Gedichtes werden oft durch **Reime** miteinander verbunden. Ein Reim von Wörtern besteht, wenn diese vom letzten betonten Vokal an gleich klingen.

Man spricht von **Paarreim**, wenn sich zwei Verse, die aufeinander folgen, am Ende reimen (aa bb …).

Beim **Kreuzreim** reimen sich jeweils der erste und dritte Vers sowie der zweite und vierte Vers (ab ab …).

Von einem **umarmenden Reim** spricht man, wenn ein Paarreim von zwei Versen umschlossen wird, die sich ebenfalls reimen (abba …).

Eine Verbindung von Verszeilen von gleichem oder verschiedenen Bau zu einer regelmäßig wiederkehrenden Einheit nennt man **Strophe**.

In Gedichten werden häufig **bildhafte Formulierungen** verwendet (*Gefieder der Sprache, kleiner Stachelbruder*).

Seite 138 Gestaltender Umgang mit Gedichten

Es gibt verschiedene Möglichkeiten mit Gedichten gestaltend umzugehen. Man kann Gedichte ganz frei oder aber nach festen Vorgaben und Regeln schreiben, wie beim **Elfchen**.

Als Vorbereitung für das Schreiben von Gedichten kann man auf ein **Ideennetz** zurückgreifen.

Seite 140 Der Gedichtvortrag

Das **Auswendiglernen** von Gedichten kann man sich durch geplantes Vorgehen erleichtern (s. S. 297). Gedichte entfalten ihre Wirkung häufig erst beim lauten **Vortrag**. Dabei sollte man auf die angemessene **Betonung** achten, um das Gedicht den Zuhörern und Zuhörerinnen wirkungsvoll zu präsentieren.

Gedichte können von zwei Personen gleichzeitig gesprochen und an verschiedenen Orten gelesen werden. Außerdem gibt es die Möglichkeit Gedichte zu vertonen.

Kapitel Mit Sachtexten umgehen

Seite 153 Sachtexte erfassen

Um Sachtexte richtig und schnell zu erarbeiten, sollte man verschiedene Techniken des Lesens, Verstehens und Verwendens kennen und nutzen können: überfliegendes Lesen, Slalomlesen, Erweiterung der Blickspanne.

Die Übersicht über den Text erhält man durch **Anmerkungen** am Rand. Sie benennen die Hauptaspekte mit eigenen Ausdrücken. Im Text werden die wichtigsten Wörter (meist Nomina/Substantive) farbig markiert. Vorsicht: nicht zu viele Wörter markieren! Unbekannte Begriffe lassen sich aus dem Zusammenhang erklären oder mithilfe eines allgemeinen oder Fach-Lexikons näher bestimmen.

Seite 156 Sachtexte systematisch untersuchen

Zur systematischen Bearbeitung eines Sachtextes muss man sich zunächst den Aufbau und Inhalt verdeutlichen. In den meisten Texten lassen sich besonders wichtige Gedanken als **Kernsätze** herausheben. Zur genauen Erfassung muss man sich außerdem bewusst machen, in welcher Zuordnung und Abhängigkeit die verwendeten **Begriffe** zueinander stehen. Eine grafische Anordnungen kann dabei helfen. Mit diesen Verfahren können so die wichtigen Aussagen in einem Text herausgehoben werden. Bei der Präsentation von Arbeitsergebnissen sind veranschaulichende Hilfen von Nutzen (Skizzen, Folien, Arbeitsblätter, Bilder und Modelle).

Sprachreflexion

Kapitel Rechtschreibung und Zeichensetzung

Seite 177 Rechtschreibschwierigkeiten

Die deutsche Rechtschreibung ist schwierig. Viele Wörter schreibt man nicht genauso, wie man sie spricht. Zwischen Lauten und Buchstaben gibt es keine eindeutige Entsprechung. Und so kann ein Laut unterschiedlich geschrieben werden, etwa kann der Laut [t] mit den Buchstaben *t, tt, dt*, oder *th* wiedergegeben werden.

Seite 178 Vermeidung von Rechtschreibfehlern

Viele Rechtschreibprobleme lassen sich leichter lösen, wenn man weiß, zu welcher **Wortfamilie** mit welchem **Wortstamm** ein Wort gehört. Der Stamm ist die kleinste Einheit eines Wortes, das eine Bedeutung hat und allen verwandten Wörtern in der Schreibung zugrunde liegt, etwa der Wortstamm *les-* den verwandten Wörtern *er liest, Lesebuch, gelesen, Lesarten* oder *Lesung*, die alle mit *s* geschrieben werden.

Rechtschreibfehler lassen sich auch durch Übung mit einer **Wörterkartei** vermeiden. Vor allem die Schreibung solcher Wörter sollte man üben, die einem schon einmal Schwierigkeiten gemacht haben. Auf diese Weise kann man sich einzelne Wortbilder gut einprägen.

In Zweifelsfällen hilft das **Nachschlagen** im Wörterbuch. Dazu muss man wissen, wie Wörterbücher aufgebaut sind:
- Alle Wörter sind alphabetisch geordnet. Innerhalb einer Wortgruppe mit dem gleichen Anfangsbuchstaben orientiert man sich am zweiten oder dritten Buchstaben.
- Alle Wörter sind in ihrer Grundform eingetragen. Verben stehen im Infinitiv, Nomen/ Substantive im Nominativ Singular und Adjektive in der Grundstufe.

Die meisten Wörterbücher vermitteln noch andere Informationen, etwa welchen Artikel (Begleiter) ein Nomen hat, wie man ein Wort ausspricht und was es bedeutet.

Seite 182 Die Dehnung

Wie Wörter mit **langem Vokal (Selbstlaut)** geschrieben werden, zeigt die Tabelle unten.

Langes *a, e, o, u* und die entsprechenden Umlaute werden mit einem silbentrennenden *h* gekennzeichnet, wenn auf den langen Vokal wieder ein unbetonter Vokal folgt *(drohen, ruhen, sehen, nahen, Mühe)*.

In Wörtern, die ursprünglich aus anderen Sprachen stammen, schreibt man das lange *i* in der Regel ohne Dehnungszeichen *(Brise, Mimik)*. Das gilt auch für die Endung *-in* oder *-ine (Margarine, Kamin)*.

langer Vokal	Dehnungszeichen nicht vorhanden	Dehnung durch Verdopplung	Dehnung durch h	Dehnung durch e	Dehnung durch eh
a	das Lager	der Saal	die Fahne		
e	legen	das Beet	kehren		
i	mir		ihr	niesen	das Vieh
o	die Dose	das Boot	wohnen	Itzehoe	
u	das Ruder		die Kuhle		
ä	der Käse		die Fähre		
ö	lösen		die Söhne		
ü	spüren		fühlen		

Seite 186 Die Schärfung

Wenn ein Vokal (Selbstlaut) oder Umlaut in einer betonten Silbe kurz gesprochen wird, folgen mehrere Konsonanten (Mitlaute) *(Karte, Narbe)* oder der darauffolgende Konsonant wird verdoppelt *(Hammer, Donner)*.

Nach kurzem Vokal wird *k* als Doppelkonsonant zu *ck*, *z* wird als Doppelkonsonant zu *tz* *(hacken, Wecker, Schutz, blitzen)*.
Allerdings gibt es in Wörtern aus anderen Sprachen die Doppelkonsonanten *zz* und *kk* *(Pizza, Mokka)*.

Seite 188 Gleich und ähnlich klingende Laute

Der **f-Laut** kann mit *f (Freitag)*, mit *v (Vesper)* und mit *ph (Pharao)* geschrieben werden.

Wird *v* als *w* gesprochen, handelt es sich meistens um Fremdwörter *(Vulkan, vibrieren, vegetarisch, Klavier, Aktivität)*.

In Fremdwörtern wird der f-Laut häufig als *ph* geschrieben *(Philosoph)*. Nach der neuen Rechtschreibung ist zum Teil auch die Schreibung mit *f* möglich *(Delphin* oder *Delfin, Telephon* oder *Telefon)*.

Wörter, die mit *pf* geschrieben werden, klingen ähnlich. Schreibfehler können vermieden werden, wenn man das *p* deutlich ausspricht.

Der **k-Laut** kann mit *g (Tag)* oder *k (krank)* geschrieben werden und klingt ähnlich wie der ch-Laut *(ziemlich)*. Für die richtige Schreibung hilft nur, den Wortstamm zu erkennen und so den richtigen Laut abzuleiten.

Seite 190 Die Schreibung der s-Laute

Der **s-Laut** wird am Wortanfang nur mit *s* geschrieben *(Susi, Sahne)*. Im Wortinnern gelten die folgenden Regeln:

- der stimmhafte s-Laut wird immer *s* geschrieben *(Hase, Gläser)*
- der stimmlose s-Laut kann mit *s*, *ss* oder mit *ß* geschrieben werden *(Mais, Fass, Gefäß)*
- nach kurzem Vokal steht immer *ss* *(wissen, blass)*
- nach langem Vokal, Umlaut oder Doppellaut (Diphthong) können nur *s* oder *ß* stehen *(Hase, groß, böse, Gefäß, scheußlich, Streusel)*.

Das Verknüpfungswort *dass* leitet einen Nebensatz ein; *dass* kann nicht ersetzt werden durch *ein, dies, dieses, jenes, welches*. Jedes gesprochene *das*, welches durch diese Wörter ersetzt werden kann, wird mit einfachem *s* geschrieben.

Seite 194 Die Großschreibung

Verben und Adjektive (Eigenschaftswörter), die als Nomen/Substantiv gebraucht werden, schreibt man groß. Ob ein solcher Gebrauch vorliegt, kann man an den folgenden Merkmalen erkennen:

- Vor dem Verb oder dem Adjektiv steht ein Artikel (Begleiter), wobei der Artikel mit einer Präposition (Verhältniswort) verschmolzen sein kann. *(Im Flur und im Hof ist das Ballspielen verboten. Auch ein Junger kann manchmal alt aussehen.)*
- Steht kein Artikel (Begleiter) davor, kann die Artikelprobe gemacht werden. *(Füttern und Anfassen der Tiere ist verboten. – Das Füttern und das Anfassen der Tiere ist verboten.)*
- Bei Adjektiven sind Mengenwörter *(viel, nichts, etwas, allerlei)* noch häufiges Kennzeichen für eine Großschreibung.

Das besitzanzeigende Pronomen (Possessivpronomen) *ihr* und das Personalpronomen *sie* werden bei offizieller oder höflicher **Anrede** in allen zugehörigen Formen großgeschrieben. Sonst werden die besitzanzeigenden Pronomen *dein* und *euer* und die Personalpronomen *du* und *ihr* – besonders bei familiärer und freundschaftlicher Anrede – kleingeschrieben.

198 Die Silbentrennung

Silben nennt man Lautgruppen, die innerhalb eines Wortes gemeinsam ausgesprochen werden *(Bun-des-ju-gend-spie-le)*. Beim langsamen und lauten Sprechen erkennt man die Lautgruppen (= Silben), aus denen längere Wörter bestehen.

Die meisten Wörter werden nach Sprechsilben getrennt. Stehen mehrere Buchstaben für einen Konsonanten (Mitlaut), dann werden sie nicht getrennt *(wa-schen, Bü-cher)*.

Steht nur ein Konsonant zwischen zwei Vokalen, dann wird er mit der nächsten Silbe geschrieben *(je-der, lie-gen, die Häu-ser, der Ra-sen, Lau-ra)*.

Wenn mehr als ein Konsonant zwischen zwei Vokalen steht, wird nur der letzte zur nächsten Silbe geschrieben *(Pet-ra, In-ga, Wal-ter, Mar-tin)*.

Die Wörter, die Vorsilben (Präfixe) haben, werden zwischen den Vorsilben getrennt *(ab-wa-schen, an-kom-men, das Bei-spiel, ver-kehrt, um-fal-len)*.

200 Zeichensetzung

Wörtliche (direkte) Rede wird durch Anführungszeichen gekennzeichnet. Nach der Redeeinleitung für eine direkte Rede steht ein Doppelpunkt. *(Der Lehrer sagt: „Ich höre immer wieder Klagen über die Klasse.")*

Ist die Redeeinleitung in die direkte Rede eingeschoben oder folgt sie der direkten Rede, dann wird sie durch Komma abgetrennt. *(„Wer hat das gesagt?", fragt Klaus.)*

Satzzeichen, die zur direkten Rede gehören, müssen vor die Schlussstriche gesetzt werden.

Wörter oder Wortgruppen, die in **Aufzählungen** gleichrangig sind, trennt man durch Komma ab. *(Die Schüler spielen, rennen, lärmen und unterhalten sich.)*

Kein Komma wird bei Aufzählungen gesetzt, wenn die Wörter oder Wortgruppen durch *und*, *oder*, *sowie* (wenn es *und* bedeutet) verbunden sind (zum Komma zwischen Hauptsätzen und Haupt- und Nebensätzen vgl. auch S. 293.)

Kapitel Wortarten

211 Nomen/Substantiv und Artikel

Nomina/Substantive (Singular: Nomen/Substantiv) bezeichnen Dinge und Lebewesen, aber auch Gedanken und Gefühle. Man kann mit ihnen Dinge unterscheiden und sie nach **Ober-** und **Unterbegriffen** ordnen *(Blasinstrumente – die Trompete)*.

Nomina/Substantive werden in Konkreta und Abstrakta eingeteilt.

Konkreta bezeichnen Gegenständliches. Man kann sie sehen, hören, riechen oder anfassen. Dazu gehören Dinge *(die Eisenbahn)* und Lebewesen *(der Müller)*. **Abstrakta** bezeichnen Gefühle *(die Angst)* und Gedankliches *(das Glück)*, also etwas, das man nicht mit den Sinnen wahrnehmen kann.

Nomina/Substantive lassen sich **deklinieren** (beugen). Drei Größen sind daran beteiligt: Genus (Geschlecht), Numerus (Zahl) und Kasus (Fall).

Genus/Geschlecht: Nomina/Substantive haben ein grammatisches Geschlecht (Genus). Der Artikel (Begleiter) zeigt dies an: *der Vater* (**Maskulinum**/männlich); *die Mutter* (**Femininum**/weiblich); *das Kind* (**Neutrum**/sächlich). Das grammatische Geschlecht stimmt selten mit dem natürlichen überein und wird nach keiner Regel gebildet. Es ist Zufall, dass es *die Frau* und *das Weib* heißt.

Numerus: Zwei Numeri werden unterschieden: **Singular** (Einzahl) und **Plural** (Mehrzahl). Man erkennt sie an begleitenden Wörtern wie z. B. dem Artikel (Begleiter) und an den Formen: *das Haus, die Häuser*. Der Plural (Mehrzahl) wird auf verschiedene Weise gebildet: z. B. durch den Umlaut *(die H*ä*user)* und durch die Endung *(die Häus*er*)*. Einige Nomina/Substantive stehen nur im Singular *(das Gold)*, andere nur im Plural *(die Eltern)*.

Deklination des Nomens/Substantivs

	Singular	Plural
Nominativ 1. Fall oder „Wer-Fall"	der Vater die Mutter das Kind	die Väter die Mütter die Kinder
Genitiv 2. Fall oder „Wessen-Fall"	des Vaters der Mutter des Kindes	der Väter der Mütter der Kinder
Dativ 3. Fall oder „Wem-Fall"	dem Vater der Mutter dem Kind	den Vätern den Müttern den Kindern
Akkusativ 4. Fall oder „Wen-Fall" bzw. „Was-Fall"	den Vater die Mutter das Kind	die Väter die Mütter die Kinder

Kasus/Fall: Nomen stehen im Satz in einem bestimmten Kasus (Fall). Im Deutschen gibt es vier Kasus: **Nominativ** (1. Fall), **Genitiv** (2. Fall), **Dativ** (3. Fall), **Akkusativ** (4. Fall). Man kann sie durch *wer oder was?, wessen?, wem?, wen oder was?* erfragen. Das Nomen/Substantiv kann sowohl im Singular (Einzahl) als auch im Plural (Mehrzahl) die vier Kasusformen haben. Sie wiederum richten sich nach dem Genus (Geschlecht) und dem Numerus (Zahl).

Artikel sind die Begleiter des Nomens. Man unterscheidet zwei Artikel (Geschlechtswörter): den bestimmten *(der, die, das)* und den unbestimmten *(ein, eine, ein)*.

Der **bestimmte Artikel** kennzeichnet Gegenstände, Lebewesen oder Sachverhalte, die schon bekannt sind, d. h., in der Gesprächssituation oder im Text schon vorgekommen sind *(der Mann)*.

Der **unbestimmte Artikel** kennzeichnet dagegen Gegenstände, Lebewesen oder Sachverhalte, die noch unbekannt sind *(ein Mann)*. Dennoch kann man nicht immer eindeutig sagen, ob der bestimmte oder der unbestimmte Artikel gebraucht werden sollte (z. B. in der Fabel werden dem/einem Löwen bestimmte Eigenschaften zugesprochen).

Seite **216** **Das Adjektiv (Eigenschaftswort)**

Mit **Adjektiven** (Eigenschaftswörter oder Wie-Wörter) werden Nomina/Substantive erkannt, beschrieben und unterschieden. Adjektive bezeichnen die Merkmale eines Nomens: z. B. die einer Person oder einer Sache.

Steht das Adjektiv vor einem Nomen/Substantiv *(eine schöne Königstochter)*, dann wird es attributiv (beifügend) gebraucht. Beim attributiven Gebrauch wird das vorangestellte Adjektiv dekliniert und richtet sich in Genus, Numerus und Kasus nach dem Nomen.

Tritt das Adjektiv in Verbindung mit *sein* auf *(die Königstochter ist schön)*, dann ist das Adjektiv Teil des Prädikats (prädikativer Gebrauch).

Adjektive können dekliniert werden:

	Singular	Plural
Nominativ	der schöne Prinz	die schönen Prinzen
Genitiv	des schönen Prinzen	der schönen Prinzen
Dativ	dem schönen Prinzen	den schönen Prinzen
Akkusativ	den schönen Prinzen	die schönen Prinzen

Adjektive können gesteigert werden oder Vergleichsformen annehmen (Komparation).

Es gibt drei Vergleichsstufen:

1. **Positiv** (Grundstufe)	schön (die schöne Königstochter)
2. **Komparativ** (Höherstufe)	schöner (die schönere Königstochter)
3. **Superlativ** (Höchststufe)	am schönsten (die schönste Königstochter)

Es gibt auch Adjektive, bei denen die Steigerung unregelmäßig ist: *gut, besser, am besten; viel, mehr, am meisten.*

Beim Positiv steht die Vergleichsform mit *wie (Die Berliner sind gut wie alle Deutschen.).*

Beim Komparativ steht die Vergleichsform *als (wir bauen schönere Türme als die Berliner).*

Seite 220 Das Verb

Verben bezeichnen Tätigkeiten *(der Gärtner arbeitet)*, Vorgänge *(Peter schwitzt)*, aber auch Zustände *(das Buch liegt auf dem Tisch)*.

Die **Grundform** des Verbs ist der **Infinitiv** *(arbeiten)*. In dieser Form ist das Verb auch im Wörterbuch zu finden. Die **finite** oder auch **Personalform** des Verbs gibt an, wer oder was etwas tut. Das Verb ändert sich in Abhängigkeit von Person und Numerus *(ich gehe, du gehst...)*. Es wird **konjugiert (gebeugt)**. Eine Übersicht über die einzelnen Formen findest du in der Konjugationstabelle auf der Seite 290.

Der **Imperativ (Befehlsform)** ist eine besondere Verbform, mit der du jemanden direkt auffordern kannst. Im Singular ist er an eine Person gerichtet, im Plural an mehrere. In der Regel wird der Imperativ gebildet, indem an den Stamm ein *-e* angehängt wird *(arbeite)*.

Bei einigen Verben wechselt der Stammvokal im Singular zu *i (geben – gib)*. Der Plural ist für alle Imperativformen gleich *(arbeitet, gebt)*.

Als **Hilfsverben** gelten *sein, haben* und *werden*. Sie „helfen" bei der Bildung der Tempusformen Perfekt, Plusquamperfekt und Futur. Sie können auch als Vollverben gebraucht werden *(ich habe Hunger/ich bin ein Lehrer/ich werde Ärztin)*. Das **Partizip II** (Partizip Perfekt) heißt auch Mittelwort der Vergangenheit. Damit wird angedeutet, dass es sowohl ein Adjektiv als auch ein Teil der Verbform sein kann *(der geschlagene Hund/ich habe gelacht)*.

Bei **schwachen Verben** ändert sich bei den Stammformen (Infinitiv, Präteritum, Partizip II) der Stammvokal nicht *(lachen – lachte – gelacht)*. Die Stammformen werden regelmäßig gebildet.

Starke Verben verändern hingegen ihren Stammvokal *(gehen – ging – gegangen)*.

Im Deutschen gibt es sechs **Tempusformen (Zeitformen)**, die zeitliche Verhältnisse zum Ausdruck bringen können: Gegenwart (**Präsens**), Vergangenheit (**Präteritum, Perfekt** und **Plusquamperfekt**) und Zukunft (**Futur I** und

Die Konjugation des Verbs

machen (regelmäßig)

Partizip I	Partizip II	Infinitiv (Grundform)	Imperativ/Befehlsform
machend	gemacht	machen gemacht haben	Mach! Macht! Machen Sie!

Präteritum/Imperfekt	Präsens	Futur I
ich machte	ich mache	ich werde machen
du machtest	du machst	du wirst machen
er/sie/es machte	er/sie/es macht	er/sie/es wird machen
wir machten	wir machen	wir werden machen
ihr machtet	ihr macht	ihr werdet machen
sie machten	sie machen	sie werden machen

Plusquamperfekt	Perfekt	Futur II
ich hatte gemacht	ich habe gemacht	ich werde gemacht haben
du hattest gemacht	du hast gemacht	du wirst gemacht haben
er/sie/es hatte gemacht	er/sie/es hat gemacht	er/sie/es wird gemacht haben
wir hatten gemacht	wir haben gemacht	wir werden gemacht haben
ihr hattet gemacht	ihr habt gemacht	ihr werdet gemacht haben
sie hatten gemacht	sie haben gemacht	sie werden gemacht haben

gehen (unregelmäßig)

Partizip I	Partizip II	Infinitiv (Grundform)	Imperativ/Befehlsform
gehend	gegangen	gehen gegangen sein	Geh! Geht! Gehen Sie!

Präteritum/Imperfekt	Präsens	Futur I
ich ging	ich gehe	ich werde gehen
du gingst	du gehst	du wirst gehen
er/sie/es ging	er/sie/es geht	er/sie/es wird gehen
wir gingen	wir gehen	wir werden gehen
ihr gingt	ihr geht	ihr werdet gehen
sie gingen	sie gehen	sie werden gehen

Plusquamperfekt	Perfekt	Futur II
ich war gegangen	ich bin gegangen	ich werde gegangen sein
du warst gegangen	du bist gegangen	du wirst gegangen sein
er/sie/es war gegangen	er/sie/es ist gegangen	er/sie/es wird gegangen sein
wir waren gegangen	wir sind gegangen	wir werden gegangen sein
ihr wart gegangen	ihr seid gegangen	ihr werdet gegangen sein
sie waren gegangen	sie sind gegangen	sie werden gegangen sein

Futur II). Vergangenheit und Zukunft sind keine absoluten Zeitangaben, sondern immer auf die Sprechzeit bezogen.

Präsens (Gegenwart): Wird über ein Ereignis gesprochen oder geschrieben, das um die Sprechzeit herum abläuft, also als gegenwärtig angesehen wird, steht das Verb im Präsens. Mit dieser Zeitform kann aber auch Zukünftiges *(morgen regnet es)* und Allgemeingültiges *(das Schwein ist ein Allesfresser)* ausgedrückt werden. Außerdem kann das Präsens gewählt werden, wenn Vergangenes vergegenwärtigt werden soll. Man nennt dies das **historische Präsens** *(Mark Twain erblickt am 30.11.1835 das Licht der Welt.)*.

Präteritum/Imperfekt und **Perfekt**: Beides sind Zeitformen der Vergangenheit. Das Präteritum wird in der Regel in der geschriebenen Sprache verwendet, wenn aus einer Distanz heraus der Reihe nach erzählt oder berichtet wird. Das Perfekt kommt bevorzugt in der gesprochenen Sprache vor. Es wird aber auch verwendet, wenn einzelne Ereignisse dargestellt werden, von denen der Sprecher betroffen ist.

Das Perfekt wird gebildet mit *haben* oder *sein* und dem Partizip II *(er hat gelacht / er ist gegangen)*. Das Präteritum/Imperfekt wird bei schwachen (regelmäßigen) Verben durch ein *t* in der Personalendung gekennzeichnet *(lachen – lachte)*. Bei starken (unregelmäßigen) Verben ändert sich der Stammvokal *(gehen – ging)*.

Plusquamperfekt: Es wird verwendet, wenn ein Ereignis erwähnt wird, das weiter zurückliegt als das Geschehen, von dem im Präteritum erzählt oder berichtet wird. Es wird gebildet mit den Präteritumformen von *haben* oder *sein* und dem Partizip II *(er hatte gelacht/er war gegangen)*.

Futur (Zukunft): Mit dem Futur I wird Zukünftiges ausgedrückt. Es wird gebildet mit *werden* und einem Verb im Infinitiv *(er wird lachen)*.

Das Futur II wird verwendet, wenn das, was in der Zukunft liegt, als bereits abgeschlossen angesehen wird; man bildet es mit *werden*, dem Partizip II und *haben* oder *sein (er wird gelacht haben/er wird gegangen sein)*.

Seite 230 Das Personal- und das Possessivpronomen

Das **Personalpronomen** (persönliches Fürwort: *ich, du, er/sie/es, wir, ihr, sie*) tritt als Stellvertreter des Nomens auf. Es stellt Bezüge her zwischen Lebewesen, Dingen und Sachverhalten. Darüber hinaus bezeichnet das Personalpronomen Rollen im Gespräch. Es zeigt an, wer spricht *(ich, wir)*, wer angesprochen wird *(du, ihr)* und über welche Person gesprochen wird *(er/sie/es* und im Plural *sie)*.

Die Pluralform *Sie* (großgeschrieben) ist eine **Anredeform**.

Das **Possessivpronomen** (besitzanzeigendes Fürwort: *mein, dein, sein/ihr, unser, euer, ihr*) zeigt ein Besitzverhältnis an *(mein Getreidekorn)* oder allgemein eine Zugehörigkeit *(mein Freund, mein Verein)*.

Die Possessivpronomen entsprechen den Personalpronomen *(mein – ich, dein – du, sein – er/es, ihr – sie, unser – wir, euer – ihr, ihr – sie)*.

Personal- und Possessivpronomen werden dekliniert. Personalpronomen gibt es im Singular und Plural, und sie stehen in den vier Kasus *(ich, meiner, mir, mich)*. In der dritten Person Singular wird auch das Genus unterschieden: *er* (maskulin), *sie* (feminin) und *es* (neutral). Die drei Personen sind bestimmend für die Konjugation des Verbs. Die Possessivpronomen werden wie Artikelwörter nach Genus, Numerus und Kasus dekliniert *(während unser<u>er</u> Klassenfahrt)*.

In Texten verweisen Personal- und Possessivpronomen auf Nomen oder auf etwas bzw. jemanden, die bzw. das oder der vorher schon erwähnt wurden. Beide Pronomen sind daher wichtig für den Textzusammenhang. Indem sie den Bezug auf Vorheriges ermöglichen, sorgen sie für die Verknüpfung von Sätzen. So werden auch unnötige Wiederholungen vermieden.

Seite 234 Die Fragewörter

Mit Fragewörtern kannst du Informationen erfragen. Die entsprechenden Sätze nennt man **W-Fragen** oder auch **Ergänzungsfragen**: Der Sprecher möchte vom Hörer ergänzende Informationen.

Einige Fragewörter werden dekliniert (z. B. *wer, wessen, wem, wen, welcher, welches, welchem, welchen*), andere dagegen nicht (z. B. *wann, wo, wie, warum*). Fragewörter lassen sich in vier Gruppen einteilen: Mit *wie* kann man nach der **Art und Weise** (modal), mit *wo* nach dem **Ort** (lokal), mit *wann* nach der **Zeit** (temporal) und mit *warum* nach dem **Grund** (kausal) fragen.

Seite 236 Die Präposition

Präpositionen (Verhältniswörter: z. B. *vor, in, durch, hinter, während, wegen, ohne*) bezeichnen Beziehungen oder Verhältnisse zwischen Gegenständen, Lebewesen oder Sachverhalten (z. B. *hinter Charlotte*). Sie kommen in Verbindung mit Nomen oder Pronomen vor und sind unveränderlich, d. h., sie werden nicht dekliniert. Oft verschmelzen sie mit dem Artikel (z. B. *im – in dem*).

Einige Präpositionen können auch eng an ein Verb gebunden sein (*bestehen aus*). Präpositionen bestimmen den Kasus des Bezugswortes (Rektion), d. h. des Nomens oder Pronomens, vor denen sie stehen. Einige Präpositionen wie z. B. *auf* können zwei Kasus (Akkusativ und Dativ) regieren (*ich stehe auf dem Platz/ich gehe auf den Platz*).

Präpositionen werden eingeteilt nach der Art ihrer Beziehungen oder Verhältnisse, die sie kennzeichnen: **lokal** *(in, auf, an)*; **temporal** *(seit, während, ab)*; **kausal** *(wegen, für, mit)*; **modal** *(außer, gegen, ohne)*. Präpositionen müssen sorgfältig gewählt werden. So heißt es nicht *Die Tafel wird durch den Ordner geputzt*, sondern *Die Tafel wird vom Ordner geputzt*.

Kapitel Sätze und Satzglieder

Seite 239 Der einfache Satz

Sätze sind Sinn- und Betonungseinheiten. Dies wird an den Pausen am Satzende deutlich. Manche Sätze bestehen nur aus einem Wort: *Aha!*

Sätze lassen sich einteilen in Aussagesätze, Aufforderungssätze, Ausrufesätze und Fragesätze.

Aussagesätze werden am häufigsten gebraucht. Man benutzt sie für Mitteilungen, Darstellungen, Feststellungen und Beschreibungen. Als Satzschlusszeichen haben sie einen Punkt, und die Personalform des Verbs steht an zweiter Stelle. (*Wir brauchen zu einer Gartenparty Getränke.*)

Aufforderungssätze braucht man, um andere Menschen zu einem bestimmten Verhalten zu bewegen. Als Satzschlusszeichen haben sie häufig ein Ausrufezeichen, aber auch ein Punkt ist möglich. Die Befehlsform des Verbs steht meistens an erster Stelle. (*Füllt zuerst die Zitronenlimonade in den Krug!*)

Ausrufesätze werden verwendet, um eine Erregung oder allgemein einen Gefühlszustand auszudrücken. Am Satzende steht ein Ausrufezeichen.

Für die Stellung des Verbs gibt es keine Regel, es kann sogar fehlen. (*Genau das Richtige für heiße Sommertage!*) Es werden auch Einwortsätze gebildet: *Fertig! Prost!*

Fragesätze benutzt man, um an Informationen zu gelangen. Am Satzende steht ein Fragezeichen. Beim Fragesatz wird zwischen Ergänzungsfrage und Entscheidungsfrage unterschieden.

Die **Ergänzungsfrage** (auch W-Frage genannt) beginnt mit einem Fragewort. Ihm folgt meist die Personalform des Verbs. *(Wie ist das passiert?)*

Die **Entscheidungsfrage** (auch Ja-Nein-Frage genannt) beginnt mit der Personalform des Verbs. Sie enthält kein Fragewort. Als Antwort wird Ja oder Nein erwartet. *(Hast du dich verletzt? – Nein)*

Seite 242 Satzreihe und Satzgefüge

Hauptsätze können häufig allein stehen. Manchmal brauchen sie allerdings einen Nebensatz, um verständlich zu sein. Handelt es sich beim Hauptsatz um einen Aussagesatz, steht die Personalform des Verbs an zweiter Stelle. *(Der Krug geht so lange zum Brunnen, bis er bricht.)*

Der **Nebensatz** ist grammatisch vom Hauptsatz (oder einem anderen Nebensatz) abhängig. Man erkennt ihn an einem Einleitungswort *(bis, dass, wenn, weil* usw.*)* und an der Endstellung des Verbs. *(Wenn der Berg nicht zum Propheten kommt …)*

Sind zwei oder mehrere Hauptsätze miteinander verknüpft, dann bilden sie eine **Satzreihe**. Oft sind die Hauptsätze mit bestimmten Wörtern *(und, oder aber, deshalb* usw.*)* verbunden. *(Ein Schlumpf hat Angst, deshalb rennt er aus dem Wasser.)* Die Verknüpfung von Haupt- und Nebensatz wird **Satzgefüge** genannt. *(Ein Schlumpf rennt aus dem Wasser, weil er Angst hat.)*

Hauptsätze oder Satzreihen allein wirken oft eintönig. Wenn daneben noch Nebensätze verwendet werden, klingt der Text häufig abwechslungsreicher und interessanter.

Mit Nebensätzen lassen sich schwierige Zusammenhänge auch besser darstellen. Vorsicht: Zu viele Nebensätze können umständlich und unübersichtlich wirken.

Manchmal macht es aber auch Sinn, nur Hauptsätze zu verwenden, wenn etwa nur Geschehnisse geschildert werden.

Seite 245 Zeichensetzung

Zwischen Hauptsätzen steht ein Komma, auch wenn sie mit bestimmten Wörtern *(aber, denn* usw.*)* verbunden sind. Eine Ausnahme bilden *und* und *oder*.

Das Komma darf bei diesen Bindewörtern fehlen. Es kann gesetzt werden, um die Gliederung der Satzreihe deutlich zu machen. *(Ein bisschen Mut sollte nicht fehlen, und Angst darfst du schon gar nicht haben…)*

Zwischen Haupt- und **Nebensatz** steht immer ein Komma. Ist der Nebensatz eingeschoben, wird er mit paarigem Komma eingeschlossen. *(Denn die Freude, die wir geben, kehrt ins eigne Herz zurück.)*

Seite 248 Die Gliederung eines Satzes

Die Bausteine, aus denen sich ein Satz zusammensetzt, nennt man Satzglieder. Ein **Satzglied** kann bestehen:

- aus einem einzelnen Wort *(Das wundert mich)*
- aus mehreren Wörtern *(Peters auffälliges Verhalten wundert mich)*

Man findet die **Satzglieder** durch Umstellen, Ersetzen oder Erfragen.

1. Um herauszufinden, welche Wörter zusammengehören und somit ein Satzglied bilden, machst du die **Umstellprobe**:

*Samstags joggt Peter gerne mit seinem Hund.
Gerne joggt Peter samstags mit seinem Hund.*

Achtung: Nicht alle Satzglieder sind umstellbar: Das konjugierte Verb als Prädikat steht im Aussagesatz immer an zweiter Stelle.

2. Mit der **Ersatzprobe** erfährt man, welche Wörter im Satz sich gemeinsam durch ein anderes Wort (oder mehrere) ersetzen lassen, zum Beispiel durch ein Pronomen. Dadurch erkennt man, was alles zu einem Satzglied gehört:

Sonntags kocht Peter seiner Freundin immer ein leckeres Mahl.
Sonntags kocht er es ihr immer.

Die Müllers fuhren in diesen Sommerferien mit ihren Kindern noch Frankreich.
Sie fuhren diesmal mit ihnen dorthin.

3. Was alles zu einem Satzglied dazugehört, kann man **erfragen**:

Der Vater	zeigt	sonntags	seinen Kindern	den Wald.
wer?	was tut?	wann?	wem?	wen?

Seite 252 Das Prädikat

Das **Prädikat** zeigt an, was in einem Satz geschieht oder was jemand tut. Man nennt es deshalb auch die **Satzaussage**. Das Prädikat kann man mit *was tut?* erfragen. Die Wortart, aus der Prädikate bestehen, ist das Verb. Es wird konjugiert. Prädikate können unterschiedlich gebaut sein.

1. Einteiliges Prädikat
   Ich komme nicht zum Fest.
   (konjugiertes Verb)

Mit der Umstellprobe findet man heraus, dass das einteilige Prädikat im Aussagesatz immer an der zweiten Stelle steht.

2. Mehrteilige Prädikate
   Ich sehe lieber fern.
   (Verb und Verbzusatz bei trennbaren Verben)
   Ich habe mir den Magen verdorben. (zusammengesetzte Zeit: Hilfsverb und Partizip II)

Bei den mehrteiligen Prädikaten steht die konjugierte Verbform ebenfalls an zweiter Stelle. Das nicht konjugierte Teil steht am Satzende. Man spricht daher auch von einer **Prädikatsklammer**.

Seite 254 Das Subjekt

Das **Subjekt** gibt Auskunft darüber, wer oder was in einem Satz etwas tut. Deshalb spricht man auch vom **Satzgegenstand** oder auch vom Täter *(wer tut etwas?)*.

Das Subjekt steht im **Nominativ** und es stimmt in der Person (1., 2., 3. Person) und im Numerus *(Singular, Plural)* mit dem Prädikat überein. *(Das Kind spielt. – Die Kinder spielen.)*

Das Subjekt kann aus unterschiedlichen Wortarten bestehen. Häufig besteht es aus:
Nomen mit Artikel – Pronomen – Eigennamen
   Der Wasserhahn tropft. Er tropft. Lisa weint dicke Tränen.

Seite 257 Der Gleichsetzungsnominativ

Der Gleichsetzungsnominativ ist in der Regel ein Satzglied im Nominativ. Es gehört inhaltlich zum Subjekt und ergänzt es. Es steht nach einigen wenigen Verben wie *sein, werden* oder *bleiben*. Dort ist es grammatikalisch unentbehrlich.
   Der Gleichsetzungsnominativ kann bestehen aus:
– einem Nomen *(Wasser ist eine Flüssigkeit. – Edgar bleibt Klassensprecher.)*
– einem Adjektiv *(Peter ist krank. – Angelika wurde fröhlich.)*

Seite 258 Die Objekte

Viele Sätze bestehen nicht nur aus Subjekt und Prädikat, sondern haben auch noch ein oder mehrere Objekte. Objekte ergänzen die Satzaussage. (Siehe Tabelle S. 295)

Dativobjekt	Es antwortet auf die Frage _wem?_	_Gabi hilft ihrer Mutter._ _Der Fußball gehört dem Torwart._
Akkusativobjekt	Es wird gefragt _mit wen oder was?_	_Peter macht seine Hausaufgaben. Ich sehe einen unbekannten Jungen._
Präpositionalobjekt	Es wird erfragt mit einer Präposition + Fragewort (z. B. _an was?_, _von wem?_)	_Er denkt nur an Zinsen._ _Die Fußspur stammt von einem Mathematiklehrer._

Kapitel Wortkunde

Seite 263 Bedeutungslehre

Die Wörter unserer Sprache haben eine **Bedeutung**. Nur unter dieser Bedingung werden sie verstanden. Wenn jemand z. B. das Wort _Numpf_ hört, versteht er es nicht und wird fragen, was es bedeutet. Wörter mit einer Bedeutung lassen sich oft umschreiben. So ist ein Stacheldraht ein Draht, an dem sich Stacheln befinden.

Manche Wörter werden gleich geschrieben und gesprochen. Sie haben aber verschiedene Bedeutungen und werden **Homonyme** (gleich klingende Wörter) genannt. So kann das Nomen _Hahn_ das Tier, aber auch den _Wasserhahn_ bezeichnen. Welche Bedeutung gemeint ist, wird nur in Sätzen deutlich.

Manche Wörter wie _Apfelsine_ und _Orange_ lauten unterschiedlich, haben aber die gleiche Bedeutung. Sie lassen sich in einem Satz oder in einem Text problemlos austauschen. Solche Wörter heißen **Synonyme**. Reine Synonyme kommen nicht sehr häufig vor. Denn oft haben zwei oder mehrere Wörter nur eine ähnliche Bedeutung wie etwa _Haus_ und _Heim_. Wörter mit ähnlicher Bedeutung lassen sich nicht beliebig gegeneinander austauschen.

Nichtsprachliche Zeichen lassen sich unterscheiden in Piktogramme und Symbole. **Piktogramme** weisen in der Darstellung eine Ähnlichkeit mit dem Gegenstand auf, den sie bezeichnen (das Bild eines Busses für eine Bushaltestelle).

Das **Symbol** hingegen ist so gestaltet, dass auf den bezeichneten Gegenstand nicht direkt geschlossen werden kann (etwa hat ein rotes Dreieck die Bedeutung „Vorfahrt gewähren").

Seite 266 Wortfeld und Wortfamilie

Wörter, die unterschiedlich geschrieben und gesprochen werden, können eine ähnliche Bedeutung oder gemeinsame Bedeutungsmerkmale haben. Wegen dieser Gemeinsamkeiten bilden sie ein **Wortfeld**, für das sich ein **Oberbegriff** nennen lässt. So ist den Nomen _Hund_, _Katze_, _Schaf_ und _Schwein_ gemeinsam, dass sie Haustiere sind. _Haustiere_ wäre demnach der Oberbegriff für diese Tierarten. Die Verben _hämmern_, _sägen_, _mauern_, _tapezieren_ und _anstreichen_ bilden ein Wortfeld mit dem Oberbegriff _handwerklich arbeiten_. Wortfelder gibt es für Nomen, Adjektive und Verben.

Wer viele Wörter aus einem Wortfeld kennt, kann sich genauer, treffender und abwechslungsreicher ausdrücken. So ist es z. B. ein Unterschied, ob _sehen_ oder _beobachten_ gesagt wird.

Zu einer **Wortfamilie** gehören alle Wörter, die den gleichen Wortstamm haben, z. B. den Wortstamm _lehr_. Die Familienmitglieder können – anders als bei den Mitgliedern des Wortfeldes – völlig unterschiedliche Bedeutungen haben wie etwa *Lehrer* und *Lehrzeit*. Sie bleiben auch dann Familienmitglied, wenn der Stammvokal einen Umlaut bildet, wie das Wort *Gefährt*, das zur Wortfamilie mit dem Wortstamm *fahr* gehört. Auch Ableitungen von *fuhr*, der Vergangenheitsform von *fahr*, gehören zur Familie.

Seite 269 Wortbildung

Viele Wörter sind Zusammensetzungen. Sie können aus einem Stamm, einer Vorsilbe (**Präfix**) und einer Nachsilbe (**Suffix**) bestehen. So lautet bei dem Wort *unglaublich* der Stamm *glaub*, das Präfix *un-* und das Suffix *-lich*.

Wörter können auch aus Nomen zusammengesetzt sein wie *Postkarte* und *Speisekarte*. Eine solche Zusammensetzung heißt auch **Kompositum** (Plural: Komposita). Bei einem Kompositum ist zwischen **Grund-** und **Bestimmungswort** zu unterscheiden. Das Grundwort ist der letzte Teil der Zusammensetzung. Das vorangehende Bestimmungswort bestimmt das Grundwort näher. Dabei kann die inhaltliche Beziehung von Grund- und Bestimmungswort ganz unterschiedlicher Art sein. Ein Juwelendieb ist ein Dieb, der Juwelen stiehlt. Ein Taschendieb stiehlt aber keine Taschen, sondern aus den Taschen.

Methodenlexikon

Auswendig lernen Seite 140
Das Auswendiglernen lässt sich trainieren.
- Zuerst ist der Inhalt des Gedichts zu klären.
- Randnotizen erleichtern es, das Gedicht zu behalten.
- Nun liest man sich das Gedicht langsam Strophe für Strophe laut durch. Es ist hilfreich, sich dabei den Inhalt bildlich vorzustellen.
- Eine Strophe nach der anderen wird gelernt, indem man die übrigen Strophen abdeckt.
- Alle Textstellen, die Schwierigkeiten bereiten, werden unterstrichen und noch einmal aufmerksam durchgelesen.
- Zum Schluss trägt man das Gedicht dreimal jemandem vor. Dazwischen sollten Pausen (1–2 Stunden) eingelegt werden, in denen man sich mit etwas ganz anderem beschäftigt.

Checkliste Seite 15
Um sich eine Reihe von Dingen zu merken, kann man eine Checkliste anlegen. Dazu werden die einzelnen Punkte, die man sich merken will, untereinander notiert und abgehakt, sobald sie erledigt sind. Auf diese Weise kann man kontrollieren, ob man nichts vergessen hat.

Ergebnisse präsentieren Seite 158
Auf Folien, Arbeitsblättern oder einer Wandzeitung (siehe Lernplakat) lassen sich die Ergebnisse präsentieren, die man allein oder zusammen mit anderen erarbeitet hat.
  Mit verschiedenen Farben kann man Texte auf Folien schreiben, die über den Overheadprojektor an die Wand projiziert werden. Die Texte sollten kurz sein und durch Überschriften gegliedert werden. Überschriften müssen gut lesbar sein und ins Auge springen.
  Arbeitsblätter, mit denen die Mitschüler und Mitschülerinnen weiterarbeiten, sollten übersichtlich gestaltet sein. Achtung: Unter den Fragen auf dem Arbeitsblatt muss genügend Platz für die passende Antwort eingeplant werden.

Ideennetz Seite 47
Mit einem Ideennetz (auch Cluster) lassen sich Einfälle zu einem bestimmten Begriff oder Thema sammeln. Den Ausgangsbegriff schreibt man in die Mitte eines leeren Blattes und zieht einen Kreis darum. Alle weiteren Wörter, die einem nun spontan in den Sinn kommen, werden ungeordnet neben dem Ausgangsbegriff notiert und damit verbunden. Zu den neuen Begriffen können weitere Gedanken notiert und damit verbunden werden. Auf diese Weise entsteht ein Netz von Ideen, das man z. B. für einen Aufsatz zu einem bestimmten Thema nutzen kann.

Lernplakat Seite 13
Lernplakate (auch Wandzeitungen) haben verschiedene Funktionen: Sie präsentieren Meinungen oder Ergebnisse.
  Auf einer Meinungswand werden verschiedene Meinungen zu einem Thema oder mehrere Antworten auf eine Frage festgehalten. Die Schülerinnen und Schüler notieren auf einzelnen Kärtchen ihre Meinung oder Antwort und kleben anschließend die Zettel auf ein großes Stück Paketpapier, das zuvor an einer Wand im Klassenzimmer aufgehängt wurde.
  Auf der Ergebniswand werden die Ergebnisse vorgestellt, die man allein oder zusammen mit anderen erarbeitet hat. Wichtig ist eine übersichtliche Gestaltung: Die Texte sollten kurz und die Überschriften auch von weitem gut lesbar sein. Neben schriftlichen Äußerungen können auch Fotos und Schaubilder als Meinung oder Ergebnis an der Wandzeitung aufgebracht werden.

Lesetechniken Seite 153
Um Sachtexte richtig und schnell zu erarbeiten, sollte man verschiedene Techniken des Lesens, Verstehens und Verwendens kennen und nutzen können: überfliegendes Lesen, Slalomlesen, Erweiterung der Blickspanne.

Markierungen und Randbemerkungen Seite 154

Die Übersicht über den Text erhält man durch Markierungen und eigene Bemerkungen am Rand. Die Hauptaspekte des Textes können so hervorgehoben und mit eigenen Ausdrücken erläutert werden. Im Text werden die wichtigsten Wörter (meist Nomen) farbig markiert. Vorsicht: nicht zu viele Wörter markieren! Unbekannte Begriffe lassen sich aus dem Zusammenhang erklären oder mithilfe eines allgemeinen oder Fach-Lexikons näher bestimmen.

Nachschlagen Seite 180

In Zweifelsfällen hilft das Nachschlagen im Wörterbuch. Dazu muss man wissen, wie Wörterbücher aufgebaut sind:

- Alle Wörter sind alphabetisch geordnet. Innerhalb einer Wörtergruppe mit dem gleichen Anfangsbuchstaben orientiert man sich am zweiten oder dritten Buchstaben.
- Alle Wörter sind in ihrer Grundform eingetragen. Verben stehen im Infinitiv, Nomen im Nominativ Singular und Adjektive in der Grundstufe.

Die meisten Wörterbücher vermitteln noch andere Informationen, etwa welchen Artikel ein Nomen hat, wie man ein Wort ausspricht und was es bedeutet.

Projekt planen 74, 88, 144, 158

Will man einen Theaterabend oder einen Geschichtenbazar veranstalten, ist zuvor vieles zu bedenken und vorzubereiten. Ein solches Projekt muss bereits einige Wochen vorher geplant werden. Die Klasse bildet dazu Gruppen, an die verschiedene Aufgaben (z. B. Einladungskarten und Plakate entwerfen, Eintrittskarten und das Programmheft erstellen) verteilt werden. Es kann hilfreich sein, eine Schülerin oder einen Schüler als Projektleiter zu bestimmen, der den Überblick behält. Je besser die Vorbereitung, desto gelungener wird das Projekt.

Rollenspiel Seite 19

Beim Rollenspiel übernehmen die Schülerinnen und Schüler Rollen. Vor dem Spiel informiert man sich über die Person, in die man sich hineinversetzen soll, und überlegt, wie man deren Gedanken und Gefühle ausdrücken kann. Am Ende des Rollenspiels äußern zuerst die Spielerinnen und Spieler ihre Meinungen, dann beschreiben die Zuschauer, was sie beobachtet haben.

Schreibkonferenz Seite 67

Die Schreibkonferenz dient dazu, den Text einer Mitschülerin/eines Mitschülers gemeinsam in der Gruppe zu überarbeiten. Die Gruppe liest den Text, dann schreibt jeder einzelne seine Anmerkungen (Kritik, Verbesserungsvorschläge) an den Rand.

Vorlesen Seite 116

Vorlesen von Texten will geübt sein:

- Zunächst sollte man sich mit kleinen Sprechübungen aufwärmen und den Mund lockern, man kann z. B. einatmen und auf „brbrbr" ausatmen.
- Nun nimmt man eine gerade aufgerichtete Position ein, damit einen alle anderen gut verstehen können.
- Beim Vorlesen ist auf die Lautstärke und auf das Lesetempo zu achten. Achtung: nicht zu schnell lesen und Atempausen nicht vergessen. Es kann hilfreich sein, sich im Text zu markieren, an welcher Stellt man die Stimme heben, das Tempo ändern oder einatmen will.
- Beim Lesen mit verteilten Rollen ist darauf zu achten, dass man den Blickkontakt zum Lesepartner hält und sich in die Rolle der Figur hineinversetzt.

Wörterkartei Seite 179

Rechtschreibfehler lassen sich auch durch Übung mit einer Wörterkartei vermeiden. Vor allem die Schreibung derjenigen Wörter sollte man üben, die einem schon einmal Schwierigkeiten gemacht haben. Auf diese Weise kann man sich einzelne Wortbilder gut einprägen.

Sachregister

A

Abstrakta 212, 287
Adjektiv 216 ff., 288 f.
Adjektivattribut 217, 288
Adressat 43, 281
Akkusativobjekt 258 ff., 295
Alltagsgeschichten 112 ff., 283
Anrede 196 f., 286
Artikel 214 f., 287 f.
Arbeitsplatz 11
Auffordern 27, 280
Aufforderungssätze 239 ff., 292
Aufwärmspiele 76 ff., 282
Ausrufesätze 239 ff., 292
Aussagesätze 239 ff., 292
Auswendiglernen 140, 284, 297

B

Bedeutungslehre 263 ff., 295
Begriffe erklären 155, 284
Berichten 34 ff., 280
Beschreiben 40 ff., 281
Bestimmungswort/
 Grundwort 269 ff., 296
Betonung 140, 284
bildhafte Ausdrücke 69, 281
Bitten 28, 280
Brief 29, 197
Buchvorstellung 71
Bühnenbild 84 ff.

C

Checkliste 15, 297

D

Darstellendes Spiel 76 ff., 282
das/dass-Schreibung 192 f.
Dativobjekt 258 ff., 295
Dehnung 182 ff., 285

Deklination 213 f., 288
Diktattexte 204 f., 208
Diskussion 20 ff.

E

Einkaufsgespräch 26, 280
Einladen 29, 280
Elfchen 138, 283
Entscheidungsfrage 240, 293
Ergänzungsfrage 234, 292 f.
Ergebnisse präsentieren
 158 f., 297
Ersatzprobe 250, 294
Erzählen 44 ff., 281
 Erzählungen schreiben
  52 ff., 281
 Erzählanfang, besonderes
 Ereignis, Erzählende 58 ff., 281
 Erzählkerne ausgestalten 64
 anschaulich erzählen 66 ff.
 Nacherzählen 70 ff., 281
 Fantasiegeschichten 65

F

Film 172 f.
Filmkritik 171
finite Verbform 221, 289
Fragesätze 242, 292
Fragewörter 234 f., 292
Futur 228, 291

G

Genitiv 213, 288
Genus 214, 287
Gesprächsformen 23 ff., 280
Gesprächsregeln 20 ff., 280
Gestik, s. *Körpersprache*
Gleichsetzungsnominativ
 257, 293
Großschreibung 194 ff., 286
 Anredepronomen 197

H

Hauptsätze 242, 293
Hausaufgaben 16 ff.
Hilfsverben 223, 289
Homepage 175
Homonym 263, 295

I

Ideennetz 139, 165, 297
Imperativ 222, 289
Improvisieren 86
Infinitiv 220 f., 289
Informieren 31 ff., 280
Inszenieren 84 ff., 141, 284
Interview 166 f.

J

Jugendbuch 160 ff.

K

Kasus 213 ff., 288
Kernsätze 157, 284
Komma
 zw. Hauptsätzen 245, 293
 zw. Haupt- u. Neben-
  sätzen 246, 293
 bei Aufzählungen 200 f., 287
 bei wörtl. Rede 200 f., 287
Komparation, s. *Steigerung*
Kompositum 270 f., 296
Konjugation 221, 290
Konkreta 212, 287
Konsonantenhäufung,
 s. *Schärfung*
Konsonantenverdoppelung,
 s. *Schärfung*
Körpersprache 78 f., 282
Kreuzreim 136 f., 283

L

Laute 80
Lernen 10 ff.
Lernkartei, s. Wörterkartei
Lernplakat 13, 297
Lernvorbereitung 12 f.
Lesetechniken 152 f., 297
Lyrik 132 ff., 283

M

Märchen 91 ff., 283
Märchenaufbau 100 ff.
Märchenelemente 104 f., 283
Medien 160 ff.
Mimik, s. Körpersprache

N

Nacherzählung, s. Erzählen
Nachschlagen 180, 285, 298
Nebensätze 242, 293
Nomen 211 ff., 287 f.
Nominativ 213 f., 288 f.
Numerus 213 ff., 287

O

Oberbegriff 212, 295
Objekte 258 ff., 295

P

Paarreim 134 f., 283
Pantomime 78 f., 282
Perfekt 226, 290 f.
Personalpronomen 230, 291
Piktogramm 265, 295
Plural 213 f., 287 f.
Plusquamperfekt 227, 290 f.
Possessivpronomen 231, 291
Prädikat 252 f., 294
Präfix 269, 296
Präposition 236 f., 292
Präsens 225, 290 f.
Präteritum 226, 290 f.
Projekte 74 f., 88 f., 144 f.,
   158 f., 298
Pronomen 230 ff., 291

R

Reim 134 ff., 283
Regieanweisungen 85, 282
Requisiten 84, 282
Rollenspiel 19, 298

S

Sachtexte 152 ff., 284
Satzarten 239 ff., 275, 292 f.
Satzgefüge 243, 293
Satzglieder 248 ff., 276 ff., 293 f.
Satzreihe 242, 293
Schärfung 186 f., 286
Schreibkonferenz 67, 298
Schwankgeschichten 106 ff., 283
Silbentrennung 198 f., 286 f.
Singular 213 f., 287 ff.
s-Laute 190 ff., 286
Spielideen 76 ff., 282
Spielvorlage 86, 282
Sprachspiele 80, 282
Sprechabsichten 27 ff., 280
Sprechhandlung 29, 280
Sprechübungen 80
Stammvokal 178, 285
Stegreifspiele 81, 282
Steigerung 218, 289
Stichwortzettel 41
Streitgespräch 24 f., 280
Strophe 134 ff., 283
Subjekt 254 ff., 294
Substantiv s. Nomen
Suffix 269, 296
Symbol 271, 295
Synonym 264, 295

T

Tempusformen, s. Verb
Testbericht 174
Theateraufführung 87 ff., 282
Theaterszenen 82 ff., 282
Trennungsregeln,
   s. Silbentrennung

U

umarmender Reim 137, 283
Umstellprobe 248, 293

V

Verb 220 ff., 289 f.
   Verbstellung 252 f., 293
   finite Verbformen 221, 289
   Infinitiv 221, 289
   starke/schwache Verben
   222, 289
   Imperativ 222, 289
   Konjugation 221, 289
   Hilfsverb 223, 289
   Leitformen/Stamm-
   formen 222, 289
   Partizip II 223, 289
   Tempusformen 224, 290
Vergleich 69, 281
Vers 134 ff., 283
Vorgangsbeschreibung 40, 281
Vorlesen 116, 298

W

Wahrnehmen 48 ff., 281
Wandzeitung 18
W-Fragen 39, 47, 280 f., 292
Wörterbuch 180 f., 285
Wörterkartei 179, 298
wörtliche Rede 200, 287
Wortbildung 269 ff., 296
Wortfamilie 267, 295
Wortfeld 266, 295
Wortstamm 178, 285
Wünschen 28, 280

Z

Zeichensetzung 200 ff., 287
Zeit einteilen 16 f.
Zeitstufen, s. Verb
Zusammensetzung,
   s. Kompositum

Textquellen

Alle Texte, die nicht im Autoren- und Quellenverzeichnis aufgeführt sind, sind Eigentexte der Autorinnen und Autoren dieses Buches.

Andersen, Hans Christian Des Kaisers neue Kleider; S. 121. Aus: H. Chr. Andersen. Sämtliche Märchen in zwei Bänden, Bd. 1. Darmstadt: Wissenschaftliche Buchgesellschaft 1974.

Atabay, Cyrus Freundschaft; S. 179. Aus: C. Atabay. Gedichte. Frankfurt/M.: Insel Verlag 1974.

Bote, Hermann Wie Eulenspiegel verkündete, vom Rathauserker fliegen zu wollen; S. 73. Wie ein Holländer aus einer Schüssel einen gebratenen Apfel aß, ...; S. 111. Aus: H. Bote. Ein kurzweilig Buch von Till Eulenspiegel. Hrsg. von S. Sichtermann. Frankfurt/M.: Insel 1978, S. 58 f.; S. 224.

Brecht, Bertolt Die Vögel warten im Winter vor dem Fenster; S. 147. Aus: B. Brecht. Gesammelte Gedichte. Frankfurt/M.: Suhrkamp 1967.

Brender, Irmela Konstanzemarie S. 58. Aus: I. Brender. Streitbuch für Kinder. Weinheim: Beltz 1973, S. 62 ff.

Bürger, Gottfried, August Des Freiherrn von Münchhausens russische Reitergeschichte; S. 72. Aus: G. A. Bürger. Münchhausens wunderbare Reisen zu Wasser und zu Lande. Hrsg. von J. Ruttmann. Stuttgart: Reclam 1969.

Busch, Wilhelm Fink und Frosch; S. 147. Aus: W. Busch. Sämtliche Werke, Bd. 2. Hrsg. von Rolf Hochhuth. Gütersloh: Bertelsmann 1959.

Busta, Christine Begegnung im Regen; S. 133. Aus: Chr. Busta. Wenn du das Wappen der Liebe malst. Gedichte. Salzburg: Otto Müller 1981.

Domin, Hilde Das Gefieder der Sprache; S. 132. Aus: H. Domin. Hier. Gedichte. Frankfurt/M.: S. Fischer 1964, S. 39.

Dragunskij, Viktor Es ist lebendig und leuchtet; S. 112. Aus: V. Dragunskij. Denis, der fröhliche Spinner. Übertr. v. Caesar Rymarowicz. München: Schneider 1974.

Ende, Michael Schlüsse aus bekannten Kinderbüchern (A), S. 63. Aus: M. Ende. Momo. Stuttgart: Thienemanns Verlag 1973. S. 26 f.

Erhardt, Heinz Die Tänzerin; S. 245. Aus: H. Erhardt. Satierliches. Hannover: Fackelträger 1980. S. 131.

Fontane, Theodor Herr von Ribbeck auf Ribbeck im Havelland; S. 151. Aus: Th. Fontane. Sämtliche Werke, Bd. 6. München: Hanser 1964.

Glantschnig, Helga Tintenfisch und Tintenfrau; S. 142. Aus: Großer Ozean. Gedichte für alle. Hrsg. von Hans-Joachim Gelberg. Weinheim/Basel: Beltz & Gelberg 2000, S. 153.

Goscinny und Sempé Luise; S. 126. Aus: Sempé/Goscinny. Der kleine Nick und die Mädchen. Übersetzt von Hans Georg Lenzen. Zürich: Diogenes 1974, S. 135 ff.

Grimm, Jacob und Wilhelm Fundevogel; S. 92 Die sieben Raben; S. 100 Die schöne Müllerstochter; S. 212 Das jüngste Geißlein erzählt; S. 256. Aus: Brüder Grimm. Die Kinder- und Hausmärchen der Brüder Grimm. 3 Bde. Stuttgart: Reclam o. J.

Guggenmos, Josef Herr Matz und die Katze; S. 139. Aus: Überall und neben dir. Gedichte für Kinder. Hrsg. von Hans-Joachim Gelberg. Weinheim/Basel: Beltz & Gelberg 2000 (1986), S. 42. Der Maler Max; S. 259. Aus: Josef Guggenmos. Der Bär auf dem Berg. Bindlach: Loewes Verlag 1991 (4. Aufl.), S. 29 f.

Härtling, Peter Schlüsse aus bekannten Kinderbüchern S. 63. Aus: P. Härtling. Ben liebt Anna. Weinheim/Basel: Beltz & Gelberg 1979. Oma; S. 226. Aus: P. Härtling. Oma. Weinheim/Basel: Beltz 1991.

Hebel, Johann Peter Der verwegene Hofnarr; S. 107 Das Mittagessen im Hof; S. 109. Aus: J. P. Hebel. Die Kalendergeschichten. Sämtliche Erzählungen aus dem Rheinländischen Hausfreund. Hrsg. von Hannelore Schlaffer und Harald Zils. München: Hanser 1999.

Hetmann, Frederik / Tondern, Harald Eine gefährliche Begegnung; S. 232. Aus: F. Hetmann/H. Tondern. Die Nacht, die kein Ende nahm. In der Gewalt von Skins. Reinbek: Rowohlt Taschenbuch Verlag 1994. S. 8 ff. (Ausschnitte).

Hoffmann, Friedrich Fliegenmahlzeit; S. 135/146. Aus: So viele Tage wie das Jahr hat. 365 Gedichte für Kinder und Kenner. Hrsg. von James Krüss. Gütersloh: Mohn Verlag 1959, S. 179.

Hoff-Holtmanns, Markus Harry Potter und der Stein der Weisen (Filmkritik); S. 171. Aus:

http://www.upb.de/paderborn/kino/kritiken/01/
harry_potter_und_der_stein_der_weisen.html

Hohler, Franz Die feindlichen Schrauben; S. 70. Aus: F. Hohler. Der Granitblock im Kino. Ravensburg: Otto Maier 1997. S. 25. Eine wilde Nacht; S. 129. Aus: F. Hohler. Die Spaghettifrau und andere Geschichten. Ravensburg: Ravensburger Buchverlag 1998, S. 77ff.

Jandl, Ernst auf dem lande; S. 148. Aus: E. Jandl. Laut und Luise. Frankfurt/M.: Luchterhand 1990, S. 141. ottos mops; S. 148. Aus: E. Jandl. Aus dem wirklichen Leben. München: Luchterhand 1999.

Jatzek, Gerald Die Zeit; S. 150. Aus: Großer Ozean. Gedichte für alle. Hrsg. von Hans-Joachim Gelberg. Weinheim/Basel: Beltz & Gelberg 2000, S. 32.

Johansen, Hanna Ein Krokodil; S. 136. Aus: Überall und neben dir. Gedichte für Kinder. Hrsg. von Hans-Joachim Gelberg. Weinheim/Basel: Beltz & Gelberg 2000 (1986), S. 14.

Kant, Uwe Der Geschichtenmacher; S. 54. Aus: Oder die Entdeckung der Welt. 10. Jahrbuch der Kinderliteratur. Hrsg. von Hans-Joachim Gelberg. Weinheim/Basel: Beltz & Gelberg 1997, S. 8.

Kästner, Erich Berühmte Anfänge (A); S. 62. Aus: Erich Kästner. Emil und die Detektive. Hamburg: Dressler 1981. S. 87f. © Atrium Verlag Zürich. Die drei Byrons; S. 42. Aus: Erich Kästner. Emil und die drei Zwillinge. Hamburg: Dressler 1981. S. 87f. © Atrium Verlag Zürich. Erziehung an einem Tag oder gar nicht; S. 110. Aus: E. Kästner. Erich Kästner erzählt. Die Schildbürger. Hamburg: Cecilie Dressler Verlag 1998, S. 247ff. © Atrium Verlag Zürich 1954.

Kilian, Susanne Manchmal; S. 150. Aus: Menschengeschichten. 3. Jahrbuch für Kinderliteratur. Hrsg. von Hans-Joachim Gelberg. Weinheim/Basel: Beltz & Gelberg 1975, S. 125.

Klare, Margaret Katz und Maus. Aus: Großer Ozean. Gedichte für alle. Hrsg. von Hans-Joachim Gelberg. Weinheim/Basel: Beltz & Gelberg 2000, S. 124.

Krüss, James Unkenmunkel oder das Munkel-U; S. 141. Aus: J. Krüss. ABC und Phantasie. Ravensburg: Maier 1964. Das Feuer; S. 229. Aus: J. Krüss. Der wohltemperierte Leierkasten. Gütersloh: Mohn 1961 (Strophe 1 und 2).

Lindgren, Astrid Berühmte Anfänge (A); S. 62. Aus: A. Lindgren. Ronja Räubertochter. Hamburg: Oetinger 1984.

Maar, Paul Die Geschichte vom bösen Hänsel, der bösen Gretel und der Hexe; S. 120. Aus: P. Maar. Der tätowierte Hund. Hamburg: Oetinger 1968, S. 48ff.

Manz, Hans Stehen gelassen; S. 68. Aus: H. Manz. Adam hinter dem Mond. Weinheim/Basel: Beltz 1991, S. 47.

Meckel, Christoph Goldfisch; S. 143. Aus: Chr. Meckel. Werkauswahl Lyrik, Prosa, Hörspiel. München: Nymphenburger Verlag 1971, S. 8 (Neuauflage 1981).

Meyer-Dietrich, Inge Wut; S. 150. Aus: Großer Ozean. Gedichte für alle. Hrsg. von Hans-Joachim Gelberg. Weinheim/Basel: Beltz & Gelberg 2000, S. 134.

Morgenstern, Christian Möwenlied; S. 140 Die Vogelscheuche; S. 147 Das Mondschaf; S. 148. Aus: Chr. Morgenstern. Alle Galgenlieder. Frankfurt/M.: Insel Verlag 1972.

Nöstlinger, Christine Karpfenschuppe; S. 142. Aus: Großer Ozean. Gedichte für alle. Hrsg. von Hans-Joachim Gelberg. Weinheim/Basel: Beltz & Gelberg 2000, S. 206. Ein schreckliches Kind; S. 227. Aus: Chr. Nöstlinger. Das Austauschkind. Weinheim/Basel: Beltz 1995. S. 103f. © 1992 by J & V- Edition Wien - Dachs Verlag.

Peter, Renate Fragen über Fragen; S. 150. Aus: Die Erde ist mein Haus. 8. Jahrbuch der Kinderliteratur. Hrsg. von Hans-Joachim Gelberg. Weinheim/Basel: Beltz & Gelberg 1988, S. 145.

Pontiggia, Guiseppe Das Versteck; S. 117. Aus: Ich möchte einfach alles sein. Geschichten, Gedichte und Bilder aus der Kindheit. Hrsg. von Uwe-Michael Gutzschhahn. München: Hanser 1998, S. 213ff.

Pressler, Miriam Die Puppe; S. 274. Aus: Das Leselöwen-Jahr: Geschichten, Rätsel, Lieder und vieles mehr. Bindlach: Loewe 1995, S. 99.

Preußler, Otfried Die Rathausglocke; S. 124. Aus: O. Preußler. Bei uns in Schilda. Stuttgart: Thienemanns 1958, S. 47ff.

Rechlin, Eva In dieser Minute; S. 149. Aus: So viele Tage wie das Jahr hat. 365 Gedichte für Kinder und Kenner. Hrsg. von James Krüss. Gütersloh: Mohn 1959, S. 278. © Eva Rechlin.

Richter, Jutta Die Kellerkatze; S. 114. Aus: Ich möchte einfach alles sein. Geschichten, Gedichte und Bilder aus der Kindheit. Hrsg. von Uwe-Michael Gutzschhahn. München: Hanser 1998, S. 45ff.

Ringelnatz, Joachim Die Ameisen; S. 146.
Aus: J. Ringelnatz. Und auf einmal steht es neben dir. Gesammelte Gedichte. Berlin 1950.

Roda Roda, Alexander Stille Betrachtung; S. 263. Aus: A. Roda Roda. Das große Roda-Roda-Buch. Wien/Hamburg: Paul Zsolnay 1963.

Rosenlöcher, Thomas Stille; S. 149. Aus: Großer Ozean. Gedichte für alle. Hrsg. von Hans-Joachim Gelberg. Weinheim/Basel: Beltz & Gelberg 2000, S. 157.

Rutsch, Gerhard Tierisches; S. 134. Aus: Alles Unsinn. Deutsche Ulk- und Scherzdichtung von ehedem bis momentan. Hrsg. von Heinz Seydel. Berlin: Eulenspiegel Verlag 1985 (1969), S. 180 f.

Rowling, Joanne K. Harry Potter – ein ganz normaler Junge?!; S. 162 Ein Abenteuer von Harry, Ron und Hermine; S. 164. Aus: J. K. Rowling. Harry Potter und der Stein der Weisen. Aus dem Englischen von Klaus Fritz. Hamburg: Carlsen 1998, S. 26; S. 64 ff.; S. 78; S. 192 ff.

Schami, Rafik Erzähler der Nacht; S. 273. Aus: Rafik Schami. Erzähler der Nacht. Weinheim/Basel: Beltz & Gelberg 1989. S. 5 f.

Storr, Catherine Der Junge mit dem Schwan; S. 272. Aus: C. Storr. Der Junge mit dem Schwan. Ravensburg: Otto Maier 1989. S. 30 f.

Strohbach, Günther Verschieden, aber zufrieden; S. 149. Aus: So viele Tage wie das Jahr hat. 365 Gedichte für Kinder und Kenner. Hrsg. von James Krüss. Gütersloh: Mohn 1959, S. 171.

Timm, Uwe Erziehung; S. 27. Aus: bundesdeutsch. lyrik zur sache grammatik. Hrsg. von Rudolf Otto Wiemer. Wuppertal: Peter Hammer Verlag 1974, S. 71.

Tolkien, John Ronald R. Berühmte Anfänge (B), S. 62. Aus: J. R. R. Tolkien. Der Herr der Ringe. Ins Deutsche übersetzt von Wolfgang Krege. Stuttgart: Klett-Cotta 2001.

Twain, Mark Tom und der Neue; S. 24 Das fröhliche Lager der Ausreißer; S. 219. Aus: M. Twain. Tom Sawyers Abenteuer. Gesammelte Werke, Bd. 1. Deutsch von Lore Krüger. München: Hanser 1977.

Valentin, Karl Im Hutladen; S. 26 Aus: Karl Valentin. Gesammelte Werke in einem Band. Hrsg. von Michael Schulte. München: Piper 1994.

Wendt, Albert Der Vogelkopp; S. 82. Aus: A. Wendt. Der Vogelkopp. In: Spielplatz. Fünf Theaterstücke für Kinder. Frankfurt/M.: Verlag der Autoren 1992, S. 229 ff. (2. Szene); S. 244 ff. (8. Szene); S. 246 f. (9. Szene).

Wittkamp, Frantz Kratze Katze. Aus: Überall und neben dir. Gedichte für Kinder. Hrsg. von Hans-Joachim Gelberg. Weinheim/Basel: Beltz & Gelberg 2000 (1986), S. 43.

Ziegler, Reinhold Dschonghi und der Computer (Textpuzzle) S. 60. Aus: Oder die Entdeckung der Welt. 10. Jahrbuch der Kinderliteratur. Hrsg. von Hans-Joachim Gelberg. Weinheim/Basel: Beltz & Gelberg 1997. S. 85 f.

Zurbrügg, Christina Einmal; S. 137. Aus: Großer Ozean. Gedichte für alle. Hrsg. von Hans-Joachim Gelberg. Weinheim/Basel: Beltz & Gelberg 2000, S. 206.

Texte unbekannter Verfasserinnen und Verfasser

Aus Meldungen werden Geschichten; S. 64.
Aus: Der Sonntag in Freiburg, 4. 10. 1998.

Fiddiwau; S. 94 Der Prinz mit den Eselsohren; S. 98. Aus: Vom Riesen, der sein Herz nicht bei sich hatte. Die schönsten europäischen Volksmärchen. Frauenfeld/Stuttgart: Huber 1977, S. 105 ff.; S. 176 ff.

Hodscha Nasreddin beantwortet vierzig Fragen auf einmal; S. 106. Aus: Schelmengeschichten. Erzählt von Václav Cibula. Ins Deutsche übertragen von I. Kondrková. Prag 1981, S. 109.

Vom schlauen Mulla Apandi; S. 106. Aus: Schelmengeschichten. Erzählt von Václav Cibula. Ins Deutsche übertragen von I. Kondrková. Prag 1981, S. 120.

Von der klugen Tochter; S. 108. Aus: Schelmengeschichten. Erzählt von Václav Cibula. Ins Deutsche übertragen von I. Kondrková. Prag 1981, S. 109.

Igel (Lexikontext); S. 133. Aus: Meyers großes Kinderlexikon. 5. Aufl. Mannheim/Wien/Zürich: Meyers Lexikonverlag 2002, S. 124. © Bibliografisches Institut & F. A. Brockhaus AG, Mannheim 2002.

Zauber, Geheimnis und Chaos; S. 166.
Aus: Interview mit Joanne K. Rowling.
In: www.amazon.de.

Eisvogel; S. 154. Aus: Steinbachs großer Naturführer. Vögel. München: Mosaik Verlag 1992. S. 73.

Erklärung mithilfe eines Lexikons; S. 155.
Aus: dtv-Lexikon, Bd. 8. München: Deutscher Taschenbuch Verlag 1997.

Schmetterlinge; S. 156. Aus: Ronald N. Road. Schmetterlinge. Was ist was, Bd. 43. Nürnberg: Tessloff 1984, S. 6.

Bildquellen

S. 10, 12, 14, 24, 28, 47, 50, 52, 58, 60, 61, 66, 74, 80, 83, 86, 87, 91, 120, 130, 133, 134, 136, 138, 141, 142, 143, 151, 195, 198, 200, 218, 219, 221, 228, 229, 230, 231, 236, 247, 248, 250, 251, 254, 256, 260, 267, 269, 270, 274, 277, 278: Illustrationen von Margit Pawle, München. S. 11, 13, 20, 32, 36, 77, 78, 79, 99: Fotos von Dieter Rixe, Braunschweig. S. 30: Mauritius AGE. S. 31, 44, 45, 48, 76, 153, 222: Fotos von Ulrike Köcher, Hannover. S. 35: Christian Eggers/dpa, Frankfurt/M. S. 39: Formular: Schindelhauer Druck, Hannover. S. 40: Foto: Udo Weger, Hannover. S. 42: Illustration von Walter Trier. Aus: Erich Kästner. Emil und die drei Zwillinge. © Atrium Verlag, Zürich. S. 51: Foto: Herbert Schwind/Okapia, Frankfurt/M. S. 54, 152, 183, 193, 209, 214, 224, 225o., 232, 234, 240, 245, 258, 263, 266: Ilustrationen von Klaus Meinhardt, Hamburg. S. 56: Hans Kossatz. Willi und Familie Kaiser. Stuttgart: Illustrierte Presse GmbH 1957. S. 69, 89, 176, 188, 210, 238, 262: Illustrationen von Karsten Henke, Hannover. S. 71: Umschlagillustration: Dagmar Geisler zu Klaus Kordon: Robinson, Mittwoch und Julchen. © 1991 Ravensburger Buchverlag Otto Maier GmbH, Ravensburg. S. 72: Aus: Erich Kästner: Münchhausen. Zürich: Atrium 1956. S. 88: Schülerplakat unter Verwendung einer Illustration von Karsten Henke. S. 90: Foto: Magdalena Thoren-Wolff, Hannover. S. 93, 97, 101, 115, 118: Illustrationen von Christiane Grauert, Milwaukee, USA. S. 107: Badische Landesbibliothek, Karlsruhe. S. 109: Illustration aus J. P. Hebel: Schatzkästlein des Rheinischen Hausfreundes. München: Winkler 1961. S. 110: Illustration von Horst Lemke. Aus: E. Kästner. Erich Kästner erzählt. Die Schildbürger. © Atrium Verlag Zürich. S. 113: Foto: Peter Marlow/Magnum, Paris. „Telesystems brochure". S. 114: Foto: Brigitte Friedrich, Köln. S. 126, 127, 128: Aus: Sempé/René Goscinny. Der kleine Nick und die Mädchen. Übersetzt von Hans Georg Lenzen. Zürich: Diogenes 1976, S. 135ff. © 1976 Diogenes Verlag AG Zürich. S. 132: Paul Klee. Landschaft mit gelben Vögeln (1923,32). © VG Bild-Kunst, Bonn 2002. S. 145: Illustrationen von Franziska Zmy, Ronnenberg. S. 154: Ditmar/Silvestris, Kastl/Obb. S. 156: Schroedel Verlag, Hannover. S. 158: Foto: H. Weltermann, Westerkotten. S. 160: Foto: action press, Hamburg. S. 163, 165, 172: Fotos: pwe, Hamburg. S. 166: Foto: Carlsen Verlag, Hamburg. S. 168: Umschlagillustration von Sabine Wilharm zu J. K. Rowling. Harry Potter und der Stein der Weisen. Hamburg: Carlsen 1998. S. 169: (1) Umschlagillustration Rolf und Margret Rettich. Bertelsmann, Gütersloh. (2) Illustration von Eric Kincaid. © Brimax Books Ltd. 1988. (3) J. R. R. Tolkien: Der kleine Hobbit. Umschlagbild von Klaus Ensikat. © der deutschsprachigen Ausgabe 1997 Deutscher Taschenbuch Verlag, München. (4) Mit freundlicher Genehmigung des Kosmos Verlags, Stuttgart. © 2001 / Entnommen aus: Blanck, Die drei ??? Kids – SOS über den Wolken. (5) Titelbild von Bernhard Oberdieck. © Cecilie Dressler Verlag, Hamburg 1990. (6) Umschlagillustration von Hauke Kock. Ravensburger Buchverlag. S. 174: Foto: dpa, Frankfurt/M. S. 175: Homepage: http://www.hp-fc.de S. 211: (1, 3, 6, 7) Bahnmüller; (2, 5) Preußischer Kulturbesitz, Berlin; (4) Archiv, für Kunst und Geschichte; (8) Bavaria, München. S. 225 u.: Süddeutscher Verlag, München. S. 227: Umschlagillustration von Axel Scheffler zu Chr. Nöstlinger: Das Austauschkind. Weinheim: Beltz & Gelberg 1995. S. 243: © Peyo 1999 – Licensed through I.M.P.S. (Brussels). S. 244: Umschlagillustration: Kathrin Treuber. Aus: James Krüss. Timm Thaler. © 1997 Ravensburger Buchverlag Otto Maier GmbH, Ravensburg. S. 259: Aus: Konstantin K. Platonow. Unterhaltsame Psychologie. Köln: Pahl-Rugenstein Verlag 1986. © Urania-Verlag Leipzig/Jena/Berlin. S. 265: Verkehrszeichen nach StVO, Fritz Lange GmbH, Springe.